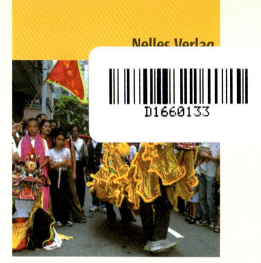

China
Peking, Shanghai, Xi'an, Hongkong

Autoren:
Jürgen Bergmann,
Oliver Fülling,
Franz-Josef Krücker

KARTENVERZEICHNIS

Peking (Beijing) 44/45
Peking / Zentrum 48/49
Peking / Platz des Himmlischen Friedens 50
Peking / Kaiserpalast 54
Peking / Kaiserliche Parks 59
Peking / Lama-Tempel 64
Peking / Himmelsaltar 71
Peking / Olympic Green 78
Peking / Sommerpalast 80/81
Peking / Umgebung 102/103
Peking / Ming-Gräber 104
Chengde 108

Shanghai 118/119
Shanghai / Bund 121
Shanghai / Zentrum 124/125
Shanghai / Umgebung 146/147
Suzhou 152

Xi'an 154
Terrakotta-Armee 157

Hongkong 164/165
Hongkong / MTR-Plan 166
Hongkong / West 172/173
Hongkong / Ost 178/179
Hongkong Island 184
Hongkong / Kowloon 188/189
Hongkong / Tsim Sha Tsui 192/193
Perlfluss-Delta 220
Macau 222/223
Kanton (Guangzhou) 232/233

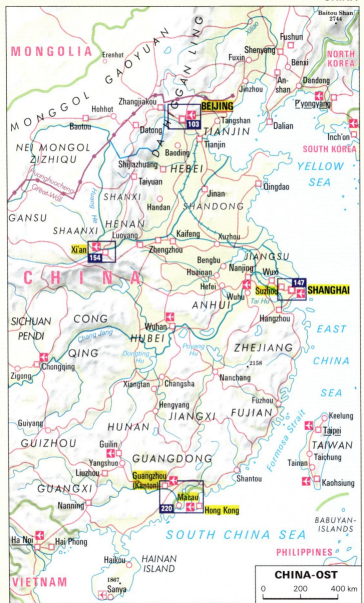

IMPRESSUM / KARTENLEGENDE

Liebe Leserin, lieber Leser,

AKTUALITÄT wird in der Nelles-Reihe groß geschrieben. Unsere Korrespondenten dokumentieren laufend die Veränderungen der weltweiten Reiseszene, und unsere Kartografen berichtigen ständig die auf den Text abgestimmten Karten. Da aber die Welt des Tourismus schnelllebig ist, können wir für den Inhalt unserer Bücher keine Haftung übernehmen (alle Angaben ohne Gewähr). Wir freuen uns über jeden Korrekturhinweis! Unsere Adresse: Nelles Verlag, Machtlfinger Str. 11, D-81379 München, Tel. +49 (0)89 3571940, Fax +49 (0)89 35719430, E-Mail: Info@Nelles-Verlag.de, Internet: www.Nelles-Verlag.de

LEGENDE

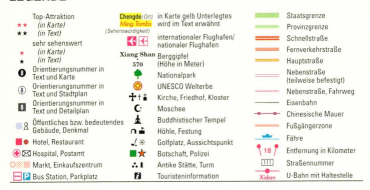

CHINA
Peking, Shanghai, Xi'an, Hongkong
© Nelles™ Verlag GmbH,
  81379 München
  All rights reserved

Einband durch DBGM geschützt
Ausgabe 2009
ISBN 978-3-86574-181-3
Druck: Bayerlein, Germany

Herausgeber:	Günter Nelles	**Kartografie:**	Nelles Verlag GmbH, München
Chefredakteur:	Berthold Schwarz		
Redaktion:	Sylvi Zähle	**Lithos:**	ReproLine, München
Bildredaktion:	K. Bärmann-Thümmel		Priegnitz

Reproduktionen, auch auszugsweise, nur mit schriftlicher Genehmigung des Nelles Verlags
- N01 -

INHALTSVERZEICHNIS

Kartenverzeichnis.................................. 2
Impressum / Kartenlegende..................... 4

1 CHINA: GESCHICHTE UND KULTUR

Geschichte im Überblick........................ 12
Kontinentale Vielfalt............................. 15
Chinas widersprüchliche Geschichte......... 15
Konfuzianismus und Daoismus................ 36

2 PEKING

Höhepunkte / Einstimmung..................... 40
Stadtgeschichte.................................. 43
Platz des Himmlischen Friedens.............. 50
Kaiserpalast / Verbotene Stadt................ 53
Kaiserliche Parks................................ 58
Drei Hintere Seen. Hutong-Tour, Houhai..... 60
Lama-Tempelkloster und Konfuzius-Tempel. 63
Dongcheng-Distrikt.............................. 66
Chaoyang-Distrikt............................... 69
Chongwen-Distrikt............................... 70
Xuanwu-Distrikt.................................. 72
Xicheng-Distrikt................................. 75
Haidian-Distrikt.................................. 76
Highlights außerhalb des Zentrums........... 77
INFO: Sehenswürdigkeiten................. 85-87

FEATURES PEKING

Küche... 88
INFO: Restaurants, Essensgassen, Teehäuser..... 90-91
Shopping.. 92
INFO: Einkaufszentren, Geschäfte, Märkte..... 94-95
Am Abend... 96
INFO: Akrobatik, Kung Fu, Kino, Bars, Discos..... 97
Peking-Oper...................................... 98

AUSFLÜGE VON PEKING

Jietai- und Tanzhe-Tempel / Zhoukoudian..... 101
Chinesisches Luftfahrtmuseum / Ming-Gräber.. 104
Große Mauer..................................... 106
Kaiserlicher Sommerpalast in Chengde....... 109
Qing-Gräber...................................... 110
INFO: Restaurants, Sehenswürdigkeiten..... 111

INHALTSVERZEICHNIS

3 SHANGHAI

Höhepunkte / Einstimmung	114
Stadtgeschichte	117
Bund	121
Pudong	124
Nanjing Donglu / Huangpu	127
Volkspark	128
Altstadt	129
Ehemalige Französische Konzession / Luwan	130
Jing'an	132
Highlights außerhalb des Zentrums	134
INFO: Sehenswürdigkeiten	136-137

FEATURES SHANGHAI

Küche	138
INFO: Restaurants, Essensgassen, Teehäuser	139
Shopping	140
INFO: Einkaufszentren, Geschäfte, Märkte	141
Am Abend	142
INFO: Bars, Discos, Theater	143

AUSFLÜGE VON SHANGHAI

Songjiang / Sheshan / Qingpu / Zhujiajiao	145
Xitang / Zhouzhuang	148
Luzhi / Jiading / Suzhou	149
INFO: Restaurants, Sehenswürdigkeiten	153

4 XI'AN

Xi'an	154
Terrakotta-Armee	156
INFO: Sehenswürdigkeiten	157

5 HONGKONG

Höhepunkte / Einstimmung	160
Stadtgeschichte	163
Hong Kong Island	166
Kowloon	186
New Territorries	198
Hongkongs Inselwelt	199
INFO: Sehenswürdigkeiten	202-206

INHALTSVERZEICHNIS

FEATURES HONGKONG

Küche 206
INFO: Restaurants 208-209
Shopping 210
INFO: Einkaufszentren, Geschäfte, Märkte 212-213
Am Abend 214
INFO: Bars, Discos, Theater 216-217

AUSFLÜGE VON HONGKONG

Macau 220
INFO: Restaurants, Sehenswürdigkeiten 227-229
Kanton 231
INFO: Restaurants, Sehenswürdigkeiten 236-237

6 FEATURE

China im Wandel 240

7 REISE-INFORMATIONEN

Reisevorbereitungen 244
  Klima / Reisezeit / Kleidung 244
  Gesundheitsvorsorge 244
  Einreisebestimmungen / Visum 244
  Währung / Geldwechsel 245
Anreise 245
  Mit dem Flugzeug 245
  Mit der Eisenbahn 245
Reisen im Land 245
  Mit Flugzeug / Eisenbahn 245
  Mit Bus / Lokalverkehr 246
Praktische Tipps 247
  Alkohol / Apotheken / Ärztlicher Notdienst / Einkaufen . 247
  Einzelreisende / Elektrizität / Feste / Feiertage 248
  Fotografieren / Filmen 249
  Maße und Gewichte / Notruf / Öffnungszeiten 249
  Polizei / Visumverlängerung 249
  Post / Telefon / Internet 249
  Reisende mit Handicap / Restaurants 250
  Sicherheit / Toiletten / Trinkgeld 250
  Übersetzungsdienst / Wasser / Zeit / Zoll 251
Adressen 251
  Fremdenverkehrsämter 251
  Botschaften und Konsulate 251
Autoren / Fotografen 252
Sprachführer 253
Register 254

CHINA: GESCHICHTE IM ÜBERBLICK

Bronzezeit und frühe Reiche
2200-1700 v. Chr. Xia-Dynastie: Historisch nur ungenau zu identifizierender Kleinstaat im südlichen Shanxi.

1600-1100 v. Chr. Shang-Dynastie: Kulturelle Zentren: Unterer Huanghe und Rotes Becken (Sanxingdui).

1100-221 v. Chr. Zhou-Dynastie (Westliche Zhou-Dynastie: 1100-771, Östliche Zhou-Dynastie: 770-221 v. Chr.): Die Könige verlieren zusehends ihre politische Macht. Die Lehen werden zu eigenständigen Fürstentümern.

770-476 v. Chr. Frühlings- und Herbstperiode; 475-221 v. Chr. Zeit der Streitenden Reiche: Das politische Chaos schafft die Grundlagen der chinesischen Philosophie: Konfuzius (Kongzi), Laozi und Zhuangzi entwickeln ihre Lehren, die bis heute das chinesische Denken prägen.

Kaiserzeit (221 v. Chr. – 1911)
221-207 v. Chr. Qin-Dynastie: Qin Shihuangdi unterwirft alle anderen Reiche und begründet das erste chinesische Kaiserreich. Leistungen: zentralistisches Verwaltungssystem, Vereinheitlichung von Schrift und Maßen, Ausbau des Straßensystems, Bau der Großen Mauer.

206 v. Chr. -220 n. Chr. Han-Dynastie (Westliche Han-Dynastie: 206-24 v. Chr., Östliche Han-Dynastie: 25-220 n. Chr.): Ausdehnung des Reichs bis an die Grenzen Zentralasiens. Reger Austausch von Waren und Ideen auf der Seidenstraße, auf der auch der Buddhismus nach China gelangt. Der Konfuzianismus wird zur Staatsdoktrin erhoben.

220-280 Zeit der Drei Reiche: Wei (220-265), Shu Han (221-263), Wu (222-280).

265-420 Jin-Dynastie (Westliche Jin-Dynastie: 265-316, Östliche Jin-Dynastie: 317-420): Nach nur kurzfristiger Einigung durch die (Westliche) Jin-Dynastie geht die Nordhälfte des Reichs an fremde Nomadenvölker verloren; Massenflucht in den Süden.

420-581 Südliche und Nördliche Dynastien: Feudalherren beherrschen das Land in einer Folge kurzlebiger Dynastien.

581-618 Sui-Dynastie: Erneute Reichseinigung. Bau des Kaiserkanals, des mit 1800 km längsten künstlichen Wasserweges der Welt.

618-907 Tang-Dynastie: Blütezeit chinesischer Kultur. Eroberung von Zentralasien, Korea und Nordvietnam. Die Metropole Chang'an (Xi'an) zählt mit 2 Mio. Einwohnern zu den Weltzentren.

907-960 Periode der Fünf Dynastien: Zersplitterung des Reichs.

916-1125 Liao-Dynastie: Fremddynastie der Kitan im Nordosten.

960-1279 Song-Dynastie (Nördliche Song-Dynastie: 960-1127, Hauptstadt Kaifeng, Südliche Song-Dynastie: 1127-1279, Hauptstadt Hangzhou): Erneute Blütezeit der chinesischen Kultur.

Konfuzius (Kong Zi), Begründer der chinesischen Moral- und Staatsphilosophie.

1271-1368 Yuan-Dynastie: Die Mongolen unter Kublai Khan erobern ganz China, das Teil eines Weltreichs mit Khanbaliq / Dadu (Peking) als Hauptstadt wird. Reger Güterverkehr mit Europa auf der Seidenstraße.

1368-1644 Ming-Dynastie: Der dritte Herrscher Yongle verlegt die Residenz von Nanjing nach Peking: Grundsteinlegung für den Kaiserpalast. Die Große Mauer wird in der heute sichtbaren Form ausgebaut. Expeditionen zur See führen 1405-1433 die Chinesen bis nach Afrika. 1516 erreichen die Portugiesen Kan-

CHINA: GESCHICHTE IM ÜBERBLICK

ton, 1557 erhalten sie Macau als Stützpunkt.
1644-1911 Qing-Dynastie: Mandschurische Volksstämme erobern China. Ab dem 19. Jh. Demütigung Chinas durch Europäer, Amerikaner und Japaner mit der „Kanonenboot-Politik" und den „Ungleichen Verträgen".
1840-1842 1. Opiumkrieg: Die Briten erzwingen mit dem Vertrag von Nanjing die Einfuhr von Opium und die Öffnung von fünf Häfen, u. a. von Hongkong und Shanghai.
1850-1864 Die Taiping-Rebellion kostet ca. 20 Mio. Menschen das Leben.

Junge Chinesinnen erkunden die Geschichte ihres Landes im Kaiserpalast.

1856-1860 2. Opiumkrieg: mit dem Vertrag von Tianjin Legalisierung des Opiumhandels, Missionsfreiheit und Freizügigkeit für Ausländer; Briten und Franzosen verwüsten Peking.
1897 Das Deutsche Reich erhält Qingdao (Tsingtau) und die Halbinsel Shandong als Pachtgebiet (bis 1918/1919).
1900 Boxeraufstand.

Republik China (1911-1949)
1911 Revolution und Abdankung des Kaisers. Sun Yatsen, einer der Führer der Reformbewegung, wird provisorischer Präsident (bis Februar 1912).
1919 Sun gründet die Guomindang (GMD, „Nationale Volkspartei").
1921 Gründung der Kommunistischen Partei Chinas (KPCh) in Shanghai.
1925 Chiang Kaishek übernimmt die Führung der Guomindang und setzt mit zwei Feldzügen (1926 und 1928) der Zeit der Militärmachthaber ein Ende. Nanjing wird Hauptstadt, Chiang Präsident mit diktatorischen Vollmachten.
1931 Die Japaner besetzen die Mandschurei.
1927-1937 Bürgerkrieg zwischen GMD und KPCh. 1931 besetzt Japan die Mandschurei.
1937 Japan erobert weite Teile Ostchinas; bis 1945 bilden Kommunisten und Nationalisten eine Einheitsfront gegen die Besatzer.
1945-1949 Kapitulation Japans und erneuter Bürgerkrieg. Chiang Kaishek flieht 1949 nach Taiwan.

Volksrepublik China (1949 – heute)
1. Oktober 1949 Mao Zedong ruft die Volksrepublik aus.
1951 Einmarsch der Volksarmee in Tibet.
1958-1961 Der „Große Sprung nach vorn" endet mit 30-40 Mio. Hungertoten.
1959 Nach dem erfolglosen Aufstand gegen die chinesische Besatzung Tibets flieht der Dalai Lama nach Indien.
1966-1976 Die „Große Proletarische Kulturrevolution" endet im wirtschaftlichen Fiasko. Zahlreiche Kulturdenkmäler sind zerstört.
1976 Tod Mao Zedongs.
1978 Wirtschaftsreformen unter Deng Xiaoping und Öffnung des Landes.
1989 Gewaltsame Niederschlagung der Demokratiebewegung am 3./4. Juni auf dem Platz des Himmlischen Friedens in Peking.
1997 Großbritannien gibt Hongkong zurück.
1999 Portugal gibt Macau zurück.
2003 China schickt erfolgreich eine bemannte Raumkapsel ins All.
2004 Wen Jiabao wird Ministerpräsident.
2006 Eröffnung der Qinghai-Tibet-Bahn. Fertigstellung des Drei-Schluchten-Damms.
2007 Privatbesitz wird gesetzlich geschützt.
2008 Unruhen in Tibet. China richtet die XXIX. Olympischen Spiele aus, v.a. in Peking.
2009 Auch China spürt die Rezession.
2010 Expo in Shanghai.

CHINA: GESCHICHTE

CHINA: GESCHICHTE

KONTINENTALE VIELFALT

Die Ausmaße Chinas beeindrucken: 5500 km sind es von Sibirien bis zur tropischen Insel Hainan im Süden, 5200 km vom Pamir-Gebirge im Westen bis zur ins Gelbe Meer ragenden Halbinsel Shandong. 27 000 km Landesgrenze und 18 000 km Küste, größer und geografisch vielfältiger als Europa – mit 9,6 Mio. km^2 ist China das viertgrößte Land der Erde.

An Tibets Grenze zu Nepal ragen die höchsten Gipfel des Himalayas auf (u. a. Mount Everest mit 8850 m), weiter im Norden, in der Turfan-Senke der Autonomen Region Xinjiang, liegen die von Menschenhand entwässerten Flussbecken 154 m unter dem Meeresspiegel. Der Westen ist wenig fruchtbar und extrem dünn besiedelt, aber wegen Rohstoffvorkommen und als Atom- und Waffentestgebiet von hoher strategischer Bedeutung. Die Provinzen der östlichen Landeshälfte hingegen bieten mit ihren Terrassenfeldern Möglichkeiten für intensive Landwirtschaft, die inzwischen mit neu angesiedelten Industrien an der Küste und in den Häfen konkurriert. Hier wohnen die meisten Menschen, so dass für Siedlungsbau immer mehr Boden der Landwirtschaft entzogen wird.

Geschichten über die großen Flüsse finden sich schon in den Gründungslegenden des Reiches. Der Yangzi, mit ca. 6300 km der längste Fluss des Landes, teilt China in Nord und Süd. Viele Überschwemmungen gab es über die Jahrhunderte, und sie wurden in der Tradition immer unfähigen Herrschern angelastet, die das „Mandat des Himmels" (*tianming*) verloren hatten und gestürzt werden durften. Kein Wunder, dass alte und „moderne" Kaiser alles daran setzten, die Fluten einzudämmen. Das fällt in jüngster Zeit immer schwerer, denn am Oberlauf des Yangzi wurden durch Abholzung schwerste ökologische Sünden begangen. Der gegen beträchtlichen Widerstand – auch im eigenen Land – durchgesetzte Yangzi-Staudamm, der die berühmten „Drei Schluchten" verändern wird und für den rund 2 Mio. Menschen umgesiedelt werden, ändert daran nichts – ganz im Gegenteil: Das ökologische Gleichgewicht wird auch im Unterlauf zerstört werden.

Der zweitlängste Fluss des Landes ist mit 5500 km der Huanghe (Gelber Fluss), die Wiege der chinesischen Zivilisation. Er windet sich weiter im Norden durch fruchtbaren Lössboden, der allerdings leicht weggeschwemmt werden kann. So reißt der Huanghe jedes Jahr tonnenweise Sedimente mit sich, erhöht sein eigenes Flussbett und ändert immer wieder seinen Lauf. Doch auf der gelben Erde an seinen Ufern lagen die ersten Fürstentümer, aus denen sich das chinesische Reich bildete.

CHINAS WIDERSPRÜCHLICHE GESCHICHTE

In China wird gerne die lange Kontinuität der Geschichte betont: Schon 4000 oder 5000 Jahre soll sich an der chinesischen Zivilisation fast nichts geändert haben. Doch dies ist weniger als die halbe Wahrheit, denn Geschichtsschreibung in China war immer eine Frage der Legitimierung von Macht und Herrschaft. So ließ jede neue Dynastie die Aufzeichnungen der vorherigen umschreiben oder gar zerstören, um sich selbst als rechtmäßigen Nachfolger zu präsentieren. Gerade heute, da der Legitimationsdruck der Herrschenden wieder sehr groß ist, wird mit der Überbetonung der Kontinuität suggeriert, dass dazu die Beständigkeit der Grenzen gehört, dass China also immer so groß war wie heute. Doch dies ist nun wirklich eine Legende.

*Seite 8/9: Gesamtkunstwerk Peking-Oper.
Seite 10/11: Die Große Mauer zwischen Jinshanling und Simatai. Links: Die Terrakotta-Krieger des ersten Kaisers Qin Shihuangdi bei Xi'an.*

CHINA: GESCHICHTE

Denn in den Schleifen des Huanghe lagen vor 2500 Jahren nur winzige Dörfer, später locker verbundene Fürstentümer, die immer wieder von den nomadischen Reitervölkern im Norden bedroht wurden. Selbst der erste Kaiser vereinigte vor 2200 Jahren ein Gebiet, das weniger als ein Viertel des heutigen China umfasste. Später breiteten sich die Han-Chinesen nach Süden und nach Westen aus und drängten dort lebende Völker gewaltsam physisch und kulturell an den Rand.

Auch die kulturelle Identität Chinas war keineswegs so monolithisch, wie dies gerne dargestellt wird. Der Konfuzianismus war zwar ab der Zeit der Streitenden Reiche (475-221 v. Chr.) über Jahrhunderte Staatsdoktrin und beherrscht das Geistesleben der Elite bis heute, doch andere Denkrichtungen, etwa der Daoismus, besaßen beträchtlichen Einfluss. Auch der Buddhismus, der sich etwa ab dem 1. Jh. n. Chr. über die Seidenstraße verbreitete und sich zur wichtigsten Religion des Landes entwickelte, steht in seinen Lehren den starren Vorstellungen des Konfuzianismus entgegen. Kontinuität ist also nur *ein* Faktor der Entwicklung. Vielfalt, Widersprüchlichkeit und Dynamik bestimmten die Entwicklung des wachsenden Riesen genauso.

DIE ZHOU-DYNASTIE

Mit der Zhou-Dynastie (1100-221 v. Chr.) etablierte sich erstmals ein einigermaßen organisiertes Staatsgebilde, in dem Fürstentümer dem Adel als Lehen gegeben waren. Als Legitimation entwickelten die Zhou das Konzept des *tian* (Himmel), das sich weder mit einem Ort noch mit einer Person verband, sondern vollkommen abstrakt war. Der Herrscher besaß das „Mandat des Himmels" (*tianming*), das er verlieren konnte, wenn er sich als Tyrann oder schlechter Organisator erwies. Diese Idee wurde vom Konfuzianismus verstärkt und wirkt bis in die Gegenwart.

Oben: Typisch für die Shang- und Zhou-Zeit des 2. und 1. Jahrtausends v. Chr. sind meisterhaft gearbeitete Figuren und Gefäße aus Bronze

CHINA: GESCHICHTE

DIE QIN-DYNASTIE

Gegen Ende der Zhou-Herrschaft trat mit dem Klan der Qin, die das Lehen über das westliche Reich besaßen, ein sehr konservativer, straff organisierter, vom Militär beherrschter Konkurrent auf den Plan und dehnte sein Einflussgebiet aus.

238 v. Chr. begann der noch junge König Zheng von Qin einen über zehn Jahre andauernden Kriegszug gegen seine Nachbarn mit dem Ziel, einen einheitlichen, zentralistischen Staat zu schaffen. 221 v. Chr. nahm er den Titel *Qin Shihuangdi* an, wobei *Qin* seinen Klan und die neue Dynastie bezeichnete, *shi* „erster" bedeutet, *huang* sich auf einen „ersten" Kaiser der Mythen bezog und *di* „das oberste Wesen" heißt. Man kann den Titel des ersten Kaisers von China also etwa mit „der Erste Erhabene, Göttliche von Qin" übersetzen.

Das Reich wurde vollständig umorganisiert, bekam eine streng hierarchische Verwaltungsstruktur mit 36 Provinzen, denen jeweils ein Gouverneur und ein General vorstanden. Eine große Welle der Vereinheitlichung schwappte über das Reich, die Maße und Gewichte, den Wagen- und Straßenbau sowie Münzen und Schrift betrafen. Zahlreiche originale Zeugnisse aus dieser Zeit kann man im Provinzmuseum in Xi'an, in dessen Nähe die Qin-Hauptstadt lag, bewundern. Es wurden Kanäle zur Bewässerung der Felder und für den Transport geschaffen, ein schon vorher vorhandenes System von Mauern wurde verbunden und ausgebaut – die erste Große Mauer Chinas.

Das alles war natürlich nur durch die Verpflichtung von Tausenden von Sklaven, Bauern und Arbeitern möglich. Sofort nach der Thronbesteigung begann der Kaiser auch mit dem Bau seines gigantischen, fast 60 km^2 großen Mausoleums, zu dem auch etwa 7000 lebensgroße Terrakotta-Krieger gehören, von denen seit 1974 ungefähr 1100 freigelegt wurden.

DIE HAN-DYNASTIE

210 v. Chr. starb der Kaiser und hinterließ einen schwachen Thronfolger, der zudem die wichtigsten Berater seines Vaters hinrichten ließ. Es kam zur Rebellion und zur Gründung der Han-Dynastie, die schnell ihre Macht konsolidieren konnte, jedoch viele Gesetze wieder abschaffte und erneut den Feudalismus einführte. Als Errungenschaft ihrer Vorgängerdynastie behielt sie allerdings die zentrale Organisation des Staates bei. Das Staatsgebiet wurde beträchtlich ausgeweitet, nach Westen entlang der Seidenstraße, nach Nordosten bis auf die koreanische Halbinsel, und im Süden sichtete man bald erste Truppen in der Gegend des heutigen Kanton. Offiziell dauerte die Han-Dynastie 426 Jahre (206 v. Chr. bis 220 n. Chr.), doch schon geraume Zeit vorher zeigte sie Verfallserscheinungen, die eine lange Zeit der Unruhe und kurzer, unbedeutender Dynastien einleiteten.

DIE SUI-DYNASTIE

Erst im Jahr 581 gelang einem Heerführer eine erneute Reichseinigung mit der Gründung der Sui-Dynastie (581-618). Bis 610 waren äußere und innere Gegner besiegt und eine Vormachtstellung Chinas in Ostasien erreicht. Die Zentralisierung des Staates wurde erneut verstärkt, der Konfuzianismus erlebte eine Blüte, der 1800 km lange Kaiserkanal wurde bis nach Hangzhou vorangetrieben, eine neue Landverteilung belebte die Wirtschaft. Doch zu starker Expansionsdrang brachte schon bald den Fall. Kriegszüge in Korea führten zu Rebellionen und dem Sturz des Herrscherhauses.

DIE TANG-DYNASTIE

Die Wirren der letzten Jahre der Sui-Dynastie nutzte der Aristokratenklan Li zur Übernahme der Macht und zur Etablierung der Tang-Dynastie (618-907).

CHINA: GESCHICHTE

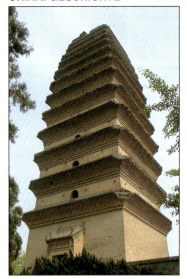

Wie die Han-Dynastie gründete sie auf der Aufbauleistung der nur kurz herrschenden Vorgänger, um nach der Festigung der militärischen und politischen Macht eine geschickte Bündnispolitik mit den angrenzenden Reichen, diesmal vor allem mit Tibet, einzuleiten und nach innen ein stabiles System und eine blühende Kultur zu schaffen. Basis der inneren Stabilität war der konfuzianische Beamte, der in der Folgezeit dafür sorgte, dass die Anweisungen von oben bis in die hinterste Provinz buchstabengetreu umgesetzt wurden.

Die Tang-Dynastie, deren Hauptstadt Chang'an (Xi'an) ca. 2 Mio. Einwohner zählte, ist heute vor allem wegen ihrer künstlerischen Leistungen bekannt. Die Dichtung in einem streng formalisierten Reimschema blühte auf, meist getragen von den Beamten, und mit geschnitzten Holzplatten wurden Bücher

Oben: Die Kleine Wildganspagode in Xi'an – ein Meisterwerk der Tang-Architektur. Rechts: Anmut und künstlerische Qualität der Felsskulpturen von Dazu zeugen von der Blüte des Buddhismus in der Tang-Zeit.

gedruckt. Der Buddhismus erlebte eine Blütezeit und wurde volkstümlicher, Mönche betätigten sich als Reisende und Übersetzer. Auch die buddhistische Kunst in der Malerei und in den mit einer Vielzahl von Figuren besetzten Höhlen, etwa in Dunhuang, erlebte einen Aufschwung. Am bekanntesten sind heute noch Wandmalereien von Hofdamen und Tieren in üppigen runden Formen, die auch in die Keramik Einzug hielten, bei der dreifarbige Glasuren in irdenen Tönen beliebt wurden.

Auch das Tang-Reich zerbrach an seiner Größe und der mangelnden Kontrolle über das Militär. Die Söldnerheere bekundeten nur ihren Kommandanten, nicht aber dem Hof Loyalität, so dass es am Rand des Reichs zu zahlreichen Aufständen kam, die teilweise nur mit einem Eingreifen der uigurischen und tibetischen Verbündeten niedergeschlagen werden konnten. Ab 880 eroberten einzelne Generäle mit ihren Truppen auch größere Städte, so dass das Reich in verschiedene Staaten zerfiel.

DIE SONG-DYNASTIE

Da sich im Norden, etwa in der Umgebung des heutigen Peking, kleinere Staaten einst nomadischer Völker ausgebreitet hatten, wich die neue Dynastie nach Süden aus und machte Kaifeng zur neuen Hauptstadt. 960 hatte sie sich unter dem Namen Nördliche Song gefestigt. In der Folge fand eine beträchtliche Wanderung von Han-Chinesen nach Süden statt, bis in die Gegend des heutigen Hongkong und in den Norden Vietnams. Die Landwirtschaft blühte auf, denn im subtropischen Klima des Südens wurde Reis angepflanzt; auch der Handel entlang der Küste und in überseeische Gebiete intensivierte sich. Die Gelehrten des Landes befassten sich mit dem Konfuzianismus. Sie gingen zurück zu den Ursprüngen und interpretierten die frühen Texte noch konservativer als in der Vergangenheit.

CHINA: GESCHICHTE

Dieser rigide Neo-Konfuzianismus wurde Staatsdoktrin.

Unter den Völkern im Norden taten sich die Dschurdschen und Kitan hervor. Um die Kitan in die Schranken zu weisen, verbündete sich die Song-Dynastie mit den Dschurdschen, die jedoch die Schwäche des Partners erkannten und nutzten, um 1126 die Hauptstadt Kaifeng zu erobern. Der Song-Hof zog weiter nach Süden (Südliche Song), machte zunächst Nanjing, dann Hangzhou – beide damals schon Millionenstädte – zur Kapitale. Die Dschurdschen errichteten Zhongdu („Mittlere Stadt") als neue Residenz dort, wo heute Peking liegt, und hielten ihre Macht rund 100 Jahre. Während dieser Zeit nahmen sie die chinesische Kultur an.

DIE MONGOLISCHE YUAN-DYNASTIE

Doch weiter im Norden wuchs seit langer Zeit ein wesentlich gefährlicherer Gegner heran. Im Jahr 1206 einigten sich die mongolischen Stämme auf Dschingis als Großen Khan und begannen sogleich einen Feldzug gegen andere Völker in Nordchina: 1215 eroberten sie Zhongdu. Zehn Jahre später befanden sie sich im Kampf gegen die Xi Xia, ein Krieg, bei dem Dschingis ums Leben kam. Sein Sohn Ogodai (reg. 1229-1241) wurde zum Nachfolger gewählt und setzte sich die Konsolidierung des beträchtlich gewachsenen Reichs zum Ziel; die Song im Süden ließ er zunächst gewähren. Unter Möngke Khan (reg. 1251-1259) begannen neue Eroberungen rings um das Song-Reich, bei denen der Khan in Sichuan fiel. Das Feld für den größten Eroberer in Asien war bereitet.

Kublai (Kubilai) war ein jüngerer Bruder Möngkes und Enkel Dschingis'. Er wurde 1260 zum Khan gewählt und regierte bis 1294. Während dieser Zeit eroberten die Mongolen das gesamte chinesische Reich und stießen nach Vietnam und weit nach Westasien und Europa vor. 1279 fiel die Song-Hauptstadt Hangzhou, doch schon vorher hatte sich Kublai zum Kaiser ausrufen lassen und auf den Trümmern von Zhongdu seine Hauptstadt Khanbaliq / Dadu (heute Peking) errichtet. 1271 wurde die Dynastie begründet und Yuan genannt, was „Uranfang" bedeutet, ein Zitat aus dem konfuzianischen „Buch der Wandlungen" und erstmals ein Dynastienname mit einer Bedeutung.

Die Mongolen waren bald keine wilde Reiterhorde mehr, sondern schufen einen für die damalige Zeit und die ungeheure Größe erstaunlich gut organisierten Staat, zudem gewährten sie im gesamten Reich religiöse Toleranz. Das chinesische Verwaltungssystem wurde beibehalten, doch mit eigenen Leuten besetzt. Ein Traum: Mit einem Schlag wurde der gesamte Beamtenapparat entmachtet. Die Mongolen vertrauten eher Türken, Persern und Syrern als Verwaltern und stellten für niedere Dienste gar Italiener ein; der heute bekannteste war Marco Polo (s. u.). Die gesellschaftliche Pyramide bestand aus vier Stufen: oben die herrschenden Mongolen, darunter den ausländischen Berater, dann die Nordchinesen (*han ren*) und ganz unten die Südchinesen, die verächtlich „Südbarbaren" (*man zi*) genannt wurden und keine Ämter bekleiden durften.

Die Mongolen forcierten den Handel entlang der Seidenstraße nach Westasien und Osteuropa, außerdem über das Meer nach Südostasien und Indien. Auch die Infrastruktur wurde weiter ausgebaut, denn nach der langen Herrschaft der Song lebte die Mehrheit der Chinesen südlich des Yangzi, während die neuen Herrscher ihr Lebenszentrum wieder im Norden hatten. Berühmt wurde die mongolische berittene Post. Die Mongolen führten auch Papiergeld erstmals ohne Absicherung über Metall ein; die Wirtschaft war also stabil.

Über diese Handelsrouten gelangten Europäer in das sagenhafte „kathai", darunter natürlich auch Reisende und Händler aus der europäischen Handelsmetropole Venedig. Die Brüder Polo mit dem jungen Marco im Schlepptau waren keineswegs die ersten Europäer, die das Altai-Gebirge und die Hauptstadt Khanbaliq erreichten. Doch Marco Polo war der erste, der nach 17 Jahren Dienst am Hof in Europa über seine Erlebnisse und Eindrücke berichtete – und dafür wegen der Verbreitung von Lügen ins Gefängnis geworfen wurde. Jedenfalls drang die Kunde von blühenden Millionenstädten mit Kanälen und Brücken, Toren und Mauern, mit Läden und ansehnlichen Häusern nun auch nach Europa.

Nach Kublais Tod (1294) brachen Fraktionskämpfe aus, was die Chinesen zum Anlass nahmen, gegen die Fremdherrscher zu rebellieren. Schnell folgten auch wirtschaftliche Schwierigkeiten, die eine galoppierende Inflation des Papiergeldes nach sich zogen. Ab 1350 befand sich Mittelchina praktisch im Bürgerkrieg. Der Mönch einer radikalen buddhistischen Sekte rief sich zum „Herzog von Wu" (bei Nanjing) aus und eroberte 1368 die Hauptstadt. Dort wurde er der erste Kaiser der Ming-Dynastie, deren Name wieder Programm war: „hell und klar".

DIE MING-DYNASTIE

Neue Hauptstadt war zunächst Nanjing. Doch ein Sohn des Kaisers verwaltete die einstige Khan-Hauptstadt, und als dieser sich bei der Erbfolge übergangen sah, zog er 1402 gegen den ihm vorgezogenen Neffen und besiegte ihn. Als dritter Ming-Kaiser unter der Regierungsdevise „Yongle" verlegte er die Residenz wieder nach Norden und ließ auf den Trümmern des Mongolen-Palasts eine einmalige Kaiserstadt entstehen: Peking. In zehn Jahren Planung und zehn Jahren Bauzeit entstand eine riesiger Palast („Verbotene Stadt"), streng ausgerichtet auf einer Nord-Süd-Achse, die durch die gesamte Stadt verlief, mit symmetrisch angeordneten

Rechts: Ein Drache, uraltes Symbol des chinesischen Kaisers, an der Neun-Drachen-Mauer im Kaiserpalast in Peking.

CHINA: GESCHICHTE

Hallen gigantischen Ausmaßes. Auch wenn viele Gebäude inzwischen mehrfach erneuert wurden, blieb der Kaiserpalast in seiner Grundstruktur weitgehend unverändert.

Mit dem Kaiser und seinem Hof zogen auch Hunderte, später Tausende von Eunuchen in den Palast. Ihnen vertraute Yongle mehr als seinen Beamten. Das hierarchische Beamtensystem wurde zwar wieder aufgebaut und bis in die Spitze effektiviert, doch durften selbst die Minister keine Entscheidungen fällen, sondern nur Vorschläge unterbreiten, die der Kaiser per Edikt sanktionierte oder ablehnte. Den Eunuchen unterstellte er, keinen eigenen Ehrgeiz zu besitzen und dem Herrscher in Loyalität ergeben zu sein, da sie meist aus armen Familien vom Land stammten.

Einer der bekanntesten Eunuchen der frühen Ming-Dynastie war Zheng He, der bis zum Admiral der Flotte aufstieg und sich einen Namen als Entdecker und Händler zur See machte. Zwischen 1405 und 1433 brach er, teilweise mit 62 Schiffen und 27 000 Mann, zu sieben Expeditionen nach Java und Sumatra, nach Indien und Sri Lanka, in den Persischen Golf und schließlich bis ins Rote Meer und nach Ostafrika auf. Dann erließ der Kaiser aus unklaren Gründen ein Edikt gegen die Seefahrt, und die chinesische Flotte verschwand von den Weltmeeren.

„Reich der Mitte"

Doch obwohl China damals seinen Auftritt in Süd- und Südostasien hatte, verstärkt durch zahlreiche Auswanderer, so war das Reich doch nur halb so groß wie heute. Xinjiang und Tibet gehörten nicht dazu, weite Gebiete, wie etwa Yunnan, ließen sich vom fernen Peking nie kontrollieren. Außenpolitisch hatte man an Stabilität gewonnen, weil man sich mit einem Gürtel von bis zu 50 Tributstaaten umgeben hatte, zu denen zeitweise selbst Japan gehörte. Aus chinesischer Sicht handelte es sich nicht um gleichberechtigte Beziehungen, da China sich als „Reich der Mitte" (*zhong guo*) im Zentrum des Universums sah. Nicht-Chinesen galten als „Barbaren", deren kultureller und so-

CHINA: GESCHICHTE

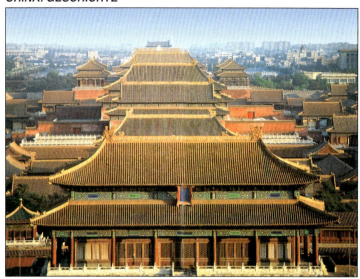

zialer Status mit der Entfernung zum Reich der Mitte abnahm. Die Herrscher der tributpflichtigen Staaten hatten einmal im Jahr oder in größeren Abständen Gesandtschaften zum Kaiserhof zu schicken, die vor dem Kaiser den Kotau – ein neunmaliges Niederwerfen mit Berühren des Bodens mit der Stirn – auszuführen und Geschenke zu übergeben hatten. Dabei kam es nicht auf den materiellen Wert an, denn die Botschafter nahmen meist viel kostbarere Gegengeschenke mit, sondern auf die Unterwerfung unter die Oberhoheit des chinesischen Kaisers. Diese Sicht der Welt sollte zu den heftigen Auseinandersetzungen nach der Ankunft der europäischen Kolonialmächte beitragen.

Ankunft der Europäer und internationaler Handel

Um 1516 erreichte erstmals ein portugiesisches Handelsschiff die Mündung des Perlflusses vor Kanton. Man

Oben: Blick vom Kohlehügel auf den Kaiserpalast in Peking.

tauschte Waren aus und sandte die Ausländer wieder fort. Zunächst blieben die Beziehungen noch friedlich, den Portugiesen als Zwischenhändlern für den offiziell verbotenen Austausch zwischen China und Japan wurde gar 1557 die Errichtung von Macau als Handelshafen am südlichen Ausgang des Perlfluss-Deltas genehmigt. Die bis heute nachwirkenden Kriege sollten erst im 19. Jh. stattfinden.

Der Handel war ein heikles Thema für die Ming-Dynastie. Der Hof versuchte ihn vollständig zu kontrollieren, für jede Unternehmung war eine Lizenz erforderlich. Diese wurde meist an Monopolisten vergeben, die etwa mit der Belieferung der fernen Garnisonsstädte beträchtliche Gewinne verbuchten. So entstand keine „bürgerliche" Mittelschicht wie in Europa, sondern zum herrschenden Adel nur eine kleine Gruppe sehr reicher Händler.

Immerhin brachte der wachsende Wohlstand eines Teils der Gesellschaft eine kulturelle Blüte hervor. Prachtvolle Bauwerke entstanden, Paläste und Tempel, Brücken und nicht zuletzt die

CHINA: GESCHICHTE

Große Mauer zur Abwehr der noch immer unruhigen Mongolen. In Malerei, Kalligrafie und Dichtung stand der wohlhabende Beamte oder Händler als eifriger Laie im Mittelpunkt. Doch es entstanden auch Romane in Umgangssprache, die heute noch zum Repertoire der Schullektüre gehören und in zahlreiche Sprachen übersetzt sind.

Eine völlig andere Kultur repräsentierten die im 16. Jh. an den Hof gelangenden Missionare, die den Kaiser mit naturwissenschaftlichem Wissen beeindruckten. Die Kenntnisse der Astronomie revolutionierten die jährlich erforderliche Aufstellung des Kalenders nach dem Mond, eine besonders wichtige Aufgabe, da nicht nur Feiertage, sondern auch Aussaat und Ernte genau nach Mondtagen festgelegt waren. Auch mathematisches und medizinisches Wissen war willkommen, während die Bekehrungsversuche höchstens geduldet wurden.

DIE MANDSCHURISCHE QING-DYNASTIE

Die Ming-Dynastie herrschte lange erfolgreich, doch nach über 250 Jahren wurde sie schwächer. Gleichzeitig einigten sich 1599 die mandschurischen Stämme auf Nurhaci als Anführer, unter dessen Leitung sie chinesische Randgebiete im Nordosten eroberten. 1621 fiel das heutige Shenyang, das Nurhaci 1625 zur Hauptstadt machte, ein Jahr später hatte er die gesamte Mandschurei unter Kontrolle. Auch sein Sohn Abahai (1626-1643) weitete das Einflussgebiet aus und verkündete eine neue Dynastie, die *da qing* (die „große Klare") genannt wurde. Mit Hilfe von Rebellen erreichten die mandschurischen Truppen 1644 Peking, wo sich der letzte Ming-Kaiser am Kohlenhügel erhängte.

Die Mandschuren sahen sich unter einem starken Legitimationsdruck, wollten sie als Fremdherrscher bestehen. Anders als die Mongolen nahmen sie schnell und gezielt die chinesische Kultur an, hatte doch Abahai schon mit Hilfe von chinesischen Beratern seinen Hof in Shenyang aufgebaut. Die Beamtenelite blieb an der Macht, bekam lediglich mandschurische oder mongolische Aufpasser zugeteilt. Aus dieser Sucht nach Legitimation entstand eine Überanpassung: Der Konfuzianismus wurde in seiner orthodoxesten Form adaptiert, statt der vorher in der Mandschurei üblichen Feuerbestattung wurde die chinesische Erdbestattung übernommen, die eigenen religiösen Praktiken wurden weitgehend verdrängt. Zunächst gelang dieser Kurs – die frühen Kaiser initiierten eine machtpolitische, wirtschaftliche und kulturelle Blüte – doch später sollte sich das Beharren auf überkommenen Werten als fatal für die Monarchie in China erweisen.

Ausweitung des Reichs

Im Kernland blieb die politische Situation zunächst stabil. Doch an den Rändern weiteten die Qing-Herrscher ihren Machtanspruch beständig aus, genau wie manche westmongolische Völker, die Einfluss bis nach Tibet erringen wollten. Von Anfang des 17. bis Mitte des 18. Jh. fanden immer wieder Schlachten in Zentralasien statt, die erst mit einem Sieg 1756/57 über die Dsungaren, einem Massaker unter dem dsungarischen Adel und der Eroberung von Aksu, Kashgar und Yarkand beendet wurden. Der Kaiser setzte in der nun Xinjiang („neue Gebiete") genannten Region eine Militärregierung ein und machte sie 1884 zur Provinz. Auch Tibet war oft durch Unruhen gekennzeichnet. Die Menschen rebellierten gegen den vom Dalai Lama geführten Adel, den Peking immer wieder unterstützte, um seine Interessen zu wahren.

Ende des 18. Jh. hatte China unter Kaiser Qianlong (1736-1795) seine größte Ausdehnung erreicht. Der menschenreichste Staat Asiens vereinte eine Vielzahl von Völkern, Sprachen

23

CHINA: GESCHICHTE

und Schriften, schon bezeugt dadurch, dass Dokumente in mindestens vier Sprachen (Chinesisch, Mongolisch, Mandschurisch und Tibetisch) verfasst wurden. Zahlreiche Religionen (der Buddhismus in verschiedenen Ausprägungen, der volkstümlich gewordene Daoismus, der auch religiös ausgeprägte Konfuzianismus und andere) existierten nebeneinander. China war also in der Vergangenheit nicht der kulturell monolithische Block, als der es sich heute gibt. Nur das Zentrum der Macht, der Kaiserhof, war damals so orthodox wie heute die Partei in politischen Belangen. Sein Festhalten an starren, überkommenen Ordnungen bewirkte, dass die Gesellschaft Bedrohungen von außen nicht gewachsen war.

„Öffnung" und Opiumkriege

China war immer ein Land der Mythen, und durch seine staatliche Ideologie und die häufige Selbstisolierung trieb das Land diese Mythenbildung noch weiter voran. Viele Menschen fühlten sich über die Jahrhunderte von China angezogen, und je weniger man über das Land wusste, desto besser ließen sich die Mythen konservieren. Doch nicht nur Abenteurer und Entdecker hielten Ausschau nach dem sagenhaften „Kathai" oder dem Paradies auf Erden, sondern auch Leute mit handfesten Interessen.

Zu diesen gehörten zweifellos die Kolonialherren, die mit Truppen, Handelsschiffen und Missionaren ab dem 16. Jh. immer wieder vor Chinas Küsten auftauchten.

Während zunächst der geringe Handel streng reguliert, aber einigermaßen reibungslos zwischen Macau und Kanton ablief, verschärften sich die Gegensätze im 19. Jh. Zum einen vertiefte sich der Widerspruch zwischen den europäischen Mächten, als sich zu den vorher dominierenden katholischen Portugiesen und Spaniern auch die protestantischen Briten und Holländer gesellten. Zum anderen wurde der Druck stärker,

Oben: Europäische Faktoreien in Kanton um 1800 (Glasmalerei). Rechts: Chinesische Opiumraucher 1843.

CHINA: GESCHICHTE

neben dem Einkauf exotischer Waren – im Falle Chinas Tee, Seide und Porzellan – auch die eigenen, nach der Industriellen Revolution in Massenproduktion erzeugten Güter in der Ferne abzusetzen. Doch Chinas Kaiser erklärten immer wieder, dass sie selbstversorgend seien, dass das Reich der Mitte keinerlei Bedarf an ausländischen Dingen besäße. In den Augen der Kolonialisten ein schweres Vergehen, dessen Konsequenz nur lauten konnte: China musste „geöffnet" werden.

Als Schlüssel zur gewaltsamen Öffnung Chinas gilt häufig das Opium, vor allem in China selbst, doch es muss ernsthaft bezweifelt werden, dass es eine gezielte Politik Britanniens gab, Opium zur Schwächung Chinas zu nutzen. Vielmehr setzten die Briten Opium als Zahlungsmittel ein, da sich China alle von ihm gekauften Waren in Silber bezahlen ließ. Als den Briten das Silber ausging, ließen sie sich die bis dahin geringen Mengen des in Indien erzeugten Opiums, das sie in China absetzten, ebenfalls mit Silber vergüten. Dies funktionierte gut, und so steigerte man mit allen Mitteln den Absatz, was bei Opium nicht schwierig war, da schon geringe Mengen einen relativ hohen Wert besaßen und die Kunden süchtig wurden.

Dabei war Opium von alters her als Heilpflanze bekannt, man setzte es, auch in China, gegen Blutungen und Durchfall ein. Zum Rauschmittel wurde es erst im 17. Jh., als das Tabakrauchen in Mode kam. Erstaunlicherweise konsumierten es die beiden extrem entgegengesetzten Klassen der Gesellschaft, die reichen Müßiggänger und die armen Kulis, für die es billiger war als vernünftiges Essen. Es trifft auch nicht zu, dass ganz China an der Opiumpfeife hing; man schätzt, dass auf dem Höhepunkt der Opiumwelle „nur" ungefähr 2 Mio. Chinesen den Stoff regelmäßig konsumierten.

Beim Verbot des Opiums 1839 ging es dem Kaiser auch nicht um die Volks-

gesundheit, sondern vor allem um seine Handelsbilanz und die Geldwertstabilität. In den Jahren vorher war nämlich der Silberabfluss aus China ständig gestiegen, und da die Währung an das Silber gebunden war, drohte eine gewaltige Inflation. Deshalb setzte sich schließlich der für seine Rigidität bekannte Kommissar Lin Zexu durch, der den Kaiser überzeugte, den Verkauf von Opium zu verbieten. Lin ließ die europäischen Handelshäuser in Whampoa bei Kanton belagern und schließlich 20 000 Kisten des Rauschgifts zerstören.

Die beiden Opiumkriege (1840-1842 bzw. 1856-1860) waren der Auslöser für einen militärischen Machtkampf in Ostasien. Die Kolonialmächte wollten nun China für den Handel öffnen, eigene Stützpunkte außerhalb der despotischen chinesischen Rechtsprechung gewinnen und diplomatische Beziehungen auf gleichberechtigter Ebene mit dem Kaiser erzwingen. Nach mehreren Seeschlachten, Kriegszügen und Belagerungen der Städte Nanjing und Peking wurden die ausländischen Rechte

CHINA: GESCHICHTE

in den von China „ungleich" genannten Verträgen von Nanjing (1842), Tianjin (1858) und Peking (1860) praktisch vollständig zugunsten der Kolonialmächte geregelt. China war politisch und militärisch viel zu schwach, um den Alliierten irgendetwas entgegensetzen zu können.

Hongkong wurde britische Kolonie und gewann in mehreren Schritten Land dazu. Shanghai als wichtigster Hafen in Mittelchina, nahe der Mündung des Yangzi, über den das Hinterland erreicht werden konnte, bekam ein „Internationales Settlement" und Zonen der Kolonialmächte, in denen die chinesische Verwaltung keinerlei Rechte besaß; in anderen, weniger bedeutenden Häfen war es ähnlich. In Peking wurde ein Gesandtschaftsviertel eingerichtet, in dem die ausländischen Mächte ihre Botschaften bauten und wie in Europa oder Amerika lebten.

Oben: Angriff der Taiping-Rebellen auf Nanjing, 1864 (Holzschnitt). Rechts: Boxeraufstand in Peking, 1900.

Die Taiping-Rebellion

Zu den weiteren Mythen der chinesischen Geschichtsschreibung gehört, dass nur die Angriffe der technisch überlegenen Ausländer den Zerfall des Reiches verursachte. Dabei war die Qing-Dynastie Mitte des 19. Jh. längst heruntergewirtschaftet und hatte den technischen und wirtschaftlichen Anschluss an die Welt verloren. In Mittel- und Südchina zeigten zahlreiche Aufstände und Rebellionen ihr nahes Ende an.

Der bedeutendste dieser Aufstände war die Taiping-Rebellion (1850-1864) unter der Führung von Hong Xiuquan, einem Grundschullehrer aus der Provinz Guangxi, der sein Lebensziel davonschwimmen sah, nachdem er viermal durch das Beamtenexamen gefallen war und nach Kontakten mit amerikanischen Missionaren der Wahnvorstellung unterlag, er sei der jüngere Bruder von Jesus Christus. Er sammelte Unzufriedene aus seiner Heimat um sich und verschanzte sich in den Bergen, wo er sich zum „Himmelskönig

CHINA: GESCHICHTE

des Himmlischen Königreichs des Großen Friedens" (*taiping tianguo*) erklärte. 1851 begann er einen Feldzug gegen die Mandschu-Herrscher. In seinem Wahn und der Verzweiflung seiner Anhänger hinterließ dieser Zug eine breite Schneise der Zerstörung, von Menschenleben und von allen buddhistischen und konfuzianistischen Bauwerken, wovon vor allem Nanjing betroffen war. In dieser Region blieb der Zug stecken, die Führung hatte sich heillos zerstritten. 1864 starb Hong auf mysteriöse Weise, was die kaiserlichen Truppen zum Anlass nahmen, Nanjing zu stürmen und ein Massaker anzurichten, bei dem mehr als 100 000 Menschen ums Leben kamen. Das konservative Beamtentum hatte zum letzten Mal gesiegt.

Verspätete Reformen

Konsequent war allerdings auch eine nun eingeleitete Politik der „Selbststärkung", mit der die konservative Elite die technischen Errungenschaften des Westen kopieren wollte, vor allem in Rüstung, Bergbau und Landwirtschaft, ohne jedoch politische oder gesellschaftliche Konsequenzen zu ziehen. Dabei bediente man sich durchaus der Unterstützung durch die Kolonialmächte, die Ende des 19. Jh. kleine Enklaven besetzt hatten, wozu auch die deutschen Kolonien von Qingdao (Tsingtau) und Jiaozhou (Kiautschau) in der heutigen Provinz Shandong gehörten.

Nur gelegentlich gab es Phasen der Veränderung. Etwa die „Hundert-Tage-Reform" des jungen Guangxu-Kaisers (reg. offiziell 1875-1908), der unter dem Einfluss von Reformern wie Kang Youwei (1858-1927) stand, die eine aufgeklärte Monarchie wie in Japan anstrebten. Doch wie der Name schon sagt, dauerte die Reformperiode nur vom 11. Juni bis 21. September 1898, also 103 Tage. Sie wurde durch einen Putsch der konservativen Fraktion um die Kaiserinwitwe Cixi, Guangxus Tante, beendet. Cixi ließ die meisten Refor-

mer verhaften und stellte Guangxu im Sommerpalast unter Hausarrest.

Der Boxeraufstand

Kurze Zeit später verbündete sich die konservative Fraktion im Palast mit einer Bewegung, die sich gegen jede Modernisierung und alles Ausländische wandte; ihr Zentrum lag in Shandong, wo diese Geheimbünde Kampftechniken praktizierten, daher der Begriff „Boxer-Bewegung". Nach der gewaltsamen Beendigung der kurzen Reformphase gewannen die Boxer in Nordchina beständig an Einfluss, griffen kirchliche Einrichtungen und Missionare an. Ein Eklat war erreicht, als am 19. Juni 1900 der deutsche Gesandte Klemens von Ketteler in Peking ermordet wurde. Am Tag darauf begannen die Boxer, unterstützt von kaiserlichen Truppen, mit einer zweimonatigen Belagerung des Gesandtschaftsviertels („Boxeraufstand"), die erst durch die Ankunft eines alliierten Korps gebrochen wurde. Dabei plünderten britische und französische Truppen wertvolle

CHINA: GESCHICHTE

Kultureinrichtungen der Hauptstadt. Der Hof wurde gezwungen, einen Vertrag zu unterzeichnen, der die Sicherheit der Botschaften gewährleistete. Die Boxerbewegung versandete daraufhin.

Auch für das chinesische Kaiserhaus stand das Ende unmittelbar bevor. Zwar gab es noch einige Reformen, doch schon seit Jahrzehnten hatte das Land nicht mehr unter der Kontrolle der Zentrale gestanden. 1908 starben der offiziell regierende Guangxu und die de facto regierende Cixi innerhalb von wenigen Tagen. Zurück blieb ein dreijähriges Kind auf dem Thron, Pu Yi, der tragische letzte Kaiser von China.

DIE REPUBLIK

Während der Norden konservativ und monarchistisch eingestellt war, hatte sich im Süden schon lange eine Reformbewegung gebildet, die auf repub-

Oben: Dr. Sun Yatsen, der Vater des neuzeitlichen China. Rechts: Der Lange Marsch (1934-1937) – ein langes Leiden.

likanische Werte setzte. Einer ihrer Führer war der in der Nähe von Macau geborene spätere Arzt Dr. Sun Yatsen (1866-1925). Er formulierte als „grundlegende drei Prinzipien": Nationalismus, republikanische Verfassung und Sozialismus durch Bodenreform (wobei letzterer nichts mit Marx zu tun hatte). Als die Qing-Regierung 1911 wegen der Xinhai-Revolution zusammenbrach, besetzten die Reformer Nanjing und riefen eine Gegenregierung unter Sun aus. In Peking verhandelte Yuan Shikai mit dem Hof und wurde schließlich zum 1. Januar 1912 mit Unterstützung der Nanjinger zum Präsidenten ausgerufen. Doch Yuan versuchte, eine neue Dynastie zu gründen, was das Entstehen einer starken Zentralregierung verhinderte. 1916 starb Yuan, woraufhin das Land nur noch von regionalen Militärmachthabern regiert wurde, die sich bis 1928 in wechselnden Koalitionen gegenseitig bekämpften.

Sun Yatsen gründete die Nationale Volkspartei (Guomindang, GMD), die in der Gegend von Nanjing erfolgreich blieb und außerhalb von Kanton eine Militärakademie aufbaute. Diese wurde von Chiang Kaishek (1887-1975) geleitet, der sich zum Gegenspieler Suns entwickelte. Im Frühjahr 1925 weilte Sun Yatsen zu Verhandlungen in Peking, wo er überraschend an Leberkrebs verstarb. Zum Nachfolger in der Führung der Guomindang schwang sich der ehrgeizige und machtversessene Chiang Kaishek auf, was eine dauerhafte Koalition der Reformkräfte verhinderte.

Die 4.-Mai-Bewegung

Zu diesen Kräften gehörten auch die Intellektuellen, für die der 4. Mai 1919 zu einem wichtigen Datum wurde. Nach dem 1. Weltkrieg hatte Deutschland auch seine Kolonien in China verloren; Japan übte entsprechend dem Versailler Vertrag (1918/19) ein Protektorat über Qingdao aus. Dass diese Gebiete nicht wieder unter chinesische

CHINA: GESCHICHTE

Verwaltung gestellt wurden, brachte Intellektuelle und Nationalisten auf, die sich am 4. Mai zu einer Demonstration auf dem Tian'anmen-Platz in Peking trafen. Die sich so formierende 4.-Mai-Bewegung, die sich vor allem in den damals sehr beliebten Zeitschriften äußerte, forderte eine „Verwestlichung" Chinas im Sinne der Abschaffung der konfuzianischen Gesellschaftsstruktur und eine Demokratisierung des politischen Systems, Forderungen, die bis heute nicht eingelöst sind.

Gründung der Kommunistischen Partei Chinas (KPCh)

Als weitere neue Kraft etablierte sich die 1921 in Shanghai von ein paar Genossen, unter denen sich auch ein gewisser Mao Zedong, Hilfsbibliothekar an der Peking-Universität, befand, nach sowjetischem Vorbild gegründete Kommunistische Partei Chinas (KPCh). Sie setzte zunächst auf die Industriearbeiter, in einem Land, in dem es fast keine Industrie gab, und schwenkte erst zehn Jahre später dazu über, „wie ein Fisch im Wasser" unter den Bauern zu leben und diese als revolutionäres Potential zu entdecken.

Die Kommunistische Internationale, bestimmt von der Sowjetunion, unterstützte bis in den 2. Weltkrieg hinein die nationale Guomindang, drängte aber beide Parteien zur Zusammenarbeit, was nur zeitweise und auf wenigen Gebieten wirklich funktionierte. So führten KPCh und GMD zusammen die Militärakademie von Whampoa bei Kanton, in der die Führungskräfte beider Parteien geschult wurden. Lange Zeit wurden sie angeleitet von Zhou Enlai (1898-1976), dem aus einer Gelehrtenfamilie stammenden späteren Premierminister der Volksrepublik.

Die japanische Invasion und der Lange Marsch

Dabei wäre eine echte Einigung des politisch wie militärisch zersplitterten China dringend notwendig gewesen. Denn schon 1910 hatte das vom Militär beherrschte Japan Korea als Kolonie annektiert und von dort mehr als ein

CHINA: GESCHICHTE

gieriges Auge auf die rohstoffreiche Mandschurei geworfen, in die japanische Truppen immer stärker einsickerten. 1931 rief Japan den Marionettenstaat Manzhouguo (Mandschukuo) mit dem inzwischen erwachsen gewordenen Ex-Kaiser Pu Yi als formellem, aber machtlosem Oberhaupt aus.

Doch trotz der sich weiter ausbreitenden Japaner waren die Brüche zwischen GMD und KPCh immer größer als der vorübergehende Zusammenhalt. Chiang Kaishek griff die KPCh-Basen sogar militärisch an, was die Kommunisten 1934-1937 zu ihrem legendären *Langen Marsch* zwang, bei dem sich etwa 90 000 kommunistische Kämpfer über rund 12 000 km in die unwirtliche Gegend von Yan'an in der Provinz Shaanxi zurückzogen. Bei diesem Marsch kam etwa die Hälfte der Teilnehmer ums Leben, und das Ziel versprach auch erst einmal ein Leben in äußerster Kargheit. Dieses traumatische Erlebnis prägte die Führer der späteren Volksrepublik. In Yan'an entstanden die eingeschworenen Seilschaften von Freunden und Gegnern, dort begründete man die Ideologie des einfachen Lebens für die Bauern, dort wandte man sich von allem Fremdem, Ausländischem ab, dort wurden Abhandlungen über Kunst und Kultur verfasst, die auch den heutigen Zensoren noch durch den Hinterkopf geistern. Und dort wurde Mao Zedong zum Parteiführer gewählt.

1937 begann praktisch der 2. Weltkrieg in Asien. Die Japaner drangen weiter ins chinesische Kernland vor, und am 7. Juli fielen an der Marco-Polo-Brücke südlich von Peking die ersten Schüsse. Rasch marschierten die Truppen weiter, richteten grausame Massaker mit Hunderttausenden von Toten unter der Zivilbevölkerung an (u. a. in Nanjing im Dezember 1937 / Januar 1938) und hatten bis Oktober 1938 Wuhan und Shanghai erobert, während die Marine Kanton besetzte. Einen Tag nach dem Überfall auf Pearl Harbor am 7. Dezember 1941 bombardierte die Luftwaffe auch Hongkong, das von Kanton aus bis Weihnachten eingenommen werden konnte.

Die Guomindang zog sich weiter zurück, schließlich bis nach Chongqing in der Provinz Sichuan. Die kommunistische Rote Armee hingegen begann einen Guerillakrieg, der ihr später sehr viel Sympathie einbrachte. Entscheidend schlagen konnte sie die Japaner jedoch auch nicht – die Besetzung großer Teile des Landes endete erst mit der Kapitulation Japans im August 1945.

Damit begann wieder die Rivalität zwischen GMD und KPCh. Die Nationalisten fanden Unterstützung in den Städten, die Kommunisten auf dem Land, von wo aus sie die Städte einkreisten und die Guomindang schließlich zur Flucht auf die Insel Taiwan zwangen (1949).

DIE VOLKSREPUBLIK

Am 1. Oktober 1949 rief Mao Zedong vom Tor des Himmlischen Friedens, jenem Ort, von dem aus einst die Edikte des Kaisers herabgelassen wurden, die Volksrepublik China aus. Sie wurde zunächst nur von der Sowjetunion anerkannt. Wie jede neue Dynastie, so glaubte auch diese, zuerst ihre äußeren Grenzen sichern zu müssen, weshalb die „Volksbefreiungsarmee" zwei Jahre später ins seit dem Zusammenbruch der Qing-Dynastie unabhängige Tibet einmarschierte (1951).

Der „Große Sprung nach vorn"

Im Inneren lagen die Schwerpunkte auf der Kollektivierung der Landwirtschaft und dem Aufbau einer Schwerindustrie nach sowjetischem Muster. Einen ersten Höhepunkt fand diese, immer wieder von Kampagnen statt von einer stetigen Entwicklung vorangetrie-

Rechts: Mao inspiziert während der Kulturrevolution die Roten Garden (Peking, 1966).

CHINA: GESCHICHTE

bene Politik ab 1958 im „Großen Sprung nach vorn". Er erwies sich als gigantischer Fehlschlag, der, noch verschärft durch Naturkatastrophen, wohl 30-40 Mio. Menschen das Leben kostete. Die meisten von ihnen verhungerten schlicht.

Auch außenpolitisch entwickelte sich die Lage krisenhaft. In Tibet brach 1959 ein Aufstand los, der nur mit Gewalt niedergeschlagen werden konnte. Der Dalai Lama und sein Gefolge flohen nach Indien. Die Beziehungen zu diesem flächen- und bevölkerungsreichen asiatischen Antipoden verschlechterten sich, so dass es Anfang der 1960er-Jahre zu Scharmützeln an der Grenze kam. Auch die einstige Schutzmacht Sowjetunion wandte sich unter Chruschtschow zunehmend von China ab. Aus Anlass einer Auseinandersetzung um die Belieferung mit Atomwaffen brach der Streit offen aus, und die Sowjetunion zog 1960 sämtliche Techniker aus China ab; 1963 kam es schließlich zum offiziellen Bruch zwischen beiden Ländern. China war nun auf sich selbst angewiesen, während die beiden sozialistischen Staaten einen ideologischen Propagandakrieg vom Zaun brachen.

Während innenpolitisch die frühen 1960er-Jahre eher ruhig verliefen, spitzten sich die Fraktionskämpfe innerhalb der Partei zu. Mao Zedong als Vertreter der „linken" Fraktion, die auf Kollektivierung und Massenkampagnen setzte, hatte beträchtlich an Macht verloren und schien sich, glaubt man der Autobiografie seines Leibarztes Li Zhisui, vor allem mit jungen Mädchen vom Land im Swimmingpool oder auf seiner Lagerstatt zu vergnügen. Während Ministerpräsident Zhou Enlai eher eine ausgleichende Rolle spielte, war Maos Gegenspieler vor allem der Staatspräsident und Wirtschaftstheoretiker Liu Shaoqi.

Die „Große Proletarische Kulturrevolution"

Der Widerspruch zwischen den Fraktionen brach ab August 1966 auf, als Mao und seine Unterstützer die „Große Proletarische Kulturrevolution" ausriefen. In der Landwirtschaft stand nun die

CHINA: GESCHICHTE

große Kollektivierung zu den Volkskommunen an, vor allem aber durften ungebildete Rote Garden – zum großen Teil fanatisierte Jugendliche – alles zerstören, was ihnen als „reaktionär" oder „bürgerlich" erschien. Dazu gehörten auch Abertausende von Menschen, denen solches Gedankengut unterstellt wurde. Im Schatten dieser Aktionen konnten jedoch auch viele alte Rechnungen beglichen werden, vom Politbüro bis hinunter zur Nachbarschaft im Dorf. Vermutlich starb bis zum Ende der heißen Phase der „Kulturrevolution" im Jahr 1969 rund ein Zehntel der Gesamtbevölkerung.

Die konkrete Politik vollführte dann wieder einmal eine Kehrtwende. Ministerpräsident Zhou bereitete die Rückkehr Chinas in die Weltpolitik vor. Mit der Aufnahme in die UNO 1971, dem Besuch des amerikanischen Präsidenten Richard Nixon 1972 und der nachfolgenden diplomatischen Anerkennung Pekings als einzigen Vertreters Chinas, was einer gleichzeitigen Abwertung Taiwans gleichkam, war dies durchaus gelungen.

1976 sollte zum Schicksalsjahr werden. Im Januar starb der beim Volk beliebte Zhou Enlai. Als es zum Totengedenktag Anfang April große Trauerkundgebungen auf dem Tian'anmen-Platz in Peking gab, setzte sich die Linke noch einmal durch und ließ mit Gewalt Menschen und Kränze räumen. Doch im September verschied auch der „Große Steuermann" Mao. Hinter den Kulissen brach der Machtkampf offen aus, den jedoch die „rechte" Fraktion mit der Verhaftung der „Viererbande" um die Mao-Witwe Jiang Qing für sich entscheiden konnte. Ein Parteitag Ende 1978 besiegelte die erneute politische Wende und leitete wirtschaftliche Reformen ein.

Rechts: Die Skyline von Pudong / Shanghai zu Beginn des dritten Jahrtausends – Symbol für Chinas Finanz- und Wirtschaftskraft.

Wirtschaftliche Reformen

Die Wirtschaftsreformen erwiesen sich zunächst als angepasst und erfolgreich. In der Landwirtschaft wurden die Kommunen aufgelöst, die Bewirtschaftung des Bodens per Vertrag wieder der Familie übertragen. Der Staat übernahm weiterhin den größten Teil der Ernte, teils als Pacht und anstelle von Steuern, teils zu festen, im Vergleich zu früher höheren Ankaufspreisen. Der Rest durfte auf „freien Bauernmärkten" verkauft werden. Das Ergebnis waren beträchtliche Ertragssteigerungen, damit eine Erhöhung der bäuerlichen Einkünfte, daraus folgend ein Bauboom auf dem Land und eine erhöhte Nachfrage nach Konsumgütern.

In der Industrie setzte man zunächst auf Sonderwirtschaftszonen, in denen Unternehmen aus dem kapitalistischen Ausland ihre Lohnveredelungsgeschäfte durchführen konnten, also Rohstoffe oder Halbfertigwaren importieren, mit chinesischen Arbeitskräften fertigen lassen und wieder exportieren. Neben dem Erwerb von Devisen versprach man sich davon auch den Transfer von Know-how in das Hinterland. Im nächsten Schritt bekam Shanghai mit Pudong einen Sonderstatus, 14 Hafenstädte wurden „geöffnet", später entstanden dann Hunderte von „Sonderzonen", die oft nur Bauruinen und leer stehende Hotels hinterließen.

Viele Joint Ventures litten und leiden unter mangelhaftem rechtlichem Umfeld, fehlender Kompetenz in Technik und Management, undurchschaubaren Absatzmärkten, mangelnder Infrastruktur, bürokratischen Hemmnissen und der allgegenwärtigen Korruption in KP und Militär. Einige funktionieren dennoch recht gut. Das größere Problem bestand darin, die grotesken Fehler der maoistischen Wirtschaftspolitik zu beseitigen: die riesigen Stahlwerke, die niemals wirtschaftlich gearbeitet haben; und die miteinander verwobenen Konglomerate, die minderwertige Pro-

CHINA: GESCHICHTE

dukte herstellen, die heute keiner mehr will. An diese Aufgabe wagte sich Ministerpräsident Zhu Rongji (1998-2003), der als Wirtschaftsfachmann galt, erstmals heran, sichtbare Erfolge hatte er jedoch nicht gleich vorzuweisen.

Dem Staat ist es zudem in über 30 Jahren Reformpolitik nicht gelungen, sich ausreichende Einnahmen durch sozial verträgliche Steuern zu verschaffen, um damit Investitionsmaßnahmen wie die dringend nötige Verbesserung der Infrastruktur oder ein Sozialsystem zu schaffen. Ausgerechnet hier setzte man auf den „freien Markt", der die Leute beim Arzt und in der Schule wieder zahlen lässt – Abgesang auf maoistische Gleichheitspropaganda.

Inzwischen sind die Städte mit Autos verstopft, weil man glaubt, auf Planung verzichten zu können – wie überhaupt das Wachstum vollkommen ungeregelt vonstatten geht, Hauptsache die Steigerungszahlen sind imponierend (durchschnittlich 8 % Wachstum des BSP in den letzten 15 Jahren). Die Folgen sind jedoch nicht zu übersehen: In den Industriestädten gibt es kaum noch einen klaren Tag, ständig ist der Himmel verhangen von Smog aus Autos und Fabriken. Die sorglose, unkontrollierte Einleitung von Abwässern verseucht die Gewässer und die darin gezüchteten Fische, Krebse und anderes Getier bringen die Schadstoffe in die Nahrungskette. In den letzten Jahren eingeleitete Schutzmaßnahmen zeigen nur minimale Erfolge, eine Umweltkatastrophe droht.

Insgesamt war die Wirtschaftsreform zwar viel erfolgreicher als im nachsowjetischen Russland, doch nicht alle Chinesen profitieren davon: Sie hat ein starkes Ungleichgewicht geschaffen – zugunsten des Südens, wo die Provinzen Guangdong und Fujian am erfolgreichsten sind, und zugunsten des Ostens, der intensiv bewirtschafteten Küstenregion. Im Westen und in stadtfernen Regionen hingegen sind die Menschen eher ärmer als vorher. Die Bildungs- und Ausbildungssituation hat sich verschlechtert, statt in die Schule zu gehen, müssen viele Kinder wieder aufs Feld oder in die Werkstatt. Der hohe Bevölkerungszuwachs der maoistischen Jahre, als noch galt, dass jede Hand eine Arbeitskraft sei, man aber vergaß, dass jeder Mund auch gefüttert werden musste, sorgt jetzt für eine unvorstellbare Arbeitslosigkeit. Genaue Zahlen lassen sich nicht errechnen, aber man geht davon aus, dass allein bis zu 300 Mio. Menschen als Tagelöhner durch das Land ziehen, während es Zahlen derjenigen, die sich unter- oder unbeschäftigt durchs Leben schlagen, gar nicht gibt. Weiterhin müssten eigentlich Millionen aus der Schwerindustrie entlassen werden, zudem plante Zhu Rongji die Entlassung der Hälfte der Bürokraten und die Halbierung der Armee.

Dem großen Einkommensgefälle zwischen Arm und Reich will die gegenwärtige Regierung unter Ministerpräsident Wen Jiabao (seit 2004) entgegen treten. Vor allem soll die Situation auf dem Land verbessert werden, indem die Landwirtschaftssteuer abgeschafft werden soll. Für beschlagnahmtes Ackerland sollen die Bauern eine angemessene Entschädigung erhalten. Staatsobligationen in Höhe von 110 Milliarden Yuan sollen der Finanzierung von Vorhaben in ländlichen Gebieten, im sozialen Sektor und bei der Erschließung der westlichen Gebiete und der Umstrukturierung der nordöstlichen Provinzen dienen. Der Schutz des Privateigentums soll in Zukunft per Verfassung gesichert werden.

Politische Orthodoxie

Soviel Flexibilität die Führung unter Deng Xiaoping nach 1978 auch bewies, politisch hat sich die Situation eher verschärft. Deng gehörte schon 1953 zu den Exekutoren der Kampagne „Lasst 100 Blumen blühen", bei der Künstler und Intellektuelle zuerst aufgefordert wurden, Kritik an Gesellschaft und Partei zu üben, nur um anschließend aus dem Verkehr gezogen zu werden. Auch nach dem Parteitag von 1978 brach wieder eine politische Diskussion los, und die „Mauer der Demokratie" in Peking wurde täglich mit neuen Wandzeitungen bepflastert. Einer der eifrigsten Schreiber war der Elektriker Wei Jingsheng, der auch einer der ersten war, der deshalb verhaftet und nach fast 15 Jahren im Arbeitslager 1997 in die USA abgeschoben wurde. Nur gelegentlich öffnete sich die Tür gesellschaftlicher Freiheiten einen Spalt breit, und oft genug wurden die Köpfe, die vorsichtig herauslugten, anschließend abgeschlagen.

Doch auf die Dauer lässt sich auch in China die Demokratie nicht unterdrücken. Schon lange fordern nicht nur Intellektuelle eine „fünfte Modernisierung" als Ergänzung zu den unter Deng Xiaoping nach 1978 eingeleiteten vier Modernisierungen (Landwirtschaft, Industrie, Wissenschaft und Technik, Militär). Doch statt hier eine langsame Entwicklung zuzulassen, ersetzte die KPCh das politische System durch ein Netz von Korruption extremsten Ausmaßes, die derzeit in China allgegenwärtig ist.

Im Frühsommer 1989 hatte das Volk genug davon. Aus Anlass des Todes des beliebten ehemaligen Parteichefs Hu Yaobang zogen Hunderttausende auf die Straße. Zuerst waren es nur die Studenten in Peking, dann kamen Demonstranten aus allen Berufen und in allen Großstädten hinzu. Sie demonstrierten gegen Korruption in Partei und Regierung sowie für Meinungsfreiheit und Demokratie.

Nach einigen Tagen besetzten Tausende den symbolträchtigen Tian'anmen-Platz und forderten damit die Führung heraus. Ministerpräsident Zhao Ziyang wandte sich nicht energisch genug gegen die Demonstranten und wurde gestürzt. Ausgerechnet in dieser Zeit kam Michail Gorbatschow, der in Moskau Glasnost gefordert hatte, nach Peking, um sich mit den einstigen Geg-

Rechts: Zwei waren schon zuviel – seit 1979 soll die Ein-Kind-Politik das rasche Bevölkerungswachstum Chinas bremsen.

CHINA: GESCHICHTE

nern zu versöhnen. Ein herber Gesichtsverlust für die Partei, die inzwischen jeden Rückhalt im Volk verloren hatte.

So war das Ende fast zwangsläufig. Das Triumvirat aus Deng Xiaoping, der kein Amt mehr innehatte, aber im Hintergrund die Fäden zog; Li Peng, dem dogmatischen, politisch und geistig unbeweglichen Ministerpräsidenten; und General Yang Shangkun, dem Staatspräsidenten; ordnete an, dass in der Nacht des 3. / 4. Juni der Tian'anmen-Platz von der Armee mit Gewalt geräumt werden sollte. Dabei kamen mehrere tausend Menschen ums Leben.

Zukünftige Herausforderungen

Die wirtschaftlich erfolgreichen Provinzen im Süden sehen schon längst nicht mehr ein, weshalb sie mit Zahlungen nach Peking andere Landesteile unterstützen sollten. Der Yangzi könnte sich, wie schon vor über tausend Jahren, als natürliche Grenze erweisen. Auch die brutale Vorgehensweise gegen Tibet wird sich womöglich letztendlich rächen. Seit Jahren siedelt Peking Zehntausende von Han-Chinesen in Lhasa und anderen wichtigen Orten an, um die tibetische Kultur zur Folklore zu reduzieren und die Tibeter im eigenen Land zur Minderheit zu machen. Ähnliches geschieht, wesentlich weniger beachtet, auch in Xinjiang (Sinkiang), wo man befürchtet, nach dem Zusammenbruch der Sowjetunion könnten alte muslimische Bande mit den Nachbarstaaten geknüpft werden.

Als größtes Problem der Zukunft könnte sich der soziale Sprengstoff erweisen, den die Partei hat entstehen lassen: Nachdem die alles organisierenden und kontrollierenden *danwei* (Einheiten) und die „eiserne Reisschüssel" zerschlagen sind, fehlen die sozialen Sicherungssysteme. Schon gab es Bauernaufstände, vor denen sich die Mächtigen tatsächlich fürchten. Die Ein-Kind-Politik, die die schnell wachsende Bevölkerung seit 1979 bremsen soll, ist mit großem Leid verbunden und wirkt inzwischen nur noch in den Städten.

Eine erfolgreiche chinesische Regierung müsste die wild wachsende Wirtschaft rechtsstaatlich vernünftig regle-

CHINA: KONFUZIANISMUS UND DAOISMUS

mentieren und für einen Ausgleich zwischen Regionen und Bevölkerungsgruppen sorgen. Der Kommunistischen Partei fehlt dazu allerdings die Struktur, die Kraft und das nötige integre Personal; eine demokratische Alternative zur KP konnte und durfte sich bis heute nicht herausbilden.

Chinas massenhaft billigst produzierte Exportwaren und sein unersättlicher Rohstoffhunger beeinflussen mittlerweile die amerikanische und die Weltwirtschaft massiv; zugleich rüstet China auf – Politologen warnen vor einer künftigen Konfrontation mit den USA.

Konfuzianismus und Daoismus

Von den vielen philosophischen Schulen, die sich in China im Lauf der Jahrhunderte herausgebildet haben, sind heute noch zwei bestimmend, der Konfuzianismus und der Daoismus. Beide sind eigentlich keine Religionen,

Oben: Im buddhistischen Tin Hau Temple in Hongkong. Rechts: Daoistische Zeremonie im Tempel der Weißen Wolken (Peking).

haben aber jetzt wieder aufkeimende religiöse Varianten angenommen.

Der **Konfuzianismus** geht auf den Wanderlehrer Konfuzius (latinisierte Form von Kong Fuzi, d. h. Meister Kong) zurück, der von 551-479 v. Chr. im Staat Lu in der heutigen Provinz Shandong lebte. Zu seinen Lebzeiten übte er wenig Einfluss aus, da er keine Anstellung an einem Fürstenhof fand, vielmehr systematisierten erst seine Schüler, vor allem Menzius (371-289 v. Chr.), seine Gedanken zu einem kohärenten Bild.

Aus den Mythen Chinas formte die Schule einen „idealen Herrscher", der als wohlmeinender Diktator an der Spitze der gesellschaftlichen Pyramide stehen sollte. Diese war durch ungleiche Beziehungen gekennzeichnet, wobei von oben nach unten Güte und Mitleid, von unten nach oben Gehorsam zu gelten hatten. Das Verhalten des Einzelnen sollte sich nach den Riten und moralischen Tugenden ausrichten.

Die meisten Elemente des Konfuzianismus sind heute noch spürbar: Die KP beherrscht eine rigide Hierarchie; selbst

CHINA: KONFUZIANISMUS UND DAOISMUS

Mitglieder der demokratischen Bewegung sehnen sich nach einem wohlmeinenden Herrscher, wobei einigen Lee Kuan Yew aus Singapur als Vorbild dient. Beförderungen werden meist nach dem Senioritätsprinzip, nicht nach dem Leistungsprinzip durchgeführt, Frauen praktisch immer benachteiligt. Dass nach Maos Phrase „die Frauen die Hälfte des Himmels tragen", war in China nie mehr als Propaganda.

Der **Daoismus** kam zu einem ganz anderen Menschenbild: Er sieht das Individuum im Zentrum und versucht Hilfen zu geben, wie der Einzelne sein *dao*, meist übersetzt mit „Weg", in der natürlichen Ordnung des Kosmos finden kann. Ergebnis von ausgiebigen Natur- und Menschenbeobachtungen ab dem 6. Jh. v. Chr. war, dass der Mensch das *wu wei*, das „Nicht-Eingreifen", üben sollte. Damit ist jedoch keine vollständige Passivität gemeint; man soll sich nur nicht in Widerspruch zu seiner Umgebung setzen. Einige strenge Daoisten zogen die Konsequenz, als Eremiten zu leben. Doch den stärksten Einfluss übte der Daoismus auf Künstler aus. Maler und Dichter schufen ihre philosophische Welt, deren Einfluss auf die chinesische Ästhetik bis heute wirksam ist. Auch die naturwissenschaftliche und medizinische Entwicklung kann ohne den Daoismus kaum verstanden werden. Eine Krankheit gilt als Abweichung von einem sonst ausgewogenen Naturzustand, der durch die Beseitigung der Ursachen – weniger der Symptome – wiederhergestellt werden kann. Später entwickelte sich daraus die traditionelle Kunst der Heilmittelherstellung und der Atem- und Körperübungen *taiji* und *qigong*.

Der bekannteste daoistische Text ist das *Daodejing* („Der Weg und die Tugend"), das einem Weisen namens Laozi (Laotse) zugeschrieben wird, der im 6. Jh. v. Chr. gelebt haben soll. Stiluntersuchungen haben jedoch belegt, dass es sich um das Werk mehrerer Autoren handelt, eine Art Zitatensammlung. Aber anders als der Konfuzianismus braucht der ursprüngliche Daoismus keine Führerfiguren, denn jeder Einzelne befindet sich auf dem Weg zu seinem eigenen *dao*.

HÖHEPUNKTE

PEKING

**Platz des Himmlischen Friedens (S. 50): Gilt mit 40 Hektar als größter innerstädtischer Platz der Welt und fasst 1 Mio. Menschen; das politische und ideelle Zentrum Chinas.

**Verbotene Stadt (S. 53): Die Residenz der Ming- und Qing-Kaiser ist mit 720 000 m² und 9999 Räumen das wichtigste Monument klassischer Architektur.

*Park des Nördlichen Sees (S. 58): Attraktive Grünanlage zu Füßen der tibetisch beeinflussten Weißen Pagode.

**Drei Hintere Seen (S. 60): Szeneviertel mit Restaurants und Pubs.

**Hutongs (S. 60): Die traditionellen Altstadtgassen (*hutongs*) nordwestlich des Kaiserpalasts sind fast noch wie ein dörflicher Mikrokosmos, den man bequem auf einer Riksha-Fahrt entdecken kann.

**Residenz des Prinzen Gong (S. 61): Schönste und größte Privatresidenz mit Felsengebirge in einem raffiniert angelegten Garten.

**Lama-Tempel (S. 63): Das besterhaltene buddhistische Kloster Pekings, im Nordosten gelegen und heute wieder von Mönchen bewohnt.

**Konfuzius-Tempel (S. 65): Nahe dem Lama-Tempel und architektonisch ebenso interessant ist die Erinnerungsstätte an Chinas großen Philosophen.

**Wangfujing-Boulevard (S. 67): Populäre Shoppingmeile und Fußgängerzone mit Boutiquen, Straßencafés und Mega-Malls.

**Himmelsaltar (S. 70): Die runde Halle der Erntegebete im weitläufigen Park ist das beste Beispiel für Eleganz und Harmonie klassischer chinesischer Architektur.

**Tempel der Weißen Wolke (S. 74): Eines der bedeutendsten daoistischen Zentren Chinas, das die Kulturrevolution so gut wie unbeschadet überstanden hat.

**Factory 798 (S. 77): Über 100 Galerien und Ateliers bieten einen Einblick in Chinas Kunstszene.

**Olympic Green mit Nationalstadion (S. 78): Das für die Olympischen Spiele errichtete „Vogelnest" gilt als neues Wahrzeichen Pekings.

**Sommerpalast (S. 80): Viel Zeit sollte man sich für einen Spaziergang durch den kaiserlichen Park und eine stimmungsvolle Bootsfahrt auf dem See nehmen).

Park des Duftenden Berges (S. 83): Schöne Fernsichten genießt man vom Gipfel des kaiserlichen Parks in den Westbergen, zu dem auch das ehrwürdige ****Kloster der Azurblauen Wolken gehört.

**Peking-Oper (S. 98): Traditionelle Orchestermusik, Kostüme, Masken, Akrobatik und perfekte Inszenierung verbinden sich zu einer höchst anspruchsvollen Kunstform.

UMGEBUNG VON PEKING

**Ming-Gräber (S. 104): Die kaiserliche Nekropole mit dem von Wächterfiguren bestandenen Seelenweg und den riesigen Grabanlagen zählt zu den meistbesuchten Sehenswürdigkeiten Chinas.

**Große Mauer (S. 106): Ein Muss jedes Peking-Besuchs ist ein Spaziergang auf dieser einzigartigen Mauer – mit etwa 6000 km Länge das größte Bauwerk der Menschheit.

**Chengde (S. 109): Die kaiserliche Sommerresidenz beeindruckt durch ein einzigartiges Zusammenspiel von Natur und Kunst.

**Qing-Gräber (S. 110): Die Grabstätten der letzten Dynastie im Osten und Westen von Peking werden wenig besucht und sind auch deshalb zauberhaft.

Vorherige Seiten: Performance im Trommelturm von Peking. Rechts: Die Halle der Erntegebete – Teil des Himmelsaltars.

PEKING: EINSTIMMUNG

EINSTIMMUNG

Wie Bambus sprießen überall Hochhäuser aus dem Boden – sichtbare Zeichen des chinesischen Wirtschaftswunders. Seit Peking als Schauplatz der Olympischen Sommerspiele 2008 auserkoren wurde, hat man riesige Summen investiert, um die alte Kaiserstadt in neue Kleider zu hüllen. Kaum eine andere Metropole der Welt erlebte in den letzten Jahren einen so grundlegenden Wandel, eine so rasante Modernisierung wie die chinesische Mega-City. Ihre schiere Größe und grenzenlose Dynamik verstört, verwirrt und reißt doch jeden Besucher unweigerlich mit.

Doch die Boomtown hat noch ein ganz anderes Gesicht, war sie doch die „Nördliche Hauptstadt" der „Himmelssöhne", die ihr Reich der Mitte jahrhundertelang von der legendenumwobenen Verbotenen Stadt aus regierten. Nirgendwo kann man das klassische China besser studieren als an den vielen Tempeln, Toren und Palästen Pekings, die häufig eingebettet sind in elegant gestaltete Gärten und Parks – Oasen der Ruhe und grüne Lungen in der smoggeplagten 16-Millionen-Metropole. Einen letzten Einblick in das traditionelle chinesische Alltagsleben gewähren die wenigen malerischen Altstadtgassen (*hutongs*), die nicht dem Bauboom zum Opfer gefallen sind. Als Kunst- und Kulturzentrum bietet die Stadt darüber hinaus modernste Museen, hunderte Galerien, futuristische Theaterbauten und einige der wichtigsten Avantgarde-Künstlerviertel des Landes.

Einer Weltstadt würdig ist die Gastronomieszene Pekings: Gourmets können sich in den zahllosen Restaurants der Metropole durch alle Facetten der exquisiten chinesischen Küche probieren. Wer gern einkauft, stöbert im exotischen Angebot der Märkte oder bummelt durch glitzernde Mega-Malls. Und auch abends ist die chinesische Hauptstadt attraktiv und aktiv: Dann bieten traditionelle Akrobatik- und Kung-Fu-Shows und Peking-Opern sowie schicke Discos, angesagte Clubs und coole Bars Entertainment vom Feinsten.

Beijing huanying ni! – „Peking heißt Dich willkommen!"

PEKING

PEKING

PEKING

**PLATZ DES HIMMLISCHEN FRIEDENS
KAISERPALAST /
VERBOTENE STADT
KAISERLICHE PARKS
DREI HINTERE SEEN
LAMA-TEMPELKLOSTER
DISTRIKTE
AUSFLÜGE**

**PEKING

Vor dem abrupten Aufbruch in die Moderne durchlebte **Peking ❶** (*Beijing*), heute Metropole mit ständig wachsender Macht, bis in die jüngste Neuzeit hinein eine von extremen Höhen und Tiefen gezeichnete Geschichte.

Kurioserweise begann die Stadtentwicklung mit den Reiternomaden aus den nördlichen Steppen, jenen Horden, die die Chinesen als barbarisch und wild verachteten und gegen die sie die berühmte Große Mauer errichteten. Einmal sesshaft geworden, wählten nacheinander drei Reitervölker Peking zum Sitz ihrer Dynastie – 947 die Kitan, 1125 die Dschurdschen und 1264 die Mongolen. Unter dem Mongolen-Herrscher Kublai Khan soll auch der Venezianer Marco Polo einige Jahre (1275-1292) am Hof in Peking geweilt haben. Seine verwirrend vielfältigen Eindrücke im „Reich der Mitte" hielt er im „Buch der Wunder" fest – dem meistgelesenen Reisebericht aller Zeiten.

Die Glanzzeit Pekings begann 1406, als der dritte Ming-Kaiser Yongle seine Residenz von *Nanjing* („Südliche Hauptstadt") nach *Beijing* („Nördliche Hauptstadt") verlegte und den Kaiserpalast, die legendäre „Verbotene Stadt",

Links: Malerischer Winkel in der Verbotenen Stadt.

in Auftrag gab. Er war der strahlende, an Prunk und an Aufwand alles übertreffende Mittelpunkt nicht nur Pekings, sondern des gesamten chinesischen Reiches.

Der Gebäudekomplex, der Mythologie entsprechend auf der Nord-Süd-Achse gebaut, war nur der Kaiserfamilie, Eunuchen und Mandarinen (hohen Beamten) zugänglich. Ihn begrenzte eine 3,5 km lange Mauer, an die sich ringsum die „Kaiserstadt", Wohnquartier der Beamtenschaft, anschloss. Nach Süden öffnete sich der Palast beim Tor des Himmlischen Friedens am Tian'anmen-Platz. Bis zu ihrem fast vollständigen Abbruch in den 1950er-Jahren schützte eine über 15 m hohe und 20 km lange Mauer dieses Gebiet. Die „normalen" Bürger siedelten in der „Südstadt" oder „Chinesenstadt", in der auch der Himmelsaltar liegt.

1644 eroberte wieder ein Fremdvolk, die Mandschu, Peking und begründete die Qing-Dynastie. Um ihre Herrschaft sicherzustellen, übernahmen sie die unter den Ming bewährte Verwaltung und führten die chinesischen Traditionen fort. Doch um ihre Macht äußerlich zu demonstrieren, zwangen sie den Chinesen ihre mandschurische Kleidung und Frisuren auf. Der im Westen so bekannt gewordene und in China verhasste „Chinesenzopf" war in Wirklichkeit ein „Mandschuzopf".

Karte S. 102-103, Stadtplan S. 44-45, Info S. 85-87

PEKING

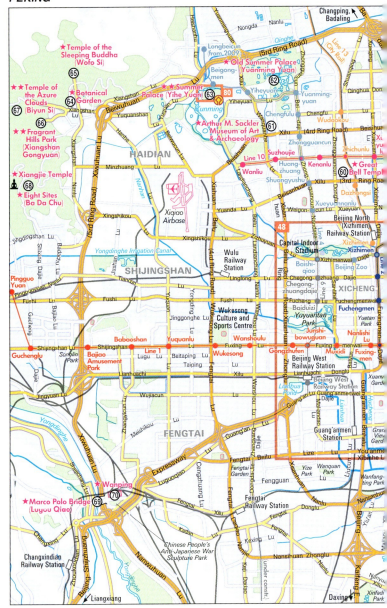

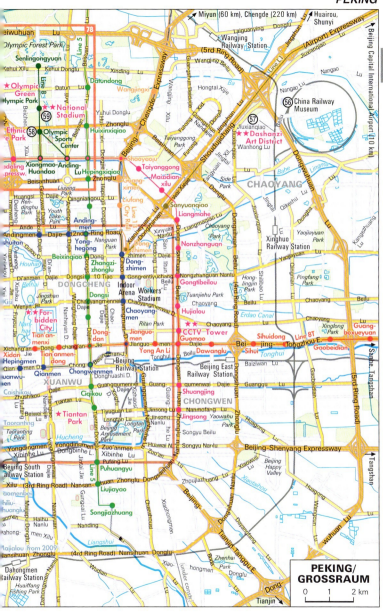

PEKING

Die größte Bedeutung erfuhr Peking unter Qianlong (1735-1796), dem am längsten regierenden Kaiser der chinesischen Geschichte. In seiner Ära war die „Nördliche Hauptstadt" das Zentrum des damals schon bevölkerungsreichsten Staates der Welt mit seinen ungefähr 350 Mio. Einwohnern und 12,5 Mio. km^2 Fläche (fast 3 Mio. km^2 mehr als die heutige Volksrepublik China). Der Ruhm des Herrschers über „alles unter dem Himmel" (*tianxia*) strahlte weit in die Nachbarstaaten aus, selbst aus Nepal, Zentralasien, Korea und Indochina trafen Tributgesandtschaften in der „Verbotenen Stadt" ein.

Mangelnde Reformen, übermächtiger Einfluss des Westens und wachsender Groll auf das Kaiserhaus machten der Qing-Herrschaft 1911 ein Ende. Um die junge Republik zu schützen, waren die bürgerlichen Revolutionäre um Staatsgründer Sun Yatsen auf die

Oben: Morgendliches Tai Chi im Park des Himmelsaltars. Rechts: Für die Olympischen Spiele 2008 wurde die Zahl der U-Bahn-Linien verdoppelt.

Unterstützung des Militärs angewiesen. Diese fand man beim Chef der Nordarmee, Yuan Shikai, der als erste Amtshandlung den Kindkaiser Pu Yi zur Abdankung zwang. Als die Qing-Dynastie unterging, schnitten sich die Chinesen sofort den ungeliebten Zopf ab.

Allerdings kamen weder China noch Peking danach richtig zur Ruhe. Zwar verlor Peking zunächst an Bedeutung, weil der Generalissimus Chiang Kaishek nach der innenpolitischen Befriedung Chinas 1928 seine Hauptstadt nach Nanjing verlegte. Doch schon 1937 rückte es wieder in den Mittelpunkt, als die Japaner nach dem „Zwischenfall an der Marco-Polo-Brücke" (s. S. 30) Chinas Norden annektierten und bis 1945 Peking okkupierten. Vier Jahre später, nach dem chinesischen Bürgerkrieg, wurde Peking erneut Hauptstadt, als Mao Zedong, Anführer der chinesischen Kommunisten, am 1. Oktober am Tor des Himmlischen Friedens die rote Fahne hisste und die Volksrepublik China proklamierte.

Seither erlebte Peking die unterschiedlichsten politischen Kampagnen

und Intrigen – und eine skrupellose architektonische Beschneidung seiner reichen Historie: Im Rahmen eines Sanierungsprogramms wurde die ehemalige Mauer um die Kaiserstadt geschleift; sie gab Raum für breite Paradestraßen. Für den riesigen Platz des Himmlischen Friedens sprengte man alte Ministerialgebäude, dafür entstanden die Große Halle des Volkes und gigantische Wohnsilos. Hätte nicht der zweite Mann hinter Mao, Zhou Enlai, klassische Anlagen wie den Kaiserpalast oder den Lamatempel durch das Militär schützen lassen, wären sie wohl während der Kulturrevolution (1966-1976) dem Erdboden gleichgemacht worden.

Seit Peking zum Austragungsort der XXIX. Olympischen Spiele gekürt wurde, hat der Bauboom nochmals einen kräftigen Aufschwung genommen: Für dieses prestigeträchtige Ereignis wurden keine Kosten gescheut. Neben der Verbesserung der Infrastruktur – so verdoppelte man die Zahl der U-Bahn-Linien – ist im Norden der Stadt zwischen der 4. und 5. Ringstraße die rund 11 km^2 große Olympiastadt, das Olympic Green (s. S. 78), entstanden. Damit nicht genug: Rund 3,4 Mrd. Euro investierte man in den Beijing Capital International Airport, dessen Ausbau zum größten Flughafen der Welt Sir Norman Foster übernommen hat. Er vereinte traditionelle chinesische und moderne Elemente, perfekt umgesetzt am gigantischen Terminal 3 in Form eines Drachens (Symbol für Glück) und am Bahnhof in Gestalt einer Schildkröte (langes Leben).

Das neueste Großprojekt findet man in Chaoyang, im Osten Pekings: Dort stampfen zigtausende Wanderarbeiter ein Büro- und Wohnviertel aus dem Boden – mit Wolkenkratzern, deren spektakulärster der CCTV Tower (s. S. 70) sein wird.

Orientierung

Die Orientierung in Peking ist relativ einfach (s. Übersichtskarte S. 44-45): Im Zentrum liegen der alte Kaiserpalast und der Platz des Himmlischen Friedens, umgeben vom historischen Zen-

PEKING

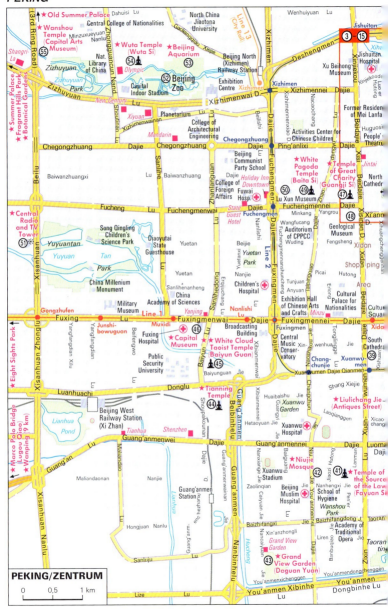

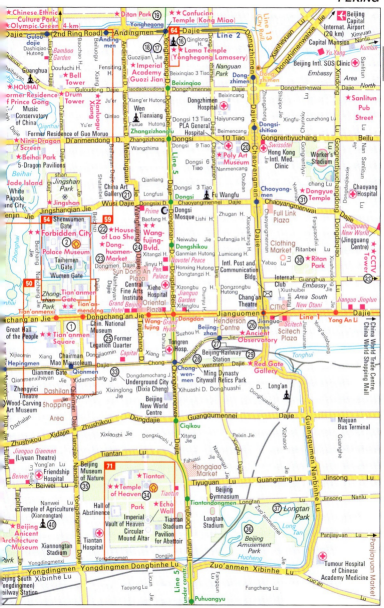

PEKING: PLATZ DES HIMMLISCHEN FRIEDENS

RUND UM DEN **PLATZ DES HIMMLISCHEN FRIEDENS

**Platz des Himmlischen Friedens

Zentraler Ausgangspunkt für eine Stadtbesichtigung ist der **Platz des Himmlischen Friedens** ① (*tian'-anmen guangchang*). Auf der weiten baumlosen Fläche sammeln sich Souvenirverkäufer, Soldaten marschieren im Stechschritt und Heerscharen chinesischer Touristen staunen über die gigantischen Ausmaße: Der mit 350 x 800 m größte Platz der Welt fasst rund 1 Mio. Menschen, und so viele kamen auch schon mehrmals zusammen, denn der Platz ist ein Brennpunkt der jüngeren Geschichte. So fanden hier während der Kulturrevolution die Massenaufmärsche der Roten Garden statt. Traurige Berühmtheit erlangte der Platz vor allem durch die blutige Niederschlagung einer studentischen Großdemonstration am 3./4. Juni 1989.

*Große Halle des Volkes

Unübersehbar begrenzt die 350 m lange *Große Halle des Volkes* **1** (*renmin dahui tang*) die Westseite des Platzes. Der sozialistische Protzbau ist öffentlich zugänglich und beherbergt neben einem eindrucksvollen **Treppenhaus** prunkvolle Räume für jede chinesische Provinz. Außerdem kann man den gigantischen, fast 10 000 Personen fassenden *Plenarsaal besichtigen (außer bei Sitzungen). In ihm tagt ein- bis zweimal jährlich der Volkskongress, das chinesische Parlament. Auch die Sitzungen der KP finden hier statt.

*Chinesisches Nationalmuseum

Das *Chinesische Nationalmuseum* **2** (*Zhongguo guojia bowuguan*) steht auf der Ostseite des Platzes. Zurzeit ist es geschlossen, weil die umfassende Sammlung zur chinesischen Geschichte und Kultur neu geordnet und die Aus-

trum mit Straßen in Schachbrett-Anordnung. Die Altstadt wird von der autobahnähnlichen 2. Ringstraße begrenzt: Hier verlief die ming-zeitliche Stadtmauer. Heute markieren U-Bahnstationen die Lage der einstigen Stadttore (z. B. Andingmen; *men* = Tor). Weitere Ringstraßen setzen sich fast kreisförmig nach außen hin fort: 1994 stellte man die 3., 2001 die 4. und bereits 2003 die 5. Ringstraße fertig – bei diesem Tempo wird die Vollendung der 6. Ringstraße nicht lange auf sich warten lassen.

Da Peking einen Durchmesser von etwa 45 km hat, liegen die Attraktionen zum Teil sehr weit auseinander. Das Busnetz ist für ausländische Touristen nur schwer zu durchschauen, doch erreicht man mit der U-Bahn bequem viele Sehenswürdigkeiten. Zudem fahren tausende Taxis mit Taxameter durch die Stadt.

Rechts: Das Tor des Himmlischen Friedens (tian'anmen) gab dem größten Platz der Welt seinen Namen.

PEKING: MAO-MAUSOLEUM

stellungsfläche nach Plänen des deutschen Architektenbüros *Gerkan, Marg und Partner (gmp)* auf 180 000 m² erweitert wird. Bald soll das Museum wieder öffnen.

Denkmal für die Volkshelden

38 Meter hoch ragt das **Denkmal für die Volkshelden** 3 (*renmin yingxiong jinian bei*) auf. Der 1952-1958 errichtete Obelisk gedenkt der Menschen, die in Revolutionen des 18. und 19. Jh. ihr Leben ließen. Das illustrieren die Reliefs am Sockel.

Mausoleum für den Vorsitzenden Mao

An Politik und Persönlichkeit Mao Zedongs, der die Geschicke Chinas von 1949-1976 nahezu absolut bestimmte, scheiden sich die Geister – unbestritten hat er jedoch die Weltgeschichte geprägt wie nur wenige andere. Seine großen Leistungen waren die Alphabetisierung von Millionen Chinesen, die Einführung der „Eisernen Reisschüssel" (lebenslange staatliche Versorgung für Arbeiter) und die Stärkung des chinesischen Selbstbewusstseins. Als ungeheure Tragödien entpuppten sich dagegen seine kommunistische Wirtschaftspolitik – der „Große Sprung nach vorn" zog die größte je von Menschen ausgelöste Hungersnot der Weltgeschichte nach sich – und die „Kulturrevolution", die Millionen von Menschenleben forderte und die Zerstörung zahlreicher Kulturgüter zur Folge hatte. Schon zu seinen Lebzeiten war der „Große Steuermann" daher von den „Pragmatikern" in der Partei bekämpft worden. Kurz nachdem Mao am 9. September 1976 mit 82 Jahren gestorben war, riss man das Ruder herum und öffnete sich der „sozialistischen Marktwirtschaft".

In dem bei chinesischen Touristen populären **Mausoleum für den Vorsitzenden Mao** 4 (*Mao zhuxi jinian tang*) ist sein einbalsamierter Leichnam in einem Glassarg zu sehen (oder nur eine Wachsnachbildung, wie böse Zungen behaupten?); in der Vorhalle thront eine 3,50 m hohe Marmorstatue des Diktators.

PEKING: TOR DES HIMMLISCHEN FRIEDENS

*Vorderes Tor und *Dazhalan

An der Südseite des Platzes erhebt sich das mächtige *Vordere Tor 5 (*qian men*; heutige Gestalt vom Anfang des 20. Jh.). Zusammen mit dem südlich gelegenen **Pfeilturm** (*jian lou*) bildete es eine Doppeltoranlage. Herrlich ist die **Aussicht** von der Terrasse.

Von der südwärts führenden stilvollen Einkaufsmeile **Qianmen Dajie** (Fußgängerzone) zweigt Pekings berühmteste traditionelle Einkaufsstraße, die *Dazhalan (Dashilar), ab – Zentrum eines teils erhaltenen, teils rekonstruierten **Altstadtviertels**. Hier entdeckt man traditionsreiche Geschäfte, die Maßschuhe, edle Seide, chinesische Medizin oder feine Tees anbieten. Mit Kunst und „Antikem" lockt die bekannte, im Westen anschließende Antiquitätenstraße *Liulichang (siehe auch Seite 72).

*Beijing Planning Exhibition Hall

Vor welchen Herausforderungen ist steht Peking? Wie sieht der Masterplan für die Zukunft aus? Antworten auf diese Fragen findet man in der *Beijing Planning Exhibition Hall 6 (*Beijingshi guihua zhanlanguan*). Hier werden die olympischen Sportstätten sowie Probleme der Infrastruktur (Energie, Wasser, Verkehr) erläutert.

Das 90 m² große *Bronzerelief im Treppenhaus stellt Peking im Jahr 1949 im Maßstab 1:1000 dar. Von den *Modellen zeigt eines den Kaiserpalast, ein anderes auf 302 m² Fläche die Metropole im Maßstab 1:750 und ein weiteres das neue Stadtviertel Chaoyang. Kurzfilme im **3-D-Kino** runden das Programm ab.

Rechts: Der Kaiserpalast („Verbotene Stadt") war bis 1911 für das Volk unzugänglich. Abgeschirmt war er durch eine 10 m hohe Mauer und schwere Tore in der Kaiserfarbe Purpur.

*Großes Nationaltheater

Schon lange vor der Vollendung des *Großen Nationaltheaters 7 (*guojia da juyuan*) 2007 unweit des Tian'anmen-Platzes fanden die Pekinger einen originellen Namen für diesen futuristischen, 36 Mio. Euro teuren Prestigebau: Entenei. Der französische Architekt Paul Andreu, bekannt durch Airports wie den in Shanghai, entwarf das in einem Wasserbecken gelegene **Kulturzentrum** aus Glas und Titan. Statt über Brücken erreicht man die Staatsoper, das Theater und die Veranstaltungssäle durch einen Tunnel.

Museum der Kaiserstadt

Einen Kurzbesuch lohnt das **Museum der Kaiserstadt** 8 (*huangcheng yishuguan*), am besten vor der Besichtigung der nahegelegenen Verbotenen Stadt (s. u.). Denn neben Waffen, Architekturfragmenten und Kleidern hoher Würdenträger zeigt es historische Fotos und Pläne zur Orientierung, ergänzt durch Sonderausstellungen.

**Tor des Himmlischen Friedens

„Die Chinesen, ein Viertel der Menschheit, sind aufgestanden." Am 1. Oktober 1949 um 15 Uhr rief KP-Chef Mao Zedong die Gründung der Volksrepublik China aus: vom **Tor des Himmlischen Friedens** 9 (*tian'an men*). Noch heute prangt an dem 1417 fertiggestellten Haupttor zur Kaiserstadt ein gigantisches Mao-Porträt, flankiert von den Parolen „Lang lebe die große Einheit der Völker der Welt" und „Lang lebe die Volksrepublik China".

*Sun-Yatsen-Park

Westlich vom Tor des Himmlischen Friedens breitet sich der 22 ha große *Sun-Yatsen-Park 10 (*Zhongshan gongyuan*) aus. Noch heute bildet der 1421 von Kaiser Yongle in Auftrag ge-

PEKING: KAISERPALAST / VERBOTENE STADT

gebene **Altar der Erdgötter und der Fruchtbarkeit** (*she ji tan*) den Mittelpunkt des Areals. Die nördlich anschließende **Halle der Verehrung** (*bai dian*), einer der ältesten erhaltenen Holzbauten Pekings, diente den feierlichen Zeremonien. Seit 1928 trägt sie den Namen ★**Dr. Sun Yatsen Memorial Hall**, benannt nach dem in China hochverehrten Gründer der Republik, deren erster Präsident er kurzzeitig (Dez. 1911 bis Feb. 1912) war. Sun starb 1925 in Peking und wurde an diesem Ort vorübergehend aufgebahrt.

★Kaiserlicher Ahnentempel (Kulturpalast der Werktätigen)

Spiegelbildlich zu den Bauten im Sun-Yatsen-Park ist der 1420 vollendete ★**Kaiserliche Ahnentempel** bzw. „Höchste Tempel" (*tai miao*) im Osten platziert, der seit 1950 **Kulturpalast der Werktätigen** 11 (*laodong renmin wenhua gong*) heißt. Einst archivierten hier Eunuchen die Gedenktafeln der kaiserlichen Vorfahren; heute finden in seinen Hallen Veranstaltungen statt.

★★KAISERPALAST / VERBOTENE STADT

Verglichen mit dem Kaiser von China erscheint selbst der französische Sonnenkönig Ludwig XIV. als genügsamer Mann. So repräsentationssüchtig Ludwig sich auch gab, der „Sohn des Himmels" schaffte es locker, ihn zu übertrumpfen. Schließlich galt seine Hauptstadt als „Nabel der Welt", als „Abbild des Kosmos" – da musste schon entsprechend repräsentiert werden. Und das tat der Kaiser, indem er eine der vollendetsten Schöpfungen der Weltarchitektur in Auftrag gab: den weltberühmten ★★**Kaiserpalast** ②, auch „Alter Palast" (*gugong*) genannt, UNESCO-Weltkulturerbe und neben der Großen Mauer das bekannteste Wahrzeichen des Reichs der Mitte.

Der Palast wird auch als „Purpurne Stadt" (*zijincheng*) oder **Verbotene Stadt** bezeichnet, denn das Volk durfte ihn nicht betreten – erst seit dem Sturz des letzten Kaisers 1911 ist er öffentlich zugänglich. Er bildet heute in seiner Gesamtheit das **Palastmuseum** und be-

PEKING: KAISERPALAST

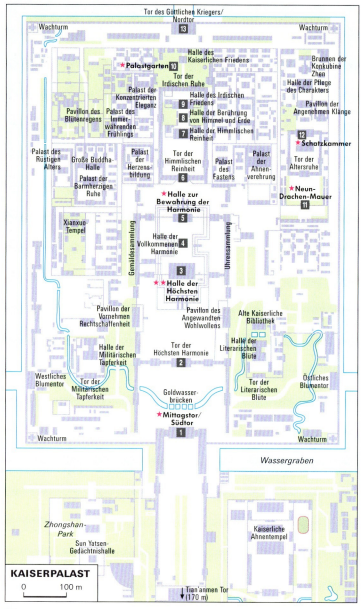

PEKING: KAISERPALAST / VERBOTENE STADT

herbergt in mehreren Hallen kostbares Interieur.

Mit 720 000 m² ist der Kaiserpalast die größte Residenz, die sich je ein Herrscher errichten ließ. Der Himmel hat der Legende nach 10 000 Räume; da der Kaiser „nur" der „Sohn des Himmels" war, durfte er nicht so viele besitzen und beschränkte sich deshalb auf 9999 Räume und Hallen.

Die Verbotene Stadt ist eine Schöpfung der frühen Ming-Dynastie, nachdem Yongle, der dritte Ming-Kaiser, 1406 die Hauptstadt von Nanjing nach Peking verlegt hatte. Die Pracht seiner roten Mauern und des gelben Dächermeeres entfaltet sich besonders eindrucksvoll frühmorgens, wenn sich die Touristenströme noch in Grenzen halten. Die Farben Purpur und Gelb (und auch die Erhöhung der Paläste durch dreistufige Terrassen) waren dem Kaiser vorbehalten, alle anderen Gebäude Pekings mussten in ödem Grau verharren und waren auf ein Stockwerk reduziert.

Ein 52 m breiter Graben und eine 10 m hohe Mauer umschließen den Palast, der ein Rechteck von 960 x 750 m einnimmt. Hier lebte und regierte der „gelb erhabene Herrscher" (*huangdi*), umgeben von mehreren Ehefrauen, unzähligen rivalisierenden Konkubinen, Dienerinnen und den berüchtigten intriganten Eunuchen, die mehrere Kaiser stürzten. „Den Körper säubern", war die geläufige Bezeichnung für die Kastration der Eunuchen, bei der man außer den Hoden auch den Penis abtrennte. Diese „drei Kostbarkeiten" bewahrten die Eunuchen ihr Leben lang auf – natürlich konserviert – und nahmen sie auch mit ins Grab.

Wer den Prunk, aber auch die Dekadenz im Kaiserpalast zum Ende der Qing-Dynastie nachvollziehen will, sollte sich den 1987 hier gedrehten Film *Der letzte Kaiser* von Bernardo Berto-

Rechts: Wächterlöwe aus Bronze im Kaiserpalast.

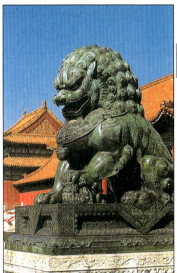

lucci anschauen. Er schildert die tragische Lebensgeschichte von Pu Yi, den die Kaiserinwitwe Cixi noch kurz vor ihrem Tod 1908 zum „Himmelssohn" bestimmte – er war damals drei Jahre alt. Bereits 1912 zur Abdankung gezwungen, lebte der Kindkaiser noch bis 1924 in einem Teil des Palasts. Als „Marionette" repräsentieren durfte er 1931, als die Japaner die Mandschurei besetzten, dort das Reich *Mandschuguo* gründeten und Pu Yi zum Regenten von ihren Gnaden machten. Nach seiner „Umerziehung" in einem kommunistischen Arbeitslager in den 1950er-Jahren arbeitete der letzte Kaiser in Peking als Gärtner, bis zu seinem Tod 1967.

Vom *Mittagstor zum *Palastgarten

Ein Ort, zu dem auch der Kaiser zu Fuß hinaufstieg, ist das 1420 erstmals errichtete ***Mittagstor** 1 (*wu men*), der Hauptzugang „in die Verbotene Stadt, in einen Bereich, den wir nie zuvor besucht hatten, und es war so, als wollte das Tor mir verkünden, welcher Zauber und welche Geheimnisse mich

PEKING: KAISERPALAST / VERBOTENE STADT

erwarteten ..." (Pierre Loti, 1903). Vom Mittagstor aus beobachtete der Kaiser Militärzeremonien, verkündete den Kalender des neuen Jahres und hob oder senkte den Daumen über Gefangene.

Durch den folgenden **Äußeren Hof** schlängelt sich der **Goldwasserkanal**; zusammen mit den fünf elegant geschwungenen **Goldwasserbrücken** – Sinnbildern der konfuzianischen Tugenden Menschlichkeit, Rechtschaffenheit, Sittlichkeit, Aufrichtigkeit und Respekt – ist er ein beliebtes Fotomotiv (Bild S. 13). Entlang der Nord-Süd-Achse des Palastes passiert man nun das **Tor der Höchsten Harmonie** 2 (*taihe men*). Die beiden Bronzelöwen an den Seiten symbolisieren die Macht der chinesischen Kaiser.

Auf einer gewaltigen dreistufigen **Marmorterrasse**, fast exakt im Zentrum der Verbotenen Stadt, stehen die folgenden drei Gebäude. Als erstes betritt man die wohlproportionierte

Oben: Thron in der Halle der Höchsten Harmonie. Rechts: Die Halle zur Bewahrung der Harmonie.

✶✶Halle der Höchsten Harmonie 3 (*taihe dian*), das größte Gebäude des Palastkomplexes und eines der imposantesten ganz Chinas. Ein Meisterwerk der Zimmermannskunst ist der schwere **Dachstuhl**, dessen geniale Konstruktion das Gewicht auf die 24 rotlackierten Säulen verteilt. Der Kaiser hielt hier Versammlungen ab, sein prunkvoll verzierter **✶Thron** war dabei meistens hinter einem Vorhang verborgen – der Himmelssohn war dem Volk entrückt.

Die Vorbereitung der rituellen Handlungen fand in der dahinterliegenden **Halle der Vollkommenen Harmonie** 4 (*zhonghe dian*) statt.

Den Abschluss des Dreier-Ensembles bildet die **✶Halle zur Bewahrung der Harmonie** 5 (*baohe dian*). Neben Audienzen für Vasallen und Prinzen führten die Herrscher hier persönlich den Vorsitz bei den Beamtenprüfungen des höchsten Ranges.

Vorbei an der schönsten Steinskulptur des Palastes, einer riesigen, 200 t schweren **✶Flachrelief-Steinplatte** mit der Darstellung von **neun Drachen**, ge-

PEKING: KAISERPALAST / VERBOTENE STADT

langt man dann durch das **Tor der Himmlischen Reinheit** 6 (*tianqing men*) in den kaiserlichen Privatbereich. Mit einer zweiten Marmorterrasse wiederholt dieser in kleinerem Maßstab die Anlage der drei Zeremonienhallen.

Als offizieller Wohnpalast des Kaisers diente die **Halle der Himmlischen Reinheit** 7 (*qianqing gong*), von der man über die **Halle der Berührung von Himmel und Erde** 8 (*kunning gong*) zur **Halle des Irdischen Friedens** 9 (*kunning gong*) gelangte, dem Schlafzimmer der Kaiserin. Nur die ersten vier Ming-Herrscher nutzten die turnhallengroßen Gebäude tatsächlich als Residenz, die nachfolgenden Kaiser suchten sich intimere und leichter beheizbare Räume zum Wohnen und Schlafen.

*Palastgarten und
*Kaiserlicher Wohnbereich

Das **Tor der Irdischen Ruhe** führt in ein Kleinod chinesischer Gartenkunst: den malerischen ***Palastgarten** 10 mit alten Bäumen und Kieselmosaiken auf den gewundenen Pfaden. Auch seine ming-zeitlichen Gebäude wie die **Halle des Kaiserlichen Friedens** sind bemerkenswert.

Östlich und westlich von der Palast-Hauptachse lassen Wohnquartiere den von Intrigen und Machtspielen gezeichneten Alltag am Hof erahnen. Die schillerndste Figur am Ende der Kaiserzeit war die Kaiserinwitwe Cixi (1835-1908), die sich nach dem Tod ihres Mannes des Throns bemächtigte und knapp 50 Jahre absolutistisch über China herrschte. Sie war als junge Konkubine an den Hof von Kaiser Xianfeng gekommen und durch die Geburt ihres Sohnes, des Kindkaisers Tongzhi, zur Nebenfrau zweiten Grades aufgestiegen. Weil ihr Sohn noch zu jung war, betraute sich Cixi selbst mit der Regentschaft – und gab sie nicht mehr her. Wer ihrer Herrschaft im Weg stand, wurde ermordet: ihr eigener Sohn, als er – volljährig geworden – selbst zu regieren gedachte, wie auch ihre schwangere Schwiegertochter, da sie einen rechtmäßigen Thronfolger zu gebären drohte. Den letzten Abschnitt ihrer Herrschaft

PEKING: KAISERLICHE PARKS

überschatteten innenpolitische Unruhen und außenpolitische Schwäche, deren Höhepunkt der Boxeraufstand von 1900 war.

Zu den Machenschaften am Hof trugen die vielen Eunuchen das ihre bei: Unter Kaiser Kangxi gab es etwa 20 000 Entmannte, Qianlong reduzierte ihre Zahl später auf 3300, fast ausnahmslos Chinesen, da den Mandschu die Kastration verboten war. Die chinesischen Historiker schildern sie – mit wenigen Ausnahmen – als machtbesessen und korrupt, Eigenschaften, die den Untergang des Kaiserreichs nur noch beschleunigten.

*Neun-Drachen-Mauer

Zur Fortsetzung des Rundgangs sollte man nun die fotogene ***Neun-Drachen-Mauer** [11] (*jiulong bi*) aus glasierten Ziegeln aufsuchen (Bild S. 21). Sie ist ein Musterbeispiel für den Symbolreichtum chinesischer Kunst, denn die fünfzehigen Drachen-Mischwesen illustrieren die kaiserliche Macht, mit der Zahl Neun verbinden die Chinesen Glück und die Perlen, mit denen die Drachen spielen, sind ein Sinnbild der Unsterblichkeit.

*Schatzkammer im *Palast des Friedvollen Alters

Besondere Aufmerksamkeit verdient die ***Schatzkammer im *Palast des Friedvollen Alters** [12]. Jahrhundertelang sammelten alle Ming- und Qing-Herrscher – allen voran der Schöngeist Qianlong – Kunst. Bis zum Ende des Kaiserreichs trugen sie somit eine riesige, rund 800 000 Objekte zählende Kollektion mit Rollbildern, Porzellan, Jadearbeiten u. v. m. zusammen. Fast krimireif ist die nun folgende Odyssee der Kunstwerke: Aus Furcht vor der japanischen Invasion verpackte man 1933 den größten und wertvollsten Teil in hunderte Holzkisten und verbrachte sie in die damalige Hauptstadt Nanjing. Auf der Flucht vor Mao Zedong nahm Chiang Kaishek den fragilen Schatz – angeblich fiel nur eine Kiste vom Eselskarren – mit durch halb China und 1949 schließlich mit nach Taiwan, wo er heute im Nationalen Palastmuseum in Taipeh zu bestaunen ist. Doch auch der hier im Pekinger Palast verbliebene Rest zeigt eindrucksvoll die zeitlos schöne Ästhetik chinesischer Kunst.

Durch das **Tor des Göttlichen Kriegers** [13] (*shenwu men*), auch **Nordtor** genannt, verlässt man die Verbotene Stadt.

*KAISERLICHE PARKS

*Kohlehügel

Gegenüber dem Nordtor ragt der ***Kohlehügel** ③ (*jing shan; meishan*) auf. Vom luftigen **Pavillon des Immerwährenden Frühlings** bietet sich eine einzigartige ****Aussicht** über die Dächer des Kaiserpalastes (Bild S. 22) – eines der meistfotografierten Motive Pekings. Interessant ist der Kohlehügel auch historisch: Hier erhängte sich 1644 der letzte Ming-Kaiser nach der Niederlage gegen die Mandschu.

*Nordsee-Park (Beihai)

Lohnend ist der kurze Spaziergang vom Kohlehügel zum ***Park des Nördlichen Sees** ④ (*beihai gongyuan*). Der **Mittlere und Südliche See** (*zhongnanhai*) sind nicht zugänglich; hier tagen Parteiführung und Staatsrat hinter einer hohen Mauer.

Gleich neben dem Südeingang zum Park erhebt sich die **Runde Stadt** ⑤ (*tuan cheng*) aus dem Jahr 1417. Sie birgt Kostbarkeiten wie einen aus Birma importierten weißen **Jadebuddha** und ein riesiges aus Jade geschnitztes **Weingefäß** des Kublai Khan (1260-1294).

Von der Runden Stadt führt ein Damm zum 1651 erbauten buddhistischen **Tempel der Ewigen Ruhe**

PEKING: KAISERLICHE PARKS

(yong'an si) im Park, der sich den Hügel auf der ★**Jadeinsel** ⑥ (qionghua dao) hinaufzieht. Schon von weitem sieht man die **Weiße Pagode**, die den Tempelkomplex abschließt. In der Mitte des Bauwerks, eines fast 36 m hohen weißen Stupas (bai ta), erkennt man eine geschwungene Scheintür mit buddhistischen Weisheiten in Sanskrit, der heiligen Literatursprache Indiens.

Je nach Jahreszeit erholen sich auf dem **See** Liebespaare und Familien bei **Bootsfahrten** oder beim Schlittschuhlaufen. Kulinarische Genüsse der Mandschu-Küche verspricht das Restaurant ★**Fangshan** auf der Jadeinsel, das nach dem Ende des Kaiserreichs arbeitslos gewordene Köche der Verbotenen Stadt eröffneten.

Nordkathedrale

Wenn man sich in Peking eine christliche Kirche anschauen will, dann sollte es die **Nordkathedrale** ⑦ (beitang; xishiku jiaotang) sein. Das Gotteshaus gehört zur von China geduldeten patriotischen katholischen Kirche und ist die größte Kirche der Diözese Beijing.

Der Bau der ersten Kathedrale wurde 1763 vom Kaiser persönlich genehmigt. Immer wieder wurde sie zerstört, 1887 musste sie der Erweiterung des Kaiserpalastes weichen. Französische Missionare bauten sie am heutigen Ort neu auf. 1958 geschlossen, durften die Gottesdienste erst 1985 wieder aufgenommen werden. Bemerkenswert: die chinesischen Architekturelemente.

PEKING: DREI HINTERE SEEN

**DREI HINTERE SEEN, **HUTONG-TOUR, *HOUHAI

Will man einen Eindruck davon bekommen, wie das alte Peking einmal ausgesehen hat, bietet sich das **Shichahai-Viertel** ⑧ der **Drei Hinteren Seen** an: Nur in wenigen Gebieten der Altstadt finden sich so viele ursprüngliche **Hutongs** (Gassen) mit den typischen **Siheyuan** (Vierharmonien-Hofhäusern) wie hier. *Hutong* soll „Pfad zwischen den Jurten" bedeuten und spielt auf die Zeit Kublai Khans vor 700 Jahren an. Seine Zelte stehen hier natürlich nicht mehr, dafür aber qingzeitliche einstöckige Häuser, von denen immer vier einen Innenhof rahmen; mehrere dieser Wohnquadrate bilden einer alten konfuzianischen Regel zufolge ein Stadtviertel. Nachdem viele dieser autofreien (weil zu schmalen) Gassen in den letzten Jahren der Abrissbirne zum Opfer fielen, schützt man heute die hier noch verbliebenen Hutongs. Und nahezu überall, etwa am Südende des **Vorderen Sees** (*qian hai*), laden Rikschafahrer zu einer interessanten **Hutong-Tour** ein – traditionelles Pekinger Alltagsleben zieht dann fast wie in Zeitlupe an einem vorüber.

Abends hübscht sich die Gegend zum **Ausgehviertel** auf. Unzählige rote Lampions vor den **Restaurants**, **Bars**, **Pubs** und **Clubs** am Vorderen See und noch mehr am **Mittleren See**, dem **Houhai**, ziehen Nachtschwärmer an – eine noch angesagtere Szene als im Sanlitun-Viertel (s. S. 96). Der Amüsierbetrieb hat bereits die traditionelle Hutong-Straße *Nanluogu Xiang* im Osten erfasst (500 m vom Trommelturm). Zudem zeichnet sich die Gegend durch einige gut erhaltene **Residenzen und Wohnhäuser** historischer Persönlichkeiten aus:

*Wohnhaus von Guo Moruo

Zu den größten privaten Anwesen in diesem Gebiet zählt das *Wohnhaus

Oben: Restaurants an den Drei Hinteren Seen laden zur Rast ein. Rechts: Hutong-Rikschatour durch die Reste des alten Peking bei den Drei Hinteren Seen.

PEKING: RESIDENZ DES PRINZEN GONG

von **Guo Moruo** ⑨ (*Guo Moruo guju*) westlich des Vorderen Sees (*qian hai*). Er war einer der bedeutendsten Intellektuellen Chinas im 20. Jh., beherrschte mehrere europäische Sprachen – sogar Latein – und übersetzte Tolstoi, Marx, Nietzsche, Goethe und Schiller ins Chinesische. Durch Gedichte, Erzählungen und Dramen bekannt geworden, bekleidete Guo (1892-1978), ein enger Vertrauter Maos, nach Gründung der Volksrepublik China hohe Ämter und war als Delegierter oft im Ausland unterwegs. Diesem bewegten Leben kann man in der Ausstellung seines Wohnhauses nachspüren, einem typischen Hofhaus mit reichem Mobiliar und schönem **Garten**.

**Residenz des Prinzen Gong

Der schönste und besterhaltene traditionelle Wohnsitz an den Drei Hinteren Seen ist die **Residenz des Prinzen Gong** ⑩ (*Gong wangfu*). Die 61 000 m² große Anlage südwestlich des Hinteren Sees (*hou hai*), zu der neben den Häusern ein zauberhafter Garten gehört, geht auf den Mandarin He Shen zurück, der unter Kaiser Qianlong (1736-1795) Großsekretär war. Später (1852-1892) lebte hier Prinz Gong (Yixin), gesetzgebender Minister unter Kaiser Tongzhi und einflussreich im 2. Opiumkrieg, der auch ausländische Gäste empfing. Die **Wohngemächer** sind bisher nur eingeschränkt zugänglich, aber es lohnt ein Spaziergang im verwinkelten *Garten des Glanzes. Man betritt ihn durch das europäisch inspirierte Hauptportal. Der detailreich konzipierte Komplex ist ein Musterbeispiel chinesischer Gartenkunst mit Wandelgängen, künstlichen Felsen, Seen, Pavillons, Steinen und alten Bäumen.

Wohnhaus von Mei Lanfang

Für Enthusiasten der Peking-Oper (s. S. 98) ist der Besuch des **Wohnhauses von Mei Lanfang** ⑪ (*Mei Lanfang jinianguan*) ein Muss. Mei (1894-1961) war einer der bekanntesten Darsteller der Peking-Oper – in einer Zeit, in der noch ausschließlich Männer spielten, also auch Frauenrollen (*dan*) darstell-

PEKING: RESIDENZ VON SONG QINGLING / TROMMELTURM

ten. Er machte die Peking-Oper in der jüngeren Geschichte wieder populär und hatte viele berühmte Bewunderer, darunter Bertolt Brecht und Charlie Chaplin.

Xu-Beihong-Museum

Einer der berühmtesten chinesischen Maler der Moderne, bekannt vor allem für seine Pferdedarstellungen, war Xu Beihong (1895-1953). Seine Gemälde werden heute auf internationalen Auktionen für mehrere Millionen Euro gehandelt. Nach einem Studium in Japan und Paris und Reisen durch Europa übernahm Xu als Erster westliche Stilelemente und Techniken in die chinesische Malerei. Das **Xu-Beihong-Museum** ⑫ (*Xu Beihong jinianguan*) zeigt im Atelier des Künstlers einen Querschnitt seines Schaffens.

Oben: Vierharmonien-Hofhäuser flankieren die traditionellen Gassen (Hutongs). Rechts: Anzünden von Weihraubstäbchen im Lama-Tempelkloster.

*Residenz von Song Qingling

Frauenpower auf Chinesisch: Eine der prominentesten und einflussreichsten Frauen in der neueren Geschichte Chinas war Song Qingling (1893-1981). Sie entstammte einer reichen Shanghaier Familie und war mit dem 26 Jahre älteren Republikgründer Sun Yatsen verheiratet. Ihre Schwester ehelichte General Chiang Kaishek, Maos ewigen Gegner. Song stand immer ganz oben in der Politik, war nach 1949 u. a. Justizministerin und Vizepräsidentin. Von den Felsen und Pavillons im **★Garten** der großzügigen **★Residenz von Song Qingling** ⑬ (*Song Qingling guju*) hat man einen schönen Blick auf den Hinteren See. Hier wohnte „Madame Sun Yatsen" von 1963 bis zu ihrem Tod 1981 – posthum wurde sie zur Ehrenpräsidentin der VR China ernannt.

★Trommelturm

Auch heute noch gibt es in Peking Trommelmusik: im 47 m hohen und 34 m breiten **★Trommelturm** ⑭ (*gu*

PEKING: GLOCKENTURM / LAMA-KLOSTER

lou) aus dem Jahr 1420. In der Kaiserzeit ertönten nachts 24 kleine und eine große Trommel, um den Wechsel der Wachen anzukündigen. Jetzt gibt ein Ensemble jede halbe Stunde eine **Vorstellung** – kurz, aber eindrucksvoll.

Schön ist die *****Aussicht** von der umlaufenden Terrasse auf die hier noch verbreiteten Hutongs und die Hochhäuser am Horizont.

*Glockenturm

Wenn sie nicht gerade Hutong-Touristen befördern, dösen die Riksha-Fahrer gern auf dem rechteckigen Platz zwischen dem Trommelturm und dem kleineren, 1745 erbauten *****Glockenturm** ⑮ (*zhong lou*). Die riesige, 42 t schwere und über 5 m hohe *****Glocke** wurde früher geschlagen, um die Zeit zu verkünden. Auch dieser Turm kann über eine steile Treppe bestiegen werden. Zusammen mit dem Trommelturm schloss er früher die 13 km lange innerstädtische Nord-Süd-Achse ab.

Im Schatten der Türme laden einige gemütliche **Cafés** zum Verweilen ein.

**LAMA-TEMPELKLOSTER UND **KONFUZIUS-TEMPEL

**Lama-Tempelkloster

Den besten Einblick in das buddhistische Klosterleben bietet der über 66 000 m^2 große **Lama-Tempel** ⑯ am Nordostabschnitt der 2. Ringstraße. Seit Wiedereinführung der Religionsfreiheit in den 1980er Jahren leben hier wieder Mönche.

Doch wie kam es, dass der ehemalige „Palast der Ewigen Harmonie" (*yong he gong*) eines Qing-Prinzen zum Tempel mutierte? Kaiser Qianlong ließ ihn 1745 in ein Kloster für den tibetischen Gelbmützen-Orden umwandeln. Der Herrscher war auf einen harmonischen Ausgleich zwischen allen Völkern seines Riesenreichs bedacht, insbesondere auch zwischen Tibetern und Mandschu. So förderte er neben dem Islam auch den tibetisch-mongolischen Buddhismus (Lamaismus), dessen Zentrum in Peking fortan das Tempelkloster war.

Ein Seitentor in der Yonghegong Dajie führt auf den heute als Parkplatz ge-

PEKING: LAMA-TEMPELKLOSTER

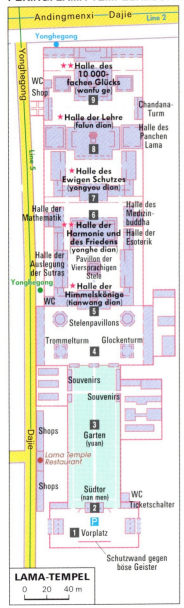

nutzten **Vorplatz** 1. Durch das elaborat gestaltete **Südtor** 2 (*nan men*) passiert man einen langen, am Ende von Souvenirständen gesäumten **Garten** 3, ehe man in einen **Vorhof** 4 mit **Trommel- und Glockenturm** und zwei **Stelenpavillons** kommt. Von hier reihen sich auf einer Achse hintereinander fünf Tempelhallen mit unterschiedlichen Darstellungen der buddhistischen Lehre.

Den Auftakt macht die **★Halle der Himmelskönige** 5 (*tianwang dian*), mit der Statue Maitreyas, der in China auch als lächelnder **Dickbauch-Buddha Milefo** verehrt wird. Weit weniger freundlich blicken die vier muskulösen **Torwächter** zu beiden Seiten: Mit grimmiger furchteinflößender Miene sind sie zum Kampf gegen eindringende Dämonen bereit.

Vorbei am **Wächter der Buddhistischen Lehre** (*weituo*) erblickt man im folgenden Hof neben Weihrauchgefäßen und einem Abbild des **Paradiesberges** (*xumi shan*) einen stattlichen **Stelenpavillon**. Die Inschrift auf Chinesisch, Tibetisch, Mandschurisch und Mongolisch preist die Herrlichkeit des Lamaismus.

Zu den wertvollsten Tempelschätzen zählen in der **★★Halle der Harmonie und des Friedens** 6 (*yonghe dian*) die **Buddhas der Drei Zeitalter**, an deren Seiten sich die **18 Luohan** aneinanderreihen. Diese Jünger Buddhas sollen anderen Wesen auf dem Weg zur Erkenntnis beistehen. Wieder drei „Erleuchteten" ist die **★Halle des Ewigen Schutzes** 7 (*yongyou dian*) gewidmet: in der Mitte der Buddha des Unermesslichen Lichts, flankiert von den Buddhas des Löwengebrülls (links) und der Medizin (rechts).

Blickfang in der als Versammlungshalle für die Mönche dienenden **★Halle der Lehre** 8 (*falun dian*) ist die **★Bronzestatue des Tsongkhapa**. Der Geistliche gilt als Begründer des tibetischen Gelbmützen-Ordens, dem auch der Dalai Lama angehört.

PEKING: KONFUZIUS-TEMPEL

Der krönende Abschluss des Tempelbesuchs ist die ****Halle des 10 000-fachen Glücks** 9 (*wanfu ge*). Im spärlich erleuchteten Inneren fällt der Blick steil nach oben zur 18 m hohen ****Statue des Maitreya-Bodhisattva**, des künftigen Buddha. Die Skulptur aus einem einzigen Sandelholzstamm schenkte der 7. Dalai Lama im 18. Jh. dem Kaiser Qianlong.

**Konfuzius-Tempel

An altchinesischer Architektur Interessierte finden in der nahen Guozijian Jie eine Rarität: Hier überspannen noch vier **Ehrenbögen** (*pai lou*) die Straße. Sie geleiten zum ****Konfuzius-Tempel** ⑰ (*kong miao*), einem der erhabensten Sakralbauten der Kaiserstadt. Der von ca. 551-479 v. Chr. lebende Philosoph schuf mit seiner Moral- und Sittenlehre eine Weltanschauung, die über 2000 Jahre die Staatsdoktrin der chinesischen Kaiser war und noch heute das Denken der meisten Chinesen maßgeblich beeinflusst. Seine Verehrungsstätte in Peking geht bis in die mongolische Yuan-Zeit zurück, ist nach dem Konfuzius-Tempel in seiner Heimatstadt Qufu der wichtigste Chinas.

Nach dem **Tor des Obersten Lehrers** (*xianshi men*) tritt man in den **Ersten Hof** mit drei Stelenpavillons und 198 frei stehenden **Stelen**. Auf ihnen sind die Namen der 51 624 Absolventen verzeichnet, die zwischen dem 14. Jh. und 1904 die kaiserlichen Beamtenprüfungen (für die höchsten Ämter) bestanden haben.

Eine idealisierte **Statue** des „Großen Meisters" (Bild S. 12) steht vor dem folgenden ***Tor der Großen Vollendung** (*dacheng men*), dem Zugang zum inneren Tempelbezirk.

Knorrige Zypressen – einige sollen über 700 Jahre alt sein – beschatten den ***Haupthof**. In den Stelenpavillons

Oben: Kunstvolle Konsolenkonstruktion im Konfuzius-Tempel.

werden die militärischen Siege der Ming- und Qing-Dynastie verherrlicht. Eine kleine Ausstellung in den **Nebengebäuden** widmet sich der Geschichte Pekings, doch zieht es die meisten Besucher gleich zur monumentalen ****Halle der Vervollkommnung** (*dacheng dian*). In diesem durch eine Marmorterrasse erhöhten Hauptbau sieht man außer einigen traditionellen **Musikinstrumenten** auch große **Inschriftentafeln**, die jeder Kaiser nach seiner Thronbesteigung verfassen ließ.

Links führt ein Durchgang zum ***Konfuzianischen Kanon**, den Kaiser Qianlong 1791-1794 anfertigen ließ. Mit 630 000 Zeichen sind hier 13 klassische Schriften des Konfuzius auf 189 Stelen gemeißelt – eine alte Brandschutzmaßnahme zur Bewahrung der heiligen Bücher.

*Kaiserliche Akademie

Dem Schrein direkt benachbart ist die einstige ***Kaiserliche Akademie** ⑱ (*guozi jian*), in der unter den Qing der Herrscher persönlich seinen Beamten

PEKING: KAISERLICHE AKADEMIE / PARK DES ERDALTARS

die konfuzianischen Klassiker erläuterte. Deshalb ist die Anlage auch ein Abbild des Kosmos: In einem kreisrunden Teich, der das Weltmeer symbolisiert und gleichzeitig den Himmel, schwimmt eine quadratische Terrasse (Symbol der Erde). Darauf steht die quadratische **Bi-Yong-Halle**. Gegründet wurde die Anlage 1306 als Privatschule für die Söhne des mongolischen Adels. Seit 1913 ist hier die **Hauptstädtische Bibliothek** untergebracht.

Gegenüber der Kaiserlichen Akademie lädt das *Liuxian Guan, auch **Eatea Tea House** genannt, zur Pause ein. Auf Nachfrage kann man auch an einer *Teezeremonie teilnehmen – ideal, um im hektischen Peking Körper und Seele wieder in Einklang zu bringen.

*Park des Erdaltars

Wer es den Pekingern nachmachen und sich frühmorgens im Tai Chi üben

Oben: Eine große Auswahl an köstlichen, teils auch sehr exotischen Gerichten gibt es auf dem Donghuamen-Nachtmarkt.

möchte, tut das am besten im *Park des Erdaltars ⑲ (*ditan gongyuan*). Er breitet sich wenige Schritte nördlich des Lama-Tempels aus, jenseits der verkehrsreichen Andingmen Dongdajie. Tagsüber laden ruhige Plätze zu einer Partie Mahjong oder Schach ein. In einer alten Tempelhalle stellt die Galerie *One Moon* zeitgenössische chinesische Malerei aus. Am 1530 entstandenen quadratischen *Erdaltar, dem Pendant zum Himmelsaltar (s. S. 70), opferten die Kaiser einmal jährlich, zur Sommersonnenwende, der Erde bzw. den mit den Meeren, Bergen und Flüssen verbundenen Gottheiten.

Wenige Tage vor dem Frühlingsfest (*chunjie*) beginnt im Park ein interessanter **Tempelmarkt**, der bis zum Laternenfest (*dengjie*) dauert.

DONGCHENG-DISTRIKT

*Poly-Kunstmuseum

Eine Sonderstellung in der Pekinger Museenlandschaft nimmt das *Poly-Kunstmuseum ⑳ (*baoli yishu bowu-*

PEKING: DONGHUAMEN-NACHTMARKT / WANGFUJING-BLVD.

guan) neben der 2. Ringstraße ein. Ungewöhnlich der Sponsor: Die *China Poly Group Corporation* war früher für die Logistik der Volksbefreiungsarmee zuständig und wird als halbstaatliches Unternehmen fortgeführt. Ungewöhnlich auch die Zielsetzung: Nach dem Motto „Nicht Quantität, sondern Exklusivität, Seltenheit und Kostbarkeit", gelang es *Poly*, durch seine internationalen Kontakte ins Ausland verschleppte chinesische Kunstwerke zurückzuholen. Neben **Bronzegefäßen** der Shang- und Zhou-Dynastie (16. bis 3. Jh. v. Chr.) und **Buddha-Skulpturen** konnten – als vorläufiger Höhepunkt – die **Bronzeköpfe* eines Rindes, eines Tigers und eines Affen aus dem 1860 von Franzosen und Briten geplünderten Alten Sommerpalast (s. S. 80) erworben werden.

Chinesische Kunsthalle

Liebhaber moderner Malerei und Plastik kommen in der **Chinesischen Kunsthalle** ㉑ (*zhongguo meishu guan*) auf ihre Kosten. In dem 1959-1962 ausgeführten Bau im sinostalinistischen Stil stellen zeitgenössische Künstler – meist aus China, manchmal auch aus dem Ausland – ihre Werke aus und bieten sie zum Verkauf an. In Sonderausstellungen werden auch Volkskunst, Tuschemalerei, Kalligrafien und andere traditionelle Kunstgattungen gezeigt.

*Wohnhaus von Lao She

Die erbärmlichen Lebensbedingungen in der chinesischen Hauptstadt zum Ende der Qing-Dynastie hat niemand so eindrucksvoll beschrieben wie Lao She (1899-1966). Sein 1936 erschienener Roman „Rikschakuli" (engl.: Camel Xiangzi) ist der Klassiker unter den in Peking handelnden Romanen. Der berühmte Autor, dessen Leben im ***Wohnhaus von Lao She** ㉒ (*Lao She jinianguan*) – einer Oase der Ruhe im Dongcheng-Viertel – mit Fotos und persönlichen Gegenständen dokumentiert wird, nahm ein tragisches Ende: Er wurde während der Kulturrevolution von Maos Roten Garden terrorisiert und beging 1966 Selbstmord.

*Donghuamen-Nachtmarkt

Ein „Rotlichtviertel der anderen Art" entsteht nach 17.30 Uhr, bei Einbruch der Dunkelheit, in der Donghuaman Dajie: Dann reiht sich im ***Donghuamen-Nachtmarkt** ㉓ (*donghuamen yeshi*) unter roten Laternen ein Essensstand an den anderen – ein stimmungsvolles Erlebnis, das man sich nicht entgehen lassen sollte. Lautstark preisen die Köche Nudelsuppen, Meeresfrüchte, Gebäck, Feuertopf (Hotpot), Fleisch- und Gemüsespieße, Salate, Baozi und vieles mehr an, alles sehr appetitlich arrangiert. Mutige haben hier auch die Gelegenheit, Delikatessen wie Tausendfüßler, Zikaden, Seidenraupen und Skorpione zu probieren – frisch geröstet!

**Wangfujing-Boulevard

Die Shoppingmeile Pekings ist der breite, im südlichen Abschnitt als **Fußgängerzone** gestaltete ****Wangfujing-Boulevard** ㉔ (*wangfujing dajie*). Kommerz und Konsum stehen hier – im Zentrum des kommunistischen China – an erster Stelle. Selbst bei einem Kurztrip sollte man wenigstens einmal den Boulevard „am Brunnen der Prinzenpaläste" entlang schlendern. **Wasserspiele**, **Straßencafés**, große **Kaufhäuser** und abends bunte Neonlichter geben ihr ein unverwechselbares Gesicht. Hier finden sich vor allem Filialen der großen Modeschöpfer – zwischen internationalen Fastfood-Ketten wie KFC und McDonald's.

Shop till you drop – nirgends kann man das besser als in den Mega-Malls wie der **Sun Dong'an Plaza** (*xin dong'an shichang*) und dem **Peking-Kaufhaus** (*Beijing baihuo dalou*). Das

PEKING: GESANDTSCHAFTSVIERTEL

500 m lange **Oriental Plaza** (*dongfang guangchang*) wartet neben zahllosen Boutiquen gar mit einem **Paläontologischen Museum** auf; es zeigt die bei den Ausschachtungsarbeiten gefundenen Fossilien. Hier trifft die Wangfujing auf den **Boulevard des Ewigen Friedens** (*chang'an jie*), der mit seinen nüchternen sozialistischen Verwaltungsgebäuden aus den 1950er-Jahren wenig zum Bummeln reizt. Das Café im **Peking Hotel** (*Beijing fandian*), gegenüber dem *Oriental Plaza*, ist eine Oase für müde Shopper.

Ehemaliges Gesandtschaftsviertel

Der Boxeraufstand von 1900 gehört zu den dramatischsten Kapiteln der chinesischen Geschichte. Damals erhoben sich mit Unterstützung der Qing-Regierung chinesische Aufständische (so genannte Boxer) gegen konvertierte chinesische Christen und die Fremdmächte (u. a. Frankreich, England, Russland, Deutschland, USA und Japan), um das Joch der Ausländer abzuschütteln. Das **Ehemalige Gesandtschaftsviertel** ㉕ stand im Zentrum des Aufruhrs. Zwei Monate wurde es belagert, ehe die internationale Truppe – auch ein deutsches Straf-Expeditionscorps war dabei – am 14. August 1900 Peking eroberte, plünderte und halb zerstörte. Die Rache der „ausländischen Teufel" (*waiguode guizi*) war furchtbar, wie der Kommandant der amerikanischen Soldaten bemerkte: „Man kann mit Sicherheit sagen, dass auf einen wirklichen Boxer, der getötet wurde, 50 harmlose Kulis und Landarbeiter, unter ihnen nicht wenige Frauen und Kinder, kamen."

Spaziert man heute durch das ehemalige Gesandtschaftsviertel (östlich des Tian'anmen-Platzes und südlich der Dongchang'an Jie), stößt man entlang der **Dongjiaomin Xiang**, der einstigen Legation Street, und ihrer Nebenstraßen noch auf manche Kolonialbauten: so auf die **Russische Botschaft** (heute Oberster Gerichtshof), das noble **Wagon Lits Hotel** (heute *Capital Hotel*),

Oben: In einer Boutique des Oriental Plaza am Wangfujing-Boulevard.

PEKING: ALTES OBSERVATORIUM / PARK DES SONNENALTARS

die **Deutsch-Asiatische Bank** (heute *Beijing Hospital*) und die 1902 von französischen Padres geweihte neugotische Kirche **St. Michael**. Einige der schönsten Gebäude haben sich Parteibonzen als Residenzen erkoren.

*Altes Observatorium

Festungsartig auf einem Turm der alten Stadtmauer thront das ***Alte Observatorium** (*gu guanxiangtai*), interessantes Zeugnis der frühen, vor dem Kolonialismus noch von gegenseitigem Respekt getragenen Kontakte zwischen Europa und China. Hier wirkte der deutsche Jesuit und Astronom Adam Schall von Bell (1592-1666), der – einmalig in der chinesischen Geschichte – als Ausländer in den höchsten Rang eines Mandarins (Beamten) erhoben wurde. Als persönlicher Berater von Kaiser Shunzhi erstellte er eine Karte des Sternenhimmels (eine der frühesten astronomischen Karten überhaupt) und konnte sogar eine Mondfinsternis genauer voraussagen als seine chinesischen Kollegen. Kenntnisse, die ihm viele Neider und Feinde am Hof einbrachten – und eine Anklage wegen Hochverrats. Heute kann man hier **Instrumente** aus Bronze, darunter Sextant, Globus und Quadrant, bewundern, die nach dem Boxeraufstand (1900) z. T. geraubt wurden und später an China zurückgegeben werden mussten.

Park der ming-zeitlichen Stadtmauer

Schicksal einer Mauer: In den 1950er-Jahren rissen die Kommunisten die alten, insgesamt rund 40 km langen Befestigungen – imposante Zeugnisse der Ming-Dynastie – fast vollständig nieder, um die 2. Ringstraße anlegen zu können. 2002 rekonstruierten sie ein 1200 m langes Teilstück südlich des **Hauptbahnhofs** ㉗ (*Beijingzhan*), um die Großartigkeit und Bedeutung der alten Kaiserstadt zu unterstreichen. So gewinnt man bei einem kurzen Spaziergang im **Park der ming-zeitlichen Stadtmauer** ㉘ (*ming chengqiang yizhi gongyuan*) – von der U-Bahnstation Chongwenmen zum Südöstlichen Stadttor – wenigstens einen Eindruck von den einst über 15 m hohen Verteidigungsanlagen.

Südöstliches Stadttor mit *Red Gate Gallery

Tradition trifft Moderne: Seit 1991 werden auf Initiative des australischen Kunsthistorikers Brian Wallace in der ***Red Gate Gallery** ㉙ (*hongmen hualang*) Skulpturen, Collagen, Radierungen und Ölbilder von über 20 zeitgenössischen Künstlern präsentiert. Das Besondere: Die Galerie befindet sich im 1. und 4. Stockwerk des alten **Südöstlichen Stadttores** (*dongbianmen*).

CHAOYANG-DISTRIKT

*Park des Sonnenaltars

Eine Oase der Ruhe abseits der Touristenströme ist der ***Park des Sonnenaltars** ㉚ (*ritan gongyuan*). Frühmorgens halten sich hier überwiegend ältere Menschen mit Tai Chi fit, tagsüber gehört der Park Tänzern, Schachspielern und Spaziergängern. Besonders gut geeignet zum Drachensteigenlassen ist die Umgebung des 1530 errichteten **Sonnenaltars**, an dem die Ming- und Qing-Kaiser opferten.

Abends ist der Park besonders reizvoll: mit bunt beleuchteten **Restaurants** und **Cafés**, die in den alten Gebäuden um die Anlage herum untergebracht sind, viele von ihnen mit gemütlichen Patios. Idyllisch an einem See liegt das dem Marmorschiff im Sommerpalast nachempfundene **Stone Boat Café** in der Südwestecke des Parks. Hier kann man einen Nachmittag oder Abend verbringen und den Zauber der alten Parkanlagen auf sich wirken lassen.

*Tempel des Ostbergs

Wer sich langes Leben, beruflichen Erfolg und viel Glück erhofft, ist beim ***Tempel des Ostbergs** ㉛ (*dongyue miao*) gut aufgehoben. Dort kann er sich in die Schlange der Gläubigen einreihen, die zum Chinesischen Neujahr besonders zahlreich erscheinen. Der Tempel zählt zu den bedeutendsten daoistischen Sakralbauten Nord-Chinas. Seit der Gründung 1319 in der Yuan-Dynastie statteten etliche Kaiser die Anlage mit Skulpturen, Schnitzereien und Stelen aus. Im 2. Chinesisch-Japanischen Krieg und in der Kulturrevolution wurde sie zerstört, danach jedoch umfassend restauriert. Der farbenfrohe, wenig besuchte Tempel besticht durch seinen außergewöhnlichen Haupthof: Er ist von 76 Kammern umgeben, in denen die „Abteilungen" für die verschiedensten **Geisterwesen**, die es abzuwehren gilt, untergebracht sind. Die fantasievoll gestalteten Figuren vermitteln einen sehr lebendigen Eindruck vom chinesischen Volksglauben.

**CCTV Tower

Zu den spektakulärsten, aufgrund der gewagten Statik auch umstrittenen Bauwerken der Welt gehört der **CCTV Tower** ㉜ (*zhongyang dianshi ta*), auch **Central China Television Headquarters Beijing** genannt. Die Zentrale des Staatsfernsehens ist eines der ersten Hochhäuser des neuen Geschäftsviertels im Chaoyang-Distrikt. Der niederländische Architekt Rem Koolhaas konzipierte das 234 m hohe Bauwerk nicht als Turm, sondern als gigantische winklige Gebäudeschleife. Nach dem Pentagon in Washington ist dieser Meilenstein moderner Architektur mit über 450 000 m^2 Geschossfläche das zweitgrößte Gebäude der Welt.

Dem benachbarten **TVCC**-Gebäude bekam das Feuerwerk zum chinesischen Neujahr 2009 schlecht – es brannte kurz vor der Eröffnung aus.

CHONGWEN-DISTRIKT

Unterirdische Stadt

Peking einmal ganz anders erleben: von unten! In der Hysterie der Kulturrevolution stieg auch die allgemeine Kriegsangst, so dass Mao ab 1969 die Anlage einer riesigen **Unterirdischen Stadt** ㉝ (*dixia cheng*) anordnete. Etwa 10 000 Arbeiter sollen in Handarbeit über 20 km lange Gänge, Vorratslager, Kinos, Hospitäler und Waffenlager gegraben haben, durchschnittlich 6 m, teilweise aber auch bis zu 18 m unter der Erde. Seit 2000 ist ein Teil des unterirdischen Labyrinths öffentlich zugänglich. Wohnungen – besser: feuchte, schlecht belüftete Räume – sollten 300 000 Menschen Schutz bieten.

**Himmelsaltar (Himmelstempel)

„Das bedeutendste aller sakralen Gebäude Chinas … Ich habe mich noch nie so ergriffen gefühlt …" Treffender als der britische Sinologe James Legge im 19. Jh. kann man den zum UNESCO-Weltkulturerbe zählenden **Himmelsaltar** ㉞ (*tian tan*; Abb. 41) kaum beschreiben. Egal, wie kurz man in Peking weilt, diese manchmal auch **Himmelstempel** genannte Sehenswürdigkeit ist ein Muss, der bedeutendste aller kaiserlichen Altäre: herausragende Architektur, umgeben von einem weitläufigen *Park. Nach dem morgendlichen Tai Chi treffen sich die Pekinger hier zu einem Schwätzchen oder Spaziergang, Vogelliebhaber lauschen dem Gezwitscher, Drachen fliegen um die Wette. Und am Wochenende singen hier fröhliche Laienchöre.

Der Himmelsaltar war der bedeutendste von neun in ganz Peking verstreuten Altären. In einer prunkvollen Prozession, begleitet von einem Großteil ihres Hofstaates, betraten die Kaiser der Ming- und Qing-Dynastie das Heiligtum nur zur Wintersonnenwende, bevor sie am nächsten Tag den Himmel

PEKING: HIMMELSALTAR

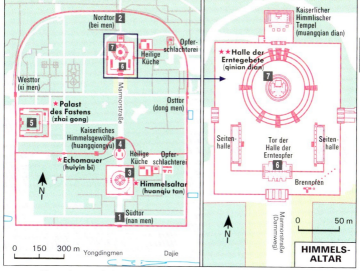

um gute Ernte baten; deshalb heißt der von einem dreifachen blauen Kegeldach gekrönte Hauptbau "Halle der Erntegebete". Von den Ernten hing immerhin das Überleben der Dynastie ab, denn für einen Kaiser, der sein Volk nicht ernähren konnte, wäre "das Mandat des Himmels" abgelaufen gewesen.

Es empfiehlt sich den Besuch beim **Südtor** 1 (*nan men*) unweit der Yongdingmen Dongjie zu beginnen und den Park beim **Nordtor** 2 (*bei men*) zu verlassen.

Sehr komplex ist die Zahlensymbolik des ***Himmelsaltars** 3 (*huanqiu tan*): Er erhebt sich über drei runden **Marmorterrassen**, die die Erde, die Welt der Sterblichen und den Himmel versinnbildlichen. Alle Segmente des Bauwerks lassen sich durch drei und neun teilen, die dem Himmel zugeordneten Zahlen; daher war die Zahl neun auch dem Kaiser, dem Himmelssohn, vorbehalten.

Besondere Wertschätzung kam auch dem folgenden **Kaiserlichen Himmelsgewölbe** 4 (*huangqiongyu*) zu. Denn in dem Rundbau und den beiden Nebentrakten verwahrten Beamte die Zeremonial- und Ahnentafeln. Die Dreiergruppe umschließt die berühmte ***Echomauer** (*huiyin bi*): Spricht man ein Wort gegen die kreisförmige Wand, kann es eine andere Person auf der gegenüberliegenden Seite hören – doch meist nur frühmorgens, wenn es noch still ist.

Eine erhöhte **Marmorstraße** führt nach Norden. Hat man genügend Zeit, lohnt ein Abstecher zum ***Palast des Fastens** 5 (*zhai gong*), in dem sich die Kaiser auf die Zeremonien vorbereiteten.

Zurück am Dammweg, stößt man nach 300 m, nach Durchschreiten des **Tores der Halle der Ernteopfer** 6, auf Chinas wohl erhabenstes Gebäude, die ****Halle der Erntegebete** 7 (*qinian dian*; Bild S. 41). Dieser Zentralbau, eines der Wahrzeichen Pekings mit drei blau glasierten Dächern, erhebt sich samt seiner dreistufigen runden Marmorterrasse aus einer quadratischen Grundfläche (die Chinesen haben hier quasi die Quadratur des Kreises geschafft, die symbolische Vereinigung

PEKING: LIULICHANG JIE / SÜDKATHEDRALE

von Erde und Himmel). 1420 entstand der erste Bau, nach einem verheerenden Feuer wurde er erst 1889 wiedererrichtet und nach 1949 unter den Kommunisten (!) restauriert. Der Kaiser erbat hier zum Frühlingsanfang gutes Gedeihen der Ackerfrüchte und zum Sommerbeginn Regen.

Das 38 m hohe Dach ruht auf 28 Holzsäulen, die auf komplizierten Transportwegen eigens aus der weit im Süden gelegenen Provinz Yunnan herbeigeschafft wurden. Die inneren vier Säulen symbolisieren die Jahreszeiten, die beiden umlaufenden Ringe mit je zwölf Säulen die zwölf Monate und die zwölf Doppelstunden des Tages. Die Chinesen sind sehr stolz darauf, dass für den Bau kein einziger Nagel verwendet wurde.

Museum für Naturgeschichte

Westlich des Himmelstempels lädt das **Museum für Naturgeschiche** ㉟ (*ziran bowuguan*) zu einer Entdeckungsreise durch die Flora und Fauna ein. Die Exponate im größten Museum für Naturgeschichte Chinas sind vielleicht schon etwas verstaubt, aber immer noch sehenswert. Es gibt unzählige Ausstellungsräume mit Fossilien, Tierskeletten und ausgestopften Tieren; einen echten Höhepunkt stellen hier die ***Dinosaurierskelette** dar.

Beijing Amusement Park und Park des Drachenteichs

Beliebt bei Kindern ist auch der östlich des Himmelstempels gelegene **Beijing Amusement Park** ㊱, bei dem die Kleinen so richtig in Fahrt kommen – buchstäblich mit einem Looping in der **Achterbahn** oder bei anderen Attraktionen wie **Riesenrad** oder **Karussell**.

Rechts: In der Liulichang Jie findet man neben echten Antiquitäten auch hochwertiges Kunsthandwerk.

Jenseits der Zuo'anmennei Dajie können sich sportlich Ambitionierte im **Park des Drachenteichs** ㊲ (*longtan gongyuan*) an einer Kletterwand in der Südwestecke verausgaben. Will man nur relaxen, laden **Pavillons** und Brücken mit Blick auf den See zur Rast ein.

XUANWU-DISTRIKT

Antiquitätengasse *Liulichang Jie und Holzschnitzkunstmuseum

Umfassend saniert wurden die alten ein- und zweigeschossigen Häuser in der stimmungsvollen **Antiquitätengasse *Liulichang Jie**, wo man bei einem Bummel neben Büchern und teuren echten Antiquitäten vor allem auch schöne Repliken alter Kunst und traditionellen Kunsthandwerks erwerben kann.

Haus Nummer 14 beherbergt das kleine, privat geführte **Museum der Holzschnitzkunst** ㊳ (*songtangzhai minjian diaoke bowuguan*), das einen kurzen Besuch lohnt. Neben Objekten aus Holz wie Buddha-Statuen, Tür- und Fensterflügeln findet man auch Kunsthandwerkliches wie Säulenbasen, Stellwände oder Löwenfiguren.

Südkathedrale

Verbunden mit dem missionarischen Wirken des italienischen Jesuiten-Paters Matteo Ricci (1552-1610) ist die **Südkathedrale** ㊴ (*nantang*), dem Gründungsdatum 1605 nach das älteste katholische Gotteshaus Pekings und Sitz des Erzbischofs. Der „Meister des großen Abendlandes", wie ihn Kaiser Wan Li respektvoll bezeichnete, erreichte nach 18-jährigem Bemühen, dass sich Missionare frei in China bewegen durften; die **Statue Riccis** steht gleich hinter dem Eingang. Die Kirche wurde 1904, nach dem verheerenden Boxeraufstand, wiedererrichtet, in ihrer heutigen neobarocken Form. (Englische Messe sonntags um 10 Uhr.)

PEKING: TEMPEL DER QUELLE DER LEHRE

Ackerbaualtar mit *Museum für klassische chinesische Architektur

Zum **Ackerbaualtar** ㊵ (*xiannong tan*) gingen die Kaiser zu Fuß: wenn sie nämlich im Frühling hier eigenhändig acht Furchen zogen und somit die Ackerbausaison eröffneten. Der 1420 eingeweihte Altar gehörte zu den großen im Staatskult. Die restaurierten Gebäude beherbergen heute das ***Museum für klassische chinesische Architektur**. Highlight ist das ****Stadtmodell** im Maßstab 1:1000, das das alte Peking, vor den Eingriffen der Kommunisten in den 1950er-Jahren, zeigt. Auch für die Fotos, Grafiken, Pläne, Originalteile und die anderen Modelle sollte man sich Zeit lassen, veranschaulichen sie doch sehr gut Ästhetik und Konstruktionsprinzipien der chinesischen Baukunst.

*Tempel der Quelle der Lehre

Im teilweise restaurierten ***Tempel der Quelle der Lehre** ㊶ (*fayuan si*) mit seiner Folge von sechs Hallen und Seitentrakten hielt man während der mongolischen Yuan-Dynastie die kaiserlichen Beamtenprüfungen ab. Die besondere Wertschätzung dieses Sakralbaus spiegelt sich auch in der großen **Bibliothek** wider, zudem ist der 180 m lange Tempel auch Sitz der *Buddhistischen Akademie Chinas*. Wenigstens bei zwei Meisterwerken sollte man innehalten: beim 7,40 m langen **Schlafenden Buddha** und der 4,60 m hohen Bronzefigur des **Buddha-Vairocana**.

*Moschee in der Rinderstraße

Schweinefleisch und Alkohol sucht man um die ***Moschee in der Rinderstraße** ㊷ (*niujie libaisi*) im **Muslimischen Viertel** vergeblich; das Straßenbild beherrscht die islamische Hui-Minderheit. Viele Hui sind eigentlich Han-Chinesen, deren Vorfahren einst zum Islam übertraten. Die Moschee, bereits im Jahr 996 gegründet, überrascht durch einen Mix aus arabischen und chinesischen Stilelementen, etwa bei der in Richtung Mekka ausgerichte-

ten ★**Gebetshalle**. Zur Berechnung der Feiertage im islamischen Kalender dient das Observatorium, der **Turm der Mondbeobachtung** (*wangyuelou*).

★Garten der Großen Aussicht

Hält man sich im Xuanwu-Distrikt auf, sollte man keinesfalls den ★**Garten der Großen Aussicht** ㊸ (*daguan yuan*) auslassen, dessen Harmonie und Schönheit – so scheint es – nur die Pekinger zu schätzen wissen. Diese 14 ha große stille Oase, poetisch auch „Park der Augenweide" genannt, wurde 1984-1986 angelegt, originellerweise nach einer literarischen Vorlage, dem „Traum der Roten Kammer" von Cao Xueqin (1715-1764), einem der vier klassischen Romane Chinas. Man muss die Geschichte nicht gelesen haben, um sich an den Seen, Felsgebirgen, Wandelhallen und Gebäuden wie dem **Wasserpavillon der Duftenden Lotoswurzeln** und dem **Pavillon des Tropfenden Smaragdgrüns** zu erfreuen.

Oben: Im Garten der Großen Aussicht.

★Tempel der Himmlischen Ruhe

Ein besonders altes Pekinger Gebäude ist der ★**Tempel der Himmlischen Ruhe** ㊹ (*tianning si*). Zwar sind die meisten Hallen mittlerweile zerstört, doch die 58 m hohe ★**Pagode** aus Backstein ist gut erhalten – ein seltenes Beispiel der Kitan-Architektur aus der Zeit, als Peking die zweitwichtigste Stadt des Liao-Reichs (947-1125) war. Basis und Untergeschoss sind rundum mit **Reliefs** verziert, darüber folgen rhythmisch schön gegliedert 13 Stockwerke und eine steinerne Blütenkrone als Abschluss.

★★Tempel der Weißen Wolke

Schwer vorstellbar, dass der wunderschöne ★★**Tempel der Weißen Wolke** ㊺ (*baiyun guan*) einst weit vor der alten Stadtmauer lag. Obwohl heute von Neubauten eingekeilt, bewahrt der Sakralbau gleichsam eine andere Welt, eine der Stille und Besinnung. Die Wirren der Kulturrevolution überstand der Tempel nahezu unbeschadet – ein un-

Stadtplan S. 48-49, Info S. 85-87

schätzbares Gut, ist er doch eines der bedeutendsten daoistischen Zentren des Landes und seit 1957 Sitz der *Chinesischen Daoistischen Gesellschaft*.

Das **Eingangstor** und die fünf **Hallen** reihen sich, wie in der klassischen Architektur üblich, auf einer Nord-Süd-Achse. In den Höfen stehen kunstvoll mit Reliefs gegossene **Räuchergefäße**, die mit ihren dicken Rauchschwaden ein beliebtes Fotomotiv sind. Der höchste Gott des daoistischen Pantheons thront in der ★**Halle des Jadekaisers** (*yuhuang dian*), während weitere vier Gottheiten in der **Halle der Vier Himmelskaiser** (*siyu dian*) verehrt werden. In einem kleinen Hof links der vierten Halle steht eine **Eselskulptur**, der heilende Kräfte von allen Schmerzen nachgesagt werden. *No Riding* – eine Inschrift besagt, dass auch Kinder die Figur nur berühren dürfen.

Jedes Jahr zur Zeit des Frühlingsfests findet rund um den Komplex ein großer bunter **Tempelmarkt** statt.

★Hauptstadt-Museum

Der vielleicht beste Museumsneubau Pekings ist das ★**Hauptstadt-Museum** ㊻ (*shoudu bowuguan*; Capital Museum). Entscheidend zur Wirkung tragen der architektonisch gelungene Außenbau und das riesige Foyer bei. Im schief stehenden, mit Bronzeplatten verkleideten Turm warten die einzelnen Geschosse – originell durch eine schneckenförmige Rampe verbunden – mit Kostbarkeiten auf: ★**Bronzen**, ★**Jaden**, **Keramiken**, ★**Malereien** und **Kalligrafien**. Rolltreppen erschließen den zweiten Ausstellungsbereich: Dieser widmet sich mit Fotos, Karten, historischen Kurzfilmen, archäologischen Objekten sowie Architekturnachbauten der Geschichte Pekings – eine rundum gelungene Präsentation, die auch die Peking-Oper und die Hutong nicht auslässt. Sonderausstellungen zu meist nicht-chinesischen Themen werden im Erdgeschoss gezeigt.

XICHENG-DISTRIKT

★Tempel der Universalen Nächstenliebe

Den zweitbesten Eindruck einer buddhistischen Anlage – nach dem Lamatempel – vermittelt der ★**Tempel der Universalen Nächstenliebe** ㊼ (*guangji si*). In ihm hat die Chinesische Buddhistische Vereinigung ihren Sitz. Die Ursprünge des vier Höfe umfassenden Komplexes gehen bis in die Jin-Dynastie (1125-1234) zurück, später – während der Ming-Dynastie im 15. Jh. – erweiterte man den Tempel beträchtlich.

Die heutigen Gebäude stammen fast ausnahmslos aus den 1930er-Jahren, nachdem ein Brand die Anlage zerstört hatte. Glücklicherweise konnten die hochkarätigen Kunstwerke gerettet werden: Neben den vergoldeten **Buddha-Statuen** in der ★**Haupthalle** (*daxiong baodian*) sind das die **Bronzefiguren der 18 Arhats**, der Schüler des Erleuchteten. Vom Feuer verschont blieb auch die berühmte **Bibliothek**, die seltene illustrierte Sutren aus der Tang-Dynastie (618-907) enthält, der Blütezeit der chinesischen Kultur.

Geologisches Museum Chinas

Wer sich für Erdgeschichte interessiert, kommt hier bestimmt auf seine Kosten: Zeitgemäß – sogar mit englischer Beschriftung – präsentiert sich das moderne **Geologische Museum Chinas** ㊽ (*Zhongguo dizhi bowuguan*) mit über 200 000 Objekten zu den Themen Entstehung- und Aufbau der Erde, Fossilien (auch **Dinosaurierskelette**), Edelsteine, Mineralien (**Rohjade**) und deren künstlerische Verarbeitung – alles sehr anschaulich mit Bildschirmen, 3-D-Modellen und Audioguide erläutert. Der **Museumshop** bietet qualitätvolle Arbeiten aus Jade; smaragdgrüne Kaiserjade ist für die Chinesen seit Jahrtausenden das wertvollste Material.

Stadtplan S. 48-49, Info S. 85-87

*Tempel der Weißen Pagode

Auf den vor allem durch Marco Polos Reisebericht berühmt gewordenen Mongolen-Herrscher Kublai Khan, den Begründer der Yuan-Dynastie (1279-1368), geht der ***Tempel der Weißen Pagode** ㊾ (*baita si*) zurück. Damit ist er einer der ältesten Pekings. Dem 51 m hohen Turm sind vier Hallen vorgelagert, von denen die erste, die **Halle der Großen Erleuchtung**, tausende kleine **Buddha-Figuren** mit verschiedenen Handhaltungen (*mudras*) zeigt. Die ***Weiße Pagode** selbst, der größte tibetisch-buddhistische Stupa Chinas, führte man nach Plänen des nepalischen Architekten Arnigo aus. Besonders fotogen sind die vielen **Gebetsfahnen**, die man bei der Umrundung des Bauwerks – nach buddhistischer Art im Uhrzeigersinn – passiert.

Gleich östlich vom Tempel breitet sich in den quirligen Hutongs ein bunter **Nachbarschaftsmarkt** mit zahlreichen Geschäften und Garküchen aus.

Lu-Xun-Museum

Der „Bert Brecht Chinas" wird der bedeutendste chinesische Autor des 20. Jh., Lu Xun (1881-1936), oft genannt. Als Mitglied der „Bewegung des 4. Mai" von 1919 beeinflusste der Begründer der modernen chinesischen Literatur nachhaltig Intellektuelle mit reformerischen Ideen. Zudem setzte er sich für die Verbreitung europäischer Literatur in China ein, indem er Werke aus dem Russischen und Deutschen (u. a. Gogol und Heine) in seine Muttersprache übersetzte. Dem Leben und Wirken dieser Persönlichkeit widmet sich das **Lu-Xun-Museum** ㊿ (*Lu Xun bowuguan*) mit Dokumenten, Fotos und Erstausgaben. Zum Areal gehört auch das **Wohnhaus**, in dem der Dichter von 1924-1926 lebte.

Rechts: Faszinierende Unterwasserwelt des Beijing Aquariums.

HAIDIAN-DISTRIKT

*Central Radio and TV Tower

Das Viertel Haidian, in dem Pekings Universitäten liegen, bietet nicht nur **„Computeralleen"** für kopierte Hard- und Software, sondern auch einen der höchsten Fernsehtürme der Welt. Der ***Central Radio and TV Tower** (51) misst 387 m, mit Antenne sogar 405 m. Seit der Einweihung 1992 bietet der Bau Besuchern ein **Restaurant** in 238 m Höhe, und zudem eine **Terrasse**, von der man, falls die Luft sauber ist, eine **Aussicht** bis zu den Westbergen hat.

Zoo und *Beijing Aquarium

Nordwestlich der alten Stadtmauer, außerhalb der heutigen 2. Ringstraße, wurde bereits 1906 ein **Zoo** (52) (*dongwu yuan*) gegründet. Obwohl man sich um artgerechte Haltung bemüht, sind viele Gehege für die rund 150 Säugetier-, 270 Vogel- und 140 Reptilienarten noch zu klein. Besucherlieblinge sind besonders die ***Großen Pandas**, die in einem neuen Haus nahe dem Eingang genüsslich Bambus kauen, turnen oder in den Astgabeln schlummern – je nach Tageszeit.

Highlight ist das moderne ***Beijing Aquarium** (53) (*Beijing haiyang guan*) mit Souvenirshops, zwei gläsernen Tunnels, einem Haifischbecken, einem künstlichen **Korallenriff** sowie einem nachgebauten **Regenwald** mit Wasserfall. Zweimal täglich finden ***Delfinshows** statt, bei der die Meeressäuger ihre Akrobatik unter Beweis stellen können.

*Tempel der Fünf Pagoden

Der restaurierte ***Tempel der Fünf Pagoden** (54) (*wuta si*) ist das einzige erhaltene Gebäude eines im 19. Jh. zerstörten Klosters. Ein Glück, ist der Tempel in China doch eine der wenigen Kopien der **Diamantthron-Pagode** im

Stadtplan S. 48-49, Info S. 85-87

indischen Bodhgaya, wo er Überlieferung nach Buddha unter einem Bodhi-Baum meditierend die Erleuchtung erlangt haben soll.

Zum Areal gehört ein **Museum der Steinmetzkunst** mit Inschriften, Grabstelen und Skulpturen.

*Tempel der Langlebigkeit mit *Pekinger Kunstmuseum

Das ganze Spektrum alter chinesischer Kunst kann man im ***Pekinger Kunstmuseum** studieren, das sich im ***Tempel der Langlebigkeit** ㊵ (*wanshou si*) nordwestlich der Innenstadt befindet. Jade- und Emailarbeiten, Skulpturen, Keramiken und Porzellan, Bronze- und Lackgefäße sowie Rollbilder illustrieren den chinesischen Kunstgeschmack von der Shang- (16.-11. Jh. v. Chr.) bis zur Qing-Dynastie. Den **Tempel** selbst, einst einer der wichtigsten der Hauptstadt, gab 1577 Kaiser Wanli zur Verwahrung kostbarer buddhistischer Schriften in Auftrag. Später avancierte er zum Ort für Geburtstagsfeierlichkeiten der kaiserlichen Familie.

HIGHLIGHTS AUSSERHALB DES ZENTRUMS

Chinesisches Eisenbahnmuseum

Über 50 alte Dampfrösser aus dem „Reich der Mitte" kann man im **Chinesischen Eisenbahnmuseum** ㊶ (*zhongguo tiedao bowuguan*) bestaunen und zum Teil auch besteigen. Zu den Besonderheiten zählen von den Japanern importierte **Lokomotiven**, die sie in *Mandschuguo*, in dem von ihnen eingerichteten Marionettenstaat in der Mandschurei (1932-1945) einsetzten, sowie eine früher in Yunnan (Südwest-China) verkehrende **Schmalspurbahn** aus französischer Produktion.

**Dashanzi-Kunstbezirk (Factory 798)

Die sich in Peking rasch entwickelnde Modern-Art-Szene konzentriert sich im ****Dashanzi-Kunstbezirk** ㊷ (*798 dashanzi yishuqu*) auf einem alten Fabrikgelände, das wegen seiner Hausnummer **Factory 798** genannt wird. Hier

PEKING: PARK DER VÖLKER CHINAS / OLYMPIC GREEN

gibt es über 100 Galerien und Ateliers, darunter die **Beijing Tokyo Art Projects**, die **White Space Gallery** und das **Ullens Center for Contemporary Art** (UCCA). So avantgardistisch viele der Werke (Gemälde, Installationen und Plastiken) sind, so originell ist auch der architektonische Rahmen: Der etwa 500 000 m² große Komplex mit **Cafés** und **Restaurants** entstand ab 1954 als Fabrik für elektronische Geräte. Unverkennbar sind die schlichten Stilelemente der „Bauhaus"-Tradition, setzten sich doch die Planer aus der DDR gegen die sowjetischen Kollegen durch, die den Zuckerbäckerstil der Stalin-Zeit bevorzugt hätten.

*Park der Völker Chinas

Im *Park der Völker Chinas ⑤⑧ (*zhonghua minzu yuan*) zeigt sich das „Reich der Mitte" (*zhong guo*) en miniature. Neben den „Ur-Chinesen" (Han) leben in China 55 „nationale Minderheiten". Um ihre Trachten, Tänze und Architekturstile auf einer Reise kennen zu lernen, würde man Monate brauchen. In diesem Freizeitpark jedoch gewinnt man schon in einigen Stunden einen guten Überblick über die unterschiedlichen Kulturen, veranschaulicht durch *Folklorevorführungen und ethnische *Wohnhäuser. Sehenswerte Architekturbeispiele sind im Nordteil die *Wind-und-Regen-Brücke der Dong (Guangxi und Guizhou) und die verkleinerte Kopie des *Jokhang-Tempels in Lhasa (Tibet). Am interessantesten ist der **südliche Teil**, wo die aufwändig nachgebaute Karstlandschaft Südwestchinas den fotogenen Naturrahmen für ein **Dorfzentrum der Naxi** (Yunnan) sowie ein *Gebäudeensemble der Tujia (Yunnan) abgibt. Ideal ist ein Besuch am Vormittag, um anschließend die neuen Sportstätten im nahen Olympiagelände unter die Lupe zu nehmen.

**Olympic Green

Vom 8. bis 24. August 2008 blickte die ganze Welt auf Peking, als auf dem **Olympic Green** und an anderen Wettkampfstätten die XXIX. Olympischen Spiele ausgetragen wurden. Für dieses prestigeträchtige Ereignis baute man im Norden der Stadt, zwischen der 4. und der 5. Ringstraße, auf 11 km² Fläche ein **Olympisches Dorf** und Stadien. Spektakulärster Bau und schon jetzt ein neues Wahrzeichen Pekings ist das 330 Mio. Euro teure **Nationalstadion** ⑤⑨. „Vogelnest" ist der liebliche Name für dieses 68 m hohe und 91 000 Zuschauer fassende Wunderwerk aus ineinander verschlungenen, zusammen 42 000 t wiegenden Stahlträgern. Mit dieser völlig neuartigen Konstruktion machten die Schweizer Architekten Herzog & de Meuron von sich reden, die auch die Münchner Allianz-Arena planten. Daneben liegen das **Nationale Hallenstadion** und das *Nationale Schwimmzentrum in Leichtbaukon-

Rechts: Das Nationalstadion („Vogelnest"), erbaut für die Olympischen Spiele 2008.

PEKING: TEMPEL DER GROSSEN GLOCKE

struktion: Sein prägnanter, auch **Water Cube** genannter Außenbau besteht aus wabenförmigen, an Schaum erinnernde Folien, die auch als Bildschirm für Videoprojektionen genutzt werden können. Nach Ende der Spiele soll das Olympiagelände mit Restaurants, Parks, Büros, Teichen und Shoppingzentren weiter ausgebaut werden – ein eigenes Stadtviertel für Freizeit, Kultur und Business.

*Tempel der Großen Glocke

Glocken spielen seit 3000 Jahren in China eine wichtige Rolle, zur Ankündigung der Zeit, bei Kulthandlungen und als Musikinstrumente. Rund 160, meist mit figürlichen Reliefs und Texten verzierte Meisterwerke aus Bronze oder Eisen kann man im *Tempel der Großen Glocke ⑥⓪ (*dazhong si*), auch **Tempel der Reifung des Bewusstseins** (*jue sheng si*) genannt, und dem zugehörigen **Museum** bestaunen. Benannt wurde der Tempel nach der zwischen 1403 und 1424 gefertigten *Yongle-Glocke, die ihren Namen wiederum von dem Ming-Herrscher herleitet, der Peking zu seiner Hauptstadt machte. Dieses Wunder alter Gusstechnik ist 6,75 m hoch, wiegt 46,5 t, hat einen Durchmesser von 3,30 m und ist mit über 230 000 Schriftzeichen dekoriert, die die Diamant- und Lotossutren wiedergeben. Der Klang dieser größten Glocke Ostasiens soll bis zu 50 km weit zu hören gewesen sein. Ferner ist die Kopie eines 65-teiligen *Glockenspiels mit einem Gesamtgewicht von 2,5 t aus der Zeit der Streitenden Reiche (475-221 v. Chr.) sehenswert.

*Arthur M. Sackler Museum of Art and Archaeology

Der Kunstmäzen, Museumsgründer und Freund der Schönen Künste, der Mediziner Arthur M. Sackler (1913-1987), machte sich vor allem in den USA einen Namen. In China setzte er sich nachdrücklich für die Erforschung und Erhaltung des reichen kulturellen Erbes ein. Das *Arthur M. Sackler Museum of Art and Archaeology ⑥① auf dem Campus der Universität Peking

PEKING: SOMMERPALAST

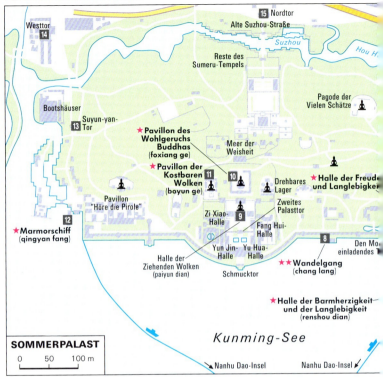

spannt mit vielen Kunstwerken aus Jade, Bronze und Keramik einen Bogen von der Altsteinzeit (Jinniushan-Mensch, um 280 000 v. Chr.) bis zur frühen Qing-Dynastie (17. Jh.).

★Alter Sommerpalast

Wer hätte in China mit seinen geschwungenen Dächern ein verschnörkeltes Rokoko-Schlösschen mit Fontänen und Irrgarten nach europäischen Vorbildern erwartet? Kaiser Qianlong (1736-1795) wollte unbedingt eines besitzen und beauftragte den Jesuiten-Pater Giuseppe Castiglione mit der Errichtung dieser damals exotisch anmutenden Steinbauten. Das im Norden des ★Alten Sommerpalastes ⓰ liegende Ensemble ist aber nur ein kleiner Teil der mit 350 ha enorm weitläufigen Parklandschaft. Dieser „Garten der Vollkommenen Klarheit" (*yuanming yuan*) galt mit seinen vielen pittoresken Seen, Wandelgängen, Inseln, Kanälen, Brücken und künstlichen Hügeln als der Höhepunkt in der langen, über 2000-jährigen Geschichte der chinesischen Gartenkunst. 1860, während des 2. Opiumkriegs, zerstörten Briten und Franzosen die rund 120 Pavillons der Anlage – eine Barbarei, die bis heute nicht vergessen ist.

★★Sommerpalast

„Wenn der Sommer seinen Höhepunkt erreicht, wird der Lotos meilen-

PEKING: SOMMERPALAST

weit zum Blütenteppich, und der Wind verbreitet seinen Duft nach allen Seiten. Männer und Frauen treffen sich am Wasser und füllen ihre Tassen mit Wein bis zum Rand. Kann es etwas Schöneres geben?" Ähnlich beeindruckt wie der ming-zeitliche Dichter Yuan Zhongdao (1570-1624) sind auch heutige Besucher bei einem Spaziergang durch den weitläufigen **★★Sommerpalast** ⑬ (*yihe yuan*) am nordwestlichen Stadtrand Pekings (UNESCO-Weltkulturerbe), dessen einmaliges Zusammenspiel von Natur und Kunst, Bergen und Wasser man mit viel Muße genießen sollte.

Dieser 290 ha große „Garten der Kultivierten Harmonie" (*yihe yuan*) geht in seinen Anfängen bis auf die Yuan-Dynastie zurück, doch gaben ihm erst die Qing-Kaiser sein heutiges Aussehen. Wechselvoll war seine Geschichte: Wie beim Alten Sommerpalast brandschatzten britische und französische Truppen 1860 die Gebäude, die aber Kaiserinwitwe Cixi mit zweckentfremdeten Mitteln aus der Marinekasse bis 1888 restaurieren ließ. 1900 im Boxeraufstand erneut zerstört und dank Cixi nochmals wiederhergestellt, präsentiert sich der Sommerpalast heute als das schönste Beispiel eines kaiserlichen Gartens in Peking.

Durch das **Osttor** 1, dem Haupteingang des Parks, führt der Weg zur **★Halle der Barmherzigkeit und der Langlebigkeit** 2 (*renshou dian*). Hier gab Cixi während der alljährlichen Aufenthalte von April bis Oktober Audienzen, und noch heute kann man ihren **Thron** bestaunen.

Ein Abstecher entlang des Kunming-Sees führt zur harmonischen, 150 m langen **★17-Bogen-Brücke** 3 (*shiqi kongqiao*). Sie verbindet das Ufer mit der **Insel Nanhu Dao**, auf der man den Drachengott in einem kleinen Tempel verehrt.

Der Rückweg führt am malerischen **Wengchang-Turm** 4 vorbei zur **Halle der Jadewogen** 5 (*yuolan tang*). Kaiser Guangxu verbrachte hier die letzten 10 Jahre bis zu seinem Tod 1908, nachdem ihn Cixi unter einem Vorwand hatte einsperren lassen.

Eng verbunden mit der machtbesessenen Herrscherin ist auch das **Palasttheater** im **★Garten der Tugend und Harmonie** 6 (*dehe yuan*). Auf drei unterschiedlich hohen Bühnen erfreute sich Cixi an Schauspielen.

Der intimste Bereich des Sommerpalastes war die **★Halle der Freude und Langlebigkeit** 7 (*leshou tang*) mit den prunkvollen Privatgemächern der Monarchin.

Herrliche **★Aussichten** auf den See und Schatten in der Sommerhitze bietet der 728 m lange **★★Wandelgang** 8 (*chang lang*), den Malereien mit Blu-

PEKING: SOMMERPALAST

men, Vögeln und berühmten Ansichten Süd-Chinas schmücken.

Beim **Schmucktor** beginnt der Aufstieg zum **Hügel der Langlebigkeit** (*wanshou shan*). Über steile Stufen erreicht man zuerst die **Halle der Ziehenden Wolken** 9 (*paiyun dian*), in der Cixi ihre Geburtstage feierte. Noch weiter oben erhebt sich der imposante achteckige ***Pavillon des Wohlgeruchs Buddhas** 10 (*foxiang ge*), eine Kopie des Gelbe Kranichturms in Wuhan. Bei guter ***Fernsicht** erscheinen die Hochhäuser Pekings zum Greifen nah.

Wenige Schritte weiter stößt man auf den über 7 m hohen ***Pavillon der Kostbaren Wolken** 11 (*boyun ge*), der wegen seinem Material auch „Bronzepavillon" genannt wird.

Das kurioseste Bauwerk des Gartens ist das ***Marmorschiff** 12 (*qingyan fang*) am westlichen Ende des Wandelgangs, das mit seinen „Rädern" und dem zweigeschossigen marmorierten Holzaufbau an einen Raddampfer erinnert.

Vorbei am **Suyun-yan-Tor** 13 verlässt man den Sommerpalast durch das **Westtor** 14 oder über die **Suzhou-Straße** durch das **Nordtor** 15.

*Botanischer Garten und *Tempel des Schlafenden Buddha

Wer sich nach Ruhe und Beschaulichkeit sehnt, dabei aber auch etwas besichtigen will, sollte den über 400 ha großen ***Botanischen Garten** 64 (*zhiwu yuan*) am nordwestlichen Stadtrand besuchen: mit Seen, Wasserkaskaden, dichten Bambushainen, Rosen- und Magnolienbeeten sowie Wäldchen mit altem Baumbestand. Highlight ist das ***Botanical Gardens Conservatory** (Extraeintritt), Chinas größtes Gewächshaus mit ungefähr 3000 Arten.

Im Norden des weitläufigen Geländes, ca. 20 Gehminuten vom Eingang entfernt, liegt der ***Tempel des Schlafenden Buddha** 65 (*wofo si*), ein beliebtes Pilgerziel, das auch mit einem

Oben: Das Marmorboot im Sommerpalast.
Rechts: Erholsam und sehenswert ist der schöne Botanische Garten.

PEKING: PARK DES DUFTENDEN BERGES

Shuttle-Bus erreichbar ist. Alte Zypressen säumen den Weg zum Sakralbau, der zu den ältesten Pekings gehört und bereits zur Tang-Zeit (6.-9. Jh.) gegründet worden sein soll. In der dritten Halle ruht entspannt ein 5,3 m langer, lächelnder **★Bronzebuddha**, der angeblich 54 t wiegt und den Erleuchteten beim Eintritt ins Nirwana zeigt. Um ihn herum gruppieren sich die **12 Arhats** („Verehrungswürdige") mit asketischen Gesichtszügen – die Jünger Buddhas aus bemaltem Lehm.

★★Park des Duftenden Berges

Rund 25 km nordwestlich der Stadt bilden die Westberge einen natürlichen Schutz. Dort liegt der gerne besuchte **★★Park des Duftenden Berges** ⑥⑥ (*xiangshan gongyuan*). Das überwiegend bewaldete, 160 ha große Gelände erstreckt sich am Hang des gleichnamigen Berges (*xiang shan*), der seine poetische Bezeichnung wohl daher hat, dass der manchmal aufsteigende Nebeldunst wie Duftschwaden von Weihrauch anmutet. Es empfiehlt sich, den 557 m hohen Gipfel mit einer **★Sesselliftfahrt** zu erreichen und den Park bergab zu erkunden – wunderbare Fernblicke auf Peking und die Ausläufer der Westberge sind garantiert. Von oben erkennt man auch gut das nach Plänen des chinesisch-amerikanischen Architekten Ieoh Ming Pei (Pariser Louvre-Pyramide) errichtete **Hotel**.

Das Gelände war einst kaiserliches Jagdrevier, „Garten der Ruhe und Freude" (*jingyi yuan*) genannt. Kaiser Qianlong ließ ihn mit 28 künstlerischen Attraktionen bereichern, mit Tempeln und Pavillons wie der **Halle des Duftenden Regens** (*yuxiang dian*), die 1860 und 1900 allesamt der sinnlosen Plünderungsorgie der ausländischen Soldateska zum Opfer fielen. Nur weniges ist restauriert, so die mit 56 Bronzeglöckchen verzierte achteckige **★Porzellanpagode**.

★★Kloster der Azurblauen Wolke

Das **★★Kloster der Azurblauen Wolke** ⑥⑦ (*biyun si*) liegt in einem weiten, ummauerten Park mit altem Baumbestand am Osthang des **Duftenden Berges** (*xiang shan*). Der Komplex wurde 1289 ursprünglich als Nonnenkloster errichtet, aber unter Kaiser Qianlong im 18. Jh. in der heute sichtbaren Form umgestaltet.

Zwei Dinge gibt es hier zu bestaunen. Da ist zum einen die einmalig erhaltene, im indischen Stil errichtete weiße ****Diamantthron-Pagode** aus der Zeit Qianlongs. Sie thront auf einem reich mit buddhistischen Motiven verzierten Sockel. Zum anderen besichtigt man die **Seitenhalle** des Tempels, in der hochbegabte Künstlerhände den vergoldeten ***Holzstatuen der 500 Luohan** (buddhistische Weise) ihre unverwechselbare Gestalt verliehen haben.

*Acht Große Stätten

Wer länger in Peking weilt, kann einen ganzen Tag für die ***Acht Großen Stätten** ⑱ (*ba da chu*) einplanen. Soviel Zeit braucht man, will man die Tempel und Klöster an den Hängen des Lushishan und Chiweishan mit etwas Muße genießen. Ein **Rundweg** erschließt die Anlagen, Sakralbauten in herrlicher, fast unberührter Natur, die ab dem 9. Jh. erbaut wurden. Hier ist ein beliebtes Naherholungsgebiet der Hauptstädter entstanden, in der auch ein **Sessellift** nach oben und eine **Riesenrutsche** nach unten führt.

Exzellente ***Statuen der 18 Arhats** aus der Ming-Zeit sind im **Tempel des Großen Mitleids** (*dabei si*) erhalten, wogegen das kleine **Kloster der Drei Berge** (*sanshan an*) aus der Qing-Zeit mit einer großartigen ***Fernsicht** aufwartet. Zu einer Rast lädt ein **Teehaus** beim **Nonnenkloster der Drachenquelle** (*longquan an*) ein. Bedeutendstes Bauwerk ist der ***Tempel der Duftenden Welt** (*xiangjie si*), dessen Geschichte bis in die Tang-Dynastie (618-907) zurückreicht. Die beiden Qing-Kaiser Kangxi und Qianlong ließen das Kloster im 18. Jh. sogar zu einer kaiserlichen Residenz ausbauen.

*Marco-Polo-Brücke und *Wanping

In westlichen Geschichtsbüchern beginnt der 2. Weltkrieg am 1.9.1939, aus asiatischer Sicht bereits am 7.7.1937: Damals provozierten japanische Truppen an der ***Marco-Polo-Brücke** ⑲, 15 km südwestlich von Peking, ein Feuergefecht, das den Beginn des 2. Japanisch-Chinesischen Kriegs markierte, des schlimmsten Exzesses der japanischen Expansion in Asien.

Das Bauwerk selbst, in China „Brücke des Schwarzen Festungsgrabens" (*lugou qiao*) genannt, ist ein Juwel der Ingenieurkunst. 1189-1192 während der Jin-Dynastie errichtet, überspannt die elfbogige Konstruktion mit 235 m Länge den – heute fast ausgetrockneten – „Fluss der Immerwährenden Beständigkeit" (*yongding he*). Ausdauernde zählen die vielen Löwen und ihre Jungen auf dem Steingeländer neben der 9,30 m breiten, durch den jahrhundertelangen Gebrauch zerfurchten Fahrbahn. Der Venezianer Marco Polo (1254-1324), nach dem die Brücke ihren im Westen bekannten Namen erhielt, soll sie vor dem Einzug in das mongolische Khanbaliq überschritten haben. In seinem „Buch der Wunder" rühmte er die Brücke als eines der herrlichsten Bauwerke der Welt, und später zählte Kaiser Qianlong sie zu den acht schönsten Ansichten Pekings.

Am östlichen Brückenende breitet sich ***Wanping** ⑳ aus, ein 1640 am Ende der Ming-Dynastie angelegtes Dorf. Hier, am Stadtrand von Peking, nimmt das Alltagsleben noch einen gemächlichen Verlauf, fast unbeeindruckt von der rasanten Veränderung der Metropole. Blickfang im Zentrum zwischen traditionellen Wohnhäusern ist die **Gedenkhalle für den Anti-Japanischen Krieg**. Die eigentliche Attraktion ist jedoch die komplett erhaltene ***Stadtmauer**, auf der man den beschaulichen Ort, ausgehend vom **Westtor** (*xianping*), umrunden kann.

PEKING / BEIJING (☎ 010)

 VERBOTENE STADT / KAISER-PALAST (gu gong; zijin cheng):
Zugang vom Tor des Himmlischen Friedens (tian'anmen) oder durch das Nordtor an der Jingshanqian Jie, Tickets 16. April-15. Okt. 8.30-16 Uhr, 16. Okt.-15. April 8.30-15.30 Uhr, Palastmuseum: www.dpm.org.cn; U 1: Tian' anmen Xi und Tian'anmen Dong.

SAKRALBAUTEN:

Himmelsaltar (tian tan): Südtor bei der Yongdingmen Dongjie, tägl. 8.30-17 Uhr; U 5: Puhuangyu, weiter mit Taxi.
Konfuzius-Tempel (Kong miao): Guozijian Jie, tägl. 8.30-17 Uhr, Tickets bis 16.30 Uhr, U 2: Yonghe Gong / Lama Temple.
Lama-Tempelkloster (yonghe gong): Yonghegong Dajie, April-Okt. tägl. 9-16.30 Uhr, Nov.-März 9-16 Uhr, Tickets bis 16 bzw. 15.30 Uhr, www.yonghegong.cn; U 2, 5: Yonghegong / Lama Temple.
Moschee in der Rinderstraße (niujie qingzhensi): 88 Niu Jie, 8 Uhr bis Sonnenuntergang, U 2: Changchunjie, weiter mit Taxi.
Nordkathedrale (beitang; xishiku jiaotang): Xishiku Dajie, tägl. geöffnet; U 4: Xisi.
Südkathedrale (nantang): 141 Qianmen Xidajie, lateinische Messe So-Fr 6 Uhr, englische Messe So 10 Uhr, U 2, 4: Xuanwumen.
Tempel der Fünf Pagoden (wuta si): 24 Wutasi Cun, nördlich des Zoos, tägl. 9-16 Uhr; U 4, 9: Baishiqiao, weiter mit Taxi.
Tempel der Großen Glocke (dazhong si) mit **Glockenmuseum**: 31a Beisanhuan Xilu, tägl. 8.30-16.30 Uhr; U 13: Dazhongsi.
Tempel der Himmlischen Ruhe (tianning si): unweit des Tempels der Weißen Wolke, tägl. 9-16 Uhr; U 1: Nanlishilu.
Tempel der Quelle der Lehre (fayuan si): 7 Fayuansi Qianjie, Di-Do 8.30-11.30 und 13.30-15.30 Uhr, U 2: Changchunjie, weiter mit Taxi oder U 4: Caishikou.
Tempel der Universalen Nächstenliebe (guangji si): Fuchengmennei Dajie / Xisi Beidajie, 7.30-16.30 Uhr, U 2: Fuchengmen, weiter mit Taxi oder U 4: Xisi.
Tempel der Weißen Pagode (baita si): Fuchengmennei Dajie, tägl. 9-17 Uhr, U 2: Fuchengmen oder U 4: Xisi.
Tempel der Weißen Wolke (baiyun guan): Baiyun Lu, tgl. 8.30-16 Uhr; U 1: Nanlishilu.
Tempel des Ostbergs (dongyue miao): 141 Chaoyangmenwai Dajie, Di-So 9-16.30 Uhr; U 2: Chaoyangmen.
Tempel des Schlafenden Buddha (wofo si): siehe **Botanischer Garten** (zhiwu yuan).

MUSEEN UND GEDENKSTÄTTEN:

Arthur M. Sackler Museum of Art & Archaeology: Universität Peking, Zugang über das Westtor des Campus (Registrierung mit Reisepass), tägl. außer Fei 9-16.30 Uhr, www.sackler.org/china/amschina.htm, Führungen in Englisch auf Nachfrage; U 4: Yuanmingyuan.
Beijing Art Museum: im Tempel der Langlebigkeit (wanshou si), nördlich der Westlichen 3. Ringstraße, Di-So 9-16 Uhr; Anfahrt mit Taxi.
Beijing Planning Exhibition Hall (Beijing shi guihua zhanlanguan): 20 Qianmen Dongdajie, Chongwen, Di-So 9-16 Uhr, www.bjghzl.com.cn; U 2: Qianmen.
Chinesische Kunsthalle (Zhongguo meishuguan): 1 Wusi Dajie, Di-So 9-17 Uhr. Die zeitgenössischen Werke werden oft zum Verkauf ausgestellt; U 5: Dongsi, weiter mit Taxi.
Chinesisches Eisenbahnmuseum (zhongguo tiedao bowuguan): 1 Jiuxiang Qiao Beilu, Chaoyang, Di-So 9-16 Uhr; Anfahrt mit Taxi.
Chinesisches Nationalmuseum (Zhongguo guojia bowuguan): Platz des Himmlischen Friedens (tian'anmen guangchang), Ostseite, bis 2010 wegen Umbau und Erweiterung geschlossen (www.gmp-architekten.de); U 1: Tian'anmen Dong, U 2: Qianmen.
Geologisches Museum Chinas (Zhongguo dizhi bowuguan): Xisi, Xicheng, Di-So 9-16.30 Uhr, Tickets bis 16 Uhr, www.gmc.org.cn; U 4: Xisi.
Hauptstadt-Museum (shoudu bowuguan): 16 Fuxingmennei Dajie, Di-So 9-17 Uhr, www.capitalmuseum.org.cn; U 1: Muxidi.
Lu-Xun-Museum (Lu Xun bowuguan): 19 Gongmenkou Ertiao, Fuchengmennei Beidajie, Di-So 9-15.30 Uhr, U 2: Fuchengmen.
Museum der Kaiserstadt (huangcheng yishuguan): 9 Changpu Heyan, tägl. 10-17.30 Uhr; U 1: Tian'anmen Dong.

PEKING: MUSEEN / PARKS UND GÄRTEN

Museum für klassische chinesische Architektur (*gudai jianzhu bowuguan*), in den Hallen des Ackerbaualtars (*xiannong tan*), Südende der Dongjing Lu, Di-So 9-16 Uhr; U 2: Qianmen, weiter mit BRT-Bus 1: Tiantan.

Museum für Naturgeschiche (*ziran bowuguan*), 126 Tianqiao Nandajie, Di-So 8.30-16.30 Uhr, Tickets bis 16 Uhr; U 2: Qianmen, weiter mit BRT-Bus 1: Tiantan.

Poly-Kunstmuseum: 1 Chaoyangmen Beidajie, 3. Stock des New Poly Plaza, www.polypm.com.cn, Mo-Sa 9.30-16.30 Uhr; U 2: Dongsishitiao.

Residenz des Prinzen Gong (*Gong wangfu*), 14 Liuyin Jie, tägl. 8.30-16.30 Uhr; U 4: Ping'anli, weiter mit dem Taxi.

Residenz von Song Qingling (*Song Qingling guju*), 46 Houhai Beiyan, Di-So 9-16.30 Uhr; U 2: Jishuitan.

Wohnhaus von Guo Moruo (*Guo Moruo guju*), 18 Qianhai Xijie, Di-So 9-16.30 Uhr, 25. Dez.-15. März geschl.; U 4: Ping'anli, weiter mit Taxi.

Wohnhaus von Mei Lanfang (*Mei Lanfang jiniianguan*), 9 Huguosi Jie, Di-So 9-16 Uhr; U 4: Ping'anli.

Wohnhaus von Lao She (*Lao She jinianguan*), 19 Fengfu Hutong / Denshikou Xijie, Di-So 9-17 Uhr, Audioguide auf Englisch; U 1: Wangfujing, weiter mit Taxi.

Xu-Beihong-Museum (*Xu Beihong jinianguan*), 53 Xinjiekou Beidajie, Di-So 9-16 Uhr; U 2: Jishuitan.

PARKS UND GÄRTEN:

Acht Große Stätten (*ba da chu*), westlich des Stadtgebiets am Abhang des Lushishan und Chiweishan; U 1: Beijing Amusement Park, weiter mit Taxi.

Alter Sommerpalast (*yuanming yuan*), nordöstlich des Sommerpalastes Yihe Yuan im Nordwesten Pekings, tägl. 7-17 Uhr; U 4: Yuanmingyuan.

Botanischer Garten (*zhiwu yuan*) mit **Tempel des Schlafenden Buddhas** (*wofo si*): Nordwestlich der 5. Ringstraße, 2 km östlich des Parks des Duftenden Berges, tägl. im Sommer 6-19 Uhr, im Winter 7-17 Uhr, Extraeintritt für das **Botanical Gardens Conservatory** (8.30-16 Uhr); U 4: Beigongmen, weiter mit Taxi.

Garten der Großen Aussicht (*daguan yuan*), 12 Nancaiyuan Jie, tägl. 7.30-17 Uhr, Tickets bis 16.30 Uhr; U 4: Taoranting, weiter mit Taxi.

Olympic Green mit **Nationalstadion**, im Norden Pekings zwischen der 4. und 5. Ringstraße; U 8: Olympic Sports Center und Olympic Park.

Park der ming-zeitlichen Stadtmauer (*ming chengqiang yizhi gongyuan*), südlich des Hauptbahnhofs (*Beijingzhan*) entlang der Chongwenmen Dongdajie, 24 Stunden geöffnet; U 2, 5: Chongwenmen.

Park der Völker Chinas (*zhonghua minzu yuan*), 1 Minzuyuan Dajie, tägl. 8-19 Uhr, Tickets bis 18 Uhr, www.emuseum.org.cn; U 8: Olympic Sports Center.

Park des Drachenteichs (*longtan gongyuan*), 8 Longtanhu Lu, und **Beijing Amusement Park**, 1 Zuoanmen Dajie, tägl. 8-16 Uhr; U 5: Tiantandongmen.

Park des Duftenden Berges (*xiangshan gongyuan*), im Nordwesten Pekings jenseits der 5. Ringstraße, tägl. 8-18 Uhr; U 4: Beigongmen, weiter mit Taxi.

Park des Erdaltars (*ditan gongyuan*), nördlich der Anddingmen Dongdajie unweit des Lama-Tempels, tägl. 6-21 Uhr; U 2, 5: Yonghegong / Lama-Temple.

Park des Nördlichen Sees (*beihai gongyuan*), tägl. 6-20 Uhr, Südeingang: Wenjin Lu, Nordeingang: West-Di'anmen Lu; U 4: Xisi, weiter mit dem Taxi.

Park des Sonnenaltars (*ritan gongyuan*), Ritan Lu, täglich 6-21 Uhr; U 1, 2: Jianguomen.

Sommerpalast (*yihe yuan*), Bus 332 ab Busbahnhof am Zoo oder mit Taxi, April-Okt. täglich 7.30-17 Uhr, manche Gebäude nur 9-16 Uhr, Nov.-März tägl. 8-17 Uhr; U 4: Yiheyuan.

Sun-Yatsen-Park (*Sun Zhongshan gongyuan*), Xisanhuan Zhongli, Zugang über Tor des Himmlischen Friedens (*tian'anmen*), tägl. 6-21 Uhr, Tickets bis 20 Uhr, Extraeintritt für Blumengarten: 9-17 Uhr; U 1: Tian'anmen Xi und Tian'anmen Dong.

Zoo (*dongwu yuan*) und **Beijing Aquarium** (*Beijing haiyang guan*), Xizhimenwai Dajie (Südeingang) oder Gaoliangqiao Lu (Nordeingang), tägl. Zoo 9-17.30 Uhr, Tickets bis

PEKING: SEHENSWÜRDIGKEITEN / FESTE

16.30 Uhr, Aquarium 9-17 Uhr, Delfinshow tägl. um 11 und 15 Uhr, www.beijingzoo.com (nur in chinesischer Sprache); U 2, 13: Xizhimen.

SONSTIGE SEHENSWÜRDIGKEITEN:
Altes Observatorium (*gu guanxiangtai*), Jianguomen Beidajie, nahe der Jianguomennei Dajie, Di-So 9-11.30 und 13-16 Uhr, U 1, 2: Jianguomen.

Central Radio and TV Tower, Xisanhuanbei Dajie, tägl. 8.30-22 Uhr, Restaurant 11-14 und 17-21.30 Uhr, große Taschen müssen rechts vor dem Eingang deponiert werden; U 1: Gongzhufen, weiter mit Taxi.

Factory 798, im Dashanzi-Kunstbezirk (*dashanzi yishuqu*), 4 Jiuxianqiao Beilu, Chaoyang, www.798space.com, tägl. 10.30-19.30 Uhr; Anfahrt mit Taxi.

Glockenturm (*zhong lou*), 100 m nördlich des Trommelturms, Tickets 9-16.40 Uhr, U 2: Gulou Dajie.

Große Halle des Volkes (*renmin dahui tang*), Westseite des Tian'anmen-Platzes, Zugang über südliche Seitenstraße, unregelmäßige Öffnungszeiten, meist Mo-Fr 8.30-15 Uhr, Sa / So 9-13 Uhr, Taschen müssen abgegeben werden; U 1: Tian'anmenxi, U 2: Qianmen.

Mao-Mausoleum (*Mao zhuxi jinian tang*), an der Südseite des Tian'anmen-Platzes, unregelmäßige Öffnungszeiten, meist tägl. 8-11.30, 14-16 Uhr, Taschen und Kameras müssen deponiert werden; U 1: Tian'anmen Xi, Tian'anmen Dong, U 2: Qianmen.

Marco-Polo-Brücke (*lugou qiao*) und **Wanping**, 15 km südwestlich vom Stadtzentrum am Yongding-Fluss; Anfahrt mit Taxi.

Trommelturm (*gulou*), Gulou Dongdajie, Tickets 9-16.40 Uhr, Vorstellungen jede halbe Stunde 9.10-11.30 und 13.30-17 Uhr; U 2: Gulou Dajie.

Ullens Center for Contemporary Art (UCCA), im Dashanzi-Kunstbezirk (*dashanzi yishuqu*), 4 Jiuxianqiao Beilu, Chaoyang, Di-So 10-18 Uhr; Anfahrt mit Taxi.

Unterirdische Stadt (*dixia cheng*), 62 Xidamochang Jie, tägl. 8.30-17.30 Uhr, englischsprachige, ungefähr 20 Minuten dauernde Führungen bis 17 Uhr; U 2: Qianmen, Chongwenmen.

MASSAGEN:
Bamboo Garden Qihuang T. C. M. Service, im Mandarin-Pavillon des *Bamboo Garden Hotel*, 24 Xiao Shiqiao Jiugu Lou, tägl. 8-24 Uhr, Tel. 58 52 00 88, Terminvereinbarung erwünscht. Nach einem langen Stadtbummel kann man sich hier so richtig durchkneten lassen! Ganzkörper- und Fußmassagen, spezielle Gelenkbehandlungen, Lymphdrainagen, Qi Gong-Behandlung, Akupunktur u. v. m.; U 2: Gulou Dajie.

FESTE UND FEIERTAGE:
In China gibt es neben den **religiösen Festen**, die sich nach dem Mondkalender richten und daher ein jährlich wechselndes Datum haben, nur wenige **offizielle Feiertage**, an denen nicht gearbeitet wird:

Neujahr: 1. Januar, arbeitsfreier Tag.

Frühlingsfest (*chunjie*, Chinesisches Neujahr des Mondkalenders): Jährlich wechselndes Datum zwischen 21. Januar und 20. Februar (26.1.2009, 14.2.2010), das wichtigste chinesische Fest mit drei arbeitsfreien Tagen; Märkte im Park des Erdaltars und im Tempel der Weißen Wolken.

Laternenfest (*yuanxiao jie*): 15. Tag des 1. Monats des Mondkalenders (9.2.09, 28.2.10), Abschluss der Neujahrsfeiern mit Laternenschauen, z. B. beim Kulturpalast der Werktätigen (Kaiserlicher Ahnentempel).

Qingming-Fest: Fest des Totengedenkens, am 12. Tag des dritten Monats des Mondkalenders (4.4.09, 5.4.10).

Buddhas Geburtstag: 8. Tag des 4. Monats des Mondkalenders (2.5.09, 21.5.10).

Tag der Arbeit (*laodong jie*): 1. Mai.

Drachenbootfest (*duanwu jie*): am 5. Tag des 5. Mondmonats (28.5.09, 16.6.10), wird in Peking nur sehr bescheiden gefeiert.

Kindertag (*ertong jie*): 1. Juni, Events für die Kleinen in den Vergnügungsparks.

Mondfest bzw. **Mittherbstfest** (*zhongqiu jie*): 15. Nacht des 8. Monats des Mondkalenders (3.10.09, 22.9.10), große Laternenausstellungen, etwa im Nordsee-Park.

Geburtstag des Konfuzius: 27. Tag des 8. Monats (15.10.09, 4.10.10).

Nationalfeiertag (*guoqing jie*): zum Gedenken an die Staatsgründung 1949 durch Mao Zedong, 1. Oktober, zwei arbeitsfreie Tage.

ESSEN GEHEN IN PEKING

Essen gehen in Peking muss nicht teuer sein. Auf den Märkten gibt es Suppen oder Snacks bereits für wenige Yuan. In schicken Restaurants zahlt man Preise wie in Deutschland. Zu beachten sind die frühen Essenszeiten: Zum Abendessen geht man zwischen 17 und 21.30 Uhr. Beliebte Spezialitäten sind Pekingente und Feuertopf.

Die Peking-Küche (siehe unten) ist deftiger und schlichter als die süßsaure des Südens oder die scharfe des Westens und verwendet mit Vorliebe Knoblauch, Sojasauce und Ingwer. Pekings Speiselokale servieren auch die Spezialitäten der anderen Regionalküchen, vor allem solche aus Kanton (Guandong), Sichuan, Shanghai, Shandong, aus dem fernen Xinjiang (Seidenstraße) und von den ethnischen Minderheiten des Südwestens (Yunnan).

Mittlerweile gibt es viele Restaurants mit westlicher Küche, so dass man selbst auf Pizza und Sauerkraut nicht verzichten muss.

Gute Restaurants aller chinesischen Küchentraditionen findet man in den Nebenstraßen der Fußgängerzone **Wangfujing Dajie**. Wer in dieser Gegend nicht lange suchen möchte, kann sich in die so genannten „Food Streets" der beiden großen Einkaufszentren **Oriental Plaza** und **Sun Dong'an Plaza** begeben. Hier konzentrieren sich auf engstem Raum chinesische, asiatische und europäische Restaurants, taiwanische Schnellimbisse und Filialen amerikanischer Fast-Food-Ketten. Auch alle anderen großen Shopping Malls der Stadt bieten im Unter- oder im Obergeschoss solche „Fressmeilen".

Wer nicht nur auf gutes Essen, sondern auch auf eine schöne Umgebung Wert legt, ist an den Uferpromenaden rund um die **Drei Hinteren Seen** richtig. Hier hat sich Pekings attraktivste

Rechts: Eine Peking-Ente wird fachgerecht angerichtet.

Restaurantszene etabliert. Besonders reizvoll ist die Promenade am Ostufer des **Qian Hai**, wo sich ein Restaurant an das andere reiht. Alle stellen auch Tische direkt am Seeufer auf.

Nur 1 km weiter östlich zieht sich die **Nanluogu Xiang** von der Di'anmen Dongdajie nach Norden. Diese beschauliche, über 800 Jahre alte Gasse gehört zu den malerischsten Szenevierteln Pekings. Gemütliche Patios in restaurierten alten Vier-Harmonien-Höfen sorgen für eine besondere Atmosphäre.

Eine ganz neue Errungenschaft ist die **Nanxincang** hinter dem hohen Poly Building an der zweiten Ringstraße. Dieser alte Hutong entging wie durch ein Wunder der Abrissbirne. Die Gebäude wurden saniert und in schmucke, abends romantisch erleuchtete Restaurants verwandelt.

Im und am Rand des **Ritan Park** gibt es zahlreiche gute Restaurants, die in den Qing-zeitlichen Gebäuden, die den Sonnenaltar umstanden, untergebracht sind. Die meisten bieten in ihren Höfen Plätze im Freien mit Blick auf die bunt erleuchteten Gartenanlagen.

In den vielen **Hutongs** taucht man ein in die exotische Welt der Garküchen. Hier dampft und brodelt es den ganzen Tag, und man bekommt für wenige Yuan von der Nudelsuppe über Teigtaschen bis hin zu Fleischspießchen alles, was sich irgendwie auf einem mobilen Kocher zubereiten lässt.

Die Küche Pekings

Seit alters hat Peking die berühmtesten Köche des Landes angezogen. Ihre Kunstfertigkeit ließ aus der Kombination der erlesensten Rezepte Chinas eine eigenständige Küche entstehen. Den größten Einfluss übten dabei die Stile der benachbarten Regionen Shandong und Innere Mongolei aus. Aromatische Wurzeln und Gemüse wie Pfefferschoten und Kohl sind zentrale Bestandteile dieser Küche, ebenso Rind, Lamm und Schweinefleisch.

ESSEN GEHEN IN PEKING

Das Pekinger Gericht schlechthin aber ist **Peking-Ente** (*beijing kaoya*), im Ausland ein Synonym für chinesisches Essen. Dabei unterzieht man die Enten nach der Schlachtung einer besonderen Prozedur: Durch einen Schnitt am Hals wird die Haut aufgeblasen, bis sie sich vom Fleisch löst; anschließend entfernt man die Innereien durch eine Öffnung unter dem Flügel, überbrüht die Ente mit kochendem Wasser, streicht sie mit Malzzucker und Honig ein und hängt sie zum Trocknen auf. Während des mehrstündigen Garens im Holzofen wird die Haut knusprig und orangerot. Der Koch schneidet dann die Ente in Stücke, deren Hauptbestandteil die köstliche geröstete Haut ist. Die Stücke wickelt man in Weizenfladen ein und isst sie mit Lauchzwiebeln und einer speziellen Soße.

Der beliebteste „Import" im Winter ist der **Mongolische Feuertopf** (*shuan yangrou*), ein Fondue mit hauchzartem Lammfleisch und Kohl, während die fischreiche Provinz Shandong den Speiseplan mit frittiertem **Mandarin-Fisch** (*ganzha guiyu*) bereichert.

Harte, lange Winter machen den Reisanbau in Nordchina unmöglich, so dass hier vor allem diverse Getreidesorten kultiviert werden. Daraus resultiert eine große Vielfalt an Broten, Teiggerichten und Nudeln, die bevorzugt als Beilage gegessen werden.

Ihre Blüte fand die Kochkunst in der früher nur dem Kaiser vorbehaltenen „Kaiserlichen Küche", die Gerichte mit Namen wie „Gewundener Drache tändelt mit dem Phönix" hervorbrachte. Ein Pekinger Mandarin erfand dagegen den Stil der Familie Tan (*tanjia cai*), indem er den Geschmack der Kanton-Küche mit den Vorzügen anderer Regionalküchen kombinierte; die Eigenart dieses Stils besteht darin, dass er zunächst süß und etwas salzig schmeckt.

Weitere typische Gerichte Pekings, die man einmal probieren sollte, sind: **Yuanbao-Schweinelende** (*yuanbao rou*), **Fünf-Gewürze-Rippchen** (*wuxiang paigu*), sauer-scharf gebratener **Kohl** (*cu liu jiao cai*) und geschmorte **Aubergine** (*youmen qiezi*). Als Snack gibt es *jiaozi* („chinesische Ravioli"), in gebratener Variante als *guotie* bekannt.

PEKING: RESTAURANTS, ESSENSGASSEN, TEEHÄUSER

 SPEZIALITÄTENGASSEN UND NACHTMÄRKTE:

Donghuamen-Nachtmarkt (*donghuamen yeshi*): Von 17.30-22.30 Uhr bieten Köche entlang der Donghuamen Dajie eine breite Palette chinesischer Gerichte an, sehr stimmungsvolle Atmosphäre mit übersichtlich angerichteten Speisen und roten Lampen; U 1: Wangfujing.

Geisterstraße (*guijie*): Offiziell Dongzhimen Neilu genannt, zwischen der Dongzhimennei Dajie und der Jiaodaokou Dongdajie, Dongcheng. Ähnlich schönes Flair wie am Donghuamen-Nachtmarkt, mit roten Lampen, bunten Leuchtreklamen und vielen Hot-Pot-Restaurants, doch wird diese Spezialitätengasse seltener von ausländischen Touristen besucht. Hier gibt's auch nach Mitternacht noch was zum Essen. U 2: Dongzhimen.

PEKINGENTE:

Liqun (*liqun kaoya dian*), 11 Beixiangfeng Hutong, Tel. 67 02 56 81. Auch wenn der Service nicht der beste ist – die über Holzfeuer gebratenen Vögel sind es. Da das Restaurant recht klein ist, sollte man unbedingt reservieren! U 2: Qianmen. **Quanjude** (*Quanjude kaoya dian*), 32 Qianmen Dajie, Tel. 65 11 24 18. Das berühmteste, bereits 1864 eröffnete *Roast Duck Restaurant* wird an manchen Tagen von Touristengruppen überschwemmt, demnach kommt auch die Bedienung einer Massenabfertigung gleich; U 2: Qianmen.

Beijing Da Dong (*Beijing da dong kaoyan dian*), 3 Tuanjiehu Beikou, nahe dem *Hotel Zhaolong* (Great Dragon) bei der 3. Ringstraße, Tel. 65 82 28 92. Exzellente Enten und andere chinesische Spezialitäten, Reservierung empfehlenswert; U 10: Gongtibeilou.

NUDELSUPPEN:

Lanzhou Gao's Beef Noodle, 3 Longtonjing Jie, unweit der Residenz des Prinzen Gong. Exzellente Nudelsuppen mit Fleisch und Grünzeug, ideal als kleine Zwischenmahlzeit bei einem Spaziergang im Gebiet der Drei Hinteren Seen.

SHANDONG-KÜCHE:

Fengzeyuan, 83 Zhushikou Xidajie, südlich der Dazhalan Jie im gleichnamigen Hotel. Gourmets wissen die Kochkunst der Halbinsel Shandong und die Spezialitäten, darunter viel Fisch und Meeresfrüchte, im *Fengzeyuan* zu schätzen; U 2: Qianmen.

MANDSCHU-KÜCHE:

Fangshan, 1 Wenjin Jie, Park des Nördlichen Sees (*beihai gongyuan*), Tel. 64 01 18 89, tägl. 11-13.30 und 17-19.30 Uhr. Schlemmen wie die Qing-Kaiser – eines der besten traditionellen Pekinger Restaurants am Nordufer der Jade-Insel (nicht ganz billig), das Köche des Kaiserpalastes vor fast 100 Jahren gründeten. Reservierung empfehlenswert. U 1: Tian'anmen Xi, weiter mit Taxi.

KANTON- (GUANGDONG-)KÜCHE:

Huang Ting, 8 Jinyu Hutong, im *Peninsula Palace Hotel*, Dongcheng. Einer Zeitreise in das alte Peking gleicht der Besuch dieses bezaubernden Restaurants mit Vogelkäfigen, Wasserspielen, Laternen, Holztüren, Steinlöwen und Sandelholz-Mobiliar im Ming- und Qing-Stil – nicht zu vergessen natürlich die Gaumenfreuden der Südküche wie Dim Sum; U 1, 5: Dongdan.

SICHUAN-KÜCHE:

Sichuan, 37a Donganmen Dajie. Eine der besten Gelegenheiten, um die pikanten Spezialitäten West-Chinas zu kosten, beispielsweise in Alufolie gegartes Lammfleisch (*zhibao yangrou*) oder Sichuan-Feuertopf (*Sichuan huoguo*), den es auch in einer entschärften Variante (*bula*) gibt; U 1: Wangfujing.

UIGHURISCHE KÜCHE:

Crescent Moon Muslim Restaurant, 16 Dongsi Liutiao, Nebenstraße der Chaoyangmen Beixiaojie. Will man einmal die Spezialitäten von der Seidenstraße probieren, ist der „Zunehmende Mond" der richtige Ort. Empfehlenswert sind z. B. die saftigen Lammfleischspieße (*yangrou chuan*) und pikantes Huhn mit Kartoffeln und Gemüse über einer Portion Nudeln (*dapanji*), Alkoholausschank; U 5: Zhangzizhonglu, Dongsi, weiter mit Taxi.

MONGOLISCH / FEUERTOPF:

Dhar Khan Mongolia Culture Bar (*da'erhan menggu wenhua canba*), 11A-2 Xiushui Nan-

PEKING: RESTAURANTS, ESSENSGASSEN, TEEHÄUSER

jie, Chaoyangef. Deftige mongolische Gerichte wie gebratenes Lammfleisch und Feuertopf (Hot Pot); U 1: Jianguomen, Yonganli.

HOFHAUS-RESTAURANTS:

Crab Apple House (*haitang ju*), 32 Xuanwumen Xiheyanjie, Xuanwu, Tel. 83 15 46 78, tägl. 10-22 Uhr. Das Essen ist gut, aber das Beste an diesem Restaurant ist sein Ambiente. Inmitten des wunderschön hergerichteten Innenhofs dieses Siheyuan steht ein über 100 Jahre alter Baum. In seinem Schatten kann man in Gerichten der kaiserlichen, kantonesischen, Jiangsu-, Hubei- und Chaozhou-Küche schwelgen – eine kleine kulinarische Chinareise. U 2: Changchunjie.

The Source (*dujiangyuan*), 14 Banchang Hutong, Dongcheng, Tel. 64 00 37 36, www.yanclub.com, tägl. 11.14 und 17-22 Uhr. Das in einem alten Vier-Harmonien-Hof untergebrachte elegante Restaurant liegt in der Nachbarschaft der Restaurantmeile Nanluogu Xiang. Im unvergleichlichen Ambiente des gemütlichen Innenhofs gibt es Spezialitäten aus Sichuan. U 5: Zhangzizhonglu.

FUSION-KÜCHE:

Green T. House (*ziyunxuan*), 6 Gongren Tiyuchang Xilu, Chaoyang, Tel. 65 52 83 10, www.green-t-house.com, tägl. 11.30-15 und 18-24 Uhr. Eines der coolsten Restaurants der Stadt mit einem Interieur, das eine ultramoderne Version der Tee-Party aus „Alice im Wunderland" sein könnte. Sicher nicht jedermanns Geschmack, aber beeindruckend ist es allemal. Serviert wird eine Küche, die sich von Rezepten aus ganz China inspirieren lässt und das Ganze mit Tee verfeinert. U 2: Chaoyangmen.

WESTLICHE KÜCHE:

Outback Steakhouse, Worker's Stadium, Ostflügel des Nordtores, Gongrentiyuchangbei Jie (U 2: Dongsishitao, weiter mit Taxi), und Beijing Hotel, Ostflügel, 33 Dongchang'an Jie, (U 1: Wangfujing), www.outback.com.cn. Die saftigen Steaks der australisch aufgemachten Restaurantkette gehören zu den besten in der ganzen Stadt.

Traktirr Pushkin, 5-15 Dongzhimennei Dajie, Dongcheng. Angestellte der nahegelegenen russischen Botschaft schätzen hier mittags die heimische Hausmannskost wie Borschtsch (Rote-Bete-Eintopf), mit Champignons gefüllte Forellen und eingelegte Heringe sowie die große Auswahl an Bier und Wodka; U 2, 13: Dongzhimen.

VEGETARISCHE GERICHTE:

Xuxiangzhai Vegetarian Restaurant, 26 Guozijian Jie, Dongcheng, gegenüber dem Konfuzius-Tempel. Sehr großes und schön arrangiertes Buffet mit Suppen, vegetarischen Speisen und Desserts, ideale Option, wenn man nach den Tempelbesuchen nicht noch lange ein Restaurant suchen will; U 2: Yonghegong / Lama Temple.

Pure Lotus Vegetarian (*jing xin lian*), 10 Nongzhanguan Nanlu, im Zhongguo Wenlianyuan, tägl. 11-23 Uhr. Teure, aber exzellente Kreationen, zubereitet von buddhistischen Mönchen; die Küche wurde schon vom Stadtmagazin That's Beijing ausgezeichnet; U 2: Dongsishitiao, weiter mit Taxi.

TEEHÄUSER:

Jiguge Teahouse, 132-136 Liulichang Dongjie / Ecke Nanxinhua Jie, Xuanwu, 1. Stock, tägl. 9-22 Uhr. Ideal gelegen, um bei einem Bummel entlang der berühmten Antiquitäten- und Künstlerstraße mal eine Pause mit Oolong-, Jasmin- oder Grün-Tee zu machen, schöner Blick draußen von der Terrasse, drinnen mit Tee- und Porzellanshop; U 2: Hepingmen. **Liuxian Guan (Eatea Tea House)**, 28-1 Guozijian Jie, Dongcheng, gegenüber der Kaiserlichen Akademie, Tel. 84 04 85 39, www.eatea.com.cn. Sehr schöne Räumlichkeiten mit traditionellen Möbeln, ideal für eine Pause beim Besuch des Lama- und Konfuzius-Tempels. Sehr stilvoll sind die Teezeremonien und -kurse, für die man sich anmelden muss. U 2: Yonghegong / Lama Temple.

Purple Vine Teahouse (*zitenglu chayuguan*): 2 Nanchang Jie, unweit des Westtores der Verbotenen Stadt. Der Duft von Räucherstäbchen, originelle Stellschirme, schlichtes und daher zeitlos elegantes Mobiliar und nicht zuletzt die beruhigende Musik der chinesischen Zither (*guzheng*) machen das Teehaus zu einem der angenehmsten in Peking; U 2: Dongzhimen, Dongsishitiao.

SHOPPING IN PEKING

SHOPPING IN PEKING

Peking ist ein Shopping-Eldorado, und zwar nicht nur für Souvenirs und chinesische, meist billig produzierte Waren, sondern auch für teure Markenprodukte.

Unbedingt zu einem Peking-Trip gehört ein Bummel über die Wangfujing Dajie oder durch die quirligen Einkaufsstraßen in der Altstadt. Ebenso sollte man das Treiben auf den stimmungsvollen Märkten erlebt haben. Nicht zu vergessen das schier unerschöpfliche Angebot in den Mega-Malls, die Großkaufhäuser in europäischen Metropolen geradezu provinziell erscheinen lassen.

Beliebtestes Souvenir einer China-Reise ist traditionelles Kunsthandwerk, das es in einer kaum zu überblickenden Vielfalt gibt: Stein-Stempel, kunstvoll bemaltes Porzellan und Keramik, Hängerollen mit Tuschmalerei und Kalligrafien, mit winzigen Pinseln von innen bemalte Schnupftabakfläschchen, Lack- und Intarsienarbeiten, fein geschliffene Jade, bunte Flugdrachen, nur mit der Lupe erkennbare Miniaturbilder u. v. m. – für jeden Geschmack ist etwas dabei.

Begehrt sind auch qualitätvolle Kunstbücher, CDs und DVDs, Sport- und Outdoorartikel, modische Kleidung wie Seidenschals und Kaschmirpullover, Tee der verschiedensten Sorten und Malutensilien (Tusche, Pinsel etc.). Kaum billiger als im Heimatland sind elektronische Geräte in guter Qualität. Doch Vorsicht: Viele Artikel wie Uhren, Sonnenbrillen und Textilien sind Raubkopien der bekannten Markenhersteller.

In Spezialgeschäften wird gegen Gebühr auch die Verpackung sowie der Versand von großen Gegenständen wie Teppichen und Möbeln übernommen.

Fast überall – außer in Shopping Centers und Buchhandlungen – darf gefeilscht werden. Vor allem auf den Märkten kann man wie die Chinesen beim Handeln sein Glück probieren.

Oben: Abends auf der Wangfujing Dajie. Rechts: Buntes Angebot im Hongqiao-Markt (Pearl Market).

SHOPPING IN PEKING

Einkaufsstraßen

Die großen Einkaufszentren und Kaufhäuser der Innenstadt konzentrieren sich um die U-Bahnstationen Wangfujing, Dongdan, Xidan und Jishuitan. Hier haben große Modemarken wie Dior, Giordano oder Chanel ihre Filialen. Außerdem gibt es hier Supermärkte, Drogerien, Teegeschäfte und vieles mehr.

Die wichtigste Shopping-Meile ist die ****Wangfujing Dajie** (s. S. 67). In ihren großen Malls und Kaufhäusern kann man bis 22 Uhr einkaufen.

Trendige Einkaufszentren, schicke Boutiquen, aber auch chaotische Kleidermärkte findet man im Botschaftsviertel Sanlitun, vor allem in der **Sanlitun Lu** und ihren Nebenstraßen.

Einen ganz anderen, eher „urigen" Charakter hat die schon seit der Kaiserzeit existierende ***Dazhalan Jie** mit Läden, Restaurants und Imbissbuden. Sie geht weiter westlich in die **Antiquitätengasse *Liulichang Jie** über – eine Fundgrube für Antiquitäten, Bücher, Rollbilder und Kunsthandwerk.

Märkte

Von Leuten auf der Suche nach vermeintlichen Schnäppchen immer gut besucht ist der **Hongqiao-Markt** (*hongqiao shichang*), auch **Pearl Market** genannt. In dem Sammelsurium auf mehreren Etagen gibt es außer Perlen Elektrogeräte, Textilien, Schuhe, Uhren und vieles mehr – auch jede Menge Ramsch.

Interessanter ist der **Panjiayuan-Markt** (*panjiayuan shichang,*) mit 3000 Ständen der größte Flohmarkt Pekings, den man am besten am Wochenende frühmorgens besucht. Altes und Neues, Kunst und Trödel, hier und in der benachbarten **Beijing Curio City** kann man stundenlang stöbern.

Mehr Russisch als Chinesisch hört man auf dem **Yabao-Markt** (*yabao shichang*). Weniger speziell als die Käuferschaft auf diesem sog. **Russenmarkt** ist das Angebot: Von Sportartikeln bis zu Bilderrahmen und Dessous findet sich in diesem bunten Allerlei fast alles, und Handeln ist auch hier oberstes Gebot.

Info S. 94-95

PEKING: EINKAUFSZENTREN / GESCHÄFTE / MÄRKTE

EINKAUFSZENTREN:

Oriental Plaza (*dongfang guangchang*), 1 Dongchang'an Jie, tägl. 9.30-22 Uhr, www.orientalplaza.com. Wie in einem modernen, 500 m langen Bazar reihen sich auf zwei Stockwerken die Geschäfte, Designer-Boutiquen und Restaurants auf. Besonders originell ist das Paläontologische Museum im Untergeschoss. U 1: Wangfujing.

SOGO, 8-12 Xuanwumen Waidajie, tägl. 9.30-21.30 Uhr. Gigantischer Konsumtempel unter japanischer Regie, schicke Kleider und Schuhe der international führenden Labels; U 2, 4: Xuanwumen.

Sun Dong An Plaza (*xin dong'an shichang*), 138 Wangfujing Dajie / Ecke Jinyu Hutong, tägl. 9.30-22 Uhr. Shopping in zahllosen Läden auf sechs Etagen, für die Pausen dazwischen laden etliche Restaurants, z. B. *Dong Lai Shun* mit Hot Pot, zum Verweilen ein. Unbedingt auch einmal durch das Untergeschoss mit den schön präsentierten Lebensmitteln bummeln! U 1: Wangfujing.

Freundschaftsladen (*youyi shangdian*), 17 Jiangguomenwai Dajie. Typische China-Souvenirs wie Bücher, Kunsthandwerk, Seide und Kräuter in meist guter Qualität, aber etwas teurer; U 1, 2: Jianguomen.

EINKAUFSSTRASSEN:

Wangfujing (*wangfujing dajie*): Die größte und beliebteste Einkaufsstraße zwischen der Wusi Dongsi Xidajie und der Dongchang'an Jie; U 1: Wangfujing.

Dazhalan Jie: Die Haupteinkaufsstraße der Altstadt zweigt von der Qianmen Dajie ab, die vom Platz des Himmlischen Friedens nach Süden verläuft; U 2: Qianmen.

Liulichang Jie: Antiquitäten- und Künstlergasse mit wenig Verkehr und viel Atmosphäre, die die Nanxinhua Lu von Ost nach West kreuzt; U 2: Hepingmen, weiter mit Taxi.

MÄRKTE:

Viele alte Märkte Pekings siedelte man in den letzten Jahren in mehrgeschossige Betonklötze um – angenehmer bei Wind und Regen, doch ging damit leider auch die typische Marktstimmung verloren.

Hongqiao-Markt (*hongqiao shichang*; Pearl Market), Tiantan Donglu / 16 Hongqiao Lu, östlich des Himmelsaltars, tägl. 8.30-19 Uhr; U 2, 5: Chongwenmen, weiter mit Taxi.

Panjiayuan Antique Market (*panjiayuan shichang*), Panjiayuan Lu, Chongwen-Qu-Distrikt, östlich des Parks des Drachenteichs an der Dongsanhuan Nanlu (3. Ringstraße), Sa und So vom Morgengrauen bis etwa 15 Uhr; U 1, 10: Guomao, weiter mit Taxi.

Silk Street Market (*xiushui shichang*), 14 Dongdaqiao Lu, tägl. 10-20.30 Uhr. Außer Seidenartikeln gibt es hier auch Schuhe und Alltagsbekleidung en masse; U 1, 2: Yonganli.

Yabao-Markt (*yabao shichang*), 16 Chaoyangmenwai Jie, westlich des Parks des Sonnenaltars (ritan gongyuan), 9.30-18 Uhr; U 1, 2: Jianguomen, weiter mit Taxi.

Yashow-Markt (*yaxiu shichang*), 58 Gongti Beilu, Chaoyang, tägl. 9.30-21 Uhr. Sehr touristischer Markt wenige Schritte vom Workers' Stadion, preiswerte Klamotten, Taschen, DVDs und Elektrogeräte; U 2: Dongsishitao, weiter mit Taxi.

ANTIQUITÄTEN:

Beijing Curio City (*Beijing guwan cheng*), 21 Dongsanhuan Nanlu, rund 500 m südlich des Panjiayuan-Marktes, tägl. 9.30-18.30 Uhr. Die vielen Läden sind eine Fundgrube für alle, die Altes oder auf alt Gemachtes suchen; U 1, 10: Guomao, weiter mit Taxi.

BÜCHER:

Foreign Language Bookstore (*waiwen shudian*), 235 Wangfujing Dajie, 9-19 Uhr. Sehr gutes Sortiment an englischsprachigen Romanen sowie Kunst-, Architektur- und Bildbänden; U 1: Wangfujing.

The Bookworm (*shuchong*), Nansanlitun Jie, 4. Block, Chaoyang, www.beijingbookworm.com, tägl. 9-14 Uhr. Die wohl beste Buchhandlung Pekings mit weit über 10 000 englischsprachigen Büchern, angenehmes Café, schöne Dachterrasse, Restaurant, regelmäßig Kulturveranstaltungen, Autorenlesungen und ähnliches; U 2: Dongsishitiao, weiter mit Taxi.

Xinhua Bookstore, 218 Wangfujing Dajie, unweit des Oriental Plaza. Große Buchhandlung, die neben Bild- und Geschenkbänden viel Belletristik und Sprachwerke führt, dane-

PEKING: EINKAUFSZENTREN / GESCHÄFTE / MÄRKTE

ben auch CDs und DVDs im Untergeschoss; U 1: Wangfujing.

CDs UND DVDs:
FAB, Oriental Plaza, 1 Dongchang'an Jie, tägl. 9.30-21.30 Uhr. Jazz, Rock, Pop, Klassik, traditionelle chinesische oder moderne westliche Musik – fast unüberschaubar ist die Palette der Titel; U 1: Wangfujing.

DRACHEN:
Three Stones Kite Company, 29 Di'anmen Xidajie, Xicheng, www.cnkites.com, nördlich des Beihai-Parks, tägl. im Sommer 8.30-22.30 Uhr, im Winter 9-18 Uhr. Handgemachte Drachen in allen Formen und Farben – ob Libellen, Schmetterlinge, Gänse, Adler oder Glück bringende Fledermäuse; U 4: Ping'anli, weiter mit Taxi.

JADE:
Beijing Jadeware Factory, Guangming Lu 13, Mo-Fr 8.30-17 Uhr. Fabrikverkauf einer großen Manufaktur mit breitem Angebot an kunstvoll geschliffener Jade, dem seit Jahrtausenden ideell wertvollsten Material der Chinesen, sogar wertvoller als Gold; U 5: Tiantandongmen, weiter mit Taxi.

KLEIDUNG UND STOFFE:
Five Colours Earth (*wusetu*), 10 Dongzhimen Nandajie, tägl. 9-18 Uhr, www.fivecoloursearth.com. Topmodische Jacken, Blusen etc. mit traditionellen Elementen wie Stickereien der Miao-Minderheit; U 2: Dongsishitiao.

MODERNE KUNST:
Einen Überblick zu mehreren Dutzend zeitgenössischen chinesischen Künstlern, Ausstellungen und Galerien gibt die ansprechende Internetseite www.artscenechina.com.
Chinesische Kunsthalle (*Zhongguo meishuguan*), 1 Wusi Dajie, Di-So 9-17 Uhr. Die modernen Gemälde und Skulpturen werden oft zum Verkauf ausgestellt; U 5: Dongsi, weiter mit Taxi.
Factory 798, im Dashanzi-Kunstbezirk (*dashanzi yishuqu*), 4 Jiuxianqiao Beilu, Chaoyang, www.798space.com, tägl. 10.30-19.30 Uhr; Anfahrt mit Taxi.

One Moon (*yiyue dangdai yishu*), Galerie im Park des Erdaltars (*ditan gongyuan*), www.onemoon.art.com, Di-So 11-19 Uhr. Ein faszinierender Kontrast – zeitgenössische chinesische Malerei in einer ming-zeitlichen Tempelhalle. U 2, 5: Yonghegong / Lama-Temple.
Ullens Center for Contemporary Art (UCCA), im Dashanzi-Kunstbezirk (*dashanzi yishuqu*), 4 Jiuxianqiao Beilu, Chaoyang, Di-So 10-18 Uhr; Anfahrt mit Taxi.

MÖBEL:
Gaobeidian Gujiaju Cun, Gaobeidian Lu. Schlichte Eleganz zeichnet die nachgemachten ming- und qing-zeitlichen Möbel aus, die auch in europäischen Haushalten hervorragend zur Geltung kommen. U 1: Tuqiao, weiter mit Taxi.

KERAMIK UND PORZELLAN:
Spin, 6 Fangyuan Xilu, Chaoyang, tägl. 11-21 Uhr, www.spinceramics.com. Elegante und zauberhaft schöne Unikate zu vernünftigen Preisen, darunter auch Kopien des traditionellen Jingdezhen-Porzellans; U 10: Liangmahe, weiter mit Taxi.

TEE:
Beijing Wuyutai Tea Company, 43 Yonghegong Dajie, gegenüber dem Lama-Tempel. Beim Eintreten verweist schon ein verheißungsvoller Duft auf die große Auswahl an Teesorten: grün, schwarz, weiß, Oolong u. v. m. U 2: Yonghegong / Lama-Temple.

ROLLBILDER UND KALLIGRAFIEN:
Art Gallery in Qu-Park, 128 Liulichang Xijie. Kleiner Laden, in dem der Künstler An Guyu, Vizepräsident der *Wuling Painting & Calligraphy Association*, persönlich seine qualitätvollen Malerein anbietet; U 2: Hepingmen.

TEPPICHE:
Torana Gallery, im Kempinski Hotel, Shop 8, 50 Liangmaqiao Lu, Chaoyang-Distrikt, www.toranahouse.com, tägl. 10-22 Uhr. Kenner finden hier Woll- und Seidenteppiche aus dem tibetischen Hochland und von der Seidenstraße (Xinjiang) – in bester Qualität und mit sehr guter Beratung, U 2: Dongsishitiao, weiter mit Taxi.

PEKING AM ABEND

Oben: Akrobatik-Shows sind Klassiker der Pekinger Abendunterhaltung.

PEKING AM ABEND

Nightlife in Peking? Aber hallo – da steppt inzwischen der Panda! Es hat sich einiges getan seit den langweiligen 1990er-Jahren, als die Lichter überall früh ausgingen. Heute gibt es neben gehobener Unterhaltung – klassischer Musik, spektakuläre Akrobatik-Shows, Kung Fu und Peking-Oper (s. S. 98) – mehrere Szeneviertel, die zu nächtlichen Streifzügen einladen:

Das angesagteste Ausgehviertel ist derzeit das ****Houhai-Gebiet** (s. S. 60). Die Brücke zwischen dem Vorderen See (*qian hai*) und dem Hinteren See (*hou hai*) ist der ideale Ausgangspunkt. Von dort findet man den Weg von selbst. Lichter und Lampions locken in Bars, edle Restaurants oder Jazzclubs. Die Entscheidung, wo man sich niederlässt, fällt schwer. Aber zum Glück gibt es in Peking keine Sperrstunde. Die Lage des traditionellen Viertels direkt am Wasser macht es zu einem idealen Revier, um abends auszugehen und zu bummeln.

Viele Ausländern zieht es abends auch nach ***Sanlitun**, dem Botschaftsviertel (s. Karte S. 49) – vor allem wegen der internationalen Bars und Clubs in der „**Pub Street**". Im Vergleich dazu wesentlich preiswerter sind die Studentenlokale im **Wudaokou-Gebiet** im Nordwesten, im Umfeld der Peking-Universität (Distrikt Haidian).

Party, Party, Party? Ab zum **Worker's Stadium**! In dieser Gegend wummern die Bässe der Mega-Discos die ganze Nacht. Aber wo heute noch flippige Teenager zu Hip Hop und Funk tanzen, schwingt vielleicht morgen schon die Abrissbirne.

Da sich die Ausgehszene schnell wandelt, sollte man sich aktuell informieren in den kostenlosen Magazinen *That's Beijing* und *City Weekend*. Tickets für Peking-Oper, Akrobatikshows etc. lässt man sich am besten vom Hotel besorgen. Oder man bucht sie unter www.piao.com.cn, www.emma.cn oder www.228.com.cn und bekommt sie innerhalb von 24 Stunden geliefert.

PEKING: OPER / KUNG FU / MUSIK / BARS / CLUBS

PEKING-OPER:
Chang'an-Theater (chang'an dajuchang), 7 Jianguomennei Dajie / Chang'an-Boulevard, Tel. 65 10 13 09. Eine der ersten Adressen für Peking-Opern, die hier häufig noch in ganzer Länge gespielt werden, Vorstellungen meist um 19.30 Uhr, exzellenter CD-Shop im Foyer; U 1, 2: Jianguomen.

Lao-She-Teehaus (Laoshe chaguan), 3 Qianmen Xidajie, Tel. 63 03 68 30 / 63 04 63 34, www.laosheteahouse.com. Gemischtes Programm mit Peking-Oper und Akrobatik, auch Teezeremonien, Vorstellungen um 19.30 Uhr; U 2: Qianmen oder Hepingmen.

Zhengyici-Theater (zhengyici juchang), 220 Xiheyan Dajie, Tel. 83 15 16 49, Vorstellungen Do, Fr und Sa um 19.30 Uhr. In diesem alten Theater gibt es auf Wunsch zur Peking-Oper auch Peking-Ente; U 2: Hepingmen.

AKROBATIK UND KUNG FU:
Chaoyang-Kulturzentrum (chaoyang qu wenhuaguan), 17 Jintaili, Tel. 80 62 73 88. Mönche aus dem berühmten Shaolin-Kloster zeigen hier ihre zur Perfektion gesteigerte Akrobatikkunst – ein Genuss. U 1: Dawanglu.

Liyuan-Theater (liyuan juchang), 175 Yong'an Lu, Qianmen Jianguo Hotel, Tel. 63 01 66 88. Stark am touristischen Geschmack orientiertes Kung Fu, Vorstellungen um 12.30 und 19.30 Uhr, U 2: Hepingmen, weiter mit Taxi.

Worker's Club (gongren julebu), 7 Hufang Lu, Xuanwu, Tel. 63 52 89 10. Jeden Abend von 19.30-20.30 Uhr wird hier *The Story of the Kung Fu Master* aufgeführt.

KLASSISCHE MUSIK:
Beijing Concert Hall (Beijing yinyue ting), 1 Beixinhua Jie, Tel. 66 05 70 06. Klassische chinesische und westliche Musik vom Feinsten, auch ausländische Gastkünstler, Vorstellungen um 19.30 Uhr, U 1: Xidan.

Hu-Guang-Gildenhaus (huguang huiguan), 3 Hufangqiao Lu, Vorstellungen um 19.30 Uhr. Herrlich restauriertes Theater vom Anfang des 19. Jh. – der exquisite Rahmen für Opern und traditionelle Musik; U 2: Hepingmen, weiter mit Taxi.

Großes Nationaltheater (guojia da juyuan), 2 Xichang'an Jie, neben der Großen Halle des Volkes; U 1: Tian'anmenxi.

KINO:
Cherry Lane Theatre, 29 Liangmaqiao Lu, im Kent Centre (kente zhongxin), www.cherrylanemovies.com.cn. Neue chinesische Streifen zeigt man hier mit englischen Untertiteln; U 2: Dongsishitiao, weiter mit Taxi.

BARS UND CLUBS:
Houhai Zoo, Qianhai, Building 2, Xicheng. Preiswertes Bier, angenehme Atmosphäre, schöner Blick auf den See – was will man mehr? U 2: Gulou Dajie, weiter mit Taxi.

No Name Bar (bai feng), 3 Qianhai Dongyuan, tägl. 12 Uhr bis 2 Uhr morgens. Die erste Kneipe im Houhai-Gebiet am See und für viele wegen der relaxten Atmosphäre noch immer die beste; U 2: Gulou Dajie.

The Tree, 43 Sanlitun Baijie, Chaoyang, tägl. 11 Uhr bis Mitternacht. Bei Chinesen, Touristen und Expats gleichermaßen beliebt sind die rund 50 Sorten belgischen Biers und die Steinofen-Pizzas; U 2: Dongsishitiao, weiter mit Taxi.

The World of Suzie Wong (Suxi Huang), 1a Nongzhanguan Lu, beim Westtor des Chaoyang-Parks, www.suziewong.com.cn, tägl. 19-3.30 Uhr. Bei Singles ist der Nachtclub sehr beliebt, während es sich Pärchen in den Divanen darüber bequem machen; U 2: Dongsishitiao, weiter mit Taxi.

DISCOS / LIVE-MUSIK:
Banana, 22 Jianguomenwai Dajie, Sci-Tech Hotel, So-Do 20.30-4 Uhr, Fr und Sa 20.30-5 Uhr. Tolle Tänzer und hippe Musik; U 1: Jianguomen oder Yonganli.

Latinos, 22 Dongsi Shitiao, Nanxincang Gucangqun, Dongcheng, ab 19 Uhr, Salsa, Merengue, Calypso, Son, Cumbia – die Sounds der Liveband reißen jeden vom Stuhl; U 2: Dongsishitiao.

Poarchers Inn (youyi qingnian jiudian), 43 Beisanlitun Lu. Disco-Musik mit vielen Dezibel, auf die vor allem junge Pekinger abfahren; U 2: Dongsishitiao, weiter mit Taxi.

VICS (Weikesi), am Nordtor des Arbeiterstadions, Gongrentiyuchang Beilu, Chaoyang. Eines der größten Tanzlokale Pekings, in der tägl. von 21-5 Uhr Hip Hop, Reggae und Pop für Partystimmung sorgen; U 2: Dongsishitiao, weiter mit Taxi.

PEKING-OPER

DIE PEKING-OPER

Kaum eine traditionelle Kunstform Chinas ist im Westen so bekannt, aber zugleich so schwer zu verstehen wie die Peking-Oper (*jingju*) – v. a. wegen der Sprache (Arien auf Hochchinesisch) und der exotischen Thematik (fernöstliche Heldensagen). Dabei ist die Peking-Oper als Gesamtkunstwerk ihrem westlichen Pendant ebenbürtig: Sie ist „totales Theater" – die perfekte Einheit von Gesang, Musik, Tanz, Akrobatik, Gestik, Pantomime, Maske und Kostümierung.

Wenigstens einmal sollten sich kulturinteressierte Pekingbesucher dieses fremdartige Schauspiel gönnen – am besten in einer der für Touristen verkürzten Vorführungen, wie sie in etlichen Theatern angeboten werden, meist mit englischen Untertiteln.

Oben: Chinesische Zuschauer erkennen die dargestellte Rolle sofort am Kostüm. Rechts: Für die einzelnen Charaktere einer Peking-Oper ist stundenlanges Schminken nötig.

Geschichte

Die Ursprünge der Chinesischen Oper reichen weit zurück, bis zu den kultischen Gesängen und Tänzen der Zhou-Dynastie (11.-3. Jh. v. Chr.). Zur weiteren Entwicklung trugen zahlreiche Vorläufer bei, so z. B. in der Tang-Zeit (618-907) die erste chinesische Theaterschule, poetisch „Birnengarten" (*liyuan*) genannt.

Die Sternstunde der Peking-Oper erstrahlte erst relativ spät, nämlich zum 80. Geburtstag des Kaisers Qianlong (1790). Damals gastierten mehrere Theatergruppen aus verschiedenen Provinzen (vor allem Anhui) am Hof, die dann in der Hauptstadt blieben. Diese unterschiedlichen Stile verschmolzen bis Mitte des 19. Jh. zu der heute bekannten Form.

Inhalte

Die Stücke – insgesamt ungefähr 1500 – handeln von Mythen und alten historischen Geschichten, in denen Kaiser und ihre Konkubinen, tapfere Generäle, heldenhafte Jünglinge, Bösewichter sowie adelige Frauen und Töchter die Hauptrollen spielen. Am Ende siegt stets das Gute über das Böse, womit das Theater auch ethische Werte vermittelt.

Rollen und Kostüme

Chinesische Zuschauer erkennen die unterschiedlichen Charaktere sofort an ihren prächtigen und kostbaren Kostümen (*xingtou*) und der zum Teil sehr aufwändigen Gesichtsbemalung. Da es im Unterschied zur europäischen Oper keine Maskenbildner gibt, schminken sich die Schauspieler – oft viele Stunden – selbst.

Die Vielzahl der Rollen, die strengen Konventionen unterworfen sind, lassen sich auf vier Typen zusammenfassen: *Sheng*, der gute Held, jung ohne oder alt mit Bart; *jing*, das auffällige „Buntgesicht" mit positivem oder negativen

PEKING-OPER

Charakter; *chou*, der Komiker mit weißer Bemalung an Nase und Augen; *dan*, die weibliche Heldin, deren Rolle früher Männer übernahmen (heute werden diese fast nur noch von Frauen gespielt). Der berühmteste *dan*-Darsteller war Mei Lanfang (s. S. 61), der die Peking-Oper im Westen bekannt machte und mit seinen Verfremdungseffekten auch den deutschen Dramatiker Bertolt Brecht faszinierte.

Mimik, Gestik und Akrobatik

Außerordentliche Bedeutung kommt der Gestik und der Mimik zu. Jeder Schauspieler studiert nur einen einzigen Rollentyp ein und perfektioniert diesen ab dem Kindesalter durch langjährige harte Übung. So gibt es allein ungefähr 50 verschiedene Ärmelbewegungen, jede mit einer anderen Bedeutung! Die Eleganz der Bewegungen kommt nicht zuletzt in den akrobatischen Einlagen zum Ausdruck, die teilweise aus dem Kampfsport entlehnt sind.

Bühnenbild und Requisiten

Die Bühnenbilder sind in der Regel sehr übersichtlich, es gibt nur wenige Requisiten. Neben Fahnen behilft man sich meist mit einem Tisch und zwei Stühlen – ein Umstand, der vom Zuschauer größere Aufmerksamkeit verlangt. Denn hebt z. B. ein Darsteller den Fuß, betritt er ein Haus und die Szene spielt im Inneren, übersteigt er einen Stuhl, wird damit das Besteigen eines Berges angedeutet. Ähnlich verweisen eine Peitsche auf ein Pferd und ein Ruder auf ein Boot. Da das Licht während der Vorstellung immer gleich hell ist, deutet man eine nächtliche Szene mit einer Kerze oder Lampe an.

Musik und Gesang

Gewöhnungsbedürftig für Langnasen sind die Schlagzeugklänge des Bühnen-

orchesters (*changmian*), die vor allem die Dramatik der Handlung untermalen und steigern. Zur Faszination der Peking-Oper trägt der Gesang bei, der immer aus Monologen (häufig Arien) und Dialogen, nie aus Duetten oder Chören besteht.

Publikum

Ein weiterer Unterschied zur westlichen Oper ist das Publikum selbst: Während dort den wenigsten der Verlauf der Handlung wirklich geläufig ist, kennen viele Chinesen die einzelnen Szenen bis ins Detail. Dort ehrfürchtige Stille während der Vorstellung, hier bisweilen lautes Kommentieren und lebhafte Reaktionen über eine besonders perfekte Darbietung.

Ein Theaterbesuch in China – das heißt Tee trinken, Sonnenblumenkerne knacken und mit den Nachbarn palavern. Die Peking-Oper hört man nebenbei. Gekürzte Versionen gibt es im Liyuan-Theater, während man im Lao-She-Teehaus oder im Huguang-Gildenhaus echte Theateratmosphäre erlebt.

AUSFLÜGE VON PEKING

JIETAI- UND TANZHE-TEMPEL / ZHOUKOUDIAN

AUSFLÜGE VON PEKING

Zwei Ziele außerhalb Pekings will jeder Besucher sehen: die Große Mauer und die Ming-Gräber. Aber es gibt in der Umgebung weit mehr zu entdecken. Und fast alles ist bequem mit einer Halbtages- oder Tagestour zu besuchen. Lediglich für die kaiserliche Sommerresidenz Chengde empfiehlt sich eine Übernachtung.

*JIETAI- UND *TANZHE-TEMPEL

Gut zu einer Tour kombinierbar sind zwei Klöster etwa 40 km westlich von Peking in den Westbergen, in einem als Ausflugsziel beliebten Waldgebiet. Der von den Buddhisten angestrebte Rückzug in die Stille lässt sich in diesen abgeschiedenen Anlagen besser nachempfinden als in den städtischen, von mehr Touristen besuchten Tempeln.

*Tempel des Weihealtars

Auf die Tang-Dynastie (618-907) geht das Kloster mit dem *Tempel des Weihealtars ❷ (*jietai si*) zurück. Wie andere Sakralbauten in der Umgebung Pekings war dieses Kloster jahrhundertelang wichtiges Ziel von Pilgerfahrten, die auch die Kaiser unternahmen – eine besondere Ehre, die sich nicht nur im Prestige, sondern auch in der reichen Ausstattung widerspiegelt.

Die Hauptgebäude sind wie üblich entlang einer Nord-Süd-Achse ausgerichtet: Auf die **Halle der Himmelskönige** (*tianwang dian*) folgen die *Shakyamuni-Halle (*daxiongbao dian*) und die *Halle der 10 000 Buddhas (*wanfo ge*) sowie am Ende die **Guanyin-Halle** (*guanyin ge*). Beachtung verdienen auch die uralten **Pinien** in den Höfen, die schon ming- und qing-zeitliche Poeten in Gedichten verherrlichten.

Links: Ein imposanter militärischer Beamter am Seelenweg zu den Ming-Gräbern.

*Tempel des Teichs und der Wilden Maulbeere

Bedeutend älter als der Tempel des Weihealtars ist der *Tempel des Teichs und der Wilden Maulbeere ❸ (*tanzhe si*): Seine Anfänge gehen bis in das 3. Jh. zurück. Auch er diente chinesischen Kaisern als Pilgerziel, zudem führte man in beiden Klöstern die Priesterweihen durch. Die herausragende Stellung dieses heiligen Orts markieren über 70 in der Nähe des Tempelkomplexes gelegene **Stupas**: Nur die wohlhabendsten Klöster konnten die Asche ihrer verstorbenen Äbte in diesen Grabbauten aufbewahren. Bei einem Spaziergang passiert man die *Shakyamuni-Halle (*daxiongbao dian*), in deren Innerem die vergoldete *Statue Buddhas auf dem Lotosthron mit der Swastika als Glückssymbol auf der Brust der Blickfang ist. Von der **Vairocana-Halle** (*bilu ge*) am höchsten Punkt genießt man eine schöne Aussicht.

*ZHOUKOUDIAN

In die graue Vorzeit führt ein Ausflug nach *Zhoukoudian ❹, 45 km südwestlich von Peking (UNESCO-Weltkulturerbe). Am **Drachenknochen-Hügel** (*longgu shan*) fand man hier 1927 in einem Höhlensystem Zähne und Schädelfragmente. Die Aufregung der Forscher war groß, als sie die Knochen einem neuen Menschentyp, dem vor 500 000 Jahren lebenden **Peking-Menschen**, zuordnen konnten. Gesichert ist nur, dass dieses Wesen aufrecht ging, also ein *Homo erectus* war. Dagegen sind noch viele spannende Fragen offen: Stammen die dicken Ascheschichten von Lagerfeuern oder sind sie natürliche Ablagerungen? Hausten überhaupt Urmenschen in den Höhlen oder handelt es sich bei den gefundenen Knochen nur um die Reste von Beute, mit denen sich Raubtiere – etwa Hyänen oder Tiger – zurückzogen?

Karte S. 102-103, Info S. 111

UMGEBUNG VON PEKING

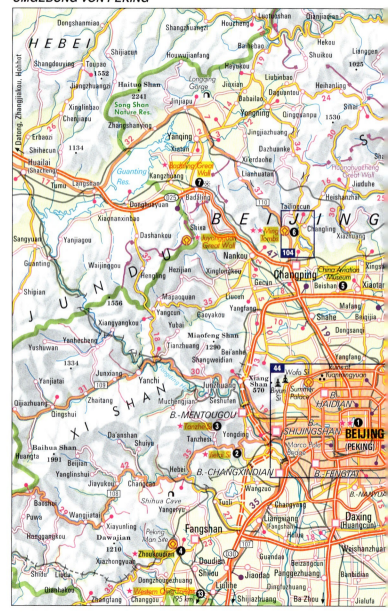

UMGEBUNG VON PEKING

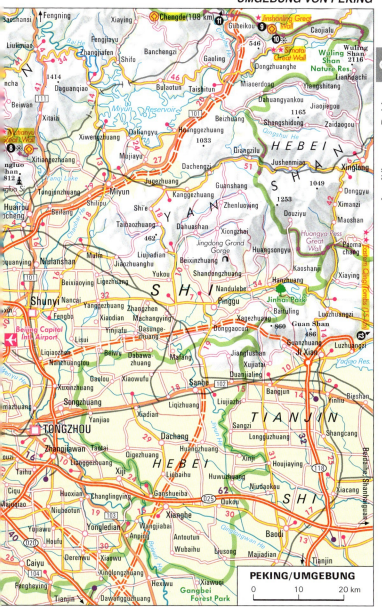

CHINESISCHES LUFTFAHRTMUSEUM / MING-GRÄBER

Ein Teil der **Höhlen** kann besichtigt werden, u. a. **★Grube 1** mit einer über 30 m hohen **Sedimentschicht**, die die einzelnen Schichten von fast 1 Mio. Jahren Erdgeschichte zeigt. Interessant ist auch das nahe **Museum** (mit englischer Beschriftung), in dem man dank eines Modells, Fotos, Grafiken sowie menschlicher und tierischer Fossilien dem Peking-Menschen näher kommt.

CHINESISCHES LUFTFAHRTMUSEUM

50 km nördlich von Peking, nahe der 6. Ringstraße, erstreckt sich das riesige **Chinesische Luftfahrtmuseum ❺** (*Zhongguo hangkong bowuguan*), samt einem bombensicheren **Flugzeugstollen** im **Datangshan-Berg**, der allein schon 50 Maschinen birgt: vor allem **Kampfjets** chinesischer und russischer, aber auch einige wenige japanischer und amerikanischer Bauart – teils Relikte aus dem Zweiten Weltkrieg, dem

Rechts: Tierskulpturen behüten den Seelenweg zu den Gräbern der Ming-Kaiser.

Korea- und Vietnamkrieg. Im Freien ist neben zivilem Fluggerät auch **Maos Privatflugzeug** zu sehen, mit einem Bett für den „Großen Steuermann".

★★MING-GRÄBER

Die Besichtigung der berühmten, vielbesuchten **★★Ming-Gräber ❻** (*shisan ling*), rund 50 km nordwestlich von Peking bei Changping, zählt zum Standardprogramm einer Peking-Reise, da sie quasi auf dem Weg zur Großen Mauer bei Badaling (s. S. 107) liegen. Kaiser Yongle und seine zwölf Nachfolger der Ming-Dynastie haben im 15. und 16. Jh., als einzige der in Peking residierenden Herrscher, ihre Mausoleen nahe der Hauptstadt anlegen lassen. Für das fast 80 km² große Gelände, heute Weltkulturerbe der UNESCO, wählten sie einen landschaftlich schönen Talkessel, der in idealer Weise den Regeln des Fengshui, der chinesischen Geomantik, entspricht: Im Norden, aus dem üblicherweise die unheilvollen Einflüsse kommen, schirmt der **Berg der Langlebigkeit des Himmels** (*tianshou*

MING-GRÄBER

shan) den Grabbezirk ab; im Süden geht die Nekropole in eine liebliche Hügellandschaft über.

**Seelenweg

Einziger Zugang zu dem ehemals streng bewachten Gräberkomplex ist das mit Fabeltieren dekorierte **Ehrentor** 1 (*shi paifang*). Knapp 1 km weiter erhebt sich das stattliche *Große Rote Tor 2 (*dahong men*), bei dem jeder – selbst der Himmelssohn – vom Pferd steigen musste.

Eine Schildkröte als Symbol der Langlebigkeit und des Kosmos trägt eine der mit fast 9 m höchsten Stelen Chinas, unter dem Dach des großen *Stelenpavillons 3 (*bei ting*). Eine Inschrift auf der Südseite verherrlicht die Taten von Kaiser Yongle.

Unverzichtbares Element kaiserlicher Grabkomplexe ist der nun folgende lange **Seelenweg 4 (*shan dao*), auch „Geisterallee" oder „Heilige Straße" genannt. 24 monumentale **Tierfiguren** – Elefanten, Löwen, Kamele, Pferde und Fabelwesen wie Einhörner – und zwölf Beamte hüten paarweise die Straße, abwechselnd ruhend und stehend; das symbolisiert, dass sie als Wächter Tag und Nacht Schutz ausüben.

**Changling

Changling 5 ist die letzte Ruhestätte des Kaisers Yongle (1403-1424), der Peking zur Hauptstadt gemacht hatte – der älteste und beeindruckendste der 13 Grabtempel. Von den anderen unterscheidet sich dieses Kaisergrab durch die mächtige, 66 Meter breite **Halle der Himmlischen Gnade** (1416), nach der Taihe Dian im Kaiserpalast die zweitgrößte aus Holz erbaute Halle Chinas, in der die Hinterbliebenen Opfer für den verstorbenen Monarchen darbrachten. 32 mächtige Säulen aus unlackiertem Nanmu-Holz stützen das Dach; man schaffte sie einst aus dem tausende Kilometer entfernten Yunnan in Südwest-China herbei, was sechs Jahre dauerte. Im Inneren sind heute einzigartige Funde aus dem Dingling-Grab ausgestellt.

MING-GRÄBER / GROSSE MAUER

*Dingling

Eine Sternstunde der Archäologie war 1956 die Öffnung des **Mausoleums *Dingling** 6, das Kaiser Wanli (1573-1620) in achtjähriger Bauzeit von rund 30 000 Arbeitern hat anlegen lassen. In den (heute fast leeren) fünf Grüften mit den Sarkophagen des Monarchen, der Kaiserin und einer Nebenfrau fanden sich über 3000 Grabbeigaben, die zu den qualitätvollsten der chinesischen Kunstgeschichte gehören. Eine Auswahl kann man in der Opferhalle des Changling bestaunen.

*Zhaoling

Wem der Touristenrummel bei den beiden vorangegangenen Gräbern zu groß ist, sollte das kleinere und weniger beachtete *Zhaoling 7 besuchen, die letzte Ruhestätte des 13. Ming-Kaisers Longqing (1567-1572).

Oben: Unterwegs zu den Ming-Gräbern. Rechts: Badaling – der meistbesuchte Abschnitt der Großen Mauer.

**GROSSE MAUER

Zu den großartigsten Momenten einer Reise ins „Reich der Mitte" gehört der Anblick der **Großen Mauer** (*chang cheng*), dieses bis heute längsten Bauwerks der Menschheit (UNESCO-Weltkulturerbe). Hat man die Mauer auch schon etliche Male im Fernsehen oder in Bildbänden gesehen – man muss einfach ein Stück auf ihr gewandert sein, muss ihre Windungen über Schluchten und Berggipfel hinweg mit dem Auge bis zum Horizont verfolgt haben, um ihre Schönheit und Einzigartigkeit ermessen zu können. Luther Newton Hayes meint in seinem Buch *The Great Wall of China* (1929), dass „kein Denkmal menschlicher Erfindungsgabe und Kunstfertigkeit die Fantasie der Völker aller Nationen so stark in seinen Bann gezogen hat wie die Chinesische Mauer".

Die Chinesen nennen ihr berühmtestes Bauwerk die „10 000 Li lange Mauer", wobei 10 000 einfach für „sehr, sehr lang" steht. Nahezu 6000 km wand sich dieser „steinerne Drache" über

GROSSE MAUER / BADALING

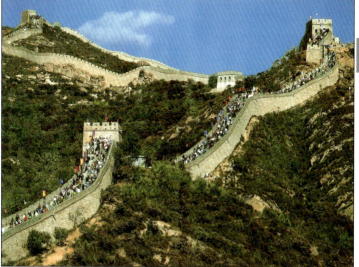

schroffe Bergspitzen vom Golf von Bohai (Provinz Hebei) im Osten bis an den Rand der Wüste Gobi in der westlichen Provinz Gansu. Besonders im Norden von Peking hat man etliche Abschnitte der weithin verfallenen Mauer wieder instandgesetzt. Der Reichseiniger Qin Shihuangdi, erster Kaiser Chinas (221-210 v. Chr.), hatte rund 1 Mio. Zwangsarbeiter erstmals für diesen Wall aus Bruchsteinen, Lehm und Sand herangezogen. Als „Füllmaterial" dienten auch die vor Erschöpfung oder durch Unfälle ums Leben gekommenen Arbeiter, weshalb die Große Mauer auch als „längster Friedhof der Welt" gilt. Rund 1600 Jahre später ließen die Ming-Kaiser die Mauer mit Ziegeln verkleiden und zu den heutigen Ausmaßen mit durchschnittlich 10 m Höhe und 7 m Breite ausbauen. Im Verteidigungsfall konnten somit sechs Infanteristen oder vier Reiter nebeneinander vorrücken. Als Waffen- und Proviantlager dienten die geschätzten 25 000 Wachtürme, die sich untereinander und mit den vorgelagerten Signaltürmen durch Rauchzeichen verständigen konnten.

*Badaling

Der von in- und ausländischen Reisegruppen am meisten besuchte Mauerabschnitt ist *Badaling ❼, ca. 60 km nordwestlich von Peking. Bei einer **Wanderung** entlang der restaurierten **Mauerkrone**, die durch bis zu 2 m hohe Zinnen geschützt wird und so breit ist, das zehn Menschen oder fünf Pferde nebeneinander laufen können, genießt man fantastische ****Ausblicke** auf die hügelige Landschaft. Nach Möglichkeit sollte man Badaling am frühen Morgen oder späten Nachmittag erkunden, wenn die Zahl der Touristen überschaubar ist. Einen Besuch verdient das *Great Wall Museum mit Dioramen, Modellen und Fotos. Ein 15-minütiger **Film** wird im 360°-Panoramakino **Great Wall Circle Vision Theatre** gezeigt.

An der Passstraße vor Badaling stehen die Reste des Mauer-Forts *Juyongguan aus mongolischer Zeit (14. Jh.); die *Wolkenterrasse im Tal schmücken **Reliefs** mit Gestalten des tibetischen Buddhismus.

MUTIANYU / SIMATAI

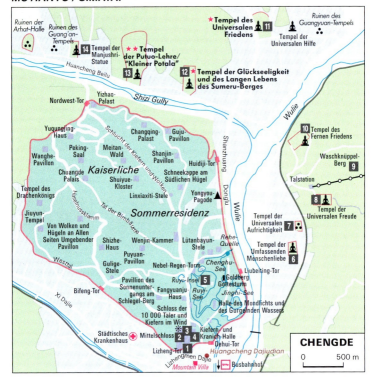

Mutianyu

Bei **Mutianyu** ❽, 70 km nördlich von Peking, führt eine **Seilbahn** auf die Anhöhe. Typisch für den äußerst fotogenen **Mauerabschnitt** sind kürzere, turmbesetzte Vormauern, da er einen strategisch wichtigen Ort schützte. Vor allem an klaren Frühjahrs- und Herbsttagen fasziniert die herrliche **Aussicht** auf die sich am Horizont verlierenden Berge, die hier deutlich weniger Touristen als in Badaling genießen.

Mauerwanderung von Jinshanling nach Simatai

Gleichfalls unvergesslich ist eine beschauliche, ungefähr 10 km lange **Wanderung** auf der **Mauer** von **Jinshanling** ❾ nach **Simatai** ❿, rund 120 km nordöstlich der Hauptstadt. Für die Strecke sollte man, je nach Kondition, zwischen 3 und 4 Stunden einplanen. Der besondere Reiz liegt im ständigen Wechsel von restaurierten und noch im halbruinösen Zustand belassenen Mauerstrecken. Besonders romantisch ist der Weg im Herbst, bei angenehmen Temperaturen, wenn Mauer und Türme ins bunte Farbenspiel der Natur eingebettet sind.

Eine **Seilbahn** überwindet am Anfangs- und Endpunkt der Strecke die steilsten Abschnitte – derjenige von Simatai gehört zu den kühnsten überhaupt. Spektakuläre **Fernsichten** sind hier möglich.

****KAISERLICHER SOMMER-PALAST IN CHENGDE**

Nahe **Chengde** ⓫ (etwa 230 km nördlich von Peking) breitet sich der ****Kaiserliche Sommerpalast** aus – eine sehr stimmungsvolle Ergänzung zu den kaiserlichen Gärten und Palästen der Kaiserstadt. Aufgrund der Weitläufigkeit des UNESCO-Weltkulturerbes (der Park ist 5,6 km² groß, die Mauer 10 km lang) empfiehlt sich für die Besichtigung eine Zweitages-Tour. Der hoch gelehrte Kangxi-Kaiser (1661-1722) befahl 1703, an dieser Stelle eine Palastanlage für Jagd- und Erholungsreisen zu errichten. Im Lauf des 18. Jh. schufen dann, v. a. unter Kaiser Qianlong (1736-95), die besten Landschaftsgärtner, Baumeister und Handwerker des Reichs inmitten bewaldeter Berge diese Sommerresidenz der Qing-Kaiser, ein großartiges Zusammenspiel von Natur und Architektur, ideal zum Spazierengehen und Entspannen.

Den Haupteingang zu diesem „Anwesen in den Bergen zur Flucht vor der Sommerhitze" (*bishu shanzhuang*) markiert das **Tor der Schönheit und Rechtschaffenheit** ① (*lizheng men*). Gleich dahinter bilden mehrere, von Höfen getrennte Gebäude das **Mittelschloss** ② (*zhong gong*). Analog zur Verbotenen Stadt in Peking hielten die Herrscher in den vorderen Hallen Audienzen ab, während sie die hinteren als Privaträume nutzten.

Eine schöne ***Aussicht** bietet das **Schloss der 10 000 Täler und Kiefern im Wind** ③ (*wanhe songfeng*), das noch auf Kaiser Kangxi, den Gründer des Palastes, zurückgeht.

Den Konkubinen und Frauen der Himmelssöhne war die nahegelegene **Kiefern- und Kranich-Halle** ④ (*songhe zhai*) vorbehalten.

Einen sehr schönen Kontrast zu den eben gesehenen großen Hallen bilden die **Inseln** ⑤ der tiefer gelegenen Seenplatte mit gewundenen Pfaden, Brücken und kleinen Pavillons.

****Acht Äußere Tempel**

Im Norden und Osten des Parks, außerhalb der 10 km langen Umfassungsmauer, reihen sich die ****Acht Äußeren Tempel** aneinander, architektonisch recht unterschiedliche Sakralbauten.

Zu 60. Geburtstag des Kaisers Kangxi (1713) weihte man den **Tempel der Umfassenden Menschenliebe** ⑥ (*puren si*) im tibetischen Stil. Stark restaurierungsbedürftig ist der in der Nähe gelegene **Tempel der Universalen Aufrichtigkeit** ⑦ (*pushan si*).

Eine verkleinerte Kopie der berühmten Halle der Erntegebete in Peking ist der **Tempel der Universalen Freude** ⑧ (*pule si*), in dem auch Gesandte der unterworfenen Völker ihre Loyalität zum Kaiserhaus bezeugten.

Wenige Schritte weiter kann man mit einer **Seilbahn** bequem den **Waschknüppelberg** ⑨ erklimmen – Chengde, das alte *Jehol* der Mandschu, liegt Ihnen zu Füßen!

An die Unterwerfung des in West-China im Gebiet der Seidenstraße gelegenen Dsungaren-Reichs erinnert der 1764 vollendete **Tempel des Fernen Friedens** ⑩ (*anyuan miao*).

Etwas abseits von den übrigen Heiligtümern im Norden erstreckt sich der ***Tempel des Universalen Friedens** ⑪ (*puning si*) über mehrere Terrassen, ebenfalls nach einem Sieg über die Dsungaren in chinesisch-tibetischem Mischstil errichtet. Highlight des Komplexes ist der gewaltige ***Mahayana-Pavillon** (*dazheng ge*) mit der 22 m hohen und 110 t schweren Holzfigur der ***Tausendarmigen Guanyin**.

Eines der ehrwürdigsten Klöster Tibets, der Sitz des Panchen Lama in Tashilhunpo, war das Vorbild für den ***Tempel der Glückseligkeit und des Langen Lebens des Sumeru-Bergs** ⑫ (*xumi fushou miao*). Er wurde zum 70. Geburtstag von Kaiser Qianlong als Residenz für den Panchen Lama zu dessen Huldigungsbesuch erbaut. Großartig ist

Ausflüge von Peking 2

CHENGDE / QING-GRÄBER

der Blick vom Dach der **Haupthalle**.

Mit 220 000 m² noch wesentlich größer und eindrucksvoller präsentiert sich der **★★Tempel der Putuo-Lehre** 13 (*putuo zongsheng miao*), für den kein geringerer als der Potala-Palast des Dalai Lama in Lhasa Pate stand. In diesem „**Kleinen Potala**" sollte Tibets Mönchskönig bei einem Huldigungsaufenthalt in Chengde wohnen – er kam aber nie, die chinesisch-tibetischen Beziehungen waren damals schon schwierig. Während der Kulturrevolution beschädigt, zeigen sich die 1767-71 erbauten Gebäude heute wieder im alten Glanz. Auf einer weißen Terrasse im Zentrum erhebt sich die 43 m hohe **★Rote Halle**, deren Fassade Nischen mit Buddha-Figuren schmücken.

Wie die meisten Bauten in Chengde gab Kaiser Qianlong auch den **Tempel der Manjushri-Statue** 14 (*shuxiang si*) in Auftrag, eine Kopie des Heiligtums auf dem Pilgerberg Wutai Shan.

Oben: Der Tempel der Putuo-Lehre im Sommerpalast von Chengde hat sein Vorbild im Potala von Lhasa.

★★QING-GRÄBER

Schöner, weil besser erhalten und weniger besucht als die Ming-Gräber, sind die Mausoleen der letzten Dynastie, die **★★Qing-Gräber** (*Qing ling*), zwei riesige Komplexe, eingebettet in eine wunderschöne hügelige Landschaft.

130 km nordöstlich von Peking breiten sich in einem Tal bei Malanyu (Kreis Zunhua) auf 48 km² die **★★Östlichen Qing-Gräber** 12 (*Qing dongling*) aus. Hier fanden fünf Kaiser, 14 Kaiserinnen und 136 Konkubinen ihre letzte Ruhestätte. Größte Attraktion des **★★Grabs des Qianlong-Kaisers** (*yu ling*) sind die überaus feinen buddhistischen **★Marmorreliefs**. 1 km entfernt liegt das **★Grab von Cixi** (1835-1908) und **Ci'an**, den beiden Gemahlinnen des Kaisers Xianfeng. Eine zweite Kaisernekropole liegt 120 km südwestlich von Peking bei Yixian: Die **★Westlichen Qing-Gräber** 13 (*Qing xiling*) auf einem 800 km² großen Gebiet. Sehenswert sind das **★Grab des Kaisers Yongzheng** (*tai ling*) und das **★Grab des Kaisers Daoguang** (*mu ling*).

AUSFLÜGE VON PEKING

AUSFLÜGE VON PEKING

Ausflugsbusse: Die komfortablen Beijing Sightseeing Busses (*Beijing lüyou jisan zhongxin*) verkehren auf verschiedenen Strecken zu allen wichtigen Sehenswürdigkeiten in der Umgebung. Abfahrt frühmorgens, Rückkehr am frühen Abend. Routen unter www.chinahighlights.com/beijing/transport/sightseeing-bus.htm.

JIETAI- UND TANZHE-TEMPEL

Der **Tempel des Teichs und der Wilden Maulbeere** (*tanzhe si*) und der **Tempel des Weihealtars** (*jietai si*) liegen 8 km auseinander, etwa 45 km von Peking. Für diese Tour mit dem Taxi sollte man einen Tag einplanen. Beide Klosterkomplexe tägl. 8.30-18 Uhr.

ZHOUKOUDIAN

Höhlen und **Museum**: 45 km südwestlich von Peking, tägl. Sommer 8.30-18 Uhr, Winter 8.30-16.30 Uhr; Anfahrt mit Taxi oder Bahn.

CHINESISCHES LUFTFAHRTMUSEUM

Chinesisches Luftfahrtmuseum (*Zhongguo hangkong bowuguan*), Xiaotangshan, Changping, unweit der 6. Ringstraße, ca. 50 km nördlich von Peking, tägl. 8-17 Uhr; Anfahrt mit Taxi.

MING-GRÄBER

Das Areal der **Ming-Gräber** (*shisan ling*) breitet sich ca. 50 km nordwestlich von Peking bei Changping aus. Im Rahmen der organisierten Bustouren zur Großen Mauer bei Badaling (s. u.) besucht man nur eines der drei öffentlich zugänglichen Mausoleen; tägl. 8.30-18, Gräber 8.30-17.30 Uhr.

GROSSE MAUER

Allgemeine Infos mit Karten und Fotos: www.thegreatwall.com.cn.

AUSRÜSTUNG:
Für einen Spaziergang auf der Großen Mauer sollte man unbedingt festes Schuhwerk tragen, an kühlen Tagen auch warme und winddichte Kleidung. Auf der Mauer werden Souvenirs und Getränke angeboten.

BADALING:
Badaling liegt rund 60 km nordwestlich von Peking. Alle **Agenturen** und fast alle **Hotels und Hostels** bieten organisierte Tagestouren an, bei denen man meist auch ein Mausoleum der Ming-Gräber (s. o.) besucht.
Lokalbusse: Ab 6.30 Uhr Bus 919 ab Deshengmen (500 m östl. der U 2-Station Jishuitan). Fahrzeit ca. 2 Std., Expressbus ca. 1 Std. Mit dem Ticket kann man auch das **Great Wall Museum** und das **Great Wall Circle Vision Theatre** besuchen: beide 9-16 Uhr.

MUTIANYU:
Dieses schöne Mauerstück findet sich ungefähr 70 km nördlich von Peking und wird auch meistens als organisierte Tour angeboten.
Bus 916 oder 980 fährt ab der U 2-Station Dongzhimen bis Huairou, weiter mit Taxi.

JINSHANLING UND SIMATAI:
Einen ganzen Tag sollte man für die Fahrt und die Wanderung von Jinshanling nach Simatai (oder umgekehrt) einplanen. Die Mauerabschnitte befinden sich ca. 120 km nordöstlich der Hauptstadt und sind häufig ebenfalls bequem als organisierte Tour buchbar.

CHENGDE (☎ 0314)

Chengde ist von Peking etwa 230 km entfernt und mit der Bahn oder organisierten Bustouren zu erreichen. Für eine eingehende Besichtigung empfiehlt sich eine Übernachtung. Der Haupteingang zur **Kaiserlichen Sommerresidenz** (*bishu shanzhuang*) liegt gegenüber den Stadthotels *Lizhengmen Fandian* und *Shanzhuang Binguan*. Die weit auseinander liegenden **Acht Äußeren Tempel** (*waiba miao*) kann man mit Bus, Taxi oder Fahrrad erkunden.

QING-GRÄBER

Für die Tagestour Östlichen Qing-Gräbern (*Qing dongling*) 130 km südöstl. von Peking nimmt man am besten ein Taxi, ebenso zu den Westlichen Qing-Gräbern (*Qing xiling*), 120 km südwestl. von Peking. Tägl. Sommer 8-17.30, Winter 9-16.30 Uhr.

SHANGHAI: HÖHEPUNKTE

HÖHEPUNKTE

SHANGHAI

**Bund (S. 121): Ein Muss jeden Shanghai-Besuchs ist der Bummel über den Bund, eine der stimmungsvollsten Uferpromenaden der Welt.

**Hafenrundfahrten (S. 124): Bei einer Fahrt auf dem Huangpu zur Yangzi-Mündung passiert man Kolonialbauten, Wolkenkratzer und einen der größten Häfen der Welt.

**Pudong (S. 124): Im Finanzviertel Lujiazui steht Shanghais spektakulärste Ansammlung an fantasievollen Wolkenkratzern und mit der Super Brand Mall die größte Shopping Mall.

**Shanghai Municipal History Museum (S. 126): Der Fernsehturm „Oriental Pearl Tower" ist Standort dieses interessanten Museums, das über Glanz und Elend Shanghais in den letzten zwei Jahrhunderten informiert.

**Jin Mao Building (S. 126): Nicht nur von außen ist der 421 m hohe Wolkenkratzer sehenswert. Spektakulär ist das 152 m hohe Atrium der 53.-87. Etage.

**Shanghai World Financial Center (S. 127): Mit 492 m Höhe ist dieser Gigant Shanghais höchster Wolkenkratzer. Berauschend: Die Aussichtsplattformen in der 94.-100. Etage.

**Nanjing Donglu (S. 127): Populärste Shoppingmeile und Fußgängerzone mit trendigen Mega-Malls, Boutiquen, Cafés und denkmalgeschützten Kaufhäusern aus den 1920er und 1930er Jahren.

**Shanghai Museum (S. 128): Eines der weltweit bedeutendsten Museen für alte chinesische Kunst und Kultur führt den Besucher in die jahrtausendealte Kultur Chinas ein.

**Yu-Garten (S. 129): Der Mingzeitliche Garten gehört zu den wenigen alten Kulturdenkmälern der Stadt und ist einer der schönsten Gärten im Yangzi-Delta.

**Xintiandi (S. 130): Restauriertes Shikumen-Viertel und cooles Szeneviertel mit Restaurants und Pubs.

**Künstlerviertel Tianzifang (S. 132): Unvergleichliche Mischung aus Künstler- und gewachsenem Nachbarschaftsviertel. Beim Spaziergang durch das Viertel lassen sich Shoppen, Bummeln und Kunst wunderbar verbinden.

**Tempel der Drachenblume (S. 134): Shanghais größter Tempel ist nicht nur ein Ort der Meditation sondern Standort vom ältesten und größten Tempelmarkt Chinas.

**Jade-Buddha-Tempel (S. 135): Berühmter Chan-Tempel, gleichzeitig ein authentischer Ort gelebten Buddhismus in der Wirtschaftsmetropole.

**M50 (S. 135): Die alten Lagerhäuser und Fabrikhallen am Suzhou Creek verströmen morbiden Charme und haben sich zum wichtigen Künstler- und Galerieviertel gemausert.

**Duolun Lu (S. 135): Pittoreske Fußgängerzone, die an die Schriftsteller Shanghais erinnert. Neben vielen Skulpturen berühmter Dichter der Stadt gibt es Familienmuseen und restaurierte alte Gebäude zu bewundern.

UMGEBUNG VON SHANGHAI

**Zhujiajiao (S. 145): Wie aus dem Bilderbuch wirkt das alte Wasserdorf im Westen Shanghais. Berühmt ist die malerische Brücke zur Freilassung.

**Zhouzhuang (S. 148): Herrlicher alter Ort im Wasserland mit vielen Häusern aus der Ming- und Qing-Zeit.

**Suzhou (S. 149): „Venedig des Ostens" nannte Marco-Polo die Gartenstadt. Die meisten Kanäle sind verschwunden, aber die vielen klassischen Gärten sind geblieben; herausragend: der Garten des Bescheidenen Beamten und der Garten des Verweilens.

Vorherige Seiten: Der Bund bei Nacht.
Rechts: In der Nanjing Donglu locken denkmalgeschützte Fassaden und bunte Leuchtreklame die Kunden an.

EINSTIMMUNG

Shanghai – mit diesem Namen assoziierte man früher dramatische Ereignisse der neueren chinesischen Geschichte wie Opiumkriege, Luxus und extreme Armut in den ausländischen Konzessionen sowie die Kulturrevolution, deren Ausgangspunkt die Stadt am Huangpu-Fluss war. Heute ist Shanghai *das* Symbol des atemberaubenden Wirtschaftswachstums Chinas. Dies zeigt sich deutlich z. B. am Bauboom in Pudong, dem Finanzzentrum Chinas, und bei einer Fahrt mit dem Transrapid, dem schnellsten Zug der Welt.

Das Spannungsfeld zwischen Vergangenheit und Gegenwart, zwischen altchinesischer, kolonialer und zeitgenössischer Architektur macht die 18,5-Mio.-Metropole zu einem der abwechslungsreichsten und aufregendsten Reiseziele Chinas. Hinzu kommen ein attraktives Nachtleben, erstklassige Museen, ideale Shopping-Möglichkeiten in schicken Boutiquen und Mega-Malls und nicht zuletzt idyllische Wasserdörfer in der näheren Umgebung.

Megastädte werden wohl die Hauptlebensräume kommender Generationen sein, und in Shanghai läßt sich diese Vision zukünftiger Urbanität bereits jetzt studieren: Seit über 100 Jahren dient die Metropole am Huangpu als gigantisches Experimentierfeld – zuletzt 2000 Hochhäuser in 5 Jahren, das stellt selbst Dubai in den Schatten. Wie viel Veränderung kann man Menschen zumuten, was ist an Zukunft schon jetzt machbar?

Nach außen hin scheinbar geschichtslos, ist Shanghai seit seiner gewaltsamen Öffnung für die Außenwelt im Jahr 1842 ein Schaufenster in die Zukunft Asiens. Kosmopolitisch, hemmungslos kommerzialisiert, eklektisch, schamlos reich, aber auch fürchterlich arm bietet Shanghai das gesamte Spektrum an Problemen und Chancen erwachender asiatischer Megacitys.

Als „Stadt – ein besseres Leben" will sich das weltoffene Shanghai 2010 präsentieren, wenn unter diesem Thema auf einem 6 km² großen Gelände entlang des Huangpu, zwischen der Nanpu-Brücke und der Lupu-Hängebrücke, die EXPO-Weltausstellung stattfindet.

SHANGHAI

SHANGHAI

SHANGHAI

BUND
PUDONG
NANJING DONGLU / HUANGPU
VOLKSPARK
ALTSTADT
EHEMALIGE FRANZÖSISCHE
KONZESSION / XINTIANDI
AUSFLÜGE

★★SHANGHAI

★★Shanghai ❶ (18,5 Mio. Einw.), Schauplatz der Expo 2010, besticht zwar nicht mit umwerfendem Charme, sprüht aber vor Leben. Der Bund ist ihr größter Stolz und heimlicher Mittelpunkt, während man gegenüber, in Pudong, auf das Shanghai von morgen trifft: etwas steril, aber aufregend modern. Glitzernde Konsumtempel prunken in der Nanjing Donglu neben altehrwürdigen Geschäftshäusern. In der Altstadt begegnet man, zwischen quirligen Märkten und vielbesuchten Tempeln, dem alten China im ehrwürdigen Yu-Garten. Rund um die Huaihai Zhonglu betritt man die Welt der Nobel-Boutiquen, edler Restaurants und stimmungsvoller Wohnviertel. Cool und aufregend ist der Stadtteil Jing'an. Alte Tempel stehen hier neben Shanghais trendigsten Lokalen, und in den verlassenen Fabriken hat sich eine avantgardistische Kunstszene etabliert. Weiter im Norden, in Hongkou, lebten einst Shanghais Schriftsteller, Künstler und Emigranten in kleinen Gemächern; die extravaganten früheren Villen der Elite in Xuhui hingegen beherbergen heute herrliche Gartenrestaurants und interessante Museen.

Links: Der 468 m hohe Oriental Pearl Tower prägt die Skyline von Pudong.

Stadtgeschichte

Die Ursprünge von *Shang Hai* („über dem Meer") reichen bis in die Song-Zeit (960-1279) zurück. 1554 umgab man den Anlegeplatz für Dschunken zum Schutz gegen japanische Piraten mit einer Mauer, deren Verlauf noch am Oval der Altstadt erkennbar ist. Im 16.-18. Jh. war die Stadt ein bedeutendes Textilzentrum mit 20 000 Webern.

Die Gründung des modernen Shanghai geht auf den Vertrag von Nanjing (1842) zurück, der den 1. Opiumkrieg beendete und die gewaltsame Öffnung Chinas durch die Kolonialmächte einleitete. So erhielten 1842 die Briten und 1847 die Franzosen in Shanghai so genannte Konzessionen, d. h. Niederlassungsrecht, Rechtshoheit und Exterritorialität in bestimmten Gebieten am Huangpu. Den Europäern folgten später auch die Amerikaner, die 1863 ihre Konzession mit der britischen zur Internationalen Niederlassung (International Settlement) vereinigten. Shanghai, für den Binnen- und Überseehandel ideal gelegen – nahe der Mündung des Yangzi in das Südchinesische Meer –, löste bald Kanton (Guangzhou) als größten Außenhandelshafen Chinas ab.

Zudem setzte in den nächsten Jahrzehnten ein gewaltiges Bevölkerungswachstum ein: Zählte die Stadt 1842 ungefähr 60 000 Einwohner, so über-

SHANGHAI

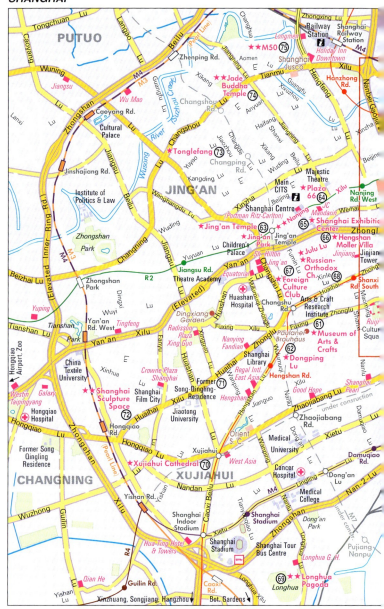

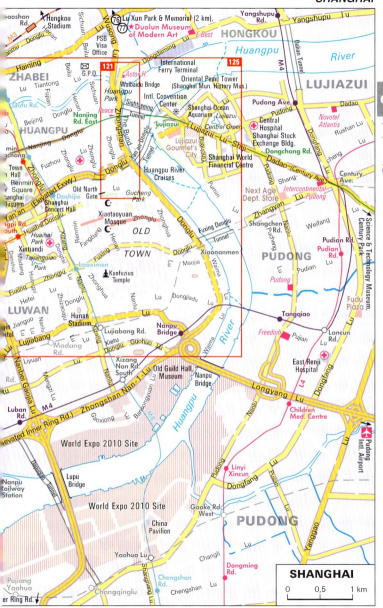

SHANGHAI

schritt sie um 1900 bereits die Millionengrenze. Erfolglose Rebellionen wie der Taiping (1850-1864) und die Wirren am Ende des Kaiserreichs (1911) trieben zahllose Chinesen in die Schutz versprechenden ausländischen Konzessionen. Sie verdingten sich als Tagelöhner, ausgebeutete Industriearbeiter oder Rikschakulis für die Kolonialherren oder die millionenschweren verwestlichten Chinesen und lebten unter oftmals erbärmlichsten Bedingungen in den kleinen, für Shanghai typischen Shikumen-Häusern.

Die Blütezeit Shanghais fiel in die 1920er- und 1930er-Jahre, als am Bund die prächtigen Hotels, Bank- und Handelshäuser sowie am Stadtrand luxuriöse Villen entstanden. In der mondänen Stadt lebten mehr als 90 000 Ausländer, aber nicht nur reiche – von den zehntausenden russischen Revolutionsflüchtlingen waren die meisten arm und staatenlos. Die Grundstückspreise explodierten; Korruption, Prostitution (um 1930 fast 700 Bordelle) und Geschäfte blühten – besonders der Opiumhandel. Dies war die Zeit der Glücksritter und Verbrecher; Gangster wie der berüchtigte Du Yuesheng („Großohr Du") – Boss der „Grünen Bande", vergleichbar mit Al Capone in Chicago – kontrollierten die Unterwelt und waren zugleich angesehene Mitglieder der hiesigen Geschäftswelt; die Legende vom dekadenten Shanghai, der „lasterhaften Schönheit", entstand. In diesem Milieu extremster sozialer Gegensätze gründeten junge Chinesen in der Französischen Konzession im Juli 1921 die Kommunistische Partei Chinas (KPCh).

Bis zur japanischen Invasion 1937 war Shanghai die glanzvollste Metropole Asiens, und selbst danach zogen viele jüdische Emigranten aus Europa hierher. 1949 nahm die kommunistische Bauernarmee die „Hure des Imperialismus" ein. Die meisten Shanghaier Unternehmer, Künstler und Schriftsteller waren da zwar schon geflohen, doch beim Rest setzte die KPCh mit der 1956 begonnenen „Hundert-Blumen-Kam-

Oben: Die Skyline von Pudong wächst ständig – das Shanghai World Financial Center erreicht eine Höhe von 492 m.

SHANGHAI: BUND

pagne" zu ihrer ersten gründlichen „Umerziehungskampagne" an.

Shanghai entwickelte sich zu einem grauen sozialistischen Industriezentrum, ehe die Regierung in Peking die Stadt aus ihrem Dornröschenschlaf holte. Seit 1990 boomt die Metropole mehr denn je – mit der Begleiterscheinung, dass die historische Bausubstanz radikal „modernisiert", d. h. meist abgerissen wird. Gegenüber dem Bund entstand der neue Stadtteil Pudong („östlich des Flusses"), mit rund 520 km² fast so groß wie Singapur und in den letzten Jahren die größte Baustelle der Welt – auch wegen der **Expo 2010**, deren Gebäude an beiden Ufern des Huangpu stehen, überragt von dem mächtigen kaiserroten **China-Pavillon**.

**BUND

Eigentliches Stadtzentrum ist die ehemalige **Internationale Niederlassung** (International Settlement), entstanden 1863 aus der amerikanischen Konzession nördlich und der britischen Konzession südlich des **Suzhou Creek**, auch Wusong-Fluss genannt. Hier erstreckt sich entlang des **Huangpu-Flusses** der **Bund** (ein anglo-indisches Mischwort für Quai; heute: *zongshan lu*), eine der stimmungsvollsten Uferstraßen der Welt, schon zur Kolonialzeit die prächtigste Straße Shanghais, gerahmt von den Prachtbauten verschiedenster Architekturstile asiatischer und kolonialer Banken und Handelshäuser. Unvergesslich ist ein Spaziergang entlang des Huangpu zu jeder Tageszeit, besonders stimmungsvoll jedoch in den frühen Abendstunden, wenn nach und nach in den futuristisch anmutenden Wolkenkratzern in Pudong die Lichter angehen.

Waibaidu-Brücke

Idealer Ausgangspunkt ist die 1907 konstruierte **Waibaidu-Brücke** ① (*waibaidu qiao*; ehemalige Garden

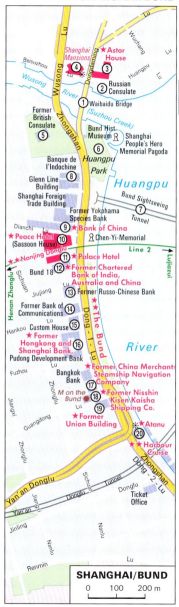

Stadtplan S. 121, Info S. 136–137

SHANGHAI: BUND

Bridge), die den Wusong an seiner Mündung in den Huangpu überquert. Wenige Schritte von hier liegt das 1917 nach Plänen des deutschen Architekten Hans Emil Lieb ausgeführte **Russische Konsulat** ② mit auffallend weißer Fassade. Die anschließenden Konsulate der Deutschen, Amerikaner und Japaner wurden abgerissen, um einem modernen Hotelkasten Platz zu machen.

An der Kreuzung der Huangpu Lu mit der **Daming Lu** – letztere, früher Broadway genannte Straße säumten bis in die 1930er-Jahre schummrige Bordelle, Kneipen und Opiumhöhlen – liegen zwei Traditionshotels Ostasiens: rechts das im Neorenaissance-Stil ausgeführte ★**Astor House Hotel** ③, 1846 als Shanghais erste Luxusherberge eröffnet; linker Hand das 1934 eingeweihte **Shanghai Mansions** ④ (ehemalige **Broadway Mansions**) mit einer Art-déco-Lobby sowie einer **Dachterrasse** mit schöner ★**Aussicht** auf das Stadtzentrum und Pudong.

Oben: Spaziergänger vor der einmaligen kolonialen Architekturkulisse des Bund.

Huangpu-Park

Südlich der Waibaidu-Brücke beginnt die eigentliche Uferpromenade des Bund, der offiziell seit 1949 zu Ehren von Sun Yatsen den Namen **Zhongshan Lu** trägt, von Chinesen aber meist **Waitan** genannt wird.

Gegenüber dem ehemaligen **Britischen Konsulat** ⑤ von 1873 und der protestantischen **Unionskirche** (19. Jh.) breitet sich der **Huangpu-Park** ⑥ (1885 als britischer **Public Garden** angelegt) mit dem **Denkmal der Volkshelden** aus. Für die Chinesen war der Park ein Symbol der Unterdrückung durch die Kolonialmächte, war doch der Zugang für sie nur in Begleitung der ausländischen Herren möglich – wenngleich das berühmt-berüchtigte Schild „Zutritt für Hunde und Chinesen verboten" nie existiert hat.

Südlich des Parks führt eine Treppe zum **Bund Sightseeing Tunnel** ⑦ hinab, einer für Touristen unter dem Flussbett des Huangpu angelegten, kitschig beleuchteten **Untergrundbahn** hinüber nach Pudong.

Historische Gebäude am Bund

Das nördlichste der repräsentativen großen Bankhäuser ist die **Banque de l'Indochine** ⑧, die 1914 im französisch-klassisch-barocken Mischstil errichtet wurde.

Unübersehbar ragt der Turm der **★Bank of China** ⑨ in die Höhe, wie andere Bauten am Bund in den 1920er- und 1930er-Jahren von dem britischen Architektenbüro Palmer & Turner entworfen und später mit einem chinesischen Dach erhöht. Auf dem Areal der Bank stand bis zum 1. Weltkrieg der deutsche Club *Concordia*.

Die Einmündung der Haupteinkaufsmeile **★★Nanjing Donglu** ㉚, s. S. 127) dominiert das legendäre **★Sassoon House** ⑩ von 1929 mit seiner 19 m hohen, dunkelgrünen Dachpyramide – mit dem **Cathay Hotel** im 5.-7. Stock einst die nobelste Adresse am Bund; später wurde es als **★Peace Hotel** weltberühmt. Das Penthouse bewohnte der durch Immobilien- und Opiumhandel reich gewordene jüdische Magnat Sir Ellice Victor Sassoon selbst, der durch seine Leidenschaft für schöne Frauen, schnelle Pferde und spektakuläre Partys von sich reden machte. Bis Ende 2009 wird das Hotel vollständig renoviert, das zuletzt heruntergewirtschaftete Vorzeigehaus soll unter der Ägide der chinesischen Jinjiang-Gruppe und arabischer Investoren in neuem Glanz erstrahlen.

Jenseits der Nanjing Donglu ist das ehemalige **★Palace Hotel** ⑪ von 1908 von der Swatch-Gruppe zu einem Kunst- und Verkaufszentrum für schicke Uhren umgebaut worden.

Den Reigen der – seit Ende des 19. Jh. wegen explodierender Grundstückspreise in die Höhe gebauten – Kolonialhäuser setzt die ehemalige **★Chartered Bank of India, Australia and China** ⑫ fort. Heute heißt das Gebäude **Bund 18** (*waitan shiba hao*) und beherbergt als Lifestyle-Zentrum exklusive Restaurants und das **★★Bund 18 Creative Center**, das auf zeitgenössische asiatische Kunst spezialisiert ist; junge Designer betreiben hier die chinesische Modeboutique **Younik**. Die Rooftop-Bar **Rouge** mit ihrer tollen Aussicht ist ein guter Tipp für den Sundowner-Cocktail.

Weitere Highlights sind die ehemalige **Russo-Chinese Bank** ⑬, die **Bank of Communications** ⑭ sowie das **Customs House** ⑮: Auf dem 1927 errichteten Seezollamt zeigt der dem Londoner Big Ben nachempfundene Uhrturm **Big Ching** die Zeit an.

Nebenan protzt der neoklassizistische, 1923 von Palmer & Turner errichtete Kuppelbau der ehemaligen **★Hongkong and Shanghai Bank** ⑯ (HSBC). Sie war zu Beginn des 20. Jahrhunderts das größte Bankhaus Asiens und galt als luxuriösestes Gebäude zwischen Suezkanal und Beringstraße; seit 1997 residiert in den altehrwürdigen Hallen die **Pudong Development Bank**. Schöne Mosaiken zieren die Innenseite der **★Kuppel**, Marmorsäulen das repräsentative Foyer.

Die Welt der Mode hat im alten Gebäude der **★China Merchants Steamship Navigation Company** ⑰ eine adäquate Heimat gefunden. **Bund 9** (*waitan jiu hao*) heißt das Gebäude heute und ist Sitz der Chinazentrale der taiwanesischen Stardesignerin **Shiatzy Chen**, Asiens Antwort auf Chanel.

Ein Stück weiter südlich kann man mit dem **Bund 5** (*waitan wu hao*) im ehemaligen Gebäude der **★Nisshin Kisen Kaisha Shipping Co.** ⑱ das Pionierprojekt besichtigen, mit dem Investoren begannen, die heruntergekommenen Gebäude am Bund mit sehr viel Geld aufzupeppen. Exklusive Restaurants, Bars und Designerläden gehören heute zu den Mietern.

Nebenan steht das 1916 eröffnete **★Union Building** ⑲, das heute den Namen **Bund 3** (*waitan san hao*) trägt und das erste Projekt war, das Palmer & Turner am Bund realisierten. 2004 gestaltete es der Stararchitekt Michael

SHANGHAI: PUDONG

Graves zu einem preisgekrönten „Lifestyle Concept Building" um, in dem man einige der besten Restaurants der Stadt und die interessante **★Shanghai Gallery of Arts** findet.

Am Südende der Uferpromenade steht noch immer die alte, 1908 erbaute **Wettersignalstation** ⑳ *(tian wen tai)* in der heute das **★Atanu**, eine Bar mit Terrasse und Blick auf den Bund untergebracht ist.

Auf Höhe der **Yan'an Donglu** legen die **Fähren** nach Pudong sowie die Boote für die **★★Hafenrundfahrten** ab, eine schöne Ergänzung eines Bund-Spaziergangs. Im Programm sind ein- bis vierstündige Fahrten flussaufwärts zur **Nanpu-Hängebrücke** (8346 m) und flussabwärts zur **Yangpu-Hängebrücke** (7658 m) oder weiter bis zur **Huangpu-Mündung** in den **Yangzi**.

★★PUDONG

Zum Wahrzeichen Shanghais avancierte in den letzten Jahren die Skyline von **★★Pudong** auf der östlichen Seite des Huangpu, wo noch bis 1990 zwischen baufälligen Lagerhallen, verrotteten Werften und einfachen Hütten Reisbauern ihre Felder bestellten. In jenem Jahr jedoch erklärte die Regierung in Peking Pudong zur Sonderwirtschaftszone, nachdem Shanghai wirtschaftlich jahrzehntelang vernachlässigt worden war.

Inzwischen haben sich in Pudong, vor allem in der Finanz- und Handelszone **Lujiazui**, die neue Börse und 7000 chinesische und ausländische Firmen niedergelassen. Fast täglich entstehen neue Hochhäuser, in denen heute schon rund 1,8 Millionen Menschen leben. Hier denkt und baut man in Superlativen, schafft die größten Parks, die breitesten Avenues, die längsten Hängebrücken, die schnellsten Züge, die höchstgelegenen Hotels und die ehrgeizigsten Wolkenkratzer der Welt – sichtbare Zeichen des chinesischen Wirtschaftswunders der Jahrtausendwende.

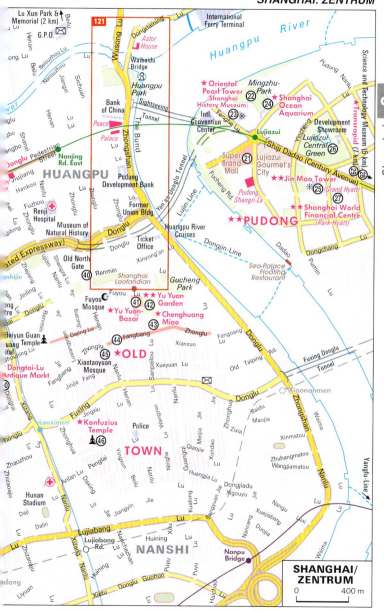

SHANGHAI: JIN MAO BUILDING

Mingzhu Park und *Oriental Pearl Tower

Hauptverkehrsachse Pudongs ist die **Century Avenue** (**Shiji Dadao**), an deren nördlichem Ende das Mega-Einkaufszentrum **Super Brand Mall** ㉑, der **Mingzhu-Park** ㉒ sowie der weltberühmte *Oriental Pearl Tower ㉓ liegen. Der „Perle des Orients" genannte Fernsehturm mit seinen unvergleichlichen, nachts bunt beleuchteten rosaroten Kugeln ist 468 m hoch. Stilvoll speisen Gourmets im 267 m hoch gelegenen **Drehrestaurant**, fantastische **Aussichten** über die Stadt gewähren **Plattformen** in 263 und 350 m Höhe.

Über Glanz und Elend der letzten zwei Jahrhunderte in der Huangpu-Metropole informiert im Erdgeschoss des Fernsehturms das **Shanghai Municipal History Museum**, u. a. mittels historischer Fotos und originalgetreuer Modelle von Häusern und Läden.

*Shanghai Ocean Aquarium

Wie viele andere Großstädte hat auch Shanghai seine aufregende, künstlich geschaffene Unterwasserwelt: In den Becken des *Shanghai Ocean Aquarium ㉔ tummeln sich annähernd 15 000 Meeresbewohner 350 verschiedener Arten, die sich besonders eindrucksvoll in einem 155 m langen **Glastunnel** beobachten lassen.

**Jin Mao Building

Einem gigantischen, raffiniert geschliffenen Kristall gleicht das 420 m hohe **Jin Mao Building ㉕, einer der schönsten Wolkenkratzer überhaupt. Seit 1998 strebt das von dem US-amerikanischen Architektenbüro Skidmore, Owing & Merrill entworfene Gebäude, eines der höchsten der Welt, gen Himmel. Nobel nächtigen Betuchte in den 555 Zimmern des **Grand Hyatt Hotels** im 55.-88. Stock, dessen spektakuläres,

Oben: Der Transrapid (Maglev) vebindet Pudong mit dem Flughafen. Rechts: Glitzernd, aufregend, weltoffen – die Fußgängerzone der Nanjing Donglu bei Nacht.

SHANGHAI: TRANSRAPID / NANJING DONGLU

152 m hohes **Atrium** unbedingt einen Besuch wert ist.

Im 87. Stock hält die schicke Bar **Cloud 9** neben Drinks eine 360°-Rundumsicht bereit: unbedingt einen Fensterplatz reservieren!

Lujiazui-Park

Neben dem Jin Mao Building breitet sich der **Lujiazui-Park** ㉖ mit dem **Lujiazui Development Showroom** aus. Das kleine Museum zur Entwicklung des Finanzdistrikts ist in einer 1917 erbauten Privatresidenz untergebracht und das einzige erhaltene alte Gebäude in Lujiazui.

**Shanghai World Financial Centre

Ultramodern zeigt sich dagegen das direkt gegenüber stehende **Shanghai World Financial Center** ㉗ mit einer Höhe von 492 m – und Schwindel erregenden *Aussichtsplattformen in der 94.-100. Etage, den höchsten der Welt. Die 79.-93. Etage nimmt das Hotel **Park Hyatt** ein.

Science and Technology Museum

Unweit des weitläufigen **Century Park** liegt das 2001 eröffnete **Science and Technology Museum** ㉘, das Technik und Naturwissenschaften anhand von Experimenten, Modellen und einem Imax-Kino vermittelt.

*Transrapid

Eine U-Bahn-Station weiter, an der Longyang Lu (Linie 2), beginnt der von Siemens entwickelte *Transrapid ㉙ (in China **Maglev** genannt) seine 31 km lange Fahrt zum **International Airport Pudong**. Dafür benötigt der Prestigezug knapp 8 Minuten, von denen er jedoch nur 50 Sekunden die Höchstgeschwindigkeit von 430 km/h fährt.

**NANJING DONGLU UND HUANGPU

Die **Nanjing Donglu ㉚ (einst Big Horse Road), schon zu Zeiten der Internationalen Niederlassung Shanghais Hauptgeschäftsstraße, im Stadtteil

SHANGHAI: VOLKSPARK / SHANGHAI-MUSEUM

Huangpu (bis 1949 Central District), führt vom Peace Hotel am Bund in westwärts bis zum Volkspark, wo sie dann Nanjing Xilu heißt. Hier stehen neben Hotels wie dem noblen Sofitel große und kleine Kaufhäuser aus den 1920er- und 1930er-Jahren, darunter auch das prächtige *The Sun*, heute **Department Store No. 1** ㉛.

Alle vom Bund abzweigenden Straßen tragen in Huangpu die Namen chinesischer Städte – so die **Beijing Donglu** und die **Fuzhou Lu**. Letztere war Anfang des 20. Jh. Vergnügungszentrum mit Teehäusern, Spelunken, Opiumhöhlen und Bordellen, heute gibt es dort viele **Buchhandlungen**, Geschäfte für Malbedarf, Restaurants und Computerläden. An der Fuzhou Lu Nr. 6 (Ecke Sichuan Zhonglu) steht noch die **Kaiserlich-Deutsche Post** von 1905. Die parallel zum Bund verlaufenden Straßen sind nach chinesischen Provinzen benannt, darunter die **Sichuan Zhonglu** sowie die **Henan Zhonglu**, die noch einige historische Hochhäuser im Art-Déco-Stil zieren.

Das Stadtzentrum, früher die Internationale Niederlassung, erstreckt sich nach Westen bis zur **Xizang Zhonglu** am Rand des Volksparks.

*VOLKSPARK

In Höhe der Huanghe Lu und des 1934 errichteten **Park Hotel** ㉜, seinerzeit mit 22 Stockwerken der höchste Wolkenkratzer außerhalb Amerikas, biegt die Nanjing Donglu, die frühere Big Horse Road, leicht nach Süden ab. Diese Kurve folgt dem Einlaufbogen der ehemaligen Pferderennbahn, die heute vom *Volkspark (**Renmin Gongyuan**) und vom **Volksplatz** (**Renmin Guangchang**; People's Square) eingenommen wird.

Rechts: Das Huxinting-Teehaus am Yu-Garten wird durch eine Zickzack-Brücke vor bösen Geistern geschützt.

*Tomorrow Square und Shanghai Art Museum

Gegenüber der **Mu'en Church** ㉝ (**Moore Memorial Church**), der von dem tschechischen Architekten Ladislaus Hudec (1893-1958) entworfenen Methodisten-Kirche, liegt im Volkspark, neben dem 284 m hohen *Tomorrow Square ㉞, das **Shanghai Art Museum** ㉟. Gezeigt wird chinesische und internationale Gegenwartskunst.

*Shanghai Grand Theatre

Südlich davon fällt der 1998 vollendete Bau des französischen Architekten Jean Marie Charpentier ins Auge: Das *Shanghai Grand Theatre ㊱ machte sich mit seinem Opern-, Ballett- und Konzertprogramm auch über die Landesgrenzen hinaus einen Namen.

*Shanghai City Planning Exhibition Hall

Architektonisch nüchtern und anspruchslos ist das moderne **Rathaus** ㊲, umso interessanter jedoch die *Shanghai City Planning Exhibition Hall ㊳ wenige Schritte weiter. Hier kann man die Visionen der rund 400 km² großen Huangpu-Metropole an einem riesigen **Stadtmodell** nachvollziehen, das alle bis zur EXPO-Weltausstellung 2010 geplanten Bauten aufführt.

**Shanghai-Museum

In Gestalt eines shang-zeitlichen Bronzegefäßes vom Typ *ding* erhebt sich markant im Südteil des Volksparks das **Shanghai Museum** ㊴. Die Sammlung chinesischer Meisterwerke vom Neolithikum bis zum Ende der Qing-Dynastie ist mit rund 200 000 Objekten neben dem Nationalen Palastmuseum in Taipeh (Taiwan) die weltweit bedeutendste und unbedingt einen Besuch wert. Mustergültig präsentiert, lassen sich auf vier Stockwerken die ein-

SHANGHAI: CHINESISCHE ALTSTADT

maligen antiken Bronzen (Figuren, Waffen und insbesondere reich verzierte Gefäße), buddhistische Skulpturen, Keramiken und Porzellan, Siegel und Münzen, Kalligrafien, die traditionelle (Landschafts-)Malerei sowie die Eleganz ming- und qing-zeitlicher Möbel studieren. Ein eigener Saal ist dem Kunsthandwerk der nationalen Minoritäten gewidmet, zudem finden regelmäßig Sonderausstellungen statt. Exzellente Kunstbücher und Kopien von Malereien hält der Museum Shop bereit.

*CHINESISCHE ALTSTADT

Bevor Shanghai zur Mega-Boomtown avancierte, boten die engen Gassen der *Altstadt, der noch bis 1912 ummauerten „Chinesenstadt" (nanshi), einen Einblick in das umtriebige und zugleich beengte Leben des vorrevolutionären und des maoistischen China. Davon existieren nur noch Reste. Ein Großteil des Viertels bei dem **Alten Nordtor** ㊵ (lao beimen) wurde abgerissen und durch Bauten im Alt-Shanghai-Stil ersetzt; heute lädt dort der **Yuyuan-Bazar ㊶ mit vielen Shops zum Stöbern ein. In Garküchen kann man die Herstellung der beliebten gefüllten Teigtaschen (jiaozi) beobachten.

**Yu-Garten

Unmittelbar östlich schließt sich der **Yu-Garten ㊷ (yu yuan) an, der eindrucksvollste Chinesische Garten Shanghais. 1559 landschaftsarchitektonisch großartig gestaltet als Alterssitz eines hohen Ming-Beamten, wurden die meisten Gebäude nach vorübergehender Vernachlässigung im 18. Jh. restauriert oder neu errichtet.

Am schönsten ist ein Spaziergang frühmorgens gleich nach der Öffnung (tagsüber viele Touristen!), entlang mehrerer Seen, Wandelgängen, Brücken, Hallen und dem **Pavillon des Frühlings** (dianchun tang), der 1853 der geheimen „Gesellschaft der Kleinen Schwerter" als Hauptquartier diente. Diese probte damals den Aufstand gegen die Mandschu-Dynastie. Nahe dem Haupteingang steht in einem Teich das stilvolle **Huxinting-Teehaus. Es ist nur über die **Neun-Biegungen-Brücke** zu erreichen, die als „Zickzackbrücke" den bösen Geistern den Zugang verwehren soll.

*Stadtgott-Tempel

Für Glück, Kindersegen, gute Geschäfte, Frieden sowie reiche Ernten beten die Shanghaier im ***Stadtgott-Tempel** ㊸ (*chenghuang miao*), dem wichtigsten Sakralbau der Stadt. Hier verehren sie den vergöttlichten Huo Guang, einen verdienten General der Han-Zeit (1. Jh. v. Chr.).

*Konfuzius-Tempel

Über den **Antiquitätenmarkt** in der **Fangbang Zhonglu** ㊹ und vorbei an der **Xiaotaoyuan-Moschee** ㊺ gelangt man zum ***Konfuzius-Tempel** ㊻ (*wen miao*) im Südwesten der Altstadt. 1855 eingeweiht, fanden hier während der Qing-Dynastie jedes Jahr aufwendige Feiern am Geburtstag des Begründers der chinesischen Staatsideologie (der Tradition zufolge der 28. Oktober 551 v. Chr.) statt.

*EHEMALIGE FRANZÖSISCHE KONZESSION / LUWAN

*Huaihai Zhonglu

Der Stolz der einstigen, 1847 gegründeten ***Französischen Konzession** – sie umgab die Altstadt von Shanghai an drei Seiten – war die Avenue Joffre, die heute ***Huaihai Zhonglu** heißt. Dieser lange Boulevard galt als eine Art Champs-Élysées, ein französisches Gegenstück zur Nanking Road. Heute ist die Straße der große Konkurrent der Nanjing Donglu und das Zentrum des

Rechts: In Xintiandi, Shanghais geschätztem Szeneviertel, findet man Restaurants jeder Preisklasse (hier: das renommierte Dim-Sum-Lokal Crystal Jade Palace; 2F, No. 6-7, South Block Xintiandi, Lane 123).

Stadtteils **Luwan**. Noble Kaufhäuser und Shoppings Malls wie das **Taipingyang-Kaufhaus**, das **Hongkong Plaza** ㊼ oder das **Shanghai Times Square** finden sich hier.

Abseits der Huaihai Zhonglu entdeckt man Zeugnisse der jüngeren Geschichte Chinas, so die **Gründungsstätte der Kommunistischen Partei Chinas** ㊽ in der Xingye Lu Nr. 76. Hier hielten 13 junge Chinesen, unter ihnen der damals 28-jährige Mao Zedong, im Juli 1921 ihren konspirativen Parteitag ab. Die Anzahl der Tassen auf dem Tisch des nachempfundenen Versammlungslokals symbolisiert die Zahl der Delegierten. Ein angegliedertes **Museum** dokumentiert mit Fotos und Dokumenten die Frühphase der chinesischen Revolution.

**Xintiandi

Die Gründungsstätte der KP liegt heute – welch Ironie – inmitten des v. a. nachts von zahllosen chinesischen und ausländischen Touristen geschätzten, autofreien Szene- und Vergnügungsviertels ****Xintiandi** ㊾. Bei diesem „Neues Universum" genannten Komplex handelt es sich um restaurierte Gassenhäuser entlang der Taicang Lu, Huangpi Lu und Xingye Lu, in denen in den 1920er-Jahren 8000 Menschen bzw. 2800 Familien lebten. Diese als ***Shikumen** („Steintor") bezeichnet und für Shanghai typischen Ziegelhäuser entstanden ab Mitte des 19. Jh. mit chinesischen und europäischen Architekturelementen. Eindrucksvoll wird die gutbürgerliche Einrichtung eines derartigen Gebäudes im ***Shikumen Open House** vorgeführt, das sich nahtlos zwischen Pubs, schicken Modeboutiquen, Nachtclubs, Restaurants und teuren Discos einfügt. Zu Xintiandi gehört auch der **Taipingqiao-Park** mit neu angelegtem See.

Östlich des Taipingqiao-Parks erstreckt sich der ****Dongtai-Lu Antique Market** ㊿, einer der schönsten

SHANGHAI: FUXING-PARK

und buntesten Straßenmärkte Shanghais. Echte Antiquitäten bekommt man hier ganz sicher nicht, doch der Markt bietet interessanten Trödel und jede Menge Atmosphäre.

*Nanchang Lu und *Yandang Lu

Parallel zur Huaihai Zhonglu verläuft die *Nanchang Lu ㊿, eine schmucke Straße, die von schicken **Designer-Boutiquen** und einigen interessanten Gebäuden gesäumt wird. Von der Nanchang Lu geht die zu einer gemütlichen Fußgängerzone umgestaltete *Yandang Lu ㊼ ab. Sie führt nach Süden zum Fuxing-Park. Auf dem Weg zum Park passiert man einige restaurierte Häuser sowie zahlreiche Geschäfte, Cafés und Restaurants.

*Fuxing-Park

Eine Oase der Ruhe ist der große *Fuxing-Park ㊾, einst der **Französische Park**, in dem heute Chinesen Mahjong oder Go spielen und sich in aller Frühe mit Tai Chi fit halten.

Beim Westausgang des Fuxing-Parks steht die eigenwillige *St.-Nikolas-Kirche ㊾ mit ihren hübschen Zwiebeltürmen, die ab 1934 das religiöse Zentrum der v. a. nach der bolschewistischen Revolution stark angewachsenen russisch-orthodoxen Gemeinde war. Erst 2005 wurde sie der Gemeinde zurückgegeben.

Südlich des Parks, in der Xiangshan Lu, wohnte in der **Sun-Yatsen-Residenz** ㊾ (*sun zhongshan*) der Gründer der Guomindang und „Pionier der Revolution" mit seiner Frau Song Qingling, einer der Schwestern aus dem mächtigen Song-Clan (s. u.). Eine andere der Schwestern heiratete Chiang Kaishek. Im **Museum** spiegelt Suns umfassende Privatbibliothek seinen weiten Bildungshorizont wider.

*Ruijin Hotel und Cultural Square

Im Süden Luwans breitet sich das ehemalige Anwesen der Moriss-Familie aus. Die vier noblen Villen der einstigen Besitzer der North China Daily News fungieren heute als Hotelanlage

SHANGHAI: TIANZIFANG CREATIVE CENTRE / NANJING XILU

des **★Ruijin Hotel** ㊹ sowie als Standort für einige exklusive Restaurants und Kneipen. Ganz in der Nähe lag auf dem **Kulturplatz** ㊸ (*wenhua guangchang*) die der Moriss-Familie gehörende Hunderennbahn. Der Platz wird für die EXPO 2010 umgebaut.

Ein Stück weiter südlich bietet sich ein Bummel durch die ruhige **★Shaoxing Lu** ㊺ an. Sie ist ein typischer Mikrokosmos für das Leben in diesem Teil der Stadt. Neben einigen Buchgeschäften und Galerien findet man hier auch den gemütliche **★Old China Hand Reading Room**, ein Café des bekannten Architekturfotografen Deke Erh.

★Bridge 8 und ★★Tianzifang Creative Centre

Das coole Designzentrum **★Bridge 8** ㊾ (*ba hao qiao*) in der Jianguo Lu gilt als eine der gelungensten Umgestaltungen eines alten Shanghaier Fabrikgeländes. Heute versammeln sich hier Studios, Cafés, Restaurants, Boutiquen und Galerien.

Ein unvergleichliches Erlebnis ist der Bummel entlang der **★Taikang Lu** und durch das **★★Tianzifang Creative Centre** ㊿, das ebenfalls in einer ehemaligen Fabrik aus den 1930er Jahren angesiedelt ist. Hier reihen sich Studios von Modedesignern aus aller Welt, aber auch interessante Künstlerateliers und Cafés aneinander.

★Shanghai Museum of Arts and Crafts

Prachtvolle **Villen** findet man dagegen im Westen der ehemaligen Französischen Konzession, dem heutigen Stadtteil **Xuhui**. Die gewaltige, im Stil der französischen Renaissance von Ladislaus Hudec erbaute Villa in der Nr. 79 der Fenyang Lu ist eines der extravagantesten Bauwerke dieses Viertels. Heute ist in der alten Residenz eines Direktors der Municipalité das reizvolle **★Shanghai Museum of Arts and Crafts** ㊿ (*shanghai gongyi meishu bowuguan*) untergebracht.

★Dongping Lu

In Laufweite reihen sich in der **★Dongping Lu** ㊾ die Shanghaier **Villen des Soong-Clans** aneinander. In der Nr. 9 lebte Diktator Chiang Kaishek mit seiner Frau Song Meiling. In der Villa gleich rechts wohnte sein Schwager H. H. Kung mit seiner Frau Song Ailing und in der Villa links mit der Hausnummer 11 residierte T. V. Song (Song Ziwen), der zeitweise als Finanzminister amtierte. Heute sind in den Villen stilvolle **Restaurants** untergebracht.

JING'AN

Nördlich und südlich der Yan'an Zhonglu erstreckt sich mit **Jing'an** eines der angesagtesten Viertel der Stadt. Das quirlige Zentrum wird vom 1216 erbauten **★Tempel der Ruhe und des Friedens** ㊿ (*jing'an si*) gebildet. Der mächtige, aus Spendengeldern neu aufgebaute Tempel wirkt zwischen all den Konsumpalästen fast schon fehl am Platz. Aber er ist ein schönes Beispiel dafür, dass Religion und Kommerz schon seit alters in China zusammengehen. Gleich gegenüber wartet der **★Jing'an-Park** mit Freitreppen, Gärten und Cafés auf.

★★Nanjing Xilu

Die **★★Nanjing Xilu** zwischen Jing'an-Tempel und Nord-Süd-Autobahn ist in den letzten Jahren zu einer mondänen Geschäftsstraße mit luxuriösen Einkaufszentren, Kaufhäusern und schicken Bürogebäuden geworden. Noble Shopping Malls wie die **Westgate Mall** oder **CITIC Square** wechseln sich hier in dichter Folge mit Hotels und

Rechts: In diesem Anwesen, Dongping Lu 9, lebte Chiang Kaishek vor seiner Flucht nach Taiwan (1949).

Bürotürmen ab. Die Shanghaier bezeichnen diese ultraluxuriösen Shopping Malls auch als „Geister-Zentren" (*gui gouwu zhongxin*): Mit ihnen soll die Illusion von allgegenwärtigem Luxus geschaffen werden.

Das auffälligste Gebäude ist das ★**Plaza 66** ⑭ in der 1266 Nanjing Xilu mit seinen zwei Türmen. Der 288 m hohe Tower One wurde 2001 fertig und ist der höchste Wolkenkratzer Shanghais außerhalb Pudongs. Der 228 m hohe Tower Two wurde 2006 vollendet. In den unteren Etagen befinden sich luxuriöse Boutiquen und Geschäfte.

Fast schon klein wirkt daneben der Gebäudekomplex des **Shanghai Center** (1376 Nanjing Xilu). Dabei war es 1989 der erste Meilenstein moderner Architektur in diesem Teil der Stadt. Gegenüber steht das ★**Shanghai Exhibition Center** ⑮, das als Ausdruck „chinesisch-russischer Freundschaft" erbaut wurde. Die Freundschaft hielt bekanntlich nicht lange, aber das Gebäude im Zuckerbäckerstil blieb.

Direkt westlich an das Ausstellungszentrum grenzt die ★**Tongren Lu**, einer der Party-Hotspots der Stadt mit vielen Kneipen und Clubs.

★Hengshan Moller Villa, ★Julu Lu und Xinle Lu

Südlich der **Yan'an Zhonglu**, die bis 1949 die Grenze zwischen International Settlement und Französischer Konzession markierte, steht an der Kreuzung mit der Shaanxi Nanlu eines der außergewöhnlichsten und extravagantesten alten Wohnhäuser der Stadt: die alte Residenz des schwedischen Großreeders Moller, in der seit 2002 das Luxushotel ★**Hengshan Moller Villa** ⑯ untergebracht ist. Gekrönt von einem Turm im norwegischen Stil, schwelgt die Architektur in neogotischen, barocken und anderen Stilrichtungen.

Ein Stück südlich der alten Moller-Residenz lohnt ein Bummel entlang der ★**Julu Lu**. Hier reihen sich zahlreiche schöne Villen im englischen Landhausstil mit asiatisch inspirierten Dächern auf. In der **Nr. 675-681** steht die von Ladislaus Hudec erbaute Villa des chinesischen Großindustriellen **Liu Jisheng**,

SHANGHAI: TEMPEL DER DRACHENBLUME

der bis 1949 den chinesischen Kohlebergbau beherrschte. Heute ist der Komplex im Stil der italienischen Renaissance Sitz der chinesischen Schriftstellervereinigung. Viele der alten Häuser werden heute auch als Restaurants und Kneipen genutzt, so die herrliche englische **Landhausvilla** in der Julu Lu 889, in der sich der ***Foreign Culture Club** ⑥⑦, ein Restaurant- und Kneipenkomplex befindet.

Südlich und parallel zur Julu Lu verläuft die **Xinle Lu**, wo man die ***Russisch-Orthodoxe Missionskirche** ⑥⑧ von 1931 – heute das Restaurant **Grape** – mit ihren blauen Zwiebeltürmen bewundern kann.

Stilvoll präsentiert sich auch das **Mansion Hotel** (Xinle Lu 82), das einst dem Gangsterboss Du Yuesheng als Wohnhaus diente.

HIGHLIGHTS AUSSERHALB DES ZENTRUMS

**Tempel der Drachenblume

Als schönster buddhistischer Sakralbau Shanghais wird gemeinhin der ****Tempel der Drachenblume** ⑥⑨ (*longhua si*) im Stadtteil **Xuhui** angesehen. Die angeblich bis in die Mitte des 3. Jh. n. Chr. zurückgehende Anlage wurde mehrmals – während der Song-Zeit (960-1279), nach der Zerstörung in der Taiping-Rebellion (1850-1864) und zuletzt vor wenigen Jahren – grundlegend restauriert. Empfehlenswert ist ein Besuch kurz vor der Mittagszeit, wenn zu den Sutren der rund 70 Mönche Gongs und Maultrommeln ertönen und das zum Tempel gehörige **Restaurant** vegetarische Gerichte und Nudelsuppen bereithält.

Am 3. Tag des 3. Mondes findet hier mit dem ****Longhua Temple Fair** jedes Jahr Chinas größter und ältester Tempelmarkt statt.

Rechts: Im Jadebuddha-Tempel – Opfergaben für den ruhenden Buddha.

*Xujiahui-Kathedrale

Von der in Ostasien regen Missionstätigkeit der französischen Jesuiten zeugt die ***Xujiahui-Kathedrale** ⑦⓪ im gleichnamigen Stadtteil. Die 1910 damals am Stadtrand im neogotischen Stil errichtete St.-Ignatius-Kirche ist ein Backsteinbau mit Emporen in dem lichtdurchfluteten Hauptschiff.

Song-Qingling-Residenz

An moderner chinesischer Geschichte Interessierten sei der Besuch der **Song-Qingling-Residenz** ⑦① empfohlen, eine von einem deutschen Reeder 1920 errichtete Villa mit originaler Einrichtung. Die Christin und Menschenrechtlerin Song Qingling (1890-1981), die wie ihr Mann Sun Yatsen ein sehr wechselvolles Leben für die Revolution führte, wird von Kommunisten und Republikanern gleichermaßen verehrt. Sie war 1959-1975 stellvertretende Staatspräsidentin.

**Shanghai Sculpture Space

Weiter westlich lohnt ein Abstecher zum ****Shanghai Sculpture Space** ⑦②. In der ehemaligen Stahlfabrik Nr. 10 hat sich eine der interessantesten Skulpturenausstellungen der Stadt etabliert. Insgesamt sind hier 251 Werke von 200 chinesischen und internationalen Bildhauern ausgestellt.

*Tonglefang

Das weitläufige Kreativzentrum ***Tonglefang** ⑦③ in der Yuyao Lu ist ebenfalls ein Juwel der Shanghaier Kulturentwicklung. Auf dem alten Fabrikgelände entstanden ab 1928 die ersten Leichtindustrieunternehmen Shanghais. Heute ist es ein angesagtes Kultur- und Designzentrum, in dem sich Galerien, Boutiquen, schicke Designgeschäfte, Restaurants und Clubs wie das coole **Muse** angesiedelt haben.

SHANGHAI: KUNSTQUARTIER M50

Jadebuddha-Tempel   **Hongkou / **Duolun Lu

1882 brachte der Mönch Huigeng zwei Jadebuddhas aus Myanmar (Burma) nach Shanghai. Der sitzende Buddha ist 1,95 m hoch und aus einem Stück weißer Jade gearbeitet; der liegende Buddha misst 96 cm. Die beiden Meisterwerke stehen im Mittelpunkt des prächtig renovierten, angenehm ruhigen ****Jadebuddha-Tempels** ⑭ (*yufo si*) in der Anyuan Lu.

**Kunstquartier M50

Am Suzhou Creek, in der Nähe des Hauptbahnhofs, befindet sich mit ****M50** ⑮ das bekannteste und älteste Künstlerquartier der Stadt. Der Name ist ein Kürzel für **Moganshan Lu 50**, wo sich mehr als 100 Bildhauer/innen, Künstler/innen und Galerist/innen angesiedelt haben und mittlerweile das Epizentrum der Shanghaier Kunstwelt bilden. Zu den Galerien, die hier man unbedingt besuchen sollte, gehören ****ShanghART** (u. schweizer Leitung), **BizArt** und **Art Scene Warehouse**.

Im Stadtteil **Hongkou** breitet sich der angenehme **Lu-Xun-Park** ⑯ aus mit dem früheren, zu einem kleinen Museum umfunktionierten **Wohnsitz von Lu Xun** (1881-1936). Der Autor gilt als der bedeutendste des modernen China, schrieb als erster statt in der Hochsprache in der Umgangssprache und wandte sich 1918 als erster Literat vom alten feudalistisch-konfuzianischen Wertesystem ab. Er ließ auch Käthe Kollwitz' sozialkritische Holzschnitte in China publizieren, die später chinesische Propagandakünstler inspirierten.

Den Shanghaier Schriftstellern, die einst hier lebten, hat man etwas südlich des Parks mit der Umwandlung der ****Duolun Lu** zur Fußgängerzone ein Denkmal gesetzt; hier gibt es viele **Curio-Läden** und kleine **Museen**.

Sehenswert ist hier auch das ***Duolun Museum of Modern Art** ⑰. Der Schwerpunkt dieses markanten kubischen Museumsblocks liegt auf zeitgenössischer chinesischer und internationaler Kunst.

SHANGHAI

SHANGHAI (☎ 021)

 Jing'an Tourist Information & Service Center, 1699 Nanjing Xilu, Tel. 62 48 32 59.

Luwan Tourist Information & Service Center, 127 Chengdu Nanlu, Tel. 53 86 18 82.

North Huangpu Tourist Information & Service Center, 561 Nanjing Donglu, Tel. 53 53 11 17.

South Huangpu Tourist Information & Service Center, 149 Jiujiaochang Lu, Tel. 63 55 50 32.

Shanghai Call Center, Tel. 96 22 88; kostenfreie, englischsprachige 24-Std.-Hotline zu allen Belangen der Stadt. Auch die Reservierung und Zustellung von Theaterkarten kann man hier organisieren.

Unter **www.smartshanghai.com** findet man die trendigsten Restaurants, coolsten Kneipen und angesagtesten Events.

Vom **Pudong International Airport** (www.shanghaiairport.com/en) fahren viele Buslinien nach Shanghai. Die wichtigsten sind die Linie 1 zum Flughafen Hongqiao (60 Min.), Linie 2 zum City Air Terminal am Jing'an-Tempel (70 Min.), Linie 5 zum Hauptbahnhof (80 Min.) und Linie 7 zum Südbahnhof (80 Min.). Die Busse verkehren zwischen 7 und 23 Uhr alle 15-20 Min.

Der **Maglev** (**Transrapid**, www.smtdc.com) rast in 8 Minuten zur **U-Bahnstation** Longyang Lu der Metro-Linie 2. Dort umsteigen – und in 15 Minuten ist man im Zentrum. Tgl. 7-21 Uhr alle 20 Min.

Vom innerstädtischen **Hongqiao International Airport** fahren verschiedene Shuttle-Busse in die Stadt. Die Airport Special Line (tgl. 7.50 Uhr bis zum letzten Flug) fährt nonstop zum City Air Terminal an der U-Bahnstation Jing'an Temple der Metro-Linie 2. Die Anbindung der Metro-Linie 2 an den Flughafen ist im Bau.

Vom **Hauptbahnhof** an der Tianmu Lu (Metro-Linien 1, 3, 4) starten die Züge nach Norden und Westen.

Vom **Südbahnhof** an der Caoxi Lu (Metro-Linien 1, 3) fahren Züge nach Südosten, Süden und Südwesten.

 MUSEEN: **Shanghai Museum**, 201 Renmin Dadao, tägl. 9-17 Uhr, www.shanghaimuseum.net, regelmäßig Sonderausstellungen, M 1, 2, 8: People's Square.

Shanghai City Planning Exhibition Hall, 100 Renmin Dadao, tägl. 9-17 Uhr, www.supec.org, M 1, 2, 8: People's Square.

Shikumen Open House, 25 Lane, 181 Taicang Lu, mitten im Szeneviertel Xintiandi, tägl. 10-22 Uhr, www.xintiandi.com, M 1: South Huangpi Rd.

Shanghai Municipal History Museum, 1 Century Avenue (Shiji Dadao), im Sockel des Oriental Pearl Tower, Gate 4, Pudong, tägl. 9-21 Uhr, M 2: Lujiazui.

Shanghai Ocean Aquarium, 158 Yincheng Lu (N), Pudong, tägl. 9-18 Uhr, www.sh-aquarium.com, M 2: Lujiazui.

Science and Technology Museum, 2000 Century Ave. (Shiji Dadao), Pudong, Di-So 9-17 Uhr, M 2: Science and Technology Museum.

Shanghai Museum of Natural History, 260 Yan'an Dong Lu, tägl. 9-17 Uhr, M 2: Nanjing East Rd.

Shanghai Art Museum, 325 Nanjing Xilu, tägl. 9-17 Uhr, www.sh-artmuseum.org.cn, regelmäßig Sonderausstellungen, M 1, 2, 8: People's Square.

Bund 18 Creative Center, 4F, 18 Zhongshan Dong Yi Lu, im Gebäude der ehemaligen Chartered Bank of India, Australia and China, täglich 10-19 Uhr, Tel. 63 23 70 66 ext. 31 02, www.bund18.com, M 2: Nanjing East Rd.

Shanghai Gallery of Arts, 3F, 3 Zhongshan Dong Yi Lu, im ehemaligen Union Building, tgl. 10-19 Uhr, Tel. 63 21 57 57, www.shanghaigalleryofart.com, M 2: Nanjing East Rd.

Lujiazui Development Showroom, 15 Lujiazui Donglu, tgl. 10-17 Uhr, M 2: Lujiazui.

Gründungsstätte der Kommunistischen Partei Chinas, 76 Xingye Lu, am Ostrand von Xintiandi, tgl. 9-17 Uhr, M 1: South Huangpi Rd.

Shanghai Museum of Arts and Crafts, 79 Fenyang Lu, Tel. 64 37 34 54, tgl. 9-16 Uhr, M 1, 7: Changshu Lu.

Duolun Museum of Modern Art, 27 Duolun Lu, Tel. 65 87 25 30, www.duolunmoma.org, Di-So 10-18 Uhr, M 3: Dongbaoxing Rd.

SHANGHAI

GÄRTEN / PARKS:
Garten der Zufriedenheit (*yu yuan*), Yuyuan Laolu in der Altstadt, täglich von 8.30 bis 17.30 Uhr.

Fuxing-Park, Eingänge an der Gaolan Lu, Fuxing Zhonglu sowie Yandang Lu, M 1: Huangpi South Rd.

Taipingqiao-Park, im Vergnügungsviertel Xintiandi, M 1: Huangpi South Rd.

TEMPEL / KIRCHEN:
Konfuzius-Tempel (*wen miao*), 215 Wenmiao Lu im Westen der Altstadt, tägl. 9-16.30 Uhr.

Jadebuddha-Tempel (*yufo si*), 170 Anyuan Lu, tägl. 8-17 Uhr.

Tempel der Drachenblume (*longhua si*), 2853 Longhua Lu, tägl. 7-16.30 Uhr, M 3: Longcao Rd.

Russisch-Orthodoxe Missionskirche, 55 Xinle Lu, M 1: Shaanxi South Rd.

Xujiahui-Kathedrale, 158 Puxi Lu, Sa/So 13-17 Uhr: M 1: Xujiahui.

Tempel der Ruhe und des Friedens (*jing'an si*), Nanjing Xilu, tgl. 7-17 Uhr, M 2, 7: Jing'an Temple.

St.-Nikolas-Kirche (*shengnigulasi jiaotang*), 16 Gaolan Lu, zurzeit nur von außen zu besichtigen, M 1: Shaanxi South Rd.

SONSTIGES:
Sun Yatsen-Residenz, 7 Xiangshan Lu, tägl. 9-16 Uhr.

Song Qingling-Residenz, 1843 Huaihai Zhonglu, tägl. 9-16.30 Uhr, M 1: Hengshan Lu.

GALERIEN / KUNSTVIERTEL:
Bridge 8 (*ba hao qiao*), 8 Jianguo Zhonglu, www.bridge8.com.

Tianzifang Creative Centre, Taikang Lu, www.tianzifang.cn.

M50, 50 Moganshan Lu, www.m50.com.cn, Anfahrt nur per Taxi.

ShanghART, Bldg. 16, 50 Moganshan Lu, Tel. 63 59 39 23, www.shanghartgallery.com, tgl. 10-18 Uhr.

Art Scene Warehouse, 2/Fl., Bldg. 4, 50 Moganshan Lu, Tel. 62 77 24 99, www.artscenewarehouse.com, Dienstag bis Sonntag 10-18.30 Uhr.

BizArt, 4/Fl., Bldg. 7, 50 Moganshan Lu, Tel. 32 77 53 58, www.arthubasia.org, Mo-Sa 11-18 Uhr.

Shanghai Sculpture Space (*shanghai diaosu yishu zhongxin*), 570 Huaihai Xilu, www.sss570.com, Di-So 9-16 Uhr, M 3, 4: Hongqiao Rd.

Tonglefang, Yuyao Lu, südlich vom Jadebuddha-Tempel, www.thenewfactories.com, M 7: Changping Rd.

KULTUREVENTS:
Longhua Temple Fair: am 3. Tag des 3. Mondes (29.3.09, 16.4.10) findet im Tempel der Drachenblume (*longhua si*) Chinas größter und ältester Tempelmarkt mit vielen Ständen und Aktivitäten statt.

Expo: 1. Mai bis 31. Oktober 2010, auf das Großereignis der Weltausstellung fiebert die Stadt hin.

Shanghai Spring International Music Festival: großes einwöchiges Musikfestival im Mai mit Komponisten und Orchestern aus aller Welt.

Internationales Filmfestival Shanghai: Das bedeutendste Filmereignis in Shanghai, findet jährlich im Juni statt, neun Tage lang (www.siff.com).

Shanghai Biennale: alle 2 Jahre (2010, 2012) findet die große Biennale mit internationalen Ausstellungen für zeitgenössische Kunst im Shanghai Art Museum statt (www.shanghaibiennale.com).

HAFENRUNDFAHRTEN: Piers am Bund in Höhe der Yan'an Donglu beim Bund-Museum, tägl. etwa 8-17 Uhr, ein- bis vierstündige Fahrten bis hinab zur Huangpu-Mündung in den Yangzi. Abendtouren entlang des hell erleuchteten Bunds und der Skyline von Pudong ab 19 Uhr. Infos unter Tel. 54 10 68 31, www.pjrivercruise.com.

SHANGHAI SIGHTSEEING BUS CENTER (SSBC): Neben dem Shanghai Stadium im Viertel Xujiahui, Tel. 64 26 55 55, www.chinassbc.com, M 1: Shanghai Gymnasium, M 4: Shanghai Stadium; siehe auch Seite 153.

ESSEN GEHEN IN SHANGHAI

ESSEN GEHEN IN SHANGHAI

Shanghais Restaurantszene ist eine der abwechslungsreichsten und aufregendsten ganz Chinas. Die beste Gegend für Szene-, westliche und neu eröffnete Restaurants sind die beiden Stadtteile Luwan und Xuhui rund um die **Huaihai Zhonglu**, **Maoming Lu** und den **Fuxing-Park**. Westliche Küche und/oder westliches Ambiente und einige der stilvollsten Restaurants überhaupt findet man konzentriert in der **Hengshan Lu** und ihren Nebenstraßen, insbesondere der **Dongping Lu** und **Taojiang Lu**.

Eine prima Gegend für die Restaurantsuche sind die so genannten Essensstraßen. Vor allem abends, wenn die Lokale hier, wie in China üblich, neongrell erleuchtet sind, lohnt ein Bummel über die **Huanghe Lu**, **Yunnan Lu**, **Wujiang Lu** oder **Zhapu Lu**. Ansonsten findet man in fast allen Einkaufszentren Etagen mit Restaurants. Unübertroffen ist das Restaurantangebot in der **Super Brand Mall** in Pudong, wo wirklich jeder Gaumen sein Glück findet. Auf mehreren Etagen sind hier die Kochstile aus aller Welt versammelt, angefangen bei den asiatischen Küchen bis zu Kentucky Fried Chicken.

Besonders gerne backen oder braten die Shanghaier Schwein und anderes in der schweren **„roten Sauce"** (*hongshao*), deren Basisbestandteile Sojasauce, Öl und Reiswein sind. Aber auch Süßsaures und frittierte Gerichte sind ausgesprochen beliebt. Einige traditionelle Restaurants mit solider Shanghaier Küche findet man im und um den **Yuyuan-Bazar**, ganz dicht am Alltag ist man in einem der vielen kleinen Lokale rund um den **Stadtgott-Tempel** südlich vom Yuyuan-Bazar. Hier kann man zusehen, wie frische **Spaghetti** (*lamian*) aus einem Teigkloß gezogen, Nudeln und Rindfleisch in einer köstlichen Brühe (*niurou mian*) zubereitet, **Nudeln** (*chao mian*) oder **Reis** (*chao fan*) gebraten, Suppe und Fleisch im Tontopf (*qiguo*) gegart werden oder **Eintopf** im Tontopf brodelt (*shaguo*). Vor allem im Winter beliebt ist eine Art Grill, auf dem man sich Fleisch und Gemüse selber zubereitet (*shaokao*).

Berühmt sind die **Shanghaier Snacks**, die man immer und überall probieren kann, beispielsweise die köstlichen, in Bambuskörben gedämpften **Teigtaschen** (*xiaolong bao*), die manchmal im Anschluss noch gebraten werden (*shengjian bao*). Ebenfalls beliebt sind größere **Teigklöße** mit Fleisch- oder Gemüsefüllung (*baozi*). Weitere Kleinigkeiten, die es überall gibt, sind in Wasser gekochte **Maultaschen** (*shuijiao*), **Omeletts** mit Frühlingszwiebeln, die auf einer heißen Platte zubereitet und mit Chilisauce serviert werden (*jianbing*) oder **Soja-Tee-Eier** (*chaye dan*), gekocht in einer Sauce aus Teeblättern, Soja und Fünf-Gewürze-Pulver.

Oben: Tee mit Bedacht und dazu die schöne Aussicht genießen kann man im Huxinting-Teehaus am Yu-Garten.

RESTAURANTS IN SHANGHAI

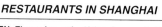

ESSENSSTRASSEN: **Zhapu Lu**, auf Fisch spezialisierte Restaurants, die am Wusong-Fluss unweit des Shanghai Mansions beginnen. **Yunnan Lu**, Genussmeile ungefähr 200 m östlich des Volksparks, bei den Shanghaiern v. a. wegen der zahlreichen Spezialitätenrestaurants geschätzt. **Huanghe Lu**, gute und preiswerte Restaurants, die beim Park Hotel am Volksplatz ihren Anfang nehmen. **Wujiang Lu**, Fußgängerzone, die an der Metro-Station Nanjing West Rd. beginnt. In den vielen kleinen Familienrestaurants, die lokale Spezialitäten servieren, wird es nach Einbruch der Dunkelheit voll.

RESTAURANTS:

Sens & Bund, 6F, Bund 18, 18 Zhongshan Dong Yilu, Tel. 63 23 98 98, www.volgroup. com.cn, tgl. 11.30-14.30 und 18.30-22.30 Uhr, M 2: Nanjing East Rd. Die beiden Sterneköche Jacques und Laurent Pourcel setzen in der Shanghaier Gastronomie höchste Maßstäbe und kredenzen französische Küche der Spitzenklasse.

Whampoa Club (*huangpu hui*), 5F, Three on the Bund, 3 Zhongshan Dong Yilu, Zugang über 17 Guangdong Lu, Tel. 63 21 99 22, www.threeonthebund.com, tgl. 11.30-14.30 und 17.30-22 Uhr, M 2: Nanjing East Rd. Die Ausblicke auf den Bund sind unvergleichlich, und die traditionelle, mit modernen Elementen angereicherte Shanghaier Küche schmeckt großartig.

M on the Bund, 20 Guangdong Lu, Tel. 63 50 99 88, hohe Preise, westliche Küche und erstklassige Aussicht auf die Skyline Pudongs, Mo-Fr 11.30-14.30 und 18.30-22.30 Uhr, Sa/So Brunch von 11.30-15 Uhr, Reservierung erforderlich.

1931 Pub (*1931 minggu*), 112 Maoming Nanlu, Tel. 64 72 52 64, tgl. 14-1 Uhr, M 1: Shaanxi South Rd. Das Ambiente entführt die Gäste in das Shanghai der 1930er Jahre. Es gibt gute traditionelle Küche, im angeschlossenen Pub kann man auch einfach nur etwas trinken.

Gongdelin, 445 Nanjing Xilu, Tel. 63 27 02 18, tgl. 11-14 und 17-22 Uhr, M 1, 2, 8: People's Square. Auf der Speisekarte stehen Leckereien wie geschmorte Kaninchen, Wachteln im Tontopf oder gar Sieben-Tage-Küken. Keine Sorge, sämtliche Gerichte sind dennoch strikt vegetarisch.

YongFoo Élite (*yongfu hui*), 200 Yongfu Lu, Tel. 54 66 27 27, www.yongfooelite.com, tgl. 11-22.30 Uhr, M 1: Hengshan Rd. Eines der schönsten Gartenrestaurants der Stadt und ein idealer Ort, um Gäste zu beeindrucken oder einfach nur einen herrlichen Abend zu verbringen.

Meilongzhen, Lane 22, 1081 Nanjing Xilu, Tel. 62 56 27 18, tägl. 17-22 Uhr, etwas versteckt in einem Hinterhof, schöne Atmosphäre und gute Gerichte verschiedener chinesischer Küchen (Shanghai, Sichuan u. a.), Reservierung empfehlenswert. M 2: Nanjing West Rd.

Shanghai Laofandian, 242 Fuyou Lu, Tel. 63 28 27 82 sehr gute Shanghai-Küche; reservieren!

Lü Bo Lang, 115 Yuyuan Lu, in der Nähe des Stadtgott-Tempels, typische Shanghaier Küche in angenehmer Atmosphäre, tägl. 11-13.45 und 17-22 Uhr.

Nanxing Steamed Bun, 85 Yuyuan Lu, tägl. 11-21 Uhr, eines der besten Xiaolongbao-Restaurants Shanghais inmitten der Altstadt.

TEMPEL-RESTAURANTS:

Der **Tempel der Drachenblume** (*longhua si*) und der **Jadebuddha-Tempel** (*yufo si*) bieten täglich von 11.30-13 Uhr preiswerte vegetarische Mahlzeiten.

CAFÉS / TEEHÄUSER:

Huxinting, sehr pittoreskes, stilvolles Teehaus auf der Zickzackbrücke vor dem Yuan-Garten, mit schöner Aussicht, etwas teuer.

Marriott Café, 399 Nanjing Xilu, tolle Aussicht vom 38. Stock des Tomorrow Square.

Old China Hand Reading Room (*hanyuan shushi*), 27 Shaoxing Lu, Tel. 64 73 25 26, tgl. 10-24 Uhr, M 1: Shaanxi South Rd. Urgemütliches Café des bekannten Shanghaier Fotografen Deke Erh. Gleichzeitig eine Art Bücherei, sodass man bei Kaffee und Kuchen schmökern kann.

Kommune (*gongshe kafei*), 210 Taikang Lu, Building 7, The Yard, Tel. 64 66 24 16, tgl. 9-22 Uhr. Ein inmitten des Künstlerviertels der Taikang Lu gelegenes angenehmes, gemütliches Café.

SHOPPING IN SHANGHAI

SHOPPING IN SHANGHAI

Die **Nanjing Donglu** (Nanjing East Road; s. S. 127) ist Shanghais bekannteste Einkaufsstraße und Zeit ihres Bestehens das Vorzeigestück der Shanghaier Wirtschaftskraft gewesen. Der französische Architekt Jean Marie Charpentier hat sie 1999 zur attraktiven Fußgängerzone umgewandelt. Hier stehen große Kaufhäuser neben denkmalgeschützten Bauwerken, und abends ist die Straße von glitzernder Neonreklame erleuchtet.

Deutlich weniger touristisch ist die **Nanjing Xilu** (Nanjing West Road), die vom Volksplatz nach Westen zum Jing'an-Tempel verläuft. Marmorne Shopping Malls, edle Boutiquen und Geschäfte aller Art verführen zum ausgiebigen Shoppen.

Die **Huaihai Zhonglu** (Huaihai Middle Road) gilt als nobelste Einkaufsmeile der Stadt mit mondänen Kaufhäusern und Boutiquen. Viel Interessantes lässt sich aber auch in den Nebenstraßen nördlich und südlich der Huaihai Zhonglu, in der **Shaanxi Nanlu**, der **Xinle Lu**, der **Changle Lu**, **Maoming Lu** und **Nanchang Lu** entdecken, wo man in kleinen Boutiquen, Kunstgeschäften und Läden stöbert.

Abgesehen von diesen bekannten Einkaufsstraßen ist die ganze Stadt ein einziges Einkaufsparadies. Einen ausführlichen Bummel lohnen insbesondere die **Sichuan Beilu**, die **Jinling Donglu** und die Gegend um die Metro-Station **Xujiahui**, ein moderner und lebhafter Shopping-Distrikt mit zahlreichen Kaufhäusern und Einkaufszentren.

Alt-Shanghaier Flair erlebt man auf dem **Yuyuan-Bazar** (S. 129) um den Yu-Garten herum. Dort findet man so ziemlich alles, was die Shanghaier Kunstgewerbeindustrie produziert.

Weitere spannende Märkte gibt es in der **Fangbang Zhonglu** und **Dongtai Lu**, und wer sich ein bisschen gruseln möchte, kann dem **Flower, Bird, Fish and Insect Market** in der **Xizang Nanlu** einen Besuch abstatten.

Oben: Wer traditionelles Kunstgewerbe als Souvenir und Alt-Shanghai-Atmosphäre sucht, ist im Yuyuan-Bazar richtig.

SHOPPING IN SHANGHAI

Die meisten Geschäfte, Kaufhäuser und Malls haben von 10-22 Uhr geöffnet. Bäckereien und Cafés öffnen in der Regel gegen 6 Uhr.

 EINKAUFSSTRASSEN- / VIERTEL: Die Fußgängerzone **Nanjing Donglu** ist Standort großer Kaufhäuser, Lebensmittelgeschäfte und Shopping Malls. Ab dem frühen Nachmittag bis zum späten Abend ist es hier unglaublich voll. M 1, 2, 8 People's Square und M 2: Nanjing East Rd.

Entlang der **Nanjing Xilu** reihen sich die luxuriösesten Malls auf, aber auch viele kleine Boutiquen und Bäckereien. M 2: Nanjing West Rd.

Die **Huaihai Zhonglu** ist Standort vieler Kaufhäuser, und auch westliche Modeketten wie H&M haben hier ihre Filialen. M 1: Huangpi South Rd. oder Shaanxi South Rd.

Xintiandi zwischen Taicang Lu und Zizhong Lu ist nicht nur Vergnügungsviertel, sondern bietet auch etliche Modeboutiquen. M 1: Huangpi South Rd.

MÄRKTE: **Yu-Yuan-Bazar**, in der Altstadt neben dem Garten der Zufriedenheit (*yu yuan*), viele Souvenirs wie Hängerollen, T-Shirts, Ess-Stäbchen.

Fangbang Zhonglu, in der Altstadt südlich vom Stadtgott-Tempel, ideal für Antiquitäten und Kunsthandwerk, aber unbedingt feilschen.

Dongtai Lu Antique Market (*dongtai lu gudong shichang*), Dongtai Lu, tgl. 8.30-18 Uhr. Großer Arts-&-Crafts-/Antik-Markt, im Angebot ist alles, was der chinesische Kunstgewerbemarkt hergibt. M 8: Lao Ximen.

Flower, Bird, Fish and Insect Market (*wanshang hua niao yu chong shichang*), Fuxing Lu/Ecke Xizang Nanlu, tgl. 10-18 Uhr. Markt mit einem exotisch-skurrilen Angebot an Tieren, angefangen bei der Grille bis hin zum Hund. M 8: Lao Ximen.

KAUFHÄUSER: **Shanghai Times Square**, 99 Huaihai Zhonglu. Auf sechs Etagen und im Untergeschoss bietet dieses schicke Einkaufszentrum einen guten Mix aus Boutiquen und Geschäften aller Art. M 1: Huangpi South Rd.

Grand Gateway (*guanghui guangchang*), 1 Hongqiao Lu. Riesig, hell, luftig: Genauso stellt man sich eine der größten Shopping Malls in Asien vor. M 1: Xujiahui.

Shanghai Meilongzhen Isetan, 1038 Nanjing Xilu 1038, internat. Designer-Moden. M 2: Nanjing West Rd.

Plaza 66, 1266 Nanjing Lu, Konsumtempel mit internationalen Designerwaren, M 2: Nanjing West Rd.

KUNSTHANDWERK: **Shanghai Antiques and Curio Store** (*shanghai wenwu shangdian*), 192-242 Guangdong Lu, tgl. 9-17 Uhr. Große Auswahl an Kunsthandwerk und echten Antiquitäten. M 2: Nanjing East Rd.

Torana House (*tulana*), 164 Anfu Lu, tgl. 10.30-19 Uhr, www.toranahouse.com. Hochwertige Teppiche, Kunst und antike Möbel werden von Tibetern und Uiguren in Handarbeit hergestellt. M 1, 7 Changshu Rd.

BUCHHANDLUNGEN: **Foreign Language Bookstore**, 390 Fuzhou Lu, sehr gut sortiert mit vielen ausländischen Titeln. M 2: Nanjing East Rd.

Shanghai Shucheng (Shanghai Buchstadt), 401-411 Fuzhou Lu, einer der besten und größten Buchläden, M 2: Nanjing East Rd.

Chaterhouse Booktrader, 168 Lujiazui Lu, tgl. 10-22 Uhr. Gut sortiertes Buchgeschäft in der Super Brand Mall mit ausschließlich englischen Büchern. M 2: Lujiazui.

TRADITIONELLE MEDIZIN: **Tonghan Chundang**, 20 Yuyuan Lu, tägl. 9.30-20 Uhr, Apotheke in der Altstadt mit Tees, Ginseng, Akupunkturzubehör, Kräutern u. a.

GESCHENKE: **Blue Shanghai White**, Rm 103, 17 Fuzhou Lu, tgl. 10-18 Uhr. Der Inhaber dieses exquisiten Ladens stellt blau-weißes Porzellan her und lässt es in Chinas Porzellanstadt Jingdezhen brennen. M 2: Nanjing East Rd.

Madame Mao's Dowry (*maotai sheji*) 207 Fumin Lu, www.madamemaosdowry.com, tgl. 10-19 Uhr. Alte Postkarten, Propagandaposter und Werbeplakate, emailliertes Geschirr mit Revolutionsmotiven oder in modernem Design. M 2, 7: Jing'an Temple.

SHANGHAI AM ABEND

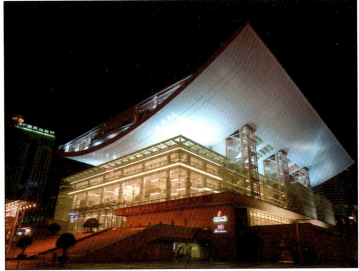

Shanghai rockt! Keine andere Stadt Chinas bietet ein bunteres Nachtleben.

Angenehm ist, dass sich die Lokale in bestimmten Vierteln konzentrieren. Wer auf gute und originelle Kneipen Wert legt, findet eine große Auswahl in den Nebenstraßen der früheren **Französischen Konzession**. In der **Shaanxi Nanlu** und **Maoming Nanlu** konzentrieren sich Bars westlichen Stils. Weiter westlich findet man in der **Hengshan Lu** und deren Nebenstraßen einige der stilvollsten Kneipen der Stadt, viele von ihnen in prachtvollen alten Villen und mit großen gemütlichen Biergärten. Im Karree **Changshu Lu**, **Huashan Lu** und **Wulumuqi Lu** gibt es viele kleinere Pubs. Zentrum des Geschehens ist hier die **Julu Lu**, wo einige der coolsten Lokale neben gemütlichen Nachbarschaftsbars zu finden sind. Südlich vom Shanghai Center an der Nanjing Xilu zieht sich die **Tongren Lu**, Shanghais jüngster Partyhotspot mit zahlreichen Kneipen und Clubs, bis zur Yan'an Zhonglu hin. In Pudong hat sich rund um den **Century Park** eine attraktive Szene etabliert.

Shanghais Angebot an kulturellen Abendveranstaltungen ist international. Höhepunkt ist eine Darbietung der **Shanghaier Akrobaten** in einem der beiden Zirkusse. Unter den unzähligen Spielstätten für Theater und Oper ragen das **Shanghai Grand Theatre** und das **Shanghai Oriental Arts Centre** heraus, aber es gibt auch traditionelle Opern wie im alten **Yifu-Theater**.

Veranstaltungshinweise vor allem für Events in den kleineren Klubs findet man auf den Websites der Stadtmagazine www.smartshanghai.com und www.cityweekend.com.cn. Die Website www.culture.sh.cn ist die umfassendste Seite für Infos zu allen kulturellen Veranstaltungen der Stadt. Tickets für Veranstaltungen aller Art kann man entweder direkt an den Kassen der Veranstaltungsorte oder auf den genannten Seiten online buchen.

Oben: Das Shanghai Grand Theatre spektakulärer Schauplatz von Opern-, Ballett- und Konzertaufführungen.

SHANGHAI AM ABEND

 BARS: **Cloud 9**, 87/F Jin Mao Building, 88 Century Avenue (Shiji Dadao), Mo-Fr 18-24 Uhr, Sa/So 12-24 Uhr, Tel. 50 49 12 34, eine der stilvollsten Bars der Stadt mit toller Aussicht, vor allem nach Einbruch der Dunkelheit, M 2: Lujiazui.

O'Malley's Irish Pub (oumali jiuba), 42 Taojiang Lu, http://omalleys-shanghai.com), tgl. 11-2 Uhr. Irischer Pub mit herrlichem Biergarten und rustikaler irischer Brauhausatmosphäre. M 1: Hengshan Rd.

Windows Scoreboard, 3F, 681 Huaihai Zhonglu, tgl. 17 Uhr bis frühmorgens. Preiswerte Getränke, Hiphop und junge Leute, die am Wochenende durchtanzen, sind das Markenzeichen von Windows. M 1: Shaanxi South Rd.

Hofbräuhaus (Haofubao), Pudong, 309 Jinyan Lu, www.hofbraeu.com.cn, tgl. 11-24 Uhr. Riesiges Brauhaus in einer alten Villa mit echtem Münchner Hofbräu-Bier und bayerischen Schmankerln auf der Westseite des Century Parks. M 2: Shanghai Science and Technology Museum.

People 7 (ying qi renjiang), 805 Julu Lu, Tel. 54 04 07 07, tgl. 11.30-14 und 18-24 Uhr. Ultracoole Cocktailbar mit Restaurant. Um hineinzukommen, benötigt man einen speziellen Code, den man telefonisch erfragen muss. Dann gilt es, in beleuchteten Röhren die richtige Zahlenkombi zum Öffnen der Tür auszutasten. M 2, 7: Jing'an Temple, M 1, 7: Changshu Rd.

JZ Club, 46 Fuxing Xilu, www.jzclub.cn, tgl. 20-2 Uhr. Bester Jazzclub Shanghais. Die Atmosphäre ist gemütlich und dennoch lässig und cool, ebenso wie der Jazz, der hier live gespielt wird. M 1, 7 Changshu Rd.

DISCOS: **House of Blues and Jazz**, 158 Maoming Nanlu, tägl. 19-2 Uhr, Bands 21.30-1 Uhr, angenehme, relaxte Atmosphäre.

Muse Club, 68 Yuyao Lu, Tonglefang, So-Mi 20-2 Uhr, Do 20-4 Uhr, Fr, Sa 20 Uhr bis frühmorgens. Dieser Club ist so cool wie das Publikum, das Shanghais Künstlerviertel Tonglefang anziehen will. Die DJs füllen die Nächte mit Funky House, Trance, Techno, Hip Hop und anderen Musikrichtungen. M 7: Changping Rd.

Attica (aiqiduo), 11F, 15 Zhongshan Dong Er Lu, www.attica-shanghai.com, Bar: tgl. 17.30 Uhr bis frühmorgens, Club Di-Sa 21 Uhr bis früher Morgen. Der erfolgreichste Megaclub in der Stadt. Es gibt zwei große Terrassen, auf denen man den Tanzabend mit Blick auf den Huangpu und die Kulisse Pudongs genießen kann.

 Shanghai Grand Theatre, 300 Renmin Dadao, Tel. 63 86 86 86, ansprechendes Opern-, Ballett- und Konzertprogramm. M 1, 2, 8: People's Square.

Shanghai Centre Theatre, 1376 Nanjing Xilu, www.shanghaicentre.com, Reservierungs-Tel. 62 79 86 00, tolle Akrobatik-Shows, für die Shanghai international berühmt ist. M 2, 7: Jing'an Temple.

UME International Cineplex (guoji yingcheng), Xintiandi, 5F, Nr. 6, Lane 123, Xingye Lu, www.ume.com.cn. Der Name ist Programm: die neuesten Hollywood-Streifen auf Chinesisch und Englisch. M 1: Huangpi South Rd.

Oriental Art Centre (dongfang yishu zhongxin) Pudong, 425 Dingxiang Lu, Tel. 68 54 12 34, www.shoac.com.cn. In dem spektakulären, von dem französischen Stararchitekten Paul Andreu 2004 errichteten Kulturkomplex in Form einer Blume gibt es Konzerte, Ballett-, Opern- und Theateraufführungen. M 2: Shanghai Science and Technology Museum.

Shanghai Concert Hall (shanghai yinyue ting) 523 Yan'an Donglu, Tel. 53 86 66 66, www.shanghaiconcerthall.org. In der 1930 erbauten Konzerthalle spielt das Shanghai Symphony Orchestra (www.sh-symphony.com/english/), das älteste Orchester Asiens und bis heute eines der einflussreichsten Orchester des Fernen Ostens. M 1, 2, 8: People's Square.

Shanghaier Zirkuswelt (shanghai maixicheng), 2266 Gonghe Xinlu, Tel. 56 65 36 46, www.era-shanghai.com, tgl. 19.30 Uhr. Herausragende Artisten zeigen hier die ganze Vielfalt spektakulärer chinesischer Akrobatik. M 3: Shanghai Circus World.

Yifu-Theater (yifu wutai), 701 Fuzhou Lu, Tel. 63 51 46 68. Kleines Theater mit Aufführungen der traditionellen Kunqu-Oper. M 1, 2, 8: People's Square.

AUSFLÜGE VON SHANGHAI

AUSFLÜGE VON SHANGHAI

SONGJIANG

Rund 25 km südwestlich von Shanghai liegt die über 500 000 Einwohner zählende Stadt **Songjiang** ❷ mit mehreren bedeutenden Kulturdenkmälern, darunter die 859 aufgestellte, 9,2 m hohe **Dharani-Stele** (*tuoluoni jingzhang*) sowie die ca. 48 m hohe, neunstöckige ***Viereckige Pagode** (*fang ta*) aus der Nördlichen Song-Zeit (960 bis 1127).

Zu den schönsten Gärten am Unteren Yangzi gehört der Park mit dem ***Teich des Betrunkenen Bai** (*zui bai chi*), benannt nach dem berühmten ming-zeitlichen Maler und Kalligrafen Bai Juyi, der hier angeblich während der Arbeit Wein getrunken haben soll.

Ein Zeugnis islamischen Einflusses während der mongolischen Yuan-Dynastie (1271-1368) ist die **Moschee**, bei der in der Architektur chinesische und in der Ornamentik arabische Elemente dominieren.

*SHESHAN

Beliebtes Ausflugsziel für Shanghaier sind mehrere, großenteils bewaldete und zum **Naturschutzgebiet** erklärte Hügel westlich der Metropole, von denen der ***Sheshan** ❸ 100 m ü. d. M. erreicht. Eine **Seilbahn** führt zum Gipfel, stimmungsvoller ist jedoch der Aufstieg entlang des **Kreuzweges**, den die Chinesen Leidensweg (*kulu*) nennen – der Sheshan ist ein Zentrum der Katholiken in China und Sommerfrische des Bischofs von Shanghai. Unterwegs passiert man die 1844-1870 errichtete **Mittelkirche** mit einem Garten. Auf dem Gipfel erhebt sich imposant die von portugiesischen Missionaren 1925 bis 1935 ausgeführte ***Kathedrale der Heiligen Mutter** (*sheshan shengmu dajiaotang*) – ein Spektrum verschiedenster europäischer Architekturstile an einem einzigen Bauwerk.

QINGPU

30 km westlich von Shanghai wartet **Qingpu** ❹ (450 000 Einwohner) mit zwei Sehenswürdigkeiten auf: Mit der 1743 vollendeten ***Pagode der Langlebigkeit** (*wanshou ta*) wünschten die Bewohner des Ortes dem Qianlong-Kaiser (1736-1795) ein langes Leben, nachdem dieser ihrem Bittgesuch für Steuersenkungen nachgekommen war.

Ein längeres Verweilen lohnt v. a. der ***Garten des Mäandrierenden Flusses** (*qushui yuan*) am Dayinghe, 1745 während der Qing-Dynastie angelegt. Mehr als sonst bei den südchinesischen Literatengärten üblich treten hier Teiche und künstliche Wasserläufe in Erscheinung. Die **Halle der Blumengöttin** (*huashen tang*) und die **Halle des Erwachens** (*jue tang*) flankieren die zentral gelegene **Halle der Konzentrierten Harmonie** (*ninghe tang*).

**ZHUJIAJIAO

Eines der schönsten und ursprünglichsten – obwohl für Touristen gut erschlossenen – Wasserdörfer des Yangzi-Deltas ist ****Zhujiajiao** ❺ am Ostufer des Dianshan-Sees. Mehrere, von etwa zwei Dutzend Steinbrücken überspannte **Kanäle** durchziehen pittoresk das knapp 3 km² große historische Zentrum aus der Ming- und Qing-Zeit. Wahrzeichen von Zhujiajiao ist die fünfbogige, 72 m lange ***Brücke zur Freilassung** (*fangsheng qiao*) aus dem Jahr 1812, bei der man gefangene, aber nicht benötigte Fische wieder aussetzte. Bei einem Bummel durch die schmalen Geschäftsstraßen, z. B. die belebte **Bei Dajie**, verdienen die **Wang-Chang-Gedächtnishalle** eines hohen Beamten aus der Qianlong-Ära (1736-1795), der

Links: Falls Sie einen Haarschnitt nötig haben sollten – die Jungs an der Ecke Sanxiang / Panmen Lu in Suzhou erledigen das professionell.

UMGEBUNG VON SHANGHAI

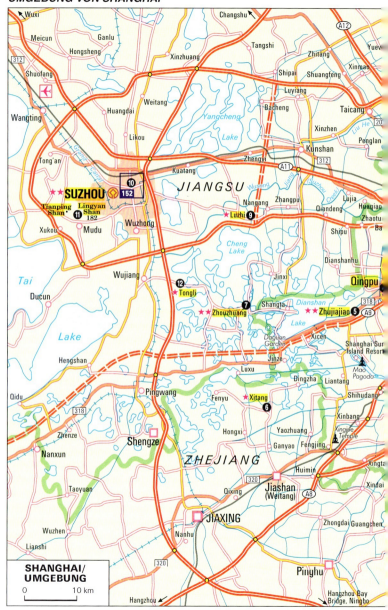

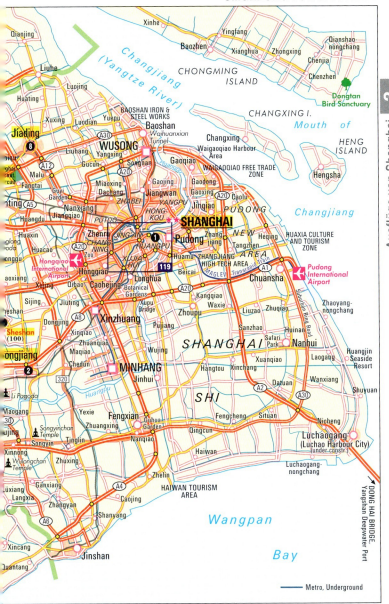

XITANG / ZHOUZHUANG

1912 angelegte **Kezhi-Garten** (*kezhi yuan*) und das 1903 eröffnete **Postamt** mit eigener Bootsanlegestelle und „Drachenbriefkasten" aus der Qing-Zeit – eines der ältesten Chinas – nähere Betrachtung. Vom Balkon des ***Ah-Po-Teehauses** genießt man eine herrliche Aussicht auf die Fangsheng-Brücke und den **Yuan-Jin-Tempel**.

*XITANG

Ähnlich wie Zhujiajiao erscheint auch ***Xitang** ❻ wie aus einer ming- oder qing-zeitlichen Tuschezeichnung herausgeschnitten, so harmonisch und stimmungsvoll fügen sich die Brücken, Kanäle, Läden sowie die mit roten Laternen geschmückten Tee- und Gassenhäuser zusammen. Eine architektonische Besonderheit des einst bedeutenden Marktortes sind die von schlanken Holzsäulen gestützten Ziegeldächer, die – in Einzelfällen bis zu mehreren hundert Metern aneinander gereiht – die Gassen und Uferstraßen bedecken und daher auch in der Regenzeit zum Verweilen und Spazieren gehen entlang der Kanäle einladen.

**ZHOUZHUANG

Unvergesslich ist eine beschauliche Bootsfahrt auf den schmalen Kanälen von ****Zhouzhuang** ❼, unter hohen Steinbrücken hindurch und entlang der weißen Gassen- und Hofhäuser mit ihren grauen Ziegeldächern. Zhouzhuang ist eines der eindrucksvollsten und besterhaltenen Wasserdörfer aus der Ming- und Qing-Zeit in der Umgebung Shanghais und daher auch am stärksten von Touristen frequentiert. Zu den Highlights zählt das ****Shen-Haus** südöstlich der **Fu'an-Brücke** in der Nanshi Lu. Die ungefähr 100 Räume des über 2000 m² großen, 1742 erbauten Herrenhauses gruppieren sich um fünf Innenhöfe mit Tee-, Gäste-, Hochzeits- und Haupthalle und – äußerst selten – privatem Theater.

*Oben: Gemütliche Bootsfahrt in Zhujiajiao.
Rechts: Zhouzhuang ist ein besonders gut erhaltenes Wasserdorf.*

LUZHI / JIADING / SUZHOU

JIADING

20 km nordwestlich von Shanghai liegt **Jiading** ❽, dessen Anfänge bis in die Östliche Zhou-Dynastie (770-221 v. Chr.) zurückreichen, das aber außerhalb Chinas vor allem durch die benachbarte **Formel-1-Rennstrecke** bekannt ist.

Größte Sehenswürdigkeit der 700 000 Einwohner zählenden Industriestadt ist der 1219 eingeweihte *Konfuzius-Tempel (kongzi miao), der wohl bedeutendste südlich des Yangzi, der auch das **Städtische Museum** mit Inschriftenstelen beherbergt. In dem weitläufigen Komplex mit mehreren Toren und Hallen, darunter die **Halle der Großen Vollendung** (*dacheng dian*), wird neben Konfuzius auch Kuixi, der Gott der Literaten, verehrt.

Östlich des Tempels legte man 1588 den **Teich der sich Treffenden Drachen** (*huilong tan*) an, nördlich des Stadtzentrums 1502 den *Garten der Herbstwolken (*qiuxia pu*), den ältesten Park in der Umgebung Shanghais, mit einem Stadtgott-Tempel.

*LUZHI

Wie die anderen Wasserdörfer im Yangzi-Delta blieb auch *Luzhi ❾ aufgrund der abgeschiedenen Lage – einst waren die Orte in dem Labyrinth aus unzähligen Seen und Kanälen nur mit dem Boot erreichbar – von allen Kriegs- und Revolutionswirren der vergangenen Jahrhunderte verschont. Neben dem *Baosheng-Tempel und dem *Xiao-Haus eines reichen Kaufmanns aus der Qing-Dynastie verleihen 41 von ehemals 72 Brücken aus Naturstein dem Dorf Flair und Charme.

**SUZHOU

Zu Chinas schönsten Städten zählte einst **Suzhou ❿, heute eine Megastadt mit knapp 8 Mio. Einwohnern im Großraum. Einige Kanäle schlängeln sich noch, überspannt von Brücken, durch das ehemalige „Venedig des Ostens". Sie dienen heute noch der Abwasserentsorgung, Bewässerung sowie dem Transport. Die Wasserstadt wurde im 6. Jh. v. Chr. als Residenz von He

SUZHOU

Lü, dem Herrscher von Wu, gegründet. Sein Grab soll auf dem Tigerhügel (s. S. 153) liegen.

Suzhous Aufstieg zu einem Nabel der Binnenschifffahrt erfolgte mit dem Bau des **Kaiserkanals**. Nach dem Umzug des Song-Kaisers nach Hangzhou im 12. Jh. entwickelte sich Suzhou zum Zentrum der Seidenweberei Chinas und wurde wohlhabend. In der aufblühenden Stadt gab es 14 Kanäle, 359 Brücken, mehr als 50 Tempel und 12 Pagoden. Hier entstand auf einer Steinstele Chinas erster Stadtplan, und hier wurde die chinesische Gartenbaukunst geboren, die mit rund 270 Gärten (!) während der Ming-Dynastie (1368-1644) ihre größte Blüte erlebte. Davon sind etwa ein Dutzend erhalten. In den herrlichen **★★Gartenanlagen**, die zum UNESCO-Weltkulturerbe zählen, wurde eine größtmögliche Anzahl von chinesischen Landschaften dargestellt.

Oben: Ruhe und Frieden strahlen die Hallen im Garten des Verweilens in Suzhou aus. Rechts: Wandelgang im Garten des bescheidenen Beamten in Suzhou.

Vom Hauptbahnhof im Norden führt der Weg über den Außengraben zum **★Museum für Seidenstickerei** ① in der Altstadt. Es illustriert mit hervorragenden Textilien die Geschichte und die Technik der für die Stadt einst so bedeutenden Seidenherstellung.

Gegenüber begrüßt die 76 m hohe **★Pagode des Nordtempels** ② (*beisi ta*) den Besucher und erlaubt eine prachtvolle Aussicht über Stadt und Umland. Das reizende Bauwerk aus Holz und Ziegelstein wurde im 17. Jh. einer songzeitlichen Pagode nachgebildet, die zum angrenzenden **Tempel der Gnade** (*bao'en si*) gehört.

★★Suzhou-Museum ③, etwas weiter östlich, informiert anschaulich über die Geschichte der Stadt und den Kaiserkanal, über Seidenprodukte und Ausgrabungen in der Umgebung. Dieses fantastische Museum ist das Werk des berühmten chinesisch-amerikanischen Architekten I. M. Pei, der als Kind einige Jahre in Suzhou gelebt hat. Mit seinem Entwurf ist es ihm gelungen, einen weiten Bogen von der Vergangenheit bis in die Moderne zu schlagen und da-

SUZHOU

bei einen großartigen Ausstellungsort für die Zeugnisse der alten Kultur der Stadt zu schaffen.

Der ****Garten des bescheidenen Beamten** ④ (*zhuozheng yuan*) zählt – neben den Gartenanlagen des Sommerpalastes in Peking, jenen der Mandschu-Residenz in Chengde und dem Liuyuan-Garten von Suzhou – zu den vier schönsten Gärten Chinas. Die dreiteilige Anlage scheint dem Pinsel eines Tuschemalers entsprungen. Vermutlich im frühen 16. Jh. entstanden, soll sie sich einst im Besitz eines zwangsversetzten Zensorbeamten befunden haben. In der Gartenmitte hat man von der **Halle des Weiten Duftes** (*yuanxiang tang*) aus einen umfassenden Ausblick über die mit zahlreichen Pavillons, Brücken und Steinen gestaltete Gewässerlandschaft.

Im Süden schließt sich über der Straße der ***Löwenwald** ⑤ (*shizi lin*) an, den ein Mönch um 1350 anlegte. Die löwenartigen Formen einiger Felsen trugen ihm seinen Namen ein. Die vom Tai-See (*tai hu*) stammenden Karstfelsen und ihre Höhleneingänge muten labyrinthisch an. Sie sollten eine Traumlandschaft des Mönches in die Wirklichkeit umsetzen.

Südlich vom Löwenwald gelangt man zur **Guanqian Jie**. Diese quirlige Straße ist das kommerzielle Herz Suzhous. Mittendrin steht der 276 gegründete **Tempel des Geheimnisses** (*xuanmiao guan*). Der **Tempelvorplatz** bildet schon seit Urzeiten das Zentrum Suzhous, ist Begegnungsstätte und erfüllt von buntem Treiben.

Den **Garten der Harmonie** ⑥ (*yi yuan*) ließ erst im 19. Jh. ein Beamter aus Peking nach dem Vorbild anderer Suzhou-Gärten anlegen.

Im südöstlichen Viertel der Altstadt erheben sich die beiden 30 m hohen oktogonalen **Zwillingspagoden** ⑦ (*shuang ta*) aus dem 10. Jh.

Weiter südlich erquickt der ***Garten des Meisters der Netze** ⑧ (*wangshi yuan*), mit 5000 m² Fläche Suzhous kleinste Grünanlage. Dieser Residenzgarten mit nahezu vollkommener Aufteilung der Flächen und Gebäude besteht aus drei Teilen. Die Villa des einstigen Besitzers findet sich im Osten, eine Halle im Westen.

SUZHOU

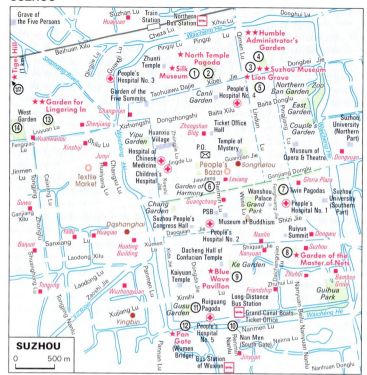

Im Süden, nahe der Hauptstraße Renmin Lu und gegenüber dem **Tempel des Konfuzius**, folgt der doppelt so große **★Garten des Pavillons der Azurblauen Wellen** ⑨ (*canglang ting*). Er stammt aus dem 10. Jh. und stellt somit einen der ältesten erhaltenen privaten Parks dar. In Stil und Anlage einmalig, besticht er durch eine Atmosphäre schlichter Schönheit. Im stattlichsten Gebäude der einst fürstlichen Gartenresidenz, der **Halle des Klaren Weges** (*mingdao tang*), wurden in der Ming-Zeit akademische Vorträge gehalten.

Vom **Südlichen Stadttor** ⑩ (*nan men*) führt der Weg westwärts vorbei an der **Ruiguang-Pagode** ⑪ (10. Jh.) zum **★Panmen** ⑫ und zur **Wumen-Brücke**. In die Wehranlage des Panmen, des besterhaltenen Stadttores, fügt sich die einbogige Wumen-Brücke harmonisch ein. Sie überspannt den Außengraben am Südwesteck der Altstadt.

Verlässt man die Altstadt beim ehemaligen Changmen im Nordwesten, so gelangt man westwärts zum **★★Garten des Verweilens** ⑬ (*liu yuan*), den ein Beamter der Ming-Zeit gestalten ließ. In seinem zentralen Teil bezaubert die Komposition von Hügeln und Wasser. Von den östlich gelegenen Villen leiten Wandelgänge zu den anderen Landschaftsteilen im Norden und Westen. In ihnen sind rund 300 Steintafeln mit berühmten Kalligrafien unterschiedlicher Zeitepochen zu bewundern, während unterschiedlich geformte Fenster – „lebende Fenster" (*huo chuang*) – immer wieder neue Blicke auf die vielfältigen Landschaftsgärten der Anlage eröffnen. Ursprünglich war der Liuyuan mit dem weiter westlich gelegenen **Westgarten** ⑭ (*xi yuan*) verbunden. Ein späterer Besitzer des Liuyuan schenkte den Park buddhistischen Mönchen, die dort die berühmte **Halle der Luohan** (*luohan tang*) mit fast 600 vergoldeten Skulpturen buddhistischer Heiliger errichteten.

Die Gebeine des Stadtgründers He Lü aus dem 6. Jh. v. Chr. ruhen auf dem 36 m hohen **★Tigerhügel** ⑮ (*huqiu shan*), der im Nordwesten der Stadt aus der Ebene aufragt. Im 10. Jh. krönte man den Hügel mit einer **Achteckigen Pagode**, die als „Schiefer Turm" zum Wahrzeichen Suzhous wurde.

5 km westlich des Zentrums, nahe der Schiffsanlegestelle des Kaiserkanals, trägt einer der berühmtesten Sakralbauten Chinas, der **★Tempel des Kalten Berges** (*hanshan si*) aus dem 6. Jh., den Namen des Zen-Mönches und Dichters Hanshan. Er und sein Freund Shide sind im Hauptgebäude auf Steinstelen abgebildet, sie wirken ziemlich entrückt.

AUSFLÜGE VON SUZHOU

12 km westlich gelangt man zum 182 m hohen **Lingyan Shan** ⑪ (Berg der Wunderbaren Felsen), dessen Gipfel eine siebenstöckige **Pagode** ziert.

Unweit davon (3 km) erhebt sich der **Tianping Shan** oder Baiyun-Hügel mit fantastisch zerklüfteten **Felsformationen** und alten Ahornbäumen.

20 km südlich von Suzhou lockt **★Tongli** ⑫ mit seinen Kanälen, Brücken und Gassen – ein historisches **Wasserdorf**. Zu besichtigen sind hier die restaurierten Häuser von Kaufmannsfamilien, teils mit enormer Länge wegen mehrerer aneinander gereihter Innenhöfe, oft auch mit eigenem Ahnentempel. Ein Besuchermagnet ist der hübsche kleine **★Garten der Meditation** (*tuisi yuan*), den sich ein hoher, wegen Korruption in Frühpension geschickter Beamter 1887 anlegen ließ.

AUSFLÜGE VON SHANGHAI

AUSFLÜGE VON SHANGHAI

SHANGHAI SIGHTSEEING BUS CENTER (SSBC): Neben dem Shanghai Stadion im Viertel Xujiahui, Tel. 021-64 26 55 55, www.chinassbc.com, M 1 Shanghai Gymnasium, M 4 Shanghai Stadium. Vom Ausflugsbuszentrum fahren Busse nach **Songjiang** (7-16.30, alle 30 Min.), **Sheshan** (7-16.30, alle 30 Min.), **Qingpu** (7-16.30, alle 30 Min.), **Zhujiajiao** (7-10.30, alle 30 Min.), **Xitang** (9 Uhr), **Zhouzhuang** (7.30-12.30 Uhr, stdl.), **Luzhi** (8 Uhr), **Jiading** (7-16.30, alle 30 Min.) und anderen touristisch interessanten Orten in der Umgebung. Im Fahrpreis der Busse zu den Wasserdörfern sind die Eintritte bereits enthalten. Wer nicht Sa oder So fährt, kann die Tickets auch noch am Tag der Abfahrt kaufen.

SUZHOU (☎ 0512)

CITS und **CTS**, 115 Shi Quanjie, Tel. 52 22 37 83.

Suzhou liegt 80 km westlich von Shanghai und ist bequem mit dem Zug in 30 Minuten (Züge mit einem vorangestellten D) zu erreichen. Vom Hauptbahnhof in Shanghai fahren Züge ab 6 Uhr morgens. Gegenüber vom Bahnhof gibt es einen Anleger, von dem aus Touristenboote zu Rundfahrten über den alten Kaiserkanal starten.

Songhe Lou Caiguan, 141 Guanqian Jie, rund 200 m östlich der der Renmin Lu, traditionsreiches Lokal, in dem angeblich schon Kaiser Qianlong tafelte. **Qiantang Charen**, 311 Shiquan Jie, hübsches, mit Antiquitäten ausgestattetes Lokal und Teehaus mit guten Speisen.

Museum für Seidenstickerei, Renmin Lu 661, gegenüber der Pagode des Nordtempels, Mo-Fr 9-16.30 Uhr, Sa/So 9-17 Uhr. **Museum von Suzhou**, Dongbei Jie 204, www.szmuseum.com, Tgl. 9-17 Uhr, Einlass bis 16 Uhr.

Seiden-Einkauf: King Silk Store, neben dem Museum für Seidenstickerei; breite Auswahl, gute Qualität.

Von 19.30-22 Uhr spielen Musiker im **Garten des Meisters der Netze** Kostproben aus acht Bereichen alter chinesischer Musik. In jedem Hof werden andere Stücke aufgeführt. Einlass ist bis 21.30 Uhr.

XI'AN

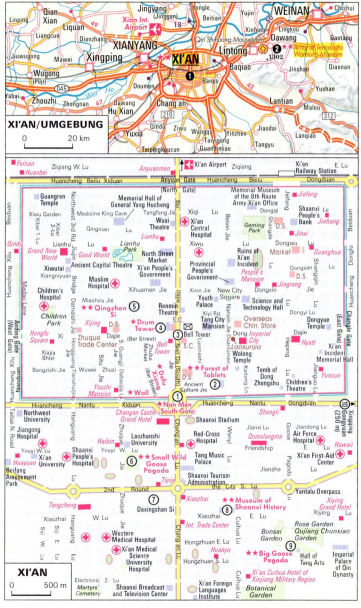

XI'AN

XI'AN
XI'AN TERRAKOTTA-ARMEE

**XI'AN

**Xi'an ❶ (8 Mio. Einw.) ist Chinas geschichtsträchtigste Stadt. Gegründet 221 v. Chr. von Kaiser Qin Shihuangdi, dem Schöpfer der Terrakotta-Armee, diente sie bis ins 10. Jh. (als *Chang'an*, „Ewiger Friede") mehrfach als Kaiserstadt; einst rühmte man sie als „Beginn und Ende der Seidenstraße".

Zu Beginn der Ming-Dynastie (1368-1644) wurde auf den Ruinen von Chang'an die neue Stadt Xi'an erbaut. Ihre eindrucksvolle *Stadtmauer mit dem mächtigen *Südtor ① (*nan men*) umgibt auf 14 km Länge mit 12 m Höhe samt Wassergraben die Altstadt. Das **Nachtleben** Xi'ans spielt sich nordwestlich davon ab, in der historischen Gasse *Defu Xiang, der „Bar Street".

Im einstigen Konfuzius-Tempel ist heute der **Stelenwald ② (*bei lin*) untergebracht. Er besitzt die älteste und mit 1095 Objekten reichste Sammlung von Steinstelen aus der Han-Zeit bis zum 17. Jh. Auf 114 Stelen wurden im 9. Jh. die klassischen Bücher des Konfuzius gemeißelt. Eine Stele aus dem Jahr 781 berichtet in chinesischer und altsyrischer Schrift von der Ankunft des nestorianischen Christentums in China. Stelen aus der Song-Zeit (960-1279) weisen die ältesten Karten Chinas auf.

Im Zentrum der beiden Hauptverkehrsachsen erhebt sich der 36 m hohe **Glockenturm** ③ (*zhong lou*), 1582 an heutiger Stelle errichtet. Eine eiserne Glocke gab hier früher die Zeit an.

Wenige Schritte nordwestlich liegt der *Trommelturm ④ (*gu lou*). Er beherbergt einen Antiquitätenladen und eine Trommelsammlung und weist den Weg in das **Viertel der muslimischen Bevölkerung**, v. a. der Hui-Minderheit. Dort liegt die in der Tang-Dynastie (742) geweihte und in ihrer heutigen Form während der Ming-Zeit errichtete **Große Moschee ⑤ (*qingzhen si*; *hua jue si*) der muslimischen Hui-Minderheit. Harmonisch verbinden sich bei den Gebäuden der fünf Höfe chinesischer und islamischer Baustil.

Weitere bedeutende Bauten liegen außerhalb der Stadtmauer, so die 43 m hohe **Kleine Wildgans-Pagode ⑥ (*xiaoyan ta*; Abb. S. 15). Sie gehörte zum Jianfu-Kloster, einem Zentrum der buddhistischen Lehre, geweiht 684 in der Tang-Zeit durch Kaiser Gaozong.

Südlich davon lehrten während des 8. Jh. im **Daxingshan-Tempel** ⑦ (*daxingshan si*) indische Mönche. Von dort brachte der japanische Mönch Ennin Schrift und Gebräuche Chinas nach Japan, wo Geist und Kultur des tang-zeitlichen China bis heute bewahrt blieben.

Das **Historische Museum der Provinz Shaanxi ⑧ zählt zu den bedeutendsten Museen Chinas. 1992 im Stil der Tang-Zeit fertig gestellt, gibt es

Karte u. Stadtplan S. 154, Info S. 157

XI'AN / TERRAKOTTA-ARMEE

einen hervorragenden Überblick über die Kulturgeschichte von der Shang- bis zur Qing-Dynastie und zeigt auf etwa 44 000 m² Fläche rund 3000 Kunstobjekte von unschätzbarem Wert.

Dazu zählt das Wahrzeichen des heutigen Xi'an, die ****Große Wildgans-Pagode** ⑨ (*dayan ta*). Der heute 73 m hohe, siebenstöckige Ziegelturm aus dem Jahr 647 wurde durch Erdbeben und Buddhistenverfolgungen mehrmals beschädigt und im 10. und 16. Jh. restauriert. Er gehörte zum großen **Kloster der Großen Gnade und Güte** (*daci'en si*) im Süden der Tang-Stadt, wo der Mönch Xuan Zang den buddhistischen Kanon (*Tripitaka*) ins Chinesische übersetzte. Vom obersten Stock genießt man eine schöne **Aussicht**.

Der **Park der Feierlichkeiten** ⑩ (*xingqing gongyuan*) mit Teichanlagen und reich dekorierten Holzbauten kennzeichnet die Stelle der einstigen Residenz der Tang-Zeit.

Oben links: Die Große Wildgans-Pagode in Xi'an. Oben rechts: Krieger der Terrakotta-Armee aus dem 3. Jh. v. Chr.

**TERRAKOTTA-ARMEE DES QIN SHIHUANGDI

Zu den Highlights jeder China-Reise zählt die Besichtigung der berühmten ****Terrakotta-Armee des Qin Shihuangdi** ❷ (*bingma yong*; Bild S. 14), 28 km östlich von Xi'an.

Qin Shihuangdi, der erste Kaiser Chinas und Begründer der Qin-Dynastie (221-207 v. Chr.), gab eine monumentale, fast 60 km² große Grabanlage in Auftrag, eine unterirdische Stadt, deren Zentrum der überwachsene **Tumulus** neben der Straße, 2 km westlich der Terrakotta-Armee ist. Der han-zeitliche Geschichtsschreiber Sima Qian berichtet, dass 700 000 Arbeiter 36 Jahre gebraucht hätten, um die prunkvoll mit Gold, Silber und Edelsteinen ausgestattete Grabanlage zu errichten. Da das eigentliche Grab noch nicht geöffnet ist, konzentriert sich das Interesse ganz auf die 1974 zufällig von einem Bauern beim Brunnenbau entdeckten, ca. 1,80 m großen ****Tonsoldaten** in den Gruben und die Neuentdeckungen der letzten Jahre.

XI'AN

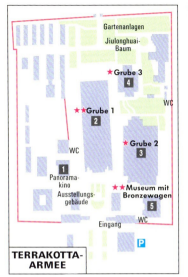

XI'AN

Historisches Museum der Provinz Shaanxi (shenli bowuguan), 97 Xiaozhai Donglu, tägl. 9-17.30 Uhr.
Steelenwald (beilin), im alten Konfuzius-Tempel in der Nähe des Südtors, tägl. 9-17 Uhr.
Kleine Wildgans-Pagode (xiaoyan ta), an der Youyi Lu / Ecke Zhuque Lu, tägl. 8-18 Uhr.
Große Wildgans-Pagode (dayan ta), am südlichen Ende der Yanta Lu, täglich 8-18 Uhr.
Große Moschee (qingzhen si), ca. 300 m nordwestlich des Trommelturms, tägl. 8-18.30 Uhr.
Museum in Banpo: Relikte eines steinzeitlichen Dorfs, 8 km östl. des Bahnhofs in der Banpo Lu, tägl. 9-17.30 Uhr.
Terrakotta-Armee des Qin Shihuangdi, 28 km östlich von Xi'an, tägl. 8-18 Uhr.

Zur Einstimmung empfiehlt sich der Besuch des **Panoramakinos** 1, in dem auf einer 360°-Leinwand die kriegerische Einigung Chinas unter Qin Shihuangdi als kurzer Spielfilm gezeigt wird, gefolgt von der gleichfalls nachgestellten Konstruktion der Grabanlage und ihrer Entdeckung 2000 Jahre später.

Hauptanziehungspunkt ist die 230 x 62 m große ★★**Grube 1** 2, in der man rund 1100 Tonsoldaten – von geschätzten 7000 – mitsamt 32 Pferden, Bronzewaffen und den Überresten von acht Streitwagen ausgrub. Die erste Abteilung besteht aus 210 Bogenschützen, gefolgt von gepanzerten Speerträgern und Kampfwagen. Die in Haupttruppe sowie Vor- und Nachhut gegliederte Formation in den elf Korridoren gibt die Aufstellung der Soldaten nach den damaligen Regeln der Kriegskunst wider. Der militärische Rang jedes Kriegers lässt sich sowohl an der Ausrüstung als auch an der Haartracht erkennen. Die Gesichtszüge der Soldaten sind individuell modelliert.

Die verschiedenen Waffengattungen lassen sich auch in der 96 x 84 m messenden ★**Grube 2** 3 studieren: Infanterie, Kavallerie, Wagenlenker sowie Bogen- und Armbrustschützen sind unter den einst farbig bemalten Tonsoldaten klar zu unterscheiden. In den Vitrinen erkennt man u. a. ein ★**Bronzeschwert**, das kaum korrodiert und extrem scharf ist: es wurde verchromt, eine Technik, die in Europa erst rund 2000 Jahre später, im 19. Jh., aufkam.

Als Hauptgefechtsstand wird die hufeisenförmige ★**Grube 3** 4 interpretiert, bei der die 68 ausgegrabenen Soldaten nicht in Kampfformation aufgestellt, sondern größtenteils zur Mitte hin orientiert sind. Tierknochen legen Opferrituale nahe, wie sie tatsächlich vor Schlachten stattgefunden haben.

Die beiden ★★**Bronzewagen** im Untergeschoss des **Museums** 5 kamen 20 m westlich des Grabtumulus ans Licht. Sie geben detailgetreu Viergespanne in verkleinertem Maßstab wieder: einen Reisewagen und einen Streitwagen mit aufrecht stehendem Lenker und hohem Schirm. Von den über 3000 einzeln gefertigten Teilen sind ungefähr 1000 aus Gold und Silber.

Plan S. 157, Info S. 157

HONGKONG: HÖHEPUNKTE

HÖHEPUNKTE

HONGKONG

Central District (S. 167): Die weltberühmte Skyline mit Hochhausschluchten, Wolkenkratzern wie der ****Hong Kong and Shanghai Bank und dem ****Bank of China Tower** sowie Kolonialgebäuden, Parks und einer über 100 Jahre alten ***Straßenbahn**.

*Peak Tram und ****Victoria Peak** (S. 174): Eine nostalgische Standseilbahn bringt Besucher zum Peak Tower in 400 m Höhe, wo man die beste Aussicht auf Hongkong genießt.

**Ocean Park (S. 182): Spaß nicht nur für Kinder garantiert der riesige Freizeitpark mit vielen Attraktionen.

Nathan Road (S. 192) in ****Tsim Sha Tsui (S. 186): Die quirlige Hauptader des Shopping- und Hotelviertels mit Neonreklamen, Restaurants und multikulturellem Flair.

**Star Ferry (S. 188): Die nostalgischen Boote verbinden Central und Wan Chai mit Kowloon und bieten dabei tolle Ausblicke auf die Skyline.

**Hong Kong Museum of Art (S. 189): Eines der besten Kunstmuseen Chinas mit erlesenen Jaden, Malereien, Bronzen und Porzellan.

Symphony of Lights (S. 189): Hinreißende Show, bei der etliche Wolkenkratzer mit Licht- und Lasereffekten wetteifern, besonders eindrucksvoll während einer ****Hafenrundfahrt (tägl. 20-20.15 Uhr).

**Hong Kong Museum of History (S. 194): Ein abwechslungsreicher Streifzug durch die Stadtgeschichte.

Märkte in Yau Ma Tei und Mong Kok: Shopping-Erlebnisse mit viel Flair versprechen der ***Night Market (S. 195) in der Temple Street, der ***Jade Market** (S. 195), ***Ladies' Market** (S. 196) sowie der ***Flower Market und *Bird Garden** (S. 196).

Po Lin Monastery (S. 199) auf ***Lantau (S. 199): Ein Wahrzeichen Hongkongs ist der auf einer Lotosblüte meditierende Bronze-Buddha.

**Cheung Chau (S. 200): Erholsame Insel mit vielen Seafood-Restaurants und schönen Stränden.

Hongkong am Abend (S. 215): Tauchen Sie ein in das quirlige Nachtleben der Metropole, etwa in den Ausgehvierteln ***Soho, ***Lan Kwai Fong** oder ***Wan Chai**.

MACAU

**Jardim Lou Lim Ieoc (S. 224): Der attraktivste Garten der Stadt mit Teichen, Bonsais, Pavillons.

**Ruinas de São Paulo (S. 224): Die Kolonialfassade der Paulus-Kirche ist das Wahrzeichen Macaus.

**Macao Tower (S. 227): Exzellente Aussicht und Nervenkitzel beim Bungee-Jump und Mast Climb garantiert der 338 m hohe Turm.

**The Venetian Macao (S. 227): Das größte Kasino der Welt lädt zur „Gondelfahrt durch Venedig" ein.

KANTON (GUANGZHOU)

**Shamian (S. 231): Die ehemalige Ausländerenklave hat sich ihre eigene, durch die alten Kolonialbauten geprägte Atmosphäre bewahrt.

**Qingping-Markt (S. 232): Ein lebhafter Markt mit getrockneten Seepferdchen, Tausendfüßlern und vielen anderen bizarren Produkten.

**Ahnentempel der Familie Chens (S. 133): Kunstvolle Holzschnitzereien und bunt glasierte Tonfiguren zeichnen diesen Sakralbau au.

**Yuexiu-Park (S. 235): Die grüne Lunge der Stadt mit historischen Gebäuden, Teichen und Wasserspielen.

**Guangdong Museum of Art (S. 236): Größtes Museum Chinas für zeitgenössische Kunst.

Vorherige Seiten: Hongkong bei Nacht. Rechts: Die Skyline von Hong Kong Central im Auge der Kamera (Avenue of Stars, Kowloon).

HONGKONG: EINSTIMMUNG

EINSTIMMUNG

Hongkong, der „duftende Hafen", wie es die Kantonesen schon lange vor Ankunft der Europäer nannten, ist ein Städtereiseziel der Extraklasse. In über 160 Jahren verschmolzen hier chinesische Kultur und westliche Einflüsse zu einer einzigartigen Synthese, die in bunten Tempelfesten und internationalen Festivals sichtbar wird.

Eindrucksvollstes Zeugnis der enormen Wirtschaftskraft dieser ehemaligen britischen Kronkolonie ist die weltberühmte Skyline von Hong Kong Island mit Hunderten von Wolkenkratzern, die sich an Eleganz, Design und Höhe gegenseitig übertrumpfen wollen – ein Anblick, den man am besten abends bei einer Fahrt mit der nostalgischen Straßenbahn, bei einer stimmungsvollen Hafenrundfahrt oder bei einem Dinner auf dem Victoria Peak genießt. Zu diesen Highlights moderner Architektur bilden die ehrwürdigen Tempel, die gepflegten Parks und die letzten historischen Kolonialbauten einen interessanten Kontrast.

Hongkong ist ein Einkaufsparadies, in dem man in schicken Boutiquen, riesigen Shopping Malls oder auf lebhaften Street Markets nach Herzenslust stöbern und bummeln kann. Gourmets finden hier eine überwältigende Auswahl an exzellenten Restaurants mit chinesischen und internationalen Spezialitäten. Viele Toplokale liegen in den bis in die Morgenstunden lebhaften Szene- und Ausgehvierteln, in denen auch urige Pubs, coole Bars und schicke Clubs zu nächtlichen Streifzügen einladen.

Gleich vor der Haustür liegen über 260 meist unbewohnte Inseln, die unberührte Natur, z. T. hervorragende Wassersportmöglichkeiten und gepflegte Sandstrände versprechen – Abwechslung vom Großstadttrubel. Dazu breiten sich im Hinterland zahlreiche Freizeit- und Country Parks mit hervorragenden Wandermöglichkeiten aus.

Hongkong ist zudem der ideale Ausgangspunkt für Ausflüge über das Perlfluss-Delta: in das Kasino-Eldorado Macau oder in die pulsierende Metropole Kanton.

HONGKONG

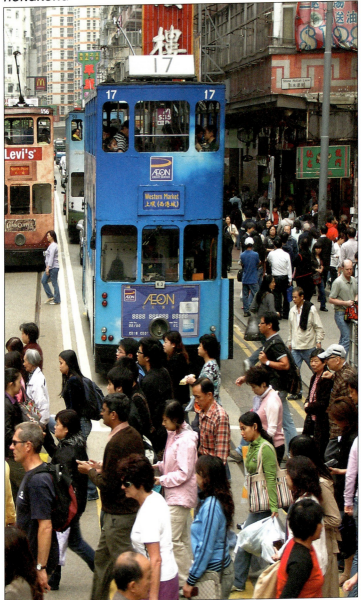

HONGKONG

HONG KONG ISLAND
KOWLOON
NEW TERRITORRIES
HONGKONGS INSELWELT
AUSFLÜGE

**HONGKONG

Schockiert zeigte sich 1841 der britische Außenminister Lord Palmerston über die Ausbeute des 1. Opiumkriegs, der so schmählich für China ausging: Statt blühender Städte mit fruchtbarem Hinterland gewannen die Briten einen kaum bewohnten „kahlen Felsen" vor der Küste im Südchinesischen Meer.

Kein Mensch hätte sich damals träumen lassen, dass **Hongkong ❶ innerhalb eines Jahrhunderts zu einer wohlhabenden Metropole mit dem zweitumschlagstärksten Tiefseehafen der Welt aufsteigen würde. Gründe für diese Erfolgsstory waren die exzellente Lage am handelspolitisch wichtigen Delta des Perlflusses (*zhujiang*), der Fleiß chinesischer Arbeiter, die effiziente Verwaltung, freizügiger Kapitalismus und Rechtssicherheit – Faktoren, die die britische Kronkolonie im 20. Jh. zu einem Bollwerk der Stabilität in dem von Bürgerkriegen, Revolutionen, menschenverachtenden Massenkampagnen und Hungersnöten gebeutelten China machten.

Trotz 156 Jahren Kolonialzeit war Hongkong ethnisch immer eine chinesische Stadt, in der die Briten nie mehr als 2-3 % der Einwohner ausmachten.

Links: Zeitreise durch „Victoria" – die Doppeldecker-Tram fährt seit 1904.

Heute leben etwa 350 000 Nicht-Chinesen in der multikulturellen 7-Millionen-Metropole: Japaner, Inder, Nepalesen, Indonesier, Thais, Vietnamesen, weit über 100 000 als Hausangestellte arbeitende Filipinas und etwa 90 000 *Gweilos* – westliche Ausländer, v. a. Amerikaner, Kanadier, Australier und Briten.

Mit den Wirtschaftsreformen und der Öffnung Chinas nach Maos Tod wandelte sich Hongkongs Wirtschaftsstruktur ab 1978 grundlegend: Kamen einst vor allem Spielzeug, Textilien sowie Elektronik- und Optikartikel *Made in Hongkong* in den Westen, so ist die Ex-Kronkolonie heute eines der global führenden Logistik- und Dienstleistungszentren für Handel und Transport, die Drehscheibe zwischen den zigtausenden Fabriken im Perlfluss-Delta, der „Werkbank der Welt", und den Märkten in Übersee. Und trotz zunehmender Konkurrenz durch Shanghai konnte Hongkong seine Position als zweitwichtigste Börse in Asien (nach Tokio) und internationales Finanzzentrum mit etwa 160 Banken behaupten.

Nach Auslaufen des 99-jährigen Pachtvertrages blickten die Hongkonger besorgt der für den 1. Juli 1997 vereinbarten Übergabe (*handover*) an China entgegen. Nach dem Grundsatz „Ein Land, zwei Systeme" garantierte der damalige Staatschef Deng Xiaoping der neuen Sonderverwaltungszone für

HONGKONG

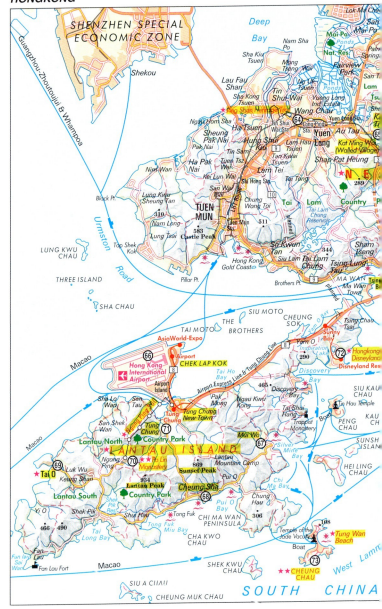

HONGKONG

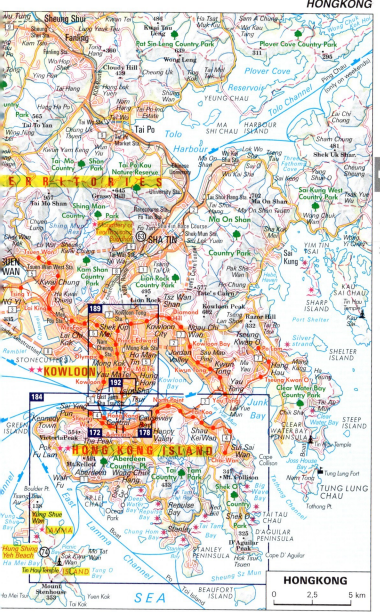

HONGKONG

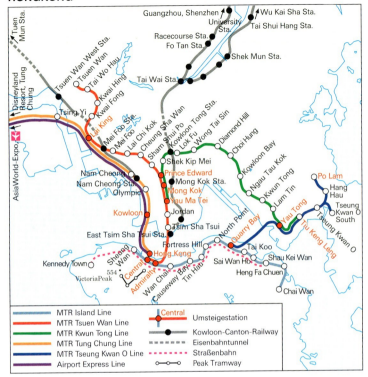

50 Jahre innere Autonomie, eigene Währung, kapitalistische Wirtschaftsweise, Meinungs- und Pressefreiheit. Doch über militärische und außenpolitischen Fragen entscheidet Peking. Ihre Versprechen hat Chinas Regierung weitgehend gehalten, auch wenn sie über das von ihr bestimmte Wahlkomitee innenpolitischen Einfluss auf den Chefminister (*chief executive*) nimmt.

Zur Jahrtausendwende musste die Stadt Krisen wie Börsencrash, Vogelgrippeund SARS-Epidemie überstehen. Sichtbares Zeichen ihrer Finanz- und Wirtschaftskraft ist das **International Commerce Centre** in Kowloon, das bis 2010 nicht nur das höchste Gebäude Hongkongs, sondern mit 484 m eines der höchsten der Welt werden soll.

HONG KONG ISLAND

Für die vielen Sehenswürdigkeiten im Norden und Süden des 79 km^2 großen, sehr abwechslungsreichen **Hong Kong Island** sollte man am besten jeweils einen ganzen Tag einplanen. Das meist hektische Banken- und Finanzviertel Central mit seinen vielen Wolkenkratzern lässt sich am angenehmsten mit der alten Straßenbahn erkunden, die auch am Hong Kong Park vorbeizuckelt.

Sehr zu empfehlen ist zudem die Fahrt mit der nostalgischen Peak Tram steil bergauf zum Peak Tower, von dem man vor allem abends eine grandiose Aussicht auf den Victoria Harbour genießt.

HONG KONG ISLAND: CENTRAL DISTRICT

Tolle Shopping-Erlebnisse bieten Hollywood Road und Cat Street sowie die Malls in Causeway Bay. Lukullische Genüsse und prickelndes Nightlife findet man in den Ausgehvierteln Lan Kwai Fong, SoHo und Wan Chai.

Mit Bussen gelangt man schnell zu den Attraktionen der Südküste wie dem kurzweiligen Ocean Park, dem „Apartmentblock mit dem Loch" in Repulse Bay oder dem Markt in Stanley. Tolle Fotomotive verspricht eine Hafenrundfahrt mit alten Hausbooten in Aberdeen. Mit schönen Sandstränden wie in Deepwater Bay, Shek O und Repulse Bay zeigt sich Hong Kong Island von seiner erholsamen Seite.

**CENTRAL, **VICTORIA PEAK UND *SHEUNG WAN

Faszinierend zu jeder Tages- und Nachtzeit ist der stets geschäftige **Central District** – mit seinen architektonischen Superlativen und der unvergleichlichen Skyline der Inbegriff von Hongkong. In diesem Finanz- und Wirtschaftszentrum bilden die dicht nebeneinander stehenden Wolkenkratzer der Banken und Versicherungen tiefe Hochhausschluchten, in denen sich die Glas- und Stahlfassaden spiegeln. Tausende Menschen – vor allem Büroangestellte und Banker – drängen sich auf den Fußgängerbrücken über den verkehrsreichen Straßen. Aus Platzmangel wachsen die Hochhäuser immer weiter in die Höhe, die Büromieten sind mit monatlich über 140 Euro pro Quadratmeter die teuersten der Welt.

Dabei hatte alles ganz bescheiden angefangen. In Central und im westlich anschließenden, heute meist von vielstöckigen Wohnblocks geprägten Viertel *Sheung Wan lag die Keimzelle der Boomtown: Die Briten gründeten hier 1841 **Victoria City**, von der noch einige Kolonialbauten zeugen – Zwerge inmitten ultramoderner Riesen.

Die umtriebige Szenerie mit ihrem Hin und Her der vielen Menschen und Autos erleben Sie am stimmungsvollsten während einer nostalgischen Fahrt mit der *Doppeldecker-Straßenbahn (Tramway), die seit 1904 durch die Straßen zuckelt.

*Two International Finance Centre (2 IFC) und IFC Mall

Ein Blickfang der Skyline von Central ist – nahe dem **Star Ferry Pier** ① wo die berühmte **Star Ferry (s. S. 188) anlegt – das *Two International Finance Centre ② (2 IFC) von 2003 in der Finance Street. Aber nur noch bis zur Fertigstellung des *International Commerce Centre* (ICC) in Kowloon bleibt der 88-stöckige Wolkenkratzer der Architekten Cesar Pelli und Rocco Yim mit 420 m der höchste der Stadt. Die Hongkonger lieben Vergleiche, und sie haben das Gebäude schon als Zahn, Maiskolben oder Phallus gedeutet. Im **55. Stock** informiert eine **Ausstellung** über die interessante Geschichte des Hongkong-Dollars.

„Nur" 38 Geschosse hat das **One International Finance Centre** (**1 IFC**) weiter westlich. Beide Gebäude verbindet die riesige **IFC Mall** ③, ein Shopping- und Freizeit-Eldorado mit Kinos, Edel-Boutiquen von *Gucci*, *Versace* und *Moschino*, Restaurants, Cafés, Schmuck-, Kosmetik- und Buchläden sowie dem noblen **Four Seasons Hotel** (2005). Darunter liegt die **Airport Express Hong Kong Station**.

Exchange Square

Auf einem der teuersten Bauplätze Asiens, der Connaught Road, erhebt sich das Dreiturm-Ensemble **Exchange Square** ④, das durch die perfekte Harmonie von Kurven und Geraden und den Wechsel von verspiegelten Glas- und polierten Granitstreifen fasziniert. Nur wenige Schritte vom Busbahnhof schlägt hier das Herz Hongkongs, die **Stock Exchange**, das Finanzzentrum der Wirtschafts-Metropole und eine der

HONG KONG ISLAND: CENTRAL DISTRICT

Oben: Allabendliche Verzauberung der Skyline von Hongkong durch die „Symphony of Lights" (Blick auf Central).

wichtigsten Börsen der Welt. Zwischen den beiden größeren und dem dritten kleineren Turm erstreckt sich der begrünte Platz **★The Forum** mit hübschem **Café** und markanten Bronzeskulpturen, darunter **Oval with Points** von Henry Moore, **Wasserbüffel** von Elizabeth Frink und eine **Tai-Chi-Skulptur** von Chu Ming.

Statue Square

Gleichsam das Herz von Central ist der durch die Chater Road zweigeteilte **Statue Square** ⑤. Stets bevölkern Besucher den Park, der per Gesetz nie bebaut werden darf. Unter der Woche kann man hier vor allem geschäftige Krawattenträger beobachten, die einen schnellen Imbiss zu sich nehmen, ehe die kurze Mittagspause auch schon wieder vorbei ist. An Sonntagen geht es entspannter und fröhlicher zu: Dann treffen sich am Statue Square und in seiner Umgebung tausende Filipinas, die als Hausmädchen in Hongkong hart arbeiten. Ihr Verdienst ist nicht hoch, aber immer noch besser als in ihrem Heimatland.

Ein **Kenotaph** (leeres Grabmal) erinnert an die Gefallenen der beiden Weltkriege. Auch der Kommerz kommt am Statue Square nicht zu kurz: Neben dem noblen **Mandarin Oriental Hotel** er-

HONG KONG ISLAND: CENTRAL DISTRICT

hebt sich das **Prince's Building** mit edler Damen- und Herrenmode in den Auslagen.

Auffällig ist auf der gegenüberliegenden, östlichen Seite des Parks das **Hong Kong Club Building**, ein 1980er-Jahre-Hochhaus mit gewölbter Fassade; der 1846 von Engländern gegründete sehr elitäre Club nimmt erst seit 1980 chinesische Mitglieder auf.

**Hong Kong and Shanghai Bank (HSBC Main Building)

Einen völlig neuartigen Wolkenkratzer schuf der Designer der Berliner Reichstagskuppel Sir Norman Foster 1979-1985: die **Hong Kong and Shanghai Bank** ⑥ (HSBC Main Building) an der Queen's Road, eines der Wahrzeichen von Central. Die Auftraggeber wollten etwas ganz Besonderes und scheuten bei dem „nur" 180 m hohen, doch 500 Millionen Euro teuren Büroturm keine Kosten – immerhin ist HSBC der fünftreichste Bankenkonzern der Welt. Foster erfüllte seine Aufgabe mit Bravour: Als Novum konstruierte der Brite bewegliche Kollektoren, die das Sonnenlicht vom Dach (mit Helikopterlandeplatz) bündeln und mittels Innenspiegel in die Büroräume und das mit 60 m enorm hohe **Atrium** leiten. Da der Bauplatz mit 5000 m² relativ klein war, entwarf Foster eine Stahlkonstruktion mit acht Pylonen und Fertigteilen, in die die einzelnen Stockwerke eingehängt sind. Übrigens geht man nicht in

HONG KONG ISLAND: CENTRAL DISTRICT

das Gebäude, sondern fährt mit einer **Rolltreppe** in den 12 Meter hoch gelegenen Publikumsbereich im „Erdgeschoss".

Die beiden fotogenen *****Bronzelöwen** vor der HSBC Bank nennen die Hongkonger nach zwei früheren Bankdirektoren *Stephen* und *Stitt*; die beiden zieren sogar die 10-Dollar-Note der HSBC.

*Legislative Council Building und Chater Garden

Das repräsentativste heute noch bestehende Zeugnis der Kolonialzeit in Central ist das *****Legislative Council Building (LegCo)** ⑦ zwischen Statue Square und Jackson Road. Der breitgelagerte, 1912 vollendete Kuppelbau ist nicht öffentlich zugänglich, doch spenden die umlaufenden **Arkaden** angenehmen Schatten in der Mittagshitze. Einst Sitz des Obersten Gerichts (Supreme Court), tagt hier seit 1985 die Gesetzgebende Versammlung (Legislative Council) von Hongkong. Eine traurige Episode war im 2. Weltkrieg die Einquartierung der japanischen Geheimpolizei, die in den Kellern Menschen exekutierte.

Im Osten schließt sich der hübsch gestaltete **Chater Garden** ⑧ an, eine innerstädtische Oase mit Bäumen, Büschen und vielen Sitzgelegenheiten rund um die großen blauen Wasserbecken. Am Morgen kann man hier Chinesen bei ihren Tai-Chi-Übungen zuschauen.

**Bank of China Tower

Zu den spektakulärsten Wolkenkratzern überhaupt zählt der 70-stöckige und 367 m hohe ******Bank of China Tower** ⑨. Der Turm mit stattlichen 6700 m^2 Grundfläche erinnert manche an einen Kristall, andere an einen Bambustrieb, viele Hongkonger aber vor allem an ein chinesisches Fleischermesser.

Die Pläne lieferte der chinesisch-amerikanische Stararchitekt Ieoh Ming Pei, der u. a. durch die gläserne Eingangspyramide des Louvre in Paris bekannt wurde. Aber da sich Pei nicht an die in China so wichtigen Regeln der Geomantie (*fengshui*) hielt, hatte es die *Bank of China* – mit der *Hong Kong Bank* und *Standard Chartered Bank* Herausgeber des Hongkong-Dollars – jahrelang schwer, die Büros im 20.-66. Stockwerk zu vermieten. Pech war auch das wegen Bauverzögerungen verpasste geplante Einweihungsdatum am 8. August 1988, denn die 8 gilt bei den Chinesen als Glückszahl; die offizielle Einweihung fand erst am 17. Mai 1990 statt. Nichtsdestotrotz demonstrierte der Glas-Stahl-Koloss eindrucksvoll die Präsenz der Volksrepublik China in Hongkong – und das schon Jahre vor der Übergabe (*handover*) der britischen Kronkolonie.

Ein besonderes Erlebnis ist die *****Aussicht** auf die umgebenden Bürotürme vom 43. Stockwerk, der **Sky Lobby**; die Plattform im 70. Stockwerk ist nur nach telefonischer Voranmeldung zugänglich.

*Lippo Centre

Nördlich des Queensway, der zu Beginn der Kolonialzeit den natürlichen Verlauf der Küste markierte, ragen zwei sonderbare Gebilde in den Himmel: Die beiden achteckigen Bürotürme des indonesischen *****Lippo Centre** ⑩, entworfen von dem amerikanischen Architekten Paul Rudolp. Sie prägen vor- und zurückspringende Fassadenelemente, die mit unterschiedlichem Sonnenstand wechselnde Licht- und Spiegeleffekte ergeben – mit etwas Fantasie soll man darin Koalas erkennen können, die an Bäumen hochklettern. Der höhere der beiden markanten Türme misst 186 m.

Rechts: Das Lippo Centre mit dem Hong Kong Park.

HONG KONG ISLAND: CENTRAL DISTRICT

*Hong Kong Park

Eine Oase der Stille und Erholung inmitten des Waldes der umgebenden Wolkenkratzer ist der vielseitig gestaltete ***Hong Kong Park** ⑪ im **Admirality District**. Tagsüber sieht man meist Mütter mit Kindern oder ältere Menschen, die sich auf den Bänken treffen; nach Geschäftsschluss dreht auch mancher Banker in der 8 ha großen Grünanlage noch eine Runde, um sich vom Bürostress zu erholen.

Vom **Vantage Point**, einem 30 m hohen Turm, überblickt man die Parkanlage. Zu seinen Füßen breitet sich das *****Aviarium** aus, eines der größten Asiens, in dem rund 700 Vögel in einem künstlichen tropischen Regenwald leben. Feucht-heiß oder wüstenhaft-trocken ist es im *****Conservatory**, einem auf mehreren Ebenen angelegten, 1400 m² großen Gewächshaus; daneben liegen **Teiche** und ein **Restaurant**. Mit etwas Glück erlebt man bei einem Spaziergang vielleicht ein Puppentheater, eine Akrobatikshow oder ein Konzert im **Olympic Square**.

Flagstaff House
*Museum of Teaware

Im Hong Kong Park, unweit des Cotton Tree Drive, fällt das breite zweigeschossige **Flagstaff House** ⑫ auf, 1846 errichtet und damit das älteste Kolonialgebäude Hongkongs. In den Räumen mit der schattenspendenden Veranda machte es sich einst der Kommandeur der britischen Streitkräfte gemütlich, heute illustriert das *****Museum of Teaware** die Kulturgeschichte des Teetrinkens im alten China.

Im **Museum Shop** findet man Bücher und qualitätvolles Teegeschirr aus Keramik und Porzellan. Nehmen Sie sich Zeit für die **Teestube** im rechten Gebäudeflügel, um aus fast 100 Teesorten zu wählen; die freundliche Bedienung erklärt Ihnen gerne die richtige Zubereitung chinesischer Tees.

St. John's Cathedral und Government House

Auf dem Weg zur Peak Tram lohnt in der Garden Road ein Besuch der wei-

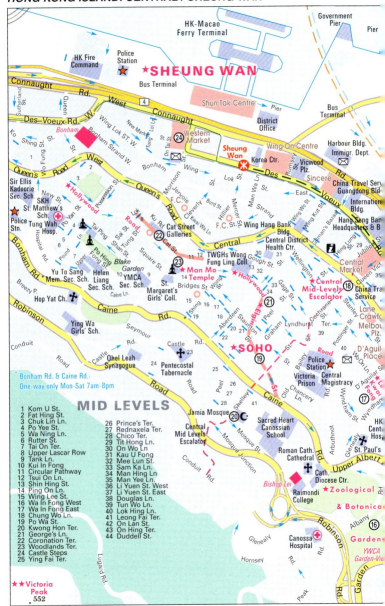

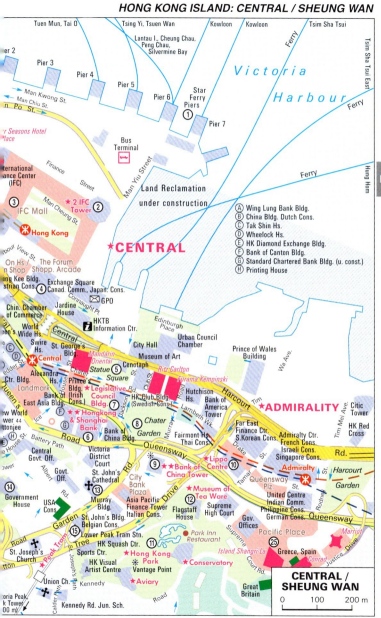

HONG KONG ISLAND: PEAK TRAM / VICTORIA PEAK

ßen **St. John's Cathedral** ⑬. Das 1849 geweihte Gotteshaus, die älteste anglikanische Kirche Ostasiens, ist eine Mischung aus lockerem neugotischem und massigem normannischem Stil. Die **Buntglasfenster** entstanden erst nach dem 2. Weltkrieg – die japanischen Besatzer hatten den würdevollen Innenraum als Club missbraucht und dabei viel zerstört.

Zu den bedeutendsten, wenn auch nicht ansprechendsten Gebäuden der Kolonialzeit zählt das **Government House** ⑭ in der Upper Alber Road. Bis 1997 residierte hier der britische Gouverneur, heute nutzt man die Räume für offizielle Anlässe.

*Peak Tram und **Victoria Peak

Die achtminütige Fahrt mit der nostalgischen ***Peak Tram** ist ein besonderes Erlebnis und Pflichtprogramm jeder Hongkong-Reise. Seit 1888 bringt diese Standseilbahn, das älteste Verkehrsmittel der Stadt, Besucher sicher von der **Lower Peak Tram Station** ⑮ in der Garden Road steil hinauf bis in 400 m Höhe zu dem Bergrücken des ****Victoria Peak** (Gipfel: 552 m ü. M.). Hier, in kühlerem, gesünderem Klima, ließen sich einst die britischen Kolonialherren ihre Sommervillen im Grünen errichten, hoch über dem oft unerträglich schwül-heißen Hafen.

Heute ist das Stadtviertel **The Peak** Hongkongs exklusivste Wohngegend für chinesische Multimillionäre – hier parken Rolls Royce mit Glückszahlen-Nummernschildern, die manchmal fast so viel kosten wie der Wagen selbst.

Eigenwillig, mit einem liegenden Kreissegment auf mächtigen Pfeilern, gestaltete der britische Architekt Terry Farrell den 1997 eröffneten, vielbesuchten **Peak Tower** am Victoria Gap, ein Einkaufszentrum mit **Rooftop Sky**

Terrace (Aussichtsterrasse) auf dem Dach. In diesem an einen überdimensionalen Wok erinnernden Gebäude endet die Peak Tram, und die meisten Fahrgäste strömen sofort in die Souvenirläden oder in **Madame Tussaud's Wachsfigurenkabinett** mit seinen nachgebildeten Prominenten.

Doch die wahre Attraktion des Victoria Peak ist die unvergleichlich schöne ****Aussicht** auf die berühmte Skyline von Central, den Victoria Harbour und das Häusermeer von Kowloon im Hintergrund – *der* Postkartenblick Hongkongs. Und so klicken an den Terrassen die Kameras fast ununterbrochen. Chinesische Touristen möchten immer auch selbst mit auf dem Foto sein, was bei Reisegruppen seine Zeit dauert.

Entspannter genießt man das einmalige Panorama bei einem Drink im **Café Deco** in der Einkaufspassage **Peak Galleria**. Romantiker reservieren hier frühzeitig einen Fensterplatz für das abendliche Dinner, wenn zigtausende Lichter den vielen Wolkenkratzern eine fast mystische Aura verleihen (Tel. 28 49 51 11).

Ein fantastisches Panorama genießen Spaziergänger auf dem ausgeschilderten einstündigen ***Peak Trail**, bei dem man, vom Peak Tower entlang der Lugard Road und der Harlech Road, einmal den Victoria-Gipfel umrundet.

Für die Rückfahrt hinunter nach Central kann man auch den Bus nehmen (Nr. 15 und Minibus Nr. 1 fahren zur Star Ferry) und passiert dabei das vornehme Stadtviertel **Happy Valley**. Oder man wandert auf dem angenehmen Spazierweg ***Old Peak Road** hinunter zum Zoo.

*Zoological and Botanical Gardens

Die Großstadthektik vergessen kann man in den ***Zoological and Botanical Gardens** ⑯ an der Albany Road (Eintritt frei). Allerdings sind die Gehege für die exotischen Reptilien (wie den seltenen China-Alligator) und Säuge-

Rechts: Victoria Peak Tower; hier kann man die fantastische Aussicht auf Hongkong bei einem Drink genießen.

HONG KONG ISLAND: ZOO / LAN KWAI FONG / SOHO

tiere (u. a. Orang Utan und Jaguar) etwas klein geraten. Mehr Freiraum haben die Vögel in der **Voliere**; besonders kurios und am Federkopfschmuck leicht zu erkennen unter den 170 Vogelarten sind die Krontauben aus Papua-Neuguinea, sehr selten geworden ist der hier lebende Mandschurenkranich. Den Park richteten die Briten 1871 als Botanischen Garten und Forschungsstation ein, und so entdeckt man zahllose Baum- und Palmenarten, im **Gewächshaus** auch Bromelien und Orchideen. Inmitten des subtropischen Paradieses halten sich Sportliche frühmorgens mit Tai Chi fit, und auf der **Garden Plaza** zeigen Künstler an manchen Abenden chinesisches Theater.

*Lan Kwai Fong

Mehr asiatische als westliche Besucher prägen, im Gegensatz zum nahen Soho, die Szene in der *****Lan Kwai Fong** ⑰ (s. S. 215). Tagsüber eher verschlafen, verwandelt sich die Gasse und ihre Nebenstraßen spätabends zu einem der angesagtesten **Vergnügungsviertel** Hongkongs mit dutzenden Pubs, Disco-Bars und Restaurants, von denen viele bis 5 oder 6 Uhr morgens geöffnet sind.

*Central Mid-Levels Escalator und *SoHo

Erleben Sie den Central District einmal anders: Beim (derzeit geschlossenen) **Central Market**, dem ehemaligen Fleischmarkt in der Queen's Road, beginnt der *****Central Mid-Levels Escalator** ⑱, eine Folge von **Rolltreppen** und **Laufbändern**, die mit insgesamt 800 m den längsten überdachten elektrischen Gehweg der Welt bilden. Seit 1994 bringt er Banker und Angestellte morgens zu den Büros unten in Central und abends wieder hinauf in das teure Wohngebiet **Mid-Levels** und fährt daher von 6-10 Uhr abwärts und ab 10.30 Uhr bis Mitternacht immer aufwärts. Lassen Sie sich diesen Spaß nicht entgehen. Wie in einem Film zieht der Alltag von Central an einem vorbei: hier ein Friseur bei der Arbeit, dort ein Lieferant, der Getränkedosen auslädt, und über allem die bunten Neonreklamen.

HONG KONG ISLAND: SOHO / SHEUNG WAN

Oben: Traditionelle Heilmittel gibt es in dieser chinesischen Apotheke.

Besonders schön ist eine Fahrt abends, denn der Central Mid-Levels Escalator führt im Zickzack über das v. a. bei westlichen Einwohnern und Touristen beliebte Ausgehviertel *SoHo. Bequem erreicht man so in der schmalen *Elgin Street ⑲ – einer der ältesten der Stadt –, der Staunton Street oder der Shelley Street das nette Lokal oder die trendige Bar seiner Wahl (s. S. 208); nach jedem Abschnitt des Escalator führen Treppen hinunter zur Straße.

Vorbei an der im 19. Jh. von indischen Muslimen errichteten Jamia Mosque ⑳ führt die Rolltreppe bis zur Conduit Road, von der man in wenigen Gehminuten Zoo und Botanischen Garten erreicht.

*Hollywood Road und Cat Street

Als eine der ersten Straßen legten die Briten 1844 in *Victoria City* die – bald berüchtigte – *Hollywood Road ㉑ an, die mit dem Gefängnis Victoria Prison neben der Central Police Station sowie mit chinesischen und westlichen Bordellen von sich reden machte. Heute ist sie bei Sammlern chinesischer Kunst in der ganzen Welt bekannt, denn hier reihen sich noble Antiquitätengeschäfte aneinander. Einmal von Festland-China nach Hongkong geschmuggelt, finden die wertvollen Statuen, Reliefs, Möbel und Keramikfiguren ihren Weg in Wohn- und Schlafzimmer betuchter Privatsammler in Übersee. Für die schmalere Brieftasche gibt es auch Kopien zu kaufen.

Originelle Souvenirs wie Orden, vergilbte Fotos, Mao-Bibeln und Medaillen findet man beim Stöbern in den Läden der parallel verlaufenden Upper Lascar Row, auch Cat Street ㉒ genannt.

*Man Mo Temple

Zu den ehrwürdigsten und ältesten Sakralbauten Hongkongs zählt der 1847 geweihte *Man Mo Temple ㉓ in der Hollywood Road. Bisweilen sind die Rauchschwaden der großen, mehre-

HONG KONG ISLAND: ADMIRALITY / WAN CHAI

re Wochen glimmenden Weihrauchspiralen an der Decke so dicht, dass die Augen erst nach einer Weile die Konturen der laternengeschmückten **Haupthalle** ausmachen können. Gleich zwei Gottheiten genießen hier höchste Verehrung: Intelektuelle und Politiker pilgern zur rot gekleideten **Statue von Man Cheong**, dem Gott der Literatur; Antiquitätenhändler und Polizisten beten vor dem **Standbild von Mo**, dem Gott des Krieges, um Glück, Gesundheit und Reichtum.

Western Market

Quietschend nimmt die nostalgische ***Straßenbahn** am Ende der Des Voeux Road Central die beiden Kurven, ehe sie in die Connaught Road West einbiegt und weiter nach Westen tuckelt. Hier, am **Western Market** ㉔ im heutigen Stadtteil ***Sheung Wan**, sollten Sie die Fahrt unterbrechen. Das 1906 mit Backsteinen errichtete Gebäude war nach Jahrzehnten der Nutzung als Markthalle arg baufällig geworden. Statt es einfach abzureißen – wie so oft in Hongkong –, stellte man es unter Denkmalschutz und eröffnete es aufwendig saniert 1988 als Shopping Center wieder. Im Erdgeschoss kann man durch die Arkaden mit Souvenir- und Kunsthandwerksläden schlendern, während im 2. Obergeschoss das Restaurant **The Grand Stage** Gäste mit kolonialem Flair und asiatischen Speisen verwöhnt.

*ADMIRALITY

Zwischen Central im Westen und Wan Chai im Osten breitet sich die ***Admirality** aus, benannt nach dem Hongkonger Regiment, das hier früher in den Victoria Barracks stationiert war. Heute bestimmen Nobelhotels, Banken, Botschaften und Shopping Malls wie das riesige **Pacific Place** ㉕ den Charakter des Distrikts. Derzeit entsteht durch Landaufschüttungen im Hafenbecken Platz für eine neue Uferpromenade, die in den nächsten Jahren die Attraktivität der Admirality weiter steigern soll.

*WAN CHAI

Der britische Schriftsteller Richard Mason machte 1957 das Vergnügungsviertel ***Wan Chai** schlagartig durch einen (drei Jahre später auch erfolgreich verfilmten) Roman bekannt: *The World of Suzie Wong* schildert die Beziehung eines Bargirls „mit einem Herz aus Gold" zu dem Künstler Lomax – eine klassische Love Story mit Happy End. Hoch her ging es dann auch während des Vietnamkriegs in den frühen 1970er-Jahren, als es sich amerikanische GIs auf Urlaub hier gut gehen ließen.

Auch heute noch finden sich entlang der **Lockhart Road** ㉖ und der parallel verlaufenden **Jaffe Road** einige „Hostessenbars", doch überwiegt nun die seriöse Szene mit Discos, Bars und hervorragenden Restaurants – eine echte Alternative zu SoHo und Lan Kwai Fong in Central (s. S. 211).

Hong Kong Arts Centre

Liebhaber internationaler zeitgenössischer Kunst kommen im **Hong Kong Arts Centre** ㉗ in der Harbour Road auf ihre Kosten. Neben Filmfestivals und Konzerten finden hier regelmäßig hochkarätige Ausstellungen zu Fotografie, Grafik, Malerei und Plastik statt. Filme abseits des Mainstreams zeigt das Lim Po Yen-Kino im Untergeschoss.

*Central Plaza

Von 1992-1996 konnte sich das 78-stöckige ***Central Plaza** ㉘ rühmen, mit 374 m das höchste Gebäude Asiens zu sein. Noch heute ist der schlanke Turm mit der antennenbekrönten Pyramide als Spitze einer der markantesten

HONG KONG ISLAND: WAN CHAI / CAUSEWAY BAY

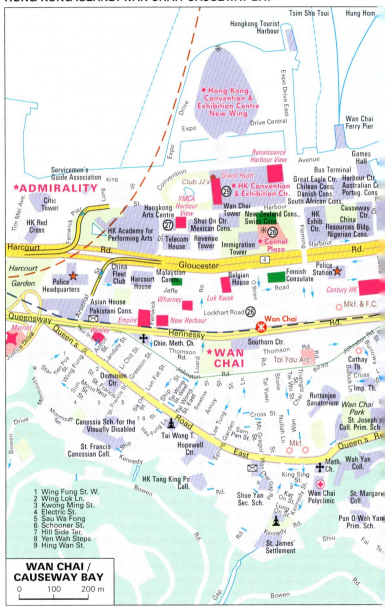

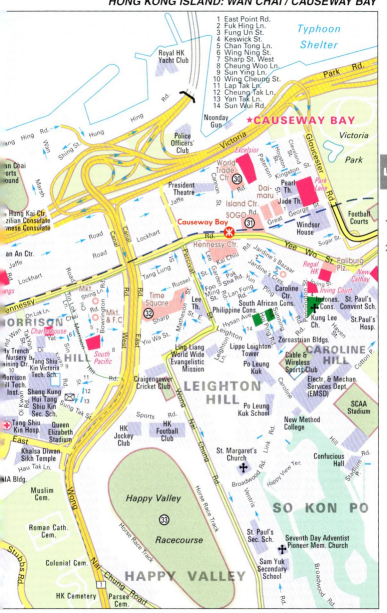

HONG KONG ISLAND: CAUSEWAY BAY

Wolkenkratzer Hongkongs – insbesondere nachts, wenn man die ungewöhnliche **Uhr** auf der Pyramidenspitze sehen kann: Vier farbige Neonbänder repräsentieren jeweils 15 Minuten, die Farben ändern sich mit dem Zeitverlauf. Zur vollen Stunde haben alle vier Bänder die gleiche Farbe.

Von der **Sky Lobby** im 46. Stock, in 310 m Höhe, genießt man eine erstklassige ★★**Aussicht** auf Kowloon, den Victoria Harbour und den Central District (Eintritt frei).

★Hong Kong Convention and Exhibition Centre

Spektakulärster Bau in Wan Chai ist neben dem Central Plaza das ★**Hong Kong Convention and Exhibition Centre** ㉙ in der Harbour Road. 1988 mit zwei Nobelhotels, riesigen Ausstellungshallen und einem über 4000 Sitze umfassenden Konferenzsaal eingeweiht, war das HKCEC für die vielen Messen, die in der Stadt stattfinden, jedoch schon bald zu klein. Für den 30 000 m² großen ★**New Wing** (Erweiterungsbau) schüttete man die Hafendurchfahrt weiter zu, und es entstand eine der auffälligsten Konstruktionen am Victoria Harbour mit riesiger Glasfront und einem geschwungenen Dach, das einem fliegenden Seevogel nachempfunden sein soll.

In diesem architektonisch herausragenden Bau fand am 1. Juli 1997 die feierliche Übergabe Hongkongs an China statt. Damals regnete es in Strömen, und Prinz Charles kamen bei der Einholung des *Union Jack* die Tränen. Ein Teil des HKCEC ist frei zugänglich, und vom **Café** an der Spitze genießt man eine fantastische ★**Aussicht** auf den Hafen und das gegenüberliegende Kowloon.

Rechts: Das Central Plaza und das Hong Kong Convention and Exhibition Centre sind markante architektonische Highlights in Wan Chai.

★CAUSEWAY BAY

Weniger dicht als im Central District sind die Wolkenkratzer in der ★**Causeway Bay** gesät, der ehemals tief eingeschnittenen, taifungeschützen „Kupfergong-Bucht" (kantonesisch Tung Lo Wan), die durch Landaufschüttungen begradigt wurde. Immer weiter ziehen sich hier die Wohnblocks die Hänge hoch – je höher, desto teurer, exklusiver und besser die Aussicht.

Weiter unten, zu beiden Seiten der Yee Wo Street, laden mehrere riesige Malls wie das **World Trade Centre** ㉚, das japanische **SOGO** ㉛ und das **Time Square** ㉜ zu grenzenlosem Shopping-Vergnügen ein.

Happy Valley Racecourse

An Renntagen (Mittwoch oder Samstag von September bis Juni) ist im **Happy Valley Racecourse** ㉝ südlich von Causeway Bay der Teufel los. Dann nämlich setzen bis zu 45 000 pferde- und wettbesessene Hongkonger mit kaum zu beschreibender Leidenschaft zum Teil ganze Vermögen auf ihre Favoriten, insgesamt über 1 Milliarde US-$ jährlich! Für die Olympischen Reiterspiele 2008 wurde jedoch der *Sha Tin Racecourse* in den New Territories gewählt.

DER SÜDEN VON HONG KONG ISLAND

Der Kontrast zwischen dem Norden von Hong Kong Island und dem Süden könnte nicht größer sein: Im Norden hunderte von Wolkenkratzern, die ihre Spitzen in den Himmel strecken, dazu der Verkehr, der praktisch nie abreißt; im Süden die steile Küste am Südchinesischen Meer, mit weiten Buchten und langen ★**Sandstränden**, kleinen vorgelagerten Inseln und hügeligen Landschaften, die großteils als **Naturschutzgebiete** mit Wanderpfaden ausgewiesen sind.

HONG KONG ISLAND: ABERDEEN

Doch Fortschritt und Bauboom machen auch vor der südlichen Inselhälfte nicht Halt: Schnell und bequem erreichbar durch den **Aberdeen Tunnel**, sind Orte wie Stanley oder Repulse Bay beliebte Naherholungsziele der Einheimischen; vor allem am Wochenende sind manche Strände völlig überfüllt, so dass kaum Platz zum Ausbreiten des Handtuchs bleibt. Zudem wachsen die einst kleinen Dörfer rasant, da sich die Hongkonger Oberschicht entlang der zerklüfteten Küste noble Villen und Ferienwohnungen gönnt.

*Aberdeen

Ein Musterbeispiel für die sprunghafte Entwicklung ist ***Aberdeen** ㉞ im Südwesten von Hong Kong Island. „Kleiner duftender Hafen" (*heung kong tsai*) nannte man das Fischerdorf (und Piratenversteck) bis zum Beginn der Kolonialzeit, da die Bewohner auch mit Räucherwerk und Dufthölzern handelten. Viel nüchterner ist der britische Name: Aberdeen, nach dem damaligen Außenminister der Queen. Und doch lebt die alte Bezeichnung fort, denn aus *heung kong* wurde *hong kong* für die Insel und später für die gesamte Region.

Noch bis vor 25 Jahren war Aberdeen bekannt für seinen malerischen Hafen, in dem zahllose Dschunken mit orangefarbenen Segeln dicht an dicht im Wasser schaukelten. Mehrere tausend Hoklos, schon vor etlichen Generationen zugewanderte *water people*, lebten auf ihren **Hausbooten** (*sampans*) im Hafen; das ganze Leben der Fischer spielte sich auf dem Wasser ab. Heute prägen Reihen 50-stöckiger Wohnsilos das Bild von Aberdeen, vor allem auf der vorgelagerten Insel **Ap Lei Chau**, und nach zwei Brandkatastrophen im Hafen mussten die meisten „Wasserleute" von ihren beengten Hausbooten in die neuen Hochhäuser umziehen.

Etwas vom alten urigen Flair des Fischerdorfs können Sie noch bei einem Bummel über den ***Fischmarkt** an der Aberdeen Praya Road erleben. Besonders lebhaft geht es hier frühmorgens zu, wenn die Fischer ihren frischen Fang – Schrimps, Tintenfische und andere Schätze des Südchinesischen Mee-

HONG KONG ISLAND: ABERDEEN / OCEAN PARK

res – an die Restaurantbesitzer aus ganz Hongkong verkaufen.

Zu jeder Tageszeit lohnt eine etwa halbstündige ***Hafenrundfahrt** mit einem Sampan. An der Uferpromenade bieten immer einige Hoklos diesen kleinen Ausflug an – ein kurzer Einblick in eine traditionelle, vom Aussterben bedrohte Lebensweise.

Reisegruppen suchen gern die im Hafenbecken liegenden ***Floating Restaurants** mit zugehörigen Geschäften auf, allen voran das große *Jumbo Kingdom* im chinesischen Stil. Dass die Lokale längst nicht mehr schwimmen, sondern heute aus Sicherheitsgründen auf Betonpfeilern stehen, tut ihrer Beliebtheit keinen Abbruch. Probieren Sie nach Möglichkeit vormittags die köstlichen Dim Sum, die auf Wägelchen zwischen den Tischen entlanggeschoben werden.

Oben: Aberdeen – traditionelle Fischer- und Hausboote vor der Kulisse 50-stöckiger Wohnsilos. Rechts: Unter Haien – Aquarium im Ocean Park auf Hong Kong Island.

**Ocean Park

Jede Menge Spaß und Abwechslung für die ganze Familie verspricht der 90 ha große ****Ocean Park** ㉟ auf der Halbinsel Shum Shui südöstlich von Aberdeen. Der Freizeitpark mit vielen Fahrgeschäften, einer der besten Asiens, ist zugleich Zoo, Aquarium, Botanischer Garten und eine der Hauptattraktionen Hongkongs. Einen halben Tag sollte man für den Besuch einplanen, am Wochenende, wenn besonders viele Chinesen mit ihren Kindern hier sind, noch einige Stunden länger.

Der **Haupteingang** des riesigen Areals liegt an der Ocean Park Road, im **Lowland** genannten unteren Bereich. Traditionelles Handwerk wie Silberverarbeitung kann man hier im **Middle Kingdom** kennen lernen, einem nachgebauten chinesischen Dorf mit Tempel. Im tropischen Regenwald Südamerikas wähnt man sich im ***Amazing Amazon** mit Tukanen und Affen in den Baumkronen. Die ganze Pracht der Schmetterlinge erwartet Sie im **Butterfly House**, und die in Ostasien wegen

HONG KONG ISLAND: OCEAN PARK

ihrer besonderen Farbgebung sehr geschätzten Koi-Zierkarpfen kann man in der **Goldfish Pagoda** bestaunen. Publikumslieblinge sind jedoch im *****Club Giant Panda Habitat** die beiden Pandas, die – je nach Tageszeit – gemütlich schlummern oder genüsslich an ihren Bambuszweigen kauen.

Zum oberen, als **Headland** bezeichneten Teil führt eine **Rolltreppe** in mehreren Abschnitten. Wer es luftiger möchte, nimmt die über 1 km lange **Seilbahn**; unterwegs genießt man tolle *****Ausblicke** auf Aberdeen, Repulse Bay und das Südchinesische Meer. Schön ist auch der Blick vom 70 m hohen **Ocean Park Tower**.

Highlight des Parks ist das exzellente ******Ozeanarium** des **Marine Land** mit verschiedenen Becken. Zwischen den gefürchteten Riffspitzenhaien und imposanten Mantas bewegen Sie sich im *****Shark Aquarium**, in dem ein Plexiglastunnel einzigartige Perspektiven ermöglicht. Nicht weniger faszinierend ist das vier Stockwerke hohe *****Atoll Reef**, in dem man einige tausend, teilweise recht kuriose Meeresbewohner beobachten kann. Nur wenige Schritte weiter liegt das *****Ocean Theater** mit rund 3000 Sitzplätzen, in dem Delfine bei Vorführungen ihre Geschicklichkeit und Intelligenz unter Beweis stellen.

Nervenkitzel für Jung und Alt versprechen zwei *****Achterbahnen**, *The Dragon* und *Mine Train*. Wer diesem Kick noch eins draufsetzten möchte, nimmt den *****Abyss Turbo Drop** und lässt sich 60 m im freien Fall nach unten sausen – nach dem Motto *Ride it, feel the depth!* Kurvenreiche Wildwasserfahrten gibt es beim **Raging River**, und das, so oft man will, denn fast alle Trips sind schon im Eintrittspreis enthalten.

Deepwater Bay

Mit einem sehr schönen, ungefähr 400 m langen *****Strand** kann **Deepwater Bay** ㊱ zwischen Ocean Park und Repulse Bay glänzen. An Werktagen ist der Beach mit Kiosken und dem nahegelegenen **Golfclub** fast leer, und wie an allen Hauptstränden Hongkongs sichern *shark prevention nets* die Badeurlauber vor Haiattacken.

Stadtplan S. 184, MTR-Plan S. 166, Info S. 202-205

HONG KONG ISLAND: REPULSE BAY

*Repulse Bay

Eines der populärsten Ausflugsziele Hongkonger Familien ist der sehr breite, gelbbraune *Repulse Bay Beach in der weit geschwungenen *Repulse Bay ㊲, benannt nach dem englischen Schlachtschiff *Repulse*, das die piratenverseuchte Südküste von Hong Kong Island säuberte. Finstere Gestalten gibt es heute nur noch als Taschendiebe – insbesondere wenn man badet und seine Sachen am Strand liegen lässt, ist Vorsicht geboten. Für Europäer fast schon beklemmend voll ist der Strand (mit eigenen Umkleidekabinen) an manchen Wochenenden, wenn sich hier tausende Sonnenanbeter vom hektischen Alltag der City erholen. Rettungsschwimmer haben von ihren Beobachtungsposten alle Badenden gut im Blick, und Eisverkäufer und Liegestuhlverleiher machen beste Geschäfte. Wer es etwas ruhiger möchte, wählt den

Rechts: Am Shek O Beach – im Südosten von Hong Kong Island ist es an Werktagen relativ ruhig.

Middle Bay Beach und den **South Bay Beach** etwas weiter im Süden.

Am östlichen Ende des Repulse Bay Beach breitet sich der **Tempel der Kwun Yam**, der Göttin der Barmherzigkeit, mit dem zugehörigen Zentrum der Wasserwacht aus. Inmitten der bunten, zum Teil mosaikgeschmückten Figuren von Widdern, Drachen und anderen chinesischen Symbolen liegt die **Brücke der Langlebigkeit**; überschreiten Sie diese, wird sich Ihr Leben – so die Legende – um drei Tage verlängern.

Beliebtestes Fotomotiv von Repulse Bay ist der wellenförmige *Appartmentblock mit dem Loch an der Repulse Bay Road. Während der Planungsphase erklärten Feng-Shui-Experten, dass der im Berg hinter dem Wohnblock lebende Drache in Zukunft nicht mehr ungehindert zum Meer fliegen könne – das Unheil schien vorprogrammiert. Kurzerhand änderten die Architekten den Bauplan, die Flugbahn blieb ungestört, und Repulse Bay ist seitdem um eine Attraktion reicher.

Direkt davor steht das nostalgische

HONG KONG ISLAND: STANLEY

zweigeschossige **The Repulse Bay**. 1922 eingeweiht, riss man das wunderschöne Kolonialhotel 1982 ab, rekonstruierte es aber mit originalen Bauteilen einige Jahre später wieder. Zum stilvollen Speisen lädt **The Verandah Restaurant** (s. S. 208) an der Front ein, weiter hinter öffnet sich ein ruhiger Innenhof mit **Café** und **Boutiquen** in den Seitenflügeln.

*Stanley

Der von Touristen meistfrequentierte Ort an der Südküste ist *Stanley ㊳, ein nach wie vor angenehmes Städtchen – trotz der vielen Neubauten an der Peripherie, die vor allem für reiche Ausländer errichtet wurden. Einst ein berüchtigtes Piratennest mit 2000 Seelen, richteten die Briten später hier die **Old Stanley Police Station**, das erste Polizeirevier der Kolonie, ein (heute Supermarkt). Wenige Meter entfernt, an der Ostküste der Halbinsel, erstreckt sich der häufig völlig überfüllte, auch von Surfern gern genutzte **Stanley Main Beach**.

Besuchermagnet ist jedoch der täglich stattfindende *Stanley Market im Zentrum, ein kunterbuntes Allerlei mit Gemälden, Bademoden, Stempeln, Obst, Sportartikeln, Porzellan, Spielzeug, Blumen, Kalligrafien, handbemalten T-Shirts und vielem mehr. Echte Schnäppchen wird man hier kaum finden, dennoch lohnt ein Bummel zwischen den vielen Läden.

Hinter dem Markt führt die Uferpromenade vorbei, die **Stanley Main Street**, an der sich etliche Restaurants mit internationaler Küche und Bars aneinanderreihen. An Wochenenden ist hier abends Hochbetrieb, Touristen kommen dann mit Einheimischen und Expats leicht in Kontakt.

Die Straße endet an der **Stanley Plaza**, von Bäumen beschattete Bänke laden zu einer Rast ein. Wenige Schritte weiter liegt ein **Tempel der Tin Hau**, der 1767 der Schutzgöttin der Seefahrer geweiht wurde.

Auffälligstes Gebäude an der **Stanley Bay** ist jedoch das *Murray House, das eine kuriose Geschichte hat: Die Briten errichteten es 1844 in Central als

Offizierskasino, der Bau war damit der älteste in Hongkong. Doch 138 Jahre später brauchte man das Grundstück für den Bank of China Tower (s. S. 170). Da das Murray House unter Denkmalschutz stand, trug man es sorgfältig ab und lagerte die über 4000 Bauglieder ein. Als man sich an die Wiedererrichtung am jetzigen Standort machte, schien zunächst ein Teil der „Bausteine" zu fehlen, doch nach der Fertigstellung 1998 waren sogar noch sechs Säulen übrig.

Das Murray House bietet heute nicht nur *Restaurants mit aussichtsreichen Speise-Verandas, sondern auch dem *Hong Kong Maritime Museum ideale Räumlichkeiten. Didaktisch sehr ansprechend, informiert es mit Schautafeln, Kunstobjekten und historischen **Schiffsmodellen** über die Geschichte der Seefahrt in Ostasien.

*Shek O

Der idyllischste Ort im Südosten von Hong Kong Island ist *Shek O ㊴, etwas abseits der Touristenpfade und mit dem Bus von Shau Kei Wan leicht zu erreichen. Badefreuden verspricht der unter der Woche recht ruhige, knapp 300 m lange *Shek O Beach, ideal auch für Kinder, um Drachen steigen zu lassen oder Sandburgen zu bauen. Die geruhsame Atmosphäre schätzten auch die Hongkonger selbst, die sich zunehmend an den umliegenden Hügeln Villen und Ferienhäuser errichten. Abwechslung vom Badespaß bieten eine **Minigolfanlage** sowie einige **Mountainbikeverleihe** – mit dem Rad kann man z. B. zur etwas nördlich gelegenen **Big Wave Bay** fahren.

Über eine Fußgängerbrücke erreichen Spaziergänger die kleine Insel **Tai Tau Chau**, von der man eine schöne **Aussicht** auf die Küste genießt.

Rechts: Eine Dose mit kunstvollen Emaille-Einlegearbeiten im Hong Kong Museum of Art in Kowloon.

**KOWLOON

Einst soll Ping Ti, der letzte Kaiser der Song-Dynastie, auf der Flucht vor den Mongolen 1279 am Südchinesischen Meer angekommen sein. Der Herrscher zählte acht Hügel und wollte die Halbinsel Palung („acht Drachen") nennen. Ein Günstling erinnerte Ping Ti daran, dass er als Kaiser auch selbst ein Drache sei, und so nannte man das Gebiet fortan **Kowloon** („neun Drachen"). Soweit die Legende. Die rasante Entwicklung des Stadtteils mit seinen vielen Geschäften, Restaurants und Hotels begann Anfang des 20. Jh. mit der Nathan Road, nachdem China bereits 1860 die Halbinsel „auf ewig" an Großbritannien abgetreten hatte.

**TSIM SHA TSUI

Konsum und Kommerz sind im pulsierenden **Tsim Sha Tsui, der Südspitze von Kowloon, oberstes Prinzip. Tag und Nacht können sich Einheimische wie Touristen aus aller Welt in zahllosen kleinen Läden und riesigen Malls dem Kaufrausch hingeben – die größte ist **Harbour City** ㊵, 800m lang, mit über 700 Geschäften. Das Gewusel unter den vielen Leuchtreklamen in der Nathan Road (s. S. 191) und ihren Nebenstraßen ist ebenso faszinierend wie anstrengend. Doch mit dem weitläufigen Cultural Centre und dem schönen Kowloon Park setzt das umtriebige Viertel, in dem sich die meisten Hotels der Stadt konzentrieren, auch zwei wichtige Akzente für Kultur und Erholung.

**Star Ferry

Seit 1898 schaukeln die nach Sternen benannten Boote der **Star Ferry** über den Victoria Harbour und verbinden Central und Wan Chai mit Tsim Sha Tsui auf Kowloon. Alle 8 Minuten legen die preiswerten Fähren ab und befördern an manchen Tagen zigtausende

HONGKONG: SPACE MUSEUM

Personen – ein höchst effizientes und dabei angenehm nostalgisches Verkehrsmittel. Atemberaubend ist die ★**Aussicht auf die Skyline** von Central, die sich vom Boot aus ständig von neuen Blickwinkeln zeigt; es soll Hongkonger geben, die noch nie die unter dem Hafen fahrende MTR benutzt haben, weil die Fährüberfahrt so schön ist. Nahe dem **Star Ferry Pier** ㊶ erhebt sich, neben dem Busbahnhof, der 1916 errichtete, von einem achteckigen Turmhelm gekrönte **Clock Tower** ㊷. Er ist das einzige Überbleibsel des 1978 abgerissenen *Kowloon-Canton-Railway Terminus*, Endbahnhof einer Strecke, die ursprünglich bis nach Peking geplant war; er stammt aus einer Ära, in der man Zeit zum geruhsamen Reisen hatte – kaum noch vorstellbar in der heute so hektischen Metropole.

★Cultural Centre

Die Stelle des alten Kolonialbahnhofs nimmt heute der weitläufige ★**Cultural Complex** ein, eine der besten Kulturstätten Hongkongs mit Konzertsälen und zwei Museen. Äußerst ungewöhnlich und bei der Eröffnung 1989 heftig umstritten war die Architektur des dominierenden ★**Cultural Centre** ㊸ (Salisbury Road) neben dem Clock Tower, ein großer fensterloser Bau mit rosafarbenen Klinkern und konkavem Dach. Zweifel an der nicht so recht zur Stadt passenden Fassade schwinden beim Besuch der **Concert Hall** mit über 2000 Sitzplätzen und fantastischer Rieger-Orgel. Regelmäßig stellt hier das renommierte *Hong Kong Symphony Orchestra* mit internationalen Gastmusikern sein Weltklasseniveau unter Beweis – Karten gibt es unten im klimatisierten **Foyer**.

Hong Kong Space Museum

Den Geheimnissen des Kosmos und seiner Erforschung widmet sich das auch für Kinder interessante **Hong Kong Space Museum** ㊹ (Salisbury Road). Modelle von Raketen, Videofilme und Schautafeln sind interaktiv gestaltet, doch die größte Attraktion ist der Sternenhimmel im ★**Planetarium**.

KOWLOON

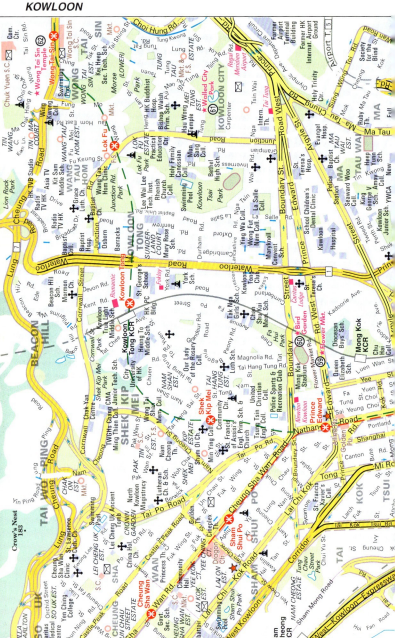

KOWLOON

HONGKONG: MUSEUM OF ART

**Hong Kong Museum of Art

Auf eines der besten Kunstmuseen ganz Chinas ist man in der Boomtown am Perlfluss sehr stolz: Das **Hong Kong Museum of Art** ㊺ (Salisbury Road) spannt mit äußerst qualitätvollen Jadeobjekten, Malereien, Bronzen, Goldschmuck, Keramik und Porzellan einen Bogen über die gesamte chinesische Kunstgeschichte. Zeitgenössische Werke werden in einer eigenen Galerie präsentiert. Kopien von Rollbildern und viele Kunstbücher gibt es im **Museum Shop**, und von der Terrasse des **Cafés** kann man das Hin und Her zwischen Star Ferry Pier und der U-Bahnstation im Salisbury Garden beobachten.

**Symphony of Lights und Kowloon Public Pier

Zu den Top-Erlebnissen eines Hongkong-Besuchs gehört die **Symphony of Lights**, die sich am eindrucksvollsten bei einer **Hafenrundfahrt** oder einfach vom **Kowloon Public Pier** ㊻ neben dem Cultural Centre zeigt. Ab 20 Uhr wetteifern bei dieser *Sound and Lights Show* zwei Dutzend Wolkenkratzer zu beiden Seiten des **Victoria Harbour** um die besten Laser- und Lichteffekte. Zahlreiche Besucher beobachten das 15-minütige Spektakel, bei dem die weltberühmte Skyline von Central fast noch imposanter als tagsüber erscheint – ein tolles Fotomotiv.

Avenue of Stars

Die Fortsetzung des Kowloon Public Pier nach Osten ist die **Avenue of Stars** ㊼, eine Hommage an die Größen des Hongkong-Kinos: Nach *Hollywood* (USA) und *Bollywood* (Indien) hat Hongkong die drittgrößte Filmindustrie

Rechts: Die Nathan Road, Hongkongs Shopping-Meile, lockt am Abend mit riesigen bunten Neonreklamen.

der Welt. Diese ist seit den 1970er-Jahren vor allem durch die Martial-Arts-Streifen im Westen bekannt. Ein **Statue von Bruce Lee** gedenkt des *King of Kung Fu*. Die Dreharbeiten zu seinem letzten Film „Der Mann mit der Todeskralle" (*Enter the Dragon*) überforderten den 32-jährigen Star, der 1973 an einem Hirnödem verstarb. In seine Fußstapfen trat Jackie Chan, der sich – wie andere Schauspielerkollegen – auf der Avenue of Stars mit **Handabdrücken** verewigte. Markenzeichen des 1954 in Hongkong geborenen Chan sind neben perfekten Kampfszenen auch komödiantische Einlagen; Körperbeherrschung und Humor verbinden sich in seinen fast 90 Filmen auf sehr unterhaltsame Weise.

*Peninsula Hotel

Rolls Royce an der Auffahrt verraten schon, dass dieser Ort außergewöhnlich ist: Das noble ***Peninsula Hotel** ㊽ an der Salisbury Road gilt seit fast einem Jahrhundert als eine der stilvollsten Unterkünfte Asiens, ein *Grand Hotel* aus nostalgischen Zeiten, als Betuchte noch mit der Eisenbahn oder dem Schiff in die ferne britische Kronkolonie reisten. Die ersten – ungebetenen – Gäste quartierten sich bereits vor der Eröffnung 1928 ein; britische Truppen sollten während einer China-Krise von Kowloon aus den Hafen schützen; und 1941, während des 2. Weltkriegs, bezogen hier die Japaner ihr Hauptquartier – auch Militärs wollten schließlich luxuriös nächtigen. Seitdem gingen im „The Pen" Präsidenten, Filmstars, Wirtschaftsmagnaten und andere Prominente ein und aus, oder ließen sich, wie Prinzessin Diana, zum Helikopterplatz auf dem Dach des 1994 angebauten Hotelturms fliegen.

Fast schon Kultstatus hat der tägliche *afternoon tea* ab 14 Uhr in der prunkvollen ***Lobby**. Das wundervoll ruhige Ambiente mit sanfter Walzer- oder Jazzmusik lässt die Hektik draußen auf

HONGKONG: NATHAN ROAD

der Straße im Nu vergessen. Oder testen Sie eines der acht (teuren) Restaurants, am besten das **Felix** im 28. Stock mit internationaler Küche und original Philippe-Starck-Design, das eine tolle **★★Aussicht** auf Central (sogar von der Herrentoilette aus) bietet. Lobby, Bars und Restaurants stehen auch Nichthotelgästen offen; um angemessene Kleidung wird gebeten.

★★Nathan Road

Die Shopping-Meile Hongkongs ist die quirlige **★★Nathan Road** ㊾, die von der Salisbury Road fast 4 km schnurgerade bis zur Boundary Street im Norden führt. Tag und Nacht hektisch und laut, mit zahllosen teuren Geschäften, Kiosken und kleinen Shops mit Ramsch, dazwischen gehobene Restaurants, Hotels und internationale Fast-Food-Läden entlang der Haupt- und den vielen Nebenstraßen, abends von einem Wirrwarr bunter Neonreklamen erleuchtet. Ein scheinbar nie abreißendes Gedränge von Kauflustigen, Geschäftsleuten und adrett oder lässig gekleideten Verkäufern. Echte Schnäppchen suchen Touristen hier vergeblich, und alle paar Meter versuchen Inder oder Nepalis, gefälschte *Rolex*-Uhren an den Mann zu bringen.

In all dem Getümmel sieht man auch immer wieder Backpacker, die in den riesigen grauen **Chunking Mansions** (Nr. 36-44) ein Budgetzimmer suchen. Dieser ziemlich heruntergekommene Betonblock mit zahllosen Guesthouses, Shops, Bistros und Wechselbüros ist ein Mikrokosmos des Hongkonger Alltags mit all seinen Facetten, wie es der Film *Chungking Express* (1994) zeigt.

Die Nathan Road mit ihren bis zu 5 m breiten und doch noch viel zu schmalen Gehsteigen braucht keine Sehenswürdigkeiten – sie selbst ist ein Erlebnis für sich. 1904-1907 ließ der britische Gouverneur Sir Matthew Nathan eine breite Promenade im damals kaum besiedelten Kowloon anlegen. Die Leute hielten ihn für einen Narren, da sich das Leben doch auf Hong Kong Island konzentrierte. Doch wenige Jahrzehnte später wurde aus *Nathan's folly* („Nathans Torheit") die „Golden Mile" der Stadt.

HONGKONG: TSIM SHA TSUI

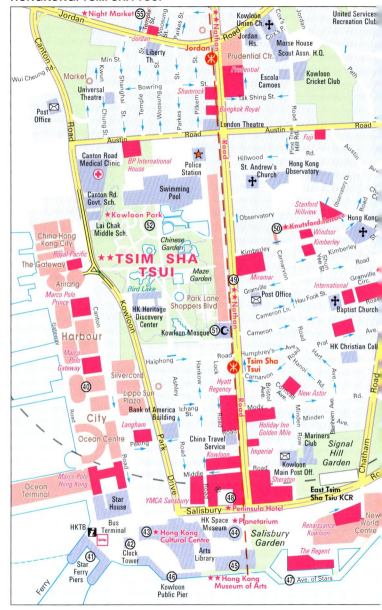

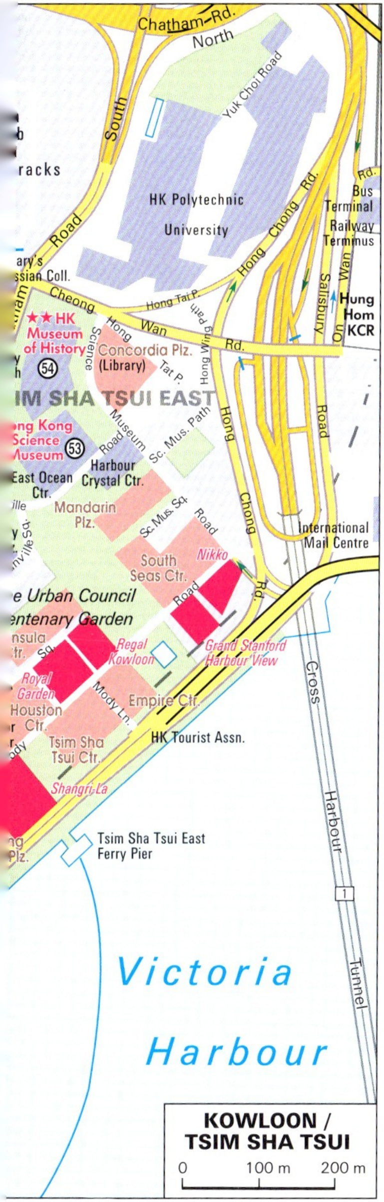

Am Abend lohnt ein Abstecher zu den **Bars** und **Lokalen** der autofreien ***Knutsford Terrace** ㊿, für einen Drink oder ein Dinner im Freien.

Kowloon Mosque und *Kowloon Park

Bei einem Bummel entlang der Nathan Road sieht man auf der linken Seite die weiße **Kowloon Mosque** (51), architektonisch nur mäßig interessant, aber als religiöses Zentrum der rund 70 000 Muslime Hongkongs bemerkenswert.

Zwischen der Moschee und dem *Park Lane Shopper's Boulevard* mit Modeboutiquen führt eine breite Freitreppe zum ***Kowloon Park** (52) empor. Man wähnt sich fast in einer anderen Welt, wenn das Gehupe der Taxis und Doppeldeckerbusse deutlich leiser wird. Frühmorgens halten sich Chinesen hier mit Tai Chi körperlich und geistig fit. Ein Spaziergang durch die Grünanlage führt – vorbei an **Volieren** mit Papageien, einem **Skulpturengarten** und einem großen **Schwimmbad** – zu einem **Vogelteich** mit Flamingos. In der Stille eines traditionellen **Chinesischen Gartens** kann man Kraft für die weiteren Entdeckungstouren im umtriebigen Straßenlabyrinth von Tsim Sha Tsui sammeln.

TSIM SHA TSUI EAST

Einen ganz anderen, weniger dicht bebauten Charakter als Tsim Sha Tsui hat das östlich der Chatham Road South liegende Viertel **Tsim Sha Tsui East**. Mit großen Landaufschüttungsprojekten in den 1980er-Jahren gewann man hier Platz für mehrere Nobelhotels, Shopping Center, Wohnblocks und zwei der besten Museen Hongkongs.

*Hong Kong Science Museum

Die Geheimnisse der Technik und Naturwissenschaften enthüllt auf unter-

HONGKONG: MUSEUM OF HISTORIY

haltsame Weise das ***Hong Kong Science Museum** ⑬ in der Science Museum Road. Auf drei Etagen kann man mit interaktiven Bildschirmen, Simulatoren und Modellen Phänomene der Physik und Chemie, Optik und Elektrizität erforschen; am interessantesten – nicht nur für Kinder – sind die vielen Apparate zum selber experimentieren.

**Hong Kong Museum of History

So animierend und abwechslungsreich kann Stadtgeschichte sein: Neben dem Hong Kong Science Museum spannt das ****Hong Kong Museum of History** ⑭ einen zeitlichen Bogen von den frühen Bewohnern in der Steinzeit bis zur Rückgabe der Kronkolonie 1997 an China. Große Dioramen, begehbare Architekturfassaden, Dschunken und historische Fotos lassen die Ära der alt-

Oben: Eine der vielen preiswerten Garküchen auf dem Night Market. Rechts: Ein Wahrsager auf dem Nachtmarkt.

chinesischen Dynastien, der Opiumkriege, der japanischen Besatzung und des wirtschaftlichen Aufstiegs nach dem 2. Weltkrieg lebendig werden. Besondere Beachtung verdient die Kopie des ***Lei Cheng Uk Tomb**: Dieses im Norden von Kowloon gefundene Grab aus der Han-Dynastie (206 v. Chr.-221 n. Chr.) gilt als frühestes Zeugnis Hongkongs.

*YAU MA TEI UND *MONG KOK

Nahtlos geht Tsim Sha Tsui in die weiter nördlich gelegenen Stadtviertel ***Yau Ma Tei** und ***Mong Kok** über. Shoppinggelegenheiten gibt es auch hier reichlich, in zahllosen Geschäften, Plazas, Einkaufsstraßen und auf fotogenen, stimmungsvollen Märkten, für die vor allem der Stadtteil Mong Kok bekannt ist. Spaziert man an diesem Abschnitt der Nathan Road und ihrer Seitenstraßen entlang, wird einem die extrem hohe Bevölkerungsdichte Hongkongs von 43 000 Menschen pro km^2 bewusst.

HONGKONG: NIGHT MARKET / JADE MARKET

*Night Market   *Jade Market

Die Verwandlung der **Temple Street** ist verblüffend: Die tagsüber ganz normale Straße wird ab dem späten Nachmittag zum ***Night Market** ⑤⑤. Dann wird sie für Fahrzeuge gesperrt, und unzählige Verkäufer bauen von der Nanking Street im Süden bis zur Man Ming Lane im Norden ihre Stände auf. Richtig voll wird es gegen 19 Uhr, wenn Scharen von Touristen unterwegs sind. Sonnenbrillen, gefälschte Markenuhren und Designerklamotten, Billigschmuck, Sex Toys, Wecker, T-Shirts, Spielzeug, Kunsthandwerk und jede Menge Kitsch kann man hier erwerben. Ein Bummel lohnt schon wegen der Basaratmosphäre. **Garküchen** locken mit chinesischen Häppchen. Wollen Sie in die Zukunft blicken, bieten **Wahrsager** an der Kreuzung zur Kansu Street ihre Dienste an. Ein Erlebnis ist der Besuch des **Teehauses** mit seinen großen, bauchigen Messingkesseln an der Kreuzung mit der Pak Choi Street, wo man die Zeit bei einer Tasse Tee verstreichen lassen kann.

Jade hat für die Chinesen seit Jahrtausenden eine magische, Unglück abwehrende Wirkung, und so ist der überdachte ***Jade Market** ⑤⑥ an der Kreuzung von Kansu und Battery Street immer gut besucht. An rund 400 Ständen kann man feingeschliffene Ohrringe, Figürchen, Halsketten, Ringe und Anhänger vergleichen. Je heller die meist grüne Jade, desto wertvoller ist sie; am teuersten ist „Kaiserjade". Aber, wie auf allen Märkten: Feilschen nicht vergessen!

*Tin Hau Temple

Überaus beliebt bei den Einheimischen, vor allem bei Fischern, ist die Göttin des Himmels, Tin Hau, die angeblich Krankheiten heilen und Seeleute vor Gefahr beschützen kann. So verwundert es nicht, dass man ihr in der Hafen- und Handelsstadt Hongkong etwa zwei Dutzend Heiligtümer errichtet hat, darunter auch den ***Tin Hau Temple** ⑤⑦ (s. S. 36) in der Public Square Street. Von den Balken der Haupthal-

HONGKONG: LADIES' MARKET / FLOWER MARKET

le hängen riesige Weihrauchspiralen, von denen manche mehrere Wochen glimmen und oft das **Standbild der Tin Hau** in dicken Rauchschwaden fast verschwinden lassen. Gläubige verehren in den Seitentrakten drei weitere Gestalten: den Erdgott **To Tei**, den Stadtgott **Shing Wong** und die Göttin der Barmherzigkeit, **Kwun Yum**.

*Ladies' Market

Wenn Sie preiswert Hemden, Hosen, T-Shirts, Dessous, Gürtel und Schuhe kaufen wollen, sind Sie auf dem ***Ladies' Market*** ⑱ in der Tung Choi Street richtig. Echte Designerware und XXL-Größen wird man allerdings nicht finden, hier dominieren billige Textilien in asiatischen Größen, und längst gibt es auch Herrenkleidung. Handeln ist Pflicht, auch in den Parallelstraßen **Sai Yeung Choi Street** (Second-Hand-

Oben und rechts: Im Wong Tai Sin Temple bitten jährlich Millionen Besucher um die Erfüllung ihrer Wünsche; Orakelstäbchen sollen den Weg weisen.

Elektronik) und **Fa Yuen Street** (Sportartikel).

*Flower Market und *Bird Garden

Wenige Gehminuten von der MTR-Station *Prince Edward* erfreut der ***Flower Market*** ⑲ in der Flower Market Road Pflanzenliebhaber bis spät abends. Orchideen, Rosen, Chrysanthemen und Nelken sind in vielen Geschäften sehr fotogen zu einem bunten Blütenmeer arrangiert.

Der Blumenmarkt grenzt an den nicht minder reizvollen ***Bird Garden*** ⑳ (Yuen Po Street), auch **Bird Market** genannt. Vogelfreunde können hier außer Futter auch originelle handgefertigte Bambuskäfige, Keramiktränken und sonstige Accessoires für ihre gefiederten Freunde erstehen. Beos, Kanarienvögel, Kakadus, Lerchen, Finken und Sittiche zwitschern in den schönsten Tönen – diesem Konzert können Sie im Schatten eines **Teehauses** lauschen.

NEW KOWLOON

New Kowloon südlich der Lung Cheung Road besteht überwiegend aus gesichtslosen Wohnsilos, zwischen denen sich aber einige Sehenswürdigkeiten verbergen.

*Kowloon Walled City Park

Einer der reizvollsten und angenehmsten Gärten Hongkongs ist der ***Kowloon Walled City Park*** ㉑ an der Tung Tau Tsuen Road. Noch vor zwei Jahrzehnten stand hier die berüchtigte „Ummauerte Stadt" (Walled City), seit 1847 Garnisonsfort der kaiserlichen Qing-Dynastie. Das Fort blieb eine chinesische Enklave und verkam später zu einem gesetzlosen Slum, in dem Prostitution, illegales Glücksspiel, Menschen- und Drogenhandel blühten.

1993 riss man das hoffnungslos übervölkerte Elendsviertel ab, siedelte seine

HONGKONG: WONG TAI SIN TEMPLE

Bewohner um und legte an dieser Stelle einen wunderschönen, mit internationalen Preisen ausgezeichneten Park an. Balsam für die Seele sind die Teiche mit Pavillons und einem Wasserfall, die mit Kieselmosaiken dekorierten gewundenen Wege, die bizarren Felsen inmitten von lieblichen Bambushainen, die vor allem von älteren Menschen aufgesuchten Wandelgänge, die runden Mondtore und nicht zuletzt der bezaubernde *Bonsai-Garten mit seinen „*artistic miniature pot plants*".

*Wong Tai Sin Temple

Der meistbesuchte Sakralbau der Stadt ist der *Wong Tai Sin Temple ⑥² (Lung Cheung Road, MTR-Staion Wong Tai Sin). Ihre Popularität (5 Mio. Besucher pro Jahr) verdankt die daoistische Gottheit Wong Tai Sin ihrem Ruf, Krankheiten fernzuhalten, Wünsche zu erfüllen und Glück zu bringen – wichtig etwa vor Pferderennen (s. S. 203), die geradezu eine Obsession der Hongkonger sind. Und so ist das Klappern der **Orakelstäbchen** (*kau cim*) allgegenwärtig, die die Gläubigen vor dem Hauptschrein rütteln, so lange, bis eines herausfällt und man dessen Zeichen notiert. Mit dem Zettel gehen die Pilger dann zu den Wahrsagern nebenan.

Obwohl der 1973 erbaute ***Hauptschrein** mit dem weit ausladenden Dach relativ neu ist, muss er schon wieder erweitert werden. Er zählt zu den schönsten in Hongkong. Die **Statue des Wong Tai Sin** darf man jedoch nur von außen betrachten.

Sehr beschaulich ist der im altchinesischen Stil angelegte **Garten** mit Brücken, Wandelgängen, **Neun-Drachen-Mauer** und **Karpfenteich**. 40- bis 50-stöckige Wohnsilos überragen diese Oase der Ruhe – wie so oft in Hongkong treffen hier Tradition und Moderne unmittelbar aufeinander.

Besonders interessant ist der Besuch des Tempels am 23. Tag des 8. Monds, dem Geburtstag Wong Tai Sins. An diesem Tag opfern viele Besucher auf dem Vorplatz komplette Mahlzeiten. Dies gilt als Garantie für die Erfüllung der Wünsche durch den dann in Geburtstagslaune befindlichen Gott.

HONGKONG: NEW TERRITORIES

*NEW TERRITORIES

Reizvolle hügelige Landschaften mit viel Grün, interessanten Klöstern und Tempeln sowie kleinen Dörfern – in den New Territories liegen geschätzte Ausflugsziele der Hongkonger. 1898 pachteten die Briten das fast 800 km² große Gebiet zwischen der Boundary Street in Kowloon und der chinesischen Grenze bei Shenzhen und nannten es wenig einfallsreich einfach *New Territorries, die „Neuen Territorien".

*Monastery of the 10 000 Buddhas

Mit einem Aufstieg über fast 500 Stufen auf den bewaldeten **Po Fook Hill** ist der Besuch des *Monastery of the 10 000 Buddhas ⑥³ verbunden. Nach etwa 10 Gehminuten von der KCR-Station Sha Tin (mit Restaurants) erreicht man die lange **Treppe**, die hunderte vergoldete **Mönchsstatuen** säumen.

Oben: Pfahlbauten und Sampans prägen das Fischerdorf Tai O (Insel Lantau).

An der unteren Terrasse angelangt, empfangen drei **Buddha-Statuen** im Haupttempel die Gläubigen; in winzigen Nischen reihen sich an den Wänden bis zur Decke hoch ungefähr 13 000 **Miniatur-Buddhas**, die dem Sakralbau seinen – wenn auch nicht ganz korrekten – Namen gaben.

Die vergoldete **Mumie** des Klostergründers ist in einem **Schrein** auf der oberen Terrasse zu bestaunen. Der aus Yunnan stammende buddhistische Mönch Yuet Kai starb hochbetagt 1965. Auf seinen Wunsch beerdigten ihn seine Schüler in einem Sarg in Meditationshaltung und exhumierten ihn acht Monate später. Groß war die Überraschung, als der Leichnam kaum verwest war – so wie es der Meister vorausgesagt hatte.

*Ping Shan Heritage Trail und Kat Hing Wai

Sehr schön restaurierte traditionelle Tempel und Häuser kann man auf dem angenehmen, etwa 1 km langen und 1 Stunde dauernden Spaziergang entlang

HONGKONG: OUTLYING ISLANDS / LANTAU

des **★Ping Shan Heritage Trail** ⑭ kennenlernen. In der Umgebung von Ping Shan in den westlichen New Territories siedelt seit fast 1000 Jahren der einst mächtige Tang-Clan, der einflussreichste von insgesamt fünf aus China eingewanderten Sippen, die in den westlichen New Territories wohlhabende Großgrundbesitzer waren. Neben einigen Tempeln und alten Gästehäusern passiert man die **Kun Ting Study Hall** mit farbenfrohen Wandgemälden und die imposante **★Tang Ancestral Hall** mit zwei Innenhöfen und kunstvollen Dachverzierungen.

Eine interessante Ergänzung zu diesem Historienpfad ist das 5km östlich bei **Kam Tin** gelegene ummauerte Wehrdorf **Kat Hing Wai** ⑮ des Tang-Clans, mit Gassen und Souvenirshops.

★★HONGKONGS INSELWELT

Eine willkommene Abwechslung vom Großstadttrubel stellen die nahegelegenen, mit der Fähre leicht erreichbaren **★★Outlying Islands** dar. Hongkong hat 235 vorgelagerte Inseln, von denen die größeren wie Lantau, Cheung Chau und Lamma bewohnt sind. Mit ihren herrlichen **Sandstränden**, großteils auf Stelzen gebauten **Fischerdörfern**, alten Pagoden, malerischen **Häfen**, exzellenten **Fischrestaurants**, rauen Felsküsten und angenehmen **Wanderwegen** wie dem 70 km langen *Lantau Trail* mit viel unberührter Natur eignen sie sich gut für einen Tagesausflug.

★Lantau

Ungefähr doppelt so groß wie Hong Kong Island ist das zerklüftete **★Lantau** mit seiner wunderschönen hügeligen Landschaft, in der sich auch der 934 m hohe **Lantau Peak**, der höchste Berg Hongkongs, erhebt. Trotz des 1998 eröffneten, von Sir Norman Foster konzipierten **Hong Kong International Airport** ⑯, für den durch Landaufschüttung die Inseln Lantau und **Chek Lap Kok** miteinander verbunden wurden, konnte sich Lantau weitgehend seinen ruhigen Charakter bewahren.

Die Fähren vom Central (Pier 6; Fahrzeit 30-60 Min.) legen in dem Dorf **Mui Wo** ⑰ an, das wegen dem reizvollen **Sandstrand** in der **Silvermine Bay** einen Aufenthalt lohnt. Ein *shark prevention net* schützt – wie an allen Hauptstränden der Outlying Islands – vor Haiattacken.

Bus Nr. 1 fährt von Mui Wo zum noch schöneren und mit knapp 3 km auch längeren hellsandigen **★Strand von Cheung Sha** ⑱, an dem man unterhalb des **Sunset Peak** (869 m) in herrlicher Umgebung baden, relaxen, picknicken oder spazierengehen kann. Viele Hongkonger kommen an Feiertagen und Wochenenden hierher.

Zum Mittagessen laden die kantonesischen **Seafood-Restaurants** am pittoresken **Hafen** von **★Tai O** ⑲ ein, einem der letzten echten Fischerdörfer Hongkongs. Die Attraktion des schönen Orts, der halb auf Lantau, halb auf einer kleinen Insel liegt, sind die **★Stilt Houses**, weit auf das Wasser hinausragende Stelzenhäuser. Ihre Bewohner – teils noch Angehörige des alten Seefahrervolks der Tanka – leben von der Fischerei und stellen Garnelenpaste her, die sie an Besucher verkaufen. Bei einem Bummel über die **Fußgängerbrücke** hinüber zur traditionellen Inselsiedlung stößt man am Marktplatz auf den kleinen **Kwan Ti Temple**, der dem Gott der Redlichkeit und des Krieges geweiht ist. Die Fischer von Tai O bieten Bootsausflüge zu den Chinesischen Weißen Delfinen an, die sich in den seichten Küstengewässern tummeln.

Das Highlight der Insel ist das **★★Po Lin Monastery** ⑳ („Kloster des kostbaren Lotos") auf einer Hochebene (Bus Nr. 2). Die meisten Pilger und Touristen zieht es gleich zum 27 m hohen **★★Bronze-Buddha**, seit der Vollendung 1993 eines der Wahrzeichen Hongkongs, den man über 268 Stufen erreicht. Auf einem Lotosthron sitzt der

HONGKONG: LANTAU

Erleuchtete meditierend, umgeben von sechs **Bodhisattva-Figuren** im Opfergestus. Buddhisten aus der ganzen Welt stifteten diesen Big Buddha, mit 200 t eine der größten und schwersten Bronzeskulpturen überhaupt. Die Statue kann innen bestiegen werden, und im Eintritt ist in der Regel auch ein vegetarisches Mahl im großen Speisesaal des **Klosters** inbegriffen.

Tolle, immer wieder wechselnde Ausblicke auf das Meer und die bewaldeten Hügel verspricht die 25-minütige Fahrt mit der ***Ngong Ping 360**: Auf 5700 Metern Länge verbindet diese **Kabinenseilbahn** das Plateau mit **Tung Chung** ⑦, einer wegen der Flughafennähe rasch wachsenden Satellitenstadt. Von hier kommt man mit der MTR über die **Tsing Ma Bridge**, mit 2,2 km eine der längsten Hängebrücken der Welt, schnell wieder in das Zentrum Hongkongs.

Jede Menge Abwechslung und Spaß für Kinder bietet das 2005 eröffnete ***Hong Kong Disneyland** ⑦ im Norden von Lantau. Auf dem 126 ha großen Vergnügungs- und Freizeitpark mit vielen Restaurants, Kiosken, Shops und Fahrmöglichkeiten kann man spielend einen ganzen Tag verbringen. So schütteln einem in der **Main Street, U.S.A.** Mickey Mouse, Pluto und Donald Duck die Hand, während im **Adventureland** mit dem Tarzan Island eine Jungle River Cruise begeistert. Roboter servieren im **Tomorrowland** Hamburger und Pommes, und im Sleeping Beauty Castle im **Fantasyland** fühlen sich Jungen und Mädchen wie Prinzen und Prinzessinnen. Auf der neuen, der Völkerverständigung gewidmeten Themenfahrt **It's a Small World** ertönt das gleichnamige Lied in neun Sprachen – auch auf Kantonesisch und Mandarin.

**Cheung Chau

Oben: Das Po Lin Monastery auf Lantau überragt ein riesiger Bronze-Buddha, eines der Wahrzeichen Hongkongs.

Trotz vieler Wochenendausflügler beschaulich geblieben ist die Insel ****Cheung Chau** ⑦, ein Ruhepol, ver-

HONGKONG: CHEUNG CHAU / LAMMA

glichen mit dem hektischen Kowloon. Hier – je nach Bootstyp nur 30-60 Minuten von Central entfernt – stehen Gelassenheit und Freude an den einfachen Dingen des Lebens im Vordergrund. Und so gibt es in ***Cheung Chau**, dem Hauptort an der schmalsten Stelle der mit 35 000 Einwohnern dicht besiedelten Insel, keine Autos oder Mopeds, nur Lastendreiräder. Man nimmt ein Leihfahrrad (an der Promenade) oder ein Fahrradtaxi, oder man erkundet zu Fuß die engen Gassen und die Uferstraße, die ***Pak She Praya Road** mit dem **Fähranleger**. Etliche **Restaurants** servieren hier Seafood, das man im Freien unter Sonnenschirmen mit Blick auf die im ***Hafen** schaukelnden Boote genießt. Man kann Fisch *à la carte* bestellen oder selbst im Wasserbecken aussuchen und nach Wunsch zubereiten lassen. Zum ausgiebigen Bummeln und Stöbern laden die **Shops** mit Obst, Gemüse und viel Schnickschnack in den Gassen im Zentrum ein.

Am nördlichen Ende der Uferpromenade liegt der **Pak Tai Temple** aus dem 18. Jh. Einer daoistischen Legende zufolge besiegte der Herrscher über den dunklen Norden mit 12 himmlischen Legionen die Mächte des Bösen. Fröhlicher ist die Stimmung beim **Bun Festival** im April oder Mai, wenn am Ende des Opferfests frische Brötchen unter den Besuchern verteilt werden.

An der schmalsten Stelle der Insel führt die Tung Wan Road zum langen ***Tung Wan Beach**, einem gepflegten, etwa 15 m breiten Sandstrand – der ideale Platz, um sich im warmen Wasser zu erfrischen, Mahjong zu spielen, Sandburgen zu bauen und einfach nur im Liegestuhl zu dösen.

Jenseits einer Landzunge liegt der kleinere **Kwun Yam Beach** mit einer Sportschule, ein Eldorado für Surfer. Ein **Denkmal** ehrt Lee Lai-shan, die 1996 in Atlanta die Goldmedaille in Windsurfing gewann.

Ein schöner Spaziergang führt entlang des Hafenbeckens zur Südspitze der Insel, zum **Tin Hau Temple** und weiter zur kleinen **Cheung Po Tsai Cave**. In dieser Höhle soll sich im 18. Jh. der Pirat Cheung Po Tsai versteckt haben, der mit 300 Schiffen die Gewässer des Südchinesischen Meeres unsicher machte.

*Lamma

Die dritte sehenswerte Insel ist ***Lamma** (74), autofrei und nur 30 Minuten von Central oder Aberdeen entfernt. Das bewaldete, nur von etwa 8000 Menschen bewohnte Eiland war Anfang der 1970er Jahre ein bevorzugtes Ziel von Hippies. Trotz eines Kraftwerks und etlicher Neubauten ist Lamma mit seinen malerischen Buchten, angenehmen Sandstränden und einladenden Fischrestaurants noch immer ein geschätztes Naherholungsziel. Man nimmt die Fähre zum Hauptort **Yung Shue Wan**, wandert auf dem betonierten ***Family Trail** (5 km, ohne Badestopps 2 Stunden) über die Insel nach Sok Kwu Wan und genießt dort vor der Rückfahrt leckere Meeresfrüchte.

Etwas Hippieflair hat sich in Yung Shue Wan erhalten, am nahen **Power Station Beach** steigen manchmal noch Vollmondpartys. Bars, Läden mit Billigschmuck und Souvenirs, Fast-Food- und gute **Fischrestaurants**, zum Teil schön am Wasser auf Pfählen errichtet, und ein kleiner **Tin Hau Temple** (etwas außerhalb) säumen die enge Main Street.

Die Badesachen sollte man am feinsandigen ***Hung Shing Yeh Beach** auspacken, dem schönsten Strand der Insel, mit Kiosken und Fischlokalen.

Sok Kwu Wan, der Endpunkt des *Family Trail*, lockt ebenfalls mit einladenden **Seafood-Restaurants**.

Die meisten Ausflügler nehmen von Sok Kwu Wan gleich die Fähre zurück nach Central. Alternativ kann man noch ein Stück weiter zum ***Mo Tat Wan Beach** spazieren und von dort nach Aberdeen übersetzen.

Stadtplan S. 164-165, MTR-Plan S. 166, Info S. 202-205

HONGKONG (☎ 00852)

 Hong Kong Tourist Board (HKTB): www.discoverhongkong.com
Hong Kong International Airport: tägl. 7-23 Uhr.
Star Ferry Terminal: Tsim Sha Tsui, Kowloon, tägl. 8-20 Uhr.
MTR Station (Exit F): Causeway Bay, Hong Kong Island, tägl. 8-20 Uhr.
Mehrsprachige Besucher-Hotline: 00852/ 25 08 12 34, tägl. 8-18 Uhr.

STADT- UND HAFENRUNDFAHRT: Eines der eindrucksvollsten Erlebnisse eines Hongkong-Besuchs ist eine Hafenrundfahrt mit der **Star Ferry**. Nähere Infos zu den verschiedenen Tages- und Abendtouren unter www.starferry.com.hk/harbourtour, Tel. 21 18 62 01, oder beim HKTB.

KOSTENLOS KULTUR ERLEBEN: So lautet das Motto eines umfangreichen Programms, bei dem Sie an einer Teezeremonie teilnehmen oder mit der Dschunke *Duk Ling* über den Hafen setzen können. Hinter die Kulissen der Kanton-Oper blicken oder morgens die alte Kunst des Tai Chi (Schattenboxens) üben – alles ist gratis möglich, lediglich eine frühzeitige Anmeldung beim HKTB ist erforderlich.

 FESTE UND FEIERTAGE: Traditionelle chinesische Feste richten sich nach dem Mondkalender und variieren daher von Jahr zu Jahr. Aktuelle Daten erfährt man beim HKTB und unter www.discoverhongkong. com/eng/showtime/calendar.
Neujahr (1. Januar).
Chinesisches Neujahr (Cheun Jit / Chun Jie; 1. Tag des 1. Mondmonats; 26.1.2009, 14.2.2010): Das mit Abstand wichtigste, drei Tage dauernde chinesische Fest, an dem auch viele Auswanderer ihre Familien zu Hause besuchen; Paraden mit Festwägen, Blumenmärkte und Riesenfeuerwerk am Victoria Harbour; fast alle Geschäfte sind an diesen Tagen geschlossen.
Hong Kong City Fringe Festival (Ende Januar / Anfang Februar; www.hkfringe.com. hk): Dreiwöchiges Kulturfestival mit Ausstellungen, Tänzen, Straßentheater und Komödien mit in- und ausländischen Künstlern.
Laternenfest (Yuen Siu / Yuan Xiao Jie; 15. Tag des 1. Mondmonats; Februar): Restaurants, Straßen und Wohnungen schmückt man am Ende des Neujahrsfestes mit roten Laternen als Glückssymbolen.
Hong Kong Arts Festival (Februar / März; www.hk.artsfestival.org): 4 Wochen lang Konzerte, Opern, Theater, Zirkus und Ballett auf höchstem Niveau mit international renommierten Künstlern und Musikern.
Geburtstag von Tin Hau (23. Tag des 3. Mondmonats; April): Prozessionen und Bootsfahrten zu Ehren der Schutzgöttin der Seefahrer; besonders prächtige Feiern im Süden von Hong Kong Island und auf den Inseln.
Bun Festival (4. Mondmonat; Ende April / Anfang Mai; www.cheungchau.org): Sechstägiges Opferfest mit Karnevalscharakter und drei hohen Türmen aus Brötchen, die man am Ende der Feierlichkeiten verteilt (beim Pak Tai-Tempel auf Cheung Chau).
Fest der Klarheit (Ching Ming; 4. oder 5. April): Beim chinesischen Totenfest besuchen Familien die Gräber ihrer Vorfahren.
Hong Kong International Film Festival (März / April; www.hkifff. org.hk): Eines der bedeutendsten Filmfestivals überhaupt, bei dem an verschiedenen Orten (u. a. Hong Kong Cultural Center und City Hall) rund 300 Neuproduktionen aus der ganzen Welt vorgestellt werden.
Geburtstag von Guanyin (März / April): Buddhisten gedenken mit Tempelfesten der Göttin der Barmherzigkeit.
Tag der Arbeit (1. Mai).
Le French May Festival of Arts (Mai; www. frenchmay.com): Exilfranzosen feiern die *Grand Nation* mit Ausstellungen, Theater, Musik und Tanz.
Geburtstag von Buddha (Fat Daan; 8. Tag des 4. Mondmonats; Mai): Einer der wichtigsten chinesischen Festtage mit Prozessionen in den Tempeln.
Drachenbootfest (Tuen Ng / Duan Wu Jie; 5. Tag des 5. Mondmonats; Anfang Juni): Rennen mit 15-20 m langen Ruderbooten zur Erinnerung an den Gelehrten Qu Yuan (3. Jh. v. Chr.); zahlreiche Veranstaltungsorte, beson-

HONGKONG

ders spektakulär im Victoria Harbour und auf Cheung Chau.

International Arts Carnival (Juli / August; www.hkiac.gov.hk): Mehrere Wochen Spaß und Unterhaltung mit Akrobatik- und Zirkusshows, Puppentheater, Clowns und vielem mehr – das wohl schönste Hongkong-Erlebnis für Kinder.

Hong Kong Special Administrative Region Establishment Day (1. Juli): Das große Fest mit Feuerwerk gedenkt der Rückgabe Hongkongs an China 1997.

Hong Kong Shopping Festival (Juli / August): Zahlreiche Rabatte und Sonderangebote machen das Shopping-Eldorado Hongkong noch attraktiver.

Mondfest / Mid-Autumn Festival (Jung Chau Jit; September / Oktober; 15. Tag des 8. Mondmonats): Eine Art Erntedankfest, bei dem chinesische Familien zusammenkommen, die Schönheit des Vollmondes würdigen und gemeinsam Mondkuchen essen.

Chinesischer Nationalfeiertag (1. Oktober): Gedenken an die Ausrufung der VR China durch Mao Zedong 1949.

Chinese Arts Festival (Oktober/November): Chinesen aus aller Welt feiern vier Wochen lang mit Events die chinesische Kultur.

Laba-Fest (Lap Bat; 8. Tag des 12. Mondmonats; Dezember/Januar): Zeremonien buddhistischer Mönche feiern den Tag, an dem Buddha die Unsterblichkeit erlangt haben soll.

PFERDERENNEN: Pferdewetten sind neben dem Big Business die große Leidenschaft der Hongkonger. Die Rennen finden am Wochenende und am Mittwoch statt, abwechselnd im Hippodrom von **Sha Tin** in den New Territories und im **Happy Valley Racecourse** auf Hong Kong Island: 2 Sports Road, www.happyvalleyracecourse.com; zu erreichen per Tramway.

WANDERN: Die **New Territories** und die **Outlying Islands** mit ihren Naturschutzgebieten eignen sich sehr gut für kurze oder längere Wanderungen abseits des Großstadttrubels. Tourenvorschläge finden Sie in der beim HKTB erhältlichen Broschüre *Hong Kong Walks*.

HONG KONG ISLAND

CENTRAL, SHEUNG WAN, ADMIRALITY UND WAN CHAI

STRASSENBAHN UND PEAK TRAM: Seit 1904 verkehrt die nostalgische **Straßenbahn** (**Tramway**) auf Hong Kong Island zwischen dem Viertel Kennedy Town im Westen und Shau Kei Wan im Osten; besonders schön ist die Fahrt im Central und Admirality District. Man steigt hinten ein und bezahlt beim Aussteigen; wie im Bus gibt es kein Wechselgeld, immer Kleingeld bereithalten! (Fahrpreis: 2 HK-$; www.hktramways.com) Ein ebenfalls sehr traditionsreiches Verkehrsmittel ist die **Peak Tram**, die täglich von 7-24 Uhr von der Lower Peak Tram Station in der Garden Road in 8 Minuten zum Peak Tower auf dem Victoria Peak hinaufführt (Bus 15C; www.thepeak.com.hk).

MUSEEN: **Hong Kong Arts Centre**: 2 Harbour Road, www.hkac.org.hk, MTR Station: Admirality.
Madame Tussaud's Hong Kong: 128 Peak Road, The Peak Tower, Shop P101, www.madame-tussauds.com.hk.
Museum of Teaware: 10 Cotton Tree Drive, Flagstaff House im Hong Kong Park, Central, http://hk.art.museum, Mi-Mo 10-17 Uhr, Di und erste drei Tage des Chinesischen Neujahrs geschlossen; MTR Station: Admiralty.
The K. S. Lo Gallery: Mi-Mo 10-17 Uhr, Di geschlossen; **Teehaus**: Mo-So 10-22 Uhr.

MODERNE ARCHITEKTUR:
Bank of China Tower: 1 Garden Road, Central, Tel. 28 26 66 68, www.bochk.com, Aussichtsplattform (*sky lobby*) in 43. Stock Mo-Fr 9-18 und Sa 9-13 Uhr, So und Fei geschl.; Aussichtsplattform im 70. Stock nur nach Voranmeldung; MTR Station: Central.
Central Plaza: 18 Harbour Road, Wan Chai, www.centralplaza.com.hk, Aussichtsterrasse (*sky lobby*) im 47. Stock, Mo-Fr 9-20 Uhr, Sa/So geschlossen; MTR Station: Wan Chai.
Exchange Square: 8 Connaught Place, Innenbesichtigung nur nach telef. Reservierung 5 Tage zuvor, Tel. 25 22 11 22; MTR: Central.
Hong Kong and Shanghai Bank (HSBC): 1 Queen's Road, Central, www.hsbc.com,

HONGKONG

Atrium zu den Schalterzeiten frei zugänglich; MTR Station: Central.
Hong Kong Convention and Exhibition Centre: 1 Harbour Road, Wan Chai, www.hkcec.com; MTR Station: Wan Chai.
Lippo Centre: 89 Queensway, Central, MTR Station: Admiralty.
Peak Tower: 128 Peak Road; Peak Tram.
Two IFC und IFC Mall: 8 Finance Street, Central, Tel. 22 95 33 08, www.ifc.com.hk, tägl. 10-22 Uhr; MTR Station: Central; Star Ferry: Central.

KOLONIAL- UND SAKRALBAUTEN:
Flagstaff House: 10 Cotton Tree Drive, im Hong Kong Park, Central, http://hk.art.museum, Mi-Mo 10-17 Uhr, Di und erste drei Tage des Chinesischen Neujahrs geschlossen; MTR Station: Admiralty.
Government House: Upper Albert Road; MTR: Central.
Legislative Council: 8 Jackson Road, Central, www.legco.gov.hk; MTR Station: Central.
Man Mo Temple: 124-126 Hollywood Road, tägl. 8-18 Uhr; Bus: 26.
St. John's Cathedral: 4-8 Garden Road, tägl. 7-18 Uhr, www.stjohnscathedral.org.hk; Bus 15C ab Star Ferry Pier bis Lower Peak Tran Station.

PARKS UND GÄRTEN:
Hong Kong Park: im Zentrum von Central, mehrere Eingänge in der Kennedy Road und Cotton Tree Drive, 6-23 Uhr, www.lcsd.gov.hk/parks/hkp/en/index.php.
Zoological and Botanical Gardens: Upper Albert Road, Central, 6-18 Uhr.
Kowloon Park, Nathan Road, Tsim Sha Tsui, 6-24 Uhr.

General Post Office: 2 Connaught Road, Central, Hong Kong Island, Mo-Fr 8-18 Uhr und Sa 8-14 Uhr.

MASSAGEN: **Eagle Century Club**: 323 Queens Road, Central, Terminvereinbarung unter Tel. 21 56 28 60 oder 21 56 28 68 erwünscht, herrliche Fuß und Thai-Massagen nach einem anstrengenden Tag im Großstadt-Dschungel garantieren das gut ausgebildete Personal.

ABERDEEN / OCEAN PARK
BUS: 70 oder 70M ab MTR Station Hong Kong, 70, 36A oder 37B ab MTR Station Admirality.

Sampan Tour: Am östlichen Ende der Aberdeen Praya Road laden Bootsbesitzer zu einer kleinen Hafenrundfahrt ein (ab ca. 50 HK-$).

Ocean Park: Ocean Park Road, Aberdeen, Hong Kong Island, Tel. 25 52 02 91, www.oceanpark.com.hk, tägl. 10-18 Uhr, mit dem Ticket kann man fast alle Fahrgeschäfte nutzen. Bus 73, 973 oder Sonderbus 629 ab MTR Station Admiralty (Ausgang B) oder ab Star Ferry.

DEEPWATER BAY / REPULSE BAY
BUS: 6,6X, 66 oder 260 ab MTR Station Hong Kong (Ausgang D).

STRÄNDE: Hauptattraktion beider Buchten sind die feinsandigen Strände, die an Feiertagen und Wochenenden sehr voll sind.

STANLEY
BUS: 6, 6A, 6X, 66 oder 260 ab MTR Station Hong Kong (Ausgang D); grüner Minibus 40 ab MTR Station Causeway Bay (Ausgang B).

Hong Kong Maritime Museum: Murray House am Hafen, www.hkmaritimemuseum.org, Di-So und Fei 10-18 Uhr, Mo und erste zwei Tage des Chinesischen Neujahrs geschlossen.

Stanley Market: im Ortszentrum, tägl. 9-18 Uhr.

SHEK O
BUS: 9 ab MTR Station Shau Kei Wan.

STRAND: Der 300 m lange **Shek-O-Beach** ist aufgrund der Randlage im Südosten von Hong Kong Island einer der ruhigsten.

HONGKONG

KOWLOON / NEW KOWLOON

MUSEEN: **Hong Kong Museum of Art**: 10 Salisbury Road, Tsim Sha Tsui, Kowloon, http://hk.art.museum, Fr-Mi 10-18 Uhr, Do und erste zwei Tage des Chinesischen Neujahrs geschlossen, Café: 10-21 Uhr, Book Shop 10-18.30 Uhr. **Hong Kong Space Museum**: 10 Salisbury Road, Tsim Sha Tsui, Kowloon, http://hk.space.museum, Mo und Mi-Fr 13-21 Uhr, Sa/So und Fei 10-21 Uhr. **Hong Kong Museum of History**: 100 Chatham Road South, Tsim Sha Tsui, Kowloon, http://hk.history.museum, Mo und Mi-Sa 10-18 Uhr, So und Fei 10-19 Uhr, Di und erste zwei Tage des Chinesischen Neujahrs geschlossen. **Hong Kong Science Museum**: 2 Science Museum Road, Tsim Sha Tsui, Kowloon, http://hk.science.museum, Mo-Mi und Fr 13-21 Uhr, Sa/So und Fei 10-21 Uhr, Do und erste zwei Tage des Chinesischen Neujahrs geschlossen.

SAKRALBAUTEN:
Kowloon Mosque: 105 Nathan Road, tägl. 5-22 Uhr, freitags nur für Muslime; MTR Station: Tsim Sha Tsui. **Tin Hau Temple**: Public Square Street & Nathan Road, tägl. 8-18 Uhr; MTR Station: Yau Ma Tei.
Wong Tai Sin Temple: Lung Cheung Road, tägl. 7-18 Uhr; MTR Station: Wong Tai Sin.

PARKS UND GÄRTEN:
Kowloon Park: 22 Austin Road, Zugang auch von der Nathan Road, tägl. 6-24 Uhr; MTR Station: Tsim Sha Tsui oder Jordan.
Kowloon Walled City Park: Tung Tau Tsuen Road, New Kowloon, tägl. 6.30-23 Uhr; Bus 1 ab Star Ferry bis Tung Tau Tsuen Road.

Tsim Sha Tsui Post Office: 10 Middle Road, Tsim Sha Tsui, Kowloon, Mo-Fr 8-18 Uhr und Sa 8-14 Uhr.

NEW TERRITORIES

Durch die New Territories führt die **Kowloon-Canton-Railway** (**KCR**), die die Station Tsim Sha Tsui East mit Lo Wu unweit der Industriestadt Shenzhen verbindet.

Monastery of the 10 000 Buddhas: Pai Tau Street, Sha Tin, täglich 9-18 Uhr, www.10kbuddhas.org; KCR Station: Sha Tin.
Ping Shan Heritage Trail: Westlich von Yuen Long; von der Light Rail Station Ping Shan etwa 1 km zur KCR West Rail Station Tin Tsui Wai oder umgekehrt.
Kat Hing Wai: bei Kam Tin; KCR West Rail Station Kam Sheung Road, KCR Station Kam Sheung Road oder Bus 64K von KCR Station Tai Po Market.

LANTAU ISLAND

Fähren von Pier 6 in Central nach Mui Wo; weiter mit **Bus** 2 zum Po Lin Monastery mit dem Big Buddha. Alternativ mit der MTR nach Tung Chung, weiter mit der **Kabinenseilbahn** *Ngong Ping 360* oder mit **Bus** 23. Nach Tai O Bus 1 von Mui Wo.

STRÄNDE: Lantaus Südostküste lädt mit den beiden Sandstränden **Silvermine Bay** und **Cheung Sha** zu Beach Life und Relaxen ein.

Hong Kong Disneyland: im Norden von Lantau, tägl. 10-20 Uhr, Tickets Mo-Fr Erw. 295 und Kinder 210 HK-$, Sa/So u. Fei 350 bzw. 250 HK-$, http://park.hongkongdisneyland.com; MTR Station: Sunny Bay, weiter mit Disneyland Resort Line.

CHEUNG CHAU

Fähren ab Pier 5 in Central; je nach Bootstyp 30-60 Minuten Fahrzeit.

STRÄNDE: Neben Badegästen und Sonnenanbetern schätzen auch Windsurfer die reizvollen Strände von **Tung Wan** und **Kwun Yam** an der schmalsten Stelle der Insel.

LAMMA ISLAND

Fähren vom Chuen Kee Ferry Pier in Aberdeen nach Mo Tat Wan und Sok Kwu Wan, von Pier 4 in Central nach Yung Shue Wam und Sok Kwu Wan; 15 bis 30 Min. Fahrzeit.

STRÄNDE: Lamma bietet mit **Hung Shing Yeh**, **Lo So Shing** und **Mot Tat Wan** drei sehr schöne, gepflegte Strände.

ESSEN GEHEN IN HONGKONG

Mit ca. 11 000 Restaurants und Garküchen ist Hongkong ein Eldorado für Gourmets: Es bietet chinesische ebenso wie internationale Gaumenfreuden; ideal, um die verschiedenen chinesischen Regionalküchen zu probieren.

Chinesen sind Frühaufsteher und frühstücken dementsprechend zeitig: zwischen 6.30 und 7.30 Uhr. Das typische chinesische Frühstück besteht aus einer wässrigen Reissuppe (*xi fan*) und verschiedenen pikant eingelegten Gemüsesorten (*pao cai*). Gern isst man auch **Yau Char Gwai**, wörtlich etwa „in Öl gebratener Teufel": Dafür wird ein längliches Stück Teig in Fett ausgebacken, man isst es dann pur oder mit Sojasoße.

Die Mittagstischzeiten der traditionellen chinesischen Restaurants liegen zwischen 11 und 14.30 Uhr, während man abends zwischen 18 und 22.30 Uhr essen geht. Viele, vor allem westliche, Restaurants haben aber den ganzen Tag über, oft sogar bis zum frühen Morgen, geöffnet.

Chinesen essen am liebsten auswärts, und das fängt schon morgens an. Ein Frühstück in einem der unzähligen Cafés ist nicht teurer als der Einkauf im Supermarkt, und die Dichte an Kettenrestaurants enorm – von den schlichten, unterkühlten Outlets von McCafé über die allgegenwärtigen Filialen von Starbucks bis hin zu Stehcafés wie Pret a Manger. Andere Ketten für den kleinen Hunger zwischendurch sind Oliver's Super Sandwich, Delifrance oder Café de Coral; man findet sie in den meisten Einkaufszentren und vielen Bürohochhäusern.

In vielen Restaurants gibt es preiswerte Mittagsmenüs, die etwa zwischen 40 und 100 HK$ kosten. Im Preis enthalten ist entweder Wasser, das unentgeltlich nachgeschenkt wird, oder Tee. Softdrinks oder Bier kosten fast immer mehr als das eigentliche Menü. Besonders preiswert isst man in einem der vielen Nudelshops, die es vor allem in der Nähe von Büro- und Einkaufszentren gibt. Allerdings sollte man zeitig kommen, denn ab 13 Uhr ist in den Büros Mittagspause, und dann bilden sich vor den Nudelshops schnell riesige Schlangen.

Auch am Abend bieten viele Restaurants mindestens ein preiswertes Menü zwischen 80-200 HK$ an. Wer dann noch zur Happy Hour kommt – in den meisten Lokalen zwischen 17 und 21 Uhr – zahlt für viele Getränke nur die Hälfte.

Die beliebteste Spezialität Hongkongs ist kantonesisches **Dim Sum**, in übereinandergestapelten Bambuskörbchen gedämpfte Teigtaschen mit verschiedenen Füllungen (u. a. Schweinefleisch, Garnelen und Gemüse). Es wird in der Regel nur von morgens bis etwa 15 Uhr serviert und war ursprünglich eine „Yum Cha"-(Teehaus-)Spezialität. **Won Ton** sind unterschiedlich gefüllte Teigtaschen in heißer Brühe.

Als berühmteste und teuerste Spezialität der Stadt gilt **Ah Yat Abalone** (Seeschnecke nach Art des Hauses Yeung Koon Yat). Ebenfalls kein Alltagsgericht sind **Vogelnester** (Bird's Nest), essbare Nester der etwa schwalbengroßen Salanganen, die in Suppenform auf den Tisch kommen. Deutlich weniger exotisch und dem westlichen Gaumen sicher auch zuträglicher ist das **Brisket of Beef**, ein Klassiker aus Hongkong, bei dem Rinderbrust bis zu acht Stunden lang langsam geschmort, mit fünf Gewürzen, Rohrzucker und Mandarinenschale abgeschmeckt und in der Tonkasserole serviert wird. Zu Reis oder Nudeln wird oft das leckere, vor dem Grillen in einer speziellen roten Marinade eingelegte **Char Siu** (kantonesisch geröstetes Schweinefleisch) in Scheiben gereicht. Zwei

Rechts: Dim Sum, gefüllte Teigtaschen, werden in aufeinandergestapelten Bambuskörbchen gedämpft.

ESSEN GEHEN IN HONGKONG

überaus populäre Hühnerfleischgerichte sind **Hainan Chicken**, eine köstliche Spezialität von der nahegelegenen Insel Hainan, für die das Huhn gedämpft und dann lauwarm in eine aromatische Soße aus Ingwer und Frühlingszwiebeln getunkt wird, und **Kung Pao Chicken**, benannt nach einem kaiserlichen Gouverneur der Provinz Sichuan, das aus scharf mariniertem, mit Erdnüssen und viel Chili gebratenem Hühnerfleisch besteht.

Neben diesen Spezialitäten gibt es natürlich auch die zahllosen Gerichte des Alltags. Lecker und preiswert ist **Chow Mein**, ein typisches Gericht der amerikanisch-chinesischen Küche. Es besteht aus gebratenen Nudeln mit Sojasprossen, Gemüse und Fleisch oder anderen Zutaten. Das Ganze gibt es auch mit gebratenem Reis, wobei sich der **Young Chow Fried Rice**, der berühmteste Reis Chinas, ganz besonderer Beliebtheit erfreut.

Weltbekannt ist das China-Gericht **Chop Suey**, ein Begriff, der im Chinesischen soviel wie „Essensreste" bedeutet. Tatsächlich handelt es sich um ein Gemisch aus Gemüse in einer braunen Soße. Für den kleinen Hunger zwischendurch gibt es schließlich noch die **Buns**, Teigklöße mit verschiedenen Füllungen.

Wer den Nachmittag nicht mit dem britischen **Afternoon Tea** (den man übrigens besonders stilvoll im Peninsula Hotel genießt) begehen möchte, der sollte sich in einem chinesischen Teehaus **Lai Wong Bao**, wörtlich „Puddingbrötchen", gönnen (mit einer Art Pudding gefüllte Teigklößchen) und dazu einen **Yuen Yeung** trinken, das Lieblingsgetränk vieler Hongkonger, das je zur Hälfte aus Milchtee und Kaffee besteht.

Die höchste Restaurantdichte findet man in den **Ausgehvierteln** von **Wan Chai**, **Chauseway Bay**, **Lan Kwai Fong** und **SoHo** (s. auch „Hongkong am Abend", S. 214) und in den großen **Shopping Malls**. Sehr stimmungsvoll ist auch die **Knutsford Terrace** in Kowloon. In den meisten Restaurants ist es üblich, am Eingang auf einen Angestellten zu warten, der einen zum Tisch führt.

Info S. 208–209

RESTAURANTS IN HONGKONG

HONG KONG ISLAND

CENTRAL, SHEUNG WAN, SOHO

Lin Heung Tea House: 160 Wellington Street. *Der* Insider-Tipp für authentisches Dim Sum. MTR Station: Sheung Wan.

Café Deco: Peak Galleria, Level 1 & 2, 118 Peak Road, Tel. 28 49 51 11, Mo-Do 11.30-23.30 Uhr, Fr-So 11.30-0.30 Uhr. Viele kommen nur wegen der unübertroffenen Aussicht auf die Skyline Hongkongs her, doch auch die leckeren internationalen Speisen sollten Sie sich nicht entgehen lassen, für den Abend unbedingt einen Fenstertisch reservieren! Peak Tram von der Garden Road bis Peak Tower.

Fat Angelo's: 49 Elgin Street, Central, www.fatangelos.com. In insgesamt sechs Restaurants in Hongkong bewirtet *Fat Angelo's* seine Gäste mit *cucina italiana*, und in allen haben große Portionen Tradition. Besonders attraktiv mit nostalgischen Fotos und Flaschenregalen ist die Filiale in SoHo, direkt neben dem Central Mid-Levels Escalator.

Havana: 35 Elgin Street, SoHo, Central, www.havana.com.hk. Schon die schöne Kolonialfassade macht Lust auf das beste kubanische Restaurant der Stadt, der Renner sind der üppige *Castro Platter* und sonntags der *Buena Vista Social Club Brunch* mit karibischen Rhythmen, Mi halber Preis für Mojitos.

Le Tire Bouchon: 45A Graham Street, Central, www.letirebouchon.com.hk, Tel. 25 23 54 59, Mo-Fr mittags und abends, Sa nur abends, So geschl. Französische Haute Cuisine vom Feinsten verspricht der „Korkenzieher", wöchentlich wechselndes Set Lunch, imposante Getränkekarte mit französischen und belgischen Bieren sowie 180 Weinen aus der ganzen Welt; MTR Station: Central.

The Grand Stage: 323 Des Voeux Road, Central, Western Market, 2. Obergeschoss. Nach einem Shoppingbummel preiswert speisen in Kolonialatmosphäre – empfehlenswert sind z. B. Dim Sum mit Kammuschelfleisch (*steamed scallop dumplings*) und der Biskuitkuchen auf malaysische Art (*malaysian sponge cake*); MTR Station: Sheung Wan.

WAN CHAI, CAUSEWAY BAY

Moon Garden Tea House: 5 Hoi Ping Road, Causeway Bay. Lust auf eine Auszeit von Shopping und Großstadtdschungel? Dann ist dieses entspannte, kultivierte Teehaus genau das Richtige. Man trinkt die köstlichen Tees – wie z. B. Mt. Lishan Oolong Tea – aus ganz kleinen Tassen, auch sehr gute Auswahl an schönen Teeservices; MTR: Causeway Bay.

Pasha Xinjiang Restaurant: Shop C1, C2 & D1, G/F, Cleveland Mansion, 5-7 Cleveland Street, tgl. 12-15 Uhr und 18-24 Uhr. Seidenstraße kulinarisch: Zu den herzhaften uigurischen Lammgerichten und köstlichen kasachischen Auberginenspeisen schmeckt Schwarzbier aus Xinjiang, das in hölzernen Schalen serviert wird. MTR: Causeway Bay.

Sakada: 28 Harbour Road, Wan Chai, Causeway Centre, Shop 3, tägl. 11.30-15 und 18-23 Uhr, nicht nur Sushi, auch mit Fleisch gefüllte Teigtaschen (*gyoza*), Teigbällchen mit Oktopusstücken (*takoyaki*) und andere Gaumenfreuden Nippons werden optisch ansprechend zubereitet; MTR Station: Wan Chai.

ABERDEEN

Jumbo Kingdom Floating Restaurant: Shum Wan Pier, Wong Chuk Hang, Mo-Sa 11-23.30 Uhr, So 7.30-23.30 Uhr, www.jumbo.com.hk. Eines der berühmtesten und daher sehr touristischen Restaurants in Hongkong, das auf Fisch und Meeresfrüchte sowie leckere Dim Sum (jeden So von 7.30-16.30 Uhr) spezialisiert ist – ein etwas kitschiger Mix aus pseudo-altchinesischem Stil und Mississippi-Dampfer mit bunten Leuchtröhren, Bus: 70, 70M ab MTR Station Hong Kong, 70, 36A, 37B ab MTR Station Admirality.

REPULSE BAY

The Verandah Restaurant: 109 Repulse Bay Road, Tel. 22 92 28 22, www.therepulsebay.com, Di-Sa 12-23 Uhr, So 11-23 Uhr, Mo (außer Fei) geschlossen. *The Verandah* im Kolonialstil ist die erste Adresse in Repulse Bay für stilvolles Speisen in angenehmer Atmosphäre, beliebt sind der von einer Jazz-Band begleitete Sonntags-Brunch und der tägliche *English Afternoon Tea*, für einen Long Drink ist die zugehörige *Bamboo Bar* mit gemütlichen Rattan-Stühlen der ideale Platz. Sandalen und zu legere Kleidung sind unerwünscht, Reservieren empfehlenswert; Bus: 6, 6A, 6X, 260.

RESTAURANTS IN HONGKONG

STANLEY

Mijas: Murray House, Stanley Plaza, Shop 102, www.kingparrot.com, Mo-Do 12-23.30 Uhr, Fr 12-24 Uhr, Sa 11-24 Uhr, So und Fei 11-23 Uhr. Tapas, Mariscos oder Paella – bei den „Lieblingen" (*mijas*) erleben Sie die unterschiedlichen spanischen und lateinamerikanischen Regionalküchen, besonders schön von der säulenbegrenzten Terrasse mit Aussicht auf den Hafen; Bus: 6, 6A, 6X, 66, 260.

KOWLOON

Felix: Gourmetlokal im vornehmen Peninsula Hotel, Salisbury Road, 28. Stock, tägl. 18-24 Uhr, Tel. 23 15 31 88. Schickes Philippe-Starck-Design, exzellente Speisen mit Eigenkreationen des Küchenchefs, herrliche Aussicht auf die beleuchtete Skyline von Central. MTR Station: Tsim Sha Tsui.

Ye Shanghai: 6/F, The Marco Polo Hotel, 3 Canton Road, tgl. 11.30-15 Uhr und 18-24 Uhr. Das Ambiente ist kühles Nouveau Chinois, aber auf den Tisch kommen köstliche, modern interpretierte Gerichte der ostchinesischen Huaiyang-Küche. Unbedingt probieren sollte man das berühmte Bettlerhuhn, geschmortes Schweinefleisch nach Su Dongpo oder Süßsauer-Fisch. MTR-Station: Tsim Sha Tsui.

Knutsford Terrace: Eine der schönsten Gegenden in Hongkong für ein Dinner im Freien, zwischen Observatory Road und Kimberley Road. Steigt man die Knutsford Steps hoch, hat man die Qual der Wahl zwischen japanischen, mexikanischen, indischen, italienischen, südostasiatischen (**La Cuisine de Mekong**, Nr. 15), karibischen oder internationalen (**Island Seafood & Oyster Bar, Nr. 10**) Spezialitäten, denn hier reihen sich etwa 20 Bars und Restaurants in autofreier Lage aneinander; MTR Station: Tsim Sha Tsui.

Relax for a While: Cheung Lee Commercial Building, 25 Kimberley Road, Tsim Sha Tsui. Preiswertes Restaurant mit typisch kantonesischen Gerichten und Nachspeisen sowie schnellem Service, sehr beliebt bei jungen Hongkongern mittags oder nach der Arbeit; MTR Station: Tsim Sha Tsui.

Peking Restaurant: 1/F, 227 Nathan Road, tgl. 11-23 Uhr. Hier gibt es nicht nur originale Peking-Ente zu ausgesprochen zivilen Preisen, sondern auch viele andere Spezialitäten der nordchinesischen Küche. MTR-Station: Jordan.

NEW TERRITORIES

Etliche gute Restaurants mit asiatischer und internationaler Küche findet man im neunstöckigen Gebäude „Phase 1" der großzügigen Shopping Mall **New Town Plaza** (Sha Tin Centre Street); auf dem Weg von der KCR Station Sha Tin zum Monastery of the 10 000 Buddhas.

LANTAU ISLAND

Fook Moon Lam: Tai O, 29 Tai O Market Street. Eines der besten Restaurants der Insel mit köstlichen Dim Sum (bis 10 Uhr morgens) und appetitlich arrangierten Meeresfrüchten; Bus: 1, 11, 21.

Tak Chai Kee Seafood: Mui Wo, 1 Chung Hau Road, tägl. 12-15 Uhr und 18-22 Uhr. Exzellente Fisch- und Kanton-Gerichte wenige Schritte vom Strand an der Silvermine Bay; Ferry: Lantau.

CHEUNG CHAU

Entlang der **Pak She Praya Road**, der Hafenpromenade mit dem Fähranleger, reihen sich zahlreiche sehr gute Seafood-Restaurants aneinander. In manchen Lokalen kann man sich den Fisch im Wasserbecken aussuchen und dann nach Wunsch zubereiten lassen. Empfehlenswert sind z. B. **Wellcome** beim Ferry Pier und **Hing Lok** weiter im Norden in Richtung Pak Tai Temple; Ferry: Cheung Chau.

LAMMA ISLAND

Die meisten Restaurants auf Lamma sind auf fangfrischen Fisch und köstliche Meeresfrüchte spezialisiert.

Man Fung Seafood Restaurant: Yung Shue Wan, 5 Main Street, tägl. 11-22 Uhr. Reizvolle Lage am Hafen unweit des Ferry Pier, bekannt für seine Riesengarnelen (Tiger Prawns); Ferry: Yung Shue Wan.

SHOPPING IN HONGKONG

Shop til you drop! – Kaum irgendwo kann man dies besser als im Einkaufsparadies Hongkong. Unzählige Läden und Kaufhäuser halten ein überwältigendes Angebot bereit. Und so verbringen auch viele Touristen ganze Tage in Mega-Malls und schicken Boutiquen – die einen auf der Suche nach dem neuesten Schrei von *Gucci*, *Prada* oder *Armani*, andere nach einem passenden Mitbringsel oder einem schönen Accessoire fürs Büro oder Wohnzimmer. Wieder andere bummeln einfach nur auf den für Hongkong so typischen, vielseitigen und stimmungsvollen Straßenmärkten (Street Markets) und in den Einkaufsvierteln Central und Wan Chai auf Hong Kong Island sowie entlang der Nathan Road und ihren Nebenstraßen in Tsim Sha Tsui und Yau Ma Tei in Kowloon.

Hongkong ist Freihafen, und so erhebt die Regierung – mit Ausnahme von Tabak, Alkohol, Kosmetik und Parfüm – keine Steuern auf die Waren. Ideal nicht nur für die Einheimischen, wenngleich die Preise in den letzten Jahren gestiegen sind.

Die beliebtesten Souvenirs sind neben eleganter chinesischer oder westlicher Mode der international führenden Marken auch Sportartikel, Schmuck, Uhren (Vorsicht: viele Fälschungen!) und klassisches Kunsthandwerk wie geschliffene Jade, Stickereien, Buddha-Figuren oder Email-Arbeiten. Für echte Antiquitäten dürfte in den meisten Fällen das Portmonee zu schmal sein, nicht jedoch für qualitätvolle Kunst- und Fotobände, aromatische Teesorten aus allen Regionen Chinas sowie zierliche und geschmackvoll dekorierte Teekannen.

Die großen Malls und Geschäfte in Hongkong sind auch sonntags geöffnet.

Rechts: Der Jade Market ist eine Fundgrube für Souvenirs von guter kunsthandwerklicher Qualität.

Die Öffnungszeiten sind kundenfreundlich: Große Kaufhäuser haben meist von 10 bis 21 oder 22 Uhr geöffnet, Geschäfte und kleine Läden häufig bis 23 Uhr. Man sollte aber nicht unmittelbar nach Büroschluss auf Einkaufstour gehen, denn dann strömen viele Millionen Hongkonger in die Läden, und überall ist es gestopft voll.

Einkaufstipps

Um die Shopping-Tour zu einem rundum tollen Erlebnis zu machen – ohne spätere böse Überraschungen – gibt das *Hong Kong Tourism Board* (HKTB) *A Guide to Quality Shops* heraus. Dieser Führer enthält hunderte Adressen von seriösen, geprüften Kaufhäusern und Läden, die auch mit dem Gütesiegel, einem stilisierten *Q*, werben dürfen. Denn betrügerische Händler gibt es viele, auch Kreditkartenmissbrauch kommt vor.

Oberstes Gebot vor größeren Einkäufen wie Uhren und Schmuck ist der Preisvergleich in mehreren Geschäften. Man sollte sich vor allem bei Kameras oder Computern, vor der Reise oder aktuell im Internet über das Preisniveau im Heimatland informieren – manch vermeintliches Schnäppchen erwies sich später schon teurer als zu Hause. Besondere Aufmerksamkeit beim Kauf elektronischer Geräte verdient das Zubehör, denn bisweilen ist gerade dieses übertuert oder nur von minderer Qualität. Bestehen Sie beim Kauf auch auf einer Quittung, auf der der Artikel detailliert beschrieben ist, sowie auf einem international gültigen Garantieschein, bei der die Nummer des Gerätes mit der des Scheins übereinstimmt. Es kommt vor, dass gefälschte Produkte in Originalverpackungen über die Theke gehen.

Nehmen Sie sich für Ihre Einkäufe genügend Zeit, denn in Hongkong – mit Ausnahme von Boutiquen und Kaufhäusern – gehört das Handeln dazu, vor allem auf den Märkten.

Info S. 212-213

SHOPPING IN HONGKONG

Und sollte es trotz aller Umsicht einmal Grund zu einer Beschwerde wegen der Ware oder dem Verkäufer geben, stehen die Verbraucherzentrale (Consumer Council, Tel. 29 29 22 22) und HKTB (Tel. 25 08 12 34) mit Hotlines hilfreich zur Seite.

Was ist wo zu finden?

Alle in der Mode international führenden Designerlabels sind in den riesigen Shopping Malls mit Outlets vertreten. **Ausgefallene Modegeschäfte**, die Kollektionen jenseits der bekannten und in Hong Kong allgegenwärtigen Markenfilialen anbieten, findet man in Soho und hier vor allem in der **Staunton Street**, aber auch rund um die **Paterson Street**, die **Great George Street** und **Times Square** in Causeway Bay.

Preiswerte **Kleidung** sowie **Sport- und Outdoor-Artikel** findet man auf dem **Stanley Market** im Süden von Hong Kong Island, auf dem **Ladies' Market** in der Tung Choi Street und entlang der **Fa Yuen Street** in Mong Kok, im Norden von Kowloon.

Auf der Ausschau nach **Elektronikartikeln** jeder Art wie CD- und MP3-Player wird man im Viertel **Sham Shui Po** nördlich von Mong Kok fündig, und unweit des Ladies' Market in der **Sai Yeung Choi Street** bieten Händler auch Secong-Hand-Ware an.

Wer speziell an **Computern** interessiert ist, sollte die beiden **Computer Centres** in Mong Kok und Wan Chai aufsuchen. In einigen Straßen konzentrieren sich Läden für **Kameras und Fotozubehör**, darunter die **Stanley Street** in Central und die **Kimberley Road** in Tsim Sha Tsui.

Für **Antiquitäten** empfehlen sich vor allem die **Hollywood Road** und die **Cat Street** (Upper Lascar Row) in Central. Qualitätvolles Kunsthandwerk offerieren die Filialen von **Chinese Arts & Crafts**, und das beste Angebot an schön geschliffener **Jade** hält der **Jade Market** in Yau Ma Tai bereit.

Teure **Uhren** sowie **Schmuck** sollte man in seriösen Geschäften wie **Tse Sui Luen** oder **King Fook** kaufen.

Koffer und **Taschen** für Souvenirs findet man im Süden der Nathan Road.

Info S. 212-213

SHOPPING IN HONGKONG

EINKAUFSZENTREN:

Festival Walk: Festival Walk Tower, 80 Tat Chee Avenue, New Kowloon, tägl. 10-24 Uhr, www.festivalwalk.com.hk. Über 220 Boutiquen und Geschäfte, 27 Restaurants, ein Multi-Screen-Kino, Hongkongs größte Eislaufbahn und nicht zuletzt viel natürliches Licht machen Shoppen zu einem wahrhaft „festlichen Spaziergang"; MTR und KCR: Kowloon Tong.

Harbour City: 5 Canton Road, Tsim Sha Tsui, Kowloon, www.harbourcity.com.hk, tägl. 10-21 Uhr. In der größten Shopping Mall Hongkongs mit fast 800 Boutiquen und Geschäften und 5 Kinos kann man spielend einen ganzen Tag verbringen, die Hafenaussicht genießen und sich in den zahlreichen Restaurants kulinarischen Genüssen aus aller Welt hingeben; MTR Station: Tsim Sha Tsui.

IFC Mall: 8 Finance Street, Central, neben dem 1 IFC und dem Star Ferry Pier, tägl. 10.30-22 Uhr, www.ifc.com.hk. Mit rund 200 teuren Boutiquen eine der ersten Shopping-Adressen für internationale Designermode, Abwechslung vom Einkaufsstress am Fuß von Hongkongs höchstem Gebäude versprechen neben Restaurants auch Kinos und ein Fitness Centre; MTR: Central.

Pacific Place: 88 Queensway, Admiralty, tägl. 10.30-23 Uhr, www.pacificplace.com.hk. Piekfeine Shopping Mall mit vier Etagen, in denen Sie außer dem neuesten Schick von *Armani* und *Prada* auch Elektronik, Bücher, CDs und vieles mehr finden; im Untergeschoss viele Restaurants und Imbissstände; MTR: Admirality.

SOGO: 555 Hennessy Road, Causeway Bay, tägl. 10-22 Uhr, Filiale in 12 Salisbury Road, Tsim Sha Tsui, tägl. 10-22 Uhr. Mit fast 40 000 m^2 Verkaufsfläche auf 12 Etagen das bei weitem größte japanische Kaufhaus Hongkongs, seit seiner Erweiterung auch Jumbo SOGO genannt; MTR: Causeway Bay.

Times Square: 1 Matheson Road, Causeway Bay, tägl. 10-21 Uhr. Eine weitere Adresse für stundenlanges Shoppen – ob Bücher, Kinderbekleidung, Accessoires, Elektronikgeräte oder die letzte Kollektion von *Ferragamo* und *Gucci*; MTR: Causeway Bay.

MÄRKTE:

Bird Garden und Flower Market (s. S. 192): Flower Market Road, tägl. 7-20 Uhr. Auch wenn man als Tourist kaum Blumen oder Vögel kauft, lohnt ein Bummel entlang der Läden wegen des vielstimmigen Gepiepses und schöner Fotomotive; MTR: Prince Edward.

Cat Street (s. S. 172): Upper Lascar Row, Sheung Wan, tägl. 9-18 Uhr. Allerlei Kurioses und viel preiswerter Kitsch; Bus: 26.

Jade Market (s. S. 191): Kansu & Battery Streets, tägl. 10-17 Uhr, fein geschliffene Jade in allen möglichen Formen und Farben; MTR: Yau Ma Tei.

Ladies' Market (s. S. 192): Tung Choi Street, von der Argyle Street in südliche Richtung, tägl. 12-22.30 Uhr, preiswerte Kleidung auf einem stets lebhaften Straßenmarkt; MTR: Yau Ma Tei oder Mong Kok.

Stanley Market (s. S. 181): Stanley Village Road, tägl. 9-18 Uhr, im Ort Stanley im Süden von Hong Kong Island, ein buntes Allerlei und oft preiswerter als in Hongkong; Bus: 6, 6A, 6X, 260.

Night Market (s. S. 191): Temple Street, Jordan, tägl. 16-24 Uhr, viel Nützliches und noch mehr Überflüssiges – in jedem Fall toll wegen der lockeren nächtlichen Atmosphäre; MTR: Yau Ma Tei.

Western Market (s. S. 173): 323 Des Voeux Road Central & New Market Street, tägl. 9-19 Uhr, kleines Shopping Center im denkmalgeschützten Gebäude mit Restaurant *The Grand Stage* im 2. OG; MTR: Sheung Wan.

ANTIQUITÄTEN UND KUNSTHANDWERK:

Erlesene Antiquitäten wie Perlmutteinlagen, buddhistische Steinreliefs und Terrakotten der Tang-Dynastie finden Sie in zahlreichen Geschäften entlang der **Hollywood Road** und ihren Nebenstraßen in Central; dort informiert man Sie auch über die aktuellen Exportbestimmungen. Empfehlenswert ist:

Oi Ling Chiang: 52 und 85 Hollywood Road, www.oilingantiques.com.

Wattis Fine Art: 20 Hollywood Road, 2. Stock, Di-Sa 10-18 Uhr, So 13-17 Uhr, Eingang: Old Bailey Street, www.wattis.com.hk, alte Landkarten, Stiche und Fotos – hier werden die Opiumkriege und die britische Kolonialzeit wieder lebendig; Bus 26.

SHOPPING IN HONGKONG

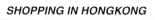

Asian Artworks Gallery: 109 Repulse Bay Road, Repulse Bay Courtyard, Shop G 101, www.asianartworks.com.hk, etwas klein und beengt, aber eine wahre Fundgrube für Möbel, Interieur und Kunsthandwerk aus Indonesien, Thailand, Vietnam, Laos und Myanmar, u. a. verzierte Lackdosen und Essstäbchen; Bus: 6, 6X, 66 oder 260.

Chinese Arts & Crafts: Pacific Place, 88 Queensway, Admirality, weitere Filialen u. a. im Asia Standard Tower, 59 Queen's Road, Central, tägl. 10.30-19 Uhr, hervorragendes chinesisches Kunsthandwerk wie Porzellan, Steinsiegel, Seiden und Stickereien; MTR: Admirality bzw. Central.

Ku Ngar Chap: 233 Queen's Road, Central, Inhaber Lam Kin Wang berät kompetent beim Kauf des richtigen Souvenirs, ob altes Porzellan, schön geschliffene Jade oder figürliche Keramiken; MTR: Central.

BÜCHER:

Hong Kong Book Centre: On Lok Yuen Building, Basement, 25 Des Voeux Road, Central, Mo-Fr 9-18.30, Sa 9-17.30, So (nur Sommer) 13-17 Uhr, breit gefächertes Sortiment an Magazinen und Büchern, darunter auch viele für Geschäftsleute; MTR: Central. **Swindon Books**: 13-15 Lock Road, Mo-Do 9-18.30, Fr / Sa 9-19.30, So / Fei 12.30-18.30 Uhr, www.swindonbooks.com, weitere Filiale in 3-9 Canton Road, Harbour City, seit 1918 einer der besten Buchläden der Stadt mit Bild- und Kunstbänden, Romanen, Reiseliteratur etc.; MTR: Tsim Sha Tsui.

COMPUTER UND KAMERAS:

Fortress World: Times Square, 1 Matheson Road, Causeway Bay, www.fortress.com.hk, Mo-Fr 11-22 Uhr, Sa / So 10.30-22 Uhr, einer der Elektronik-Giganten Hongkong mit kompetenter Beratung; MTR: Causeway Bay.

Mong Kok Computer Centre: 8 Nelson Street, Mong Kok, Hard- und Software, Laptops und Zubehör, auf Wusch baut man PCs auch nach persönlichen Anforderungen zusammen, und das preiswerter als in den Läden in Tsim Sha Tsui; MTR: Mong Kok.

Wan Chai Computer Centre: Southern Centre, 1. Stock, 130-138 Hennessy Road, Mo-Sa 10.30-19 Uhr, für viele Computer-Freaks hinsichtlich Auswahl und Service die erste Adresse in der Stadt; MTR: Wan Chai.

KLEIDUNG UND MODE:

Hongkong ist bekannt für seine vielen Schneidereien (vor allem in Tsim Sha Tsui), die Anzüge, Hemden und Kleider – nach Vorlagen oder Ihren eigenen Wünschen – nach Maß innerhalb von 24 Stunden fertigen. Doch sollten Sie sich genügend Zeit für die Anprobe nehmen und eventuelle Änderungen einplanen.

Eine empfehlenswerte Schneiderei ist z. B. **Princeton Custom Tailors**, 71 Peking Road, Tsim Sha Tsui; zuverlässige Schneidereien gibt es auch in manchen Nobelhotels.

MUSIK:

Hong Kong Records: Pacific Place, Shop 252, 2. Stock, 88 Queensway, Admirality, Mo-Do 10-20.30 Uhr, Fr-So 10-21 Uhr, Filiale im Festival Walk, Shop L1-02, Level 1, 80 Tat Chee Avenue, New Kowloon, riesige Auswahl an CDs zu Jazz, Rock, Blues, Oper sowie klassische chinesische und westliche Musik; MTR: Admirality bzw. Kowloon Tong.

TEE:

Ying Kee Tea House: Hauptgeschäft in der 2-4 Hysan Avenue, Causeway Bay, Filialen u. a. im The Peak Tower, Shop G7B, www.yingkeetea.com, mehr als 125 Jahre Erfahrung des Familienunternehmens bürgen für die Qualität der edlen Teesorten – ob grün, weiß, Jasmin, Oolong oder Schwarztee, den die Chinesen übrigens als Rottee bezeichnen.

UHREN UND SCHMUCK:

King Fook: King Fook Building, 30-32 Des Voeux Road, tägl. 9.30-19 Uhr; weitere Filialen u. a. im Miramar Shopping Centre in der 118-130 Nathan Road sowie im Metropole Building, 53-56 Peking Road, beide in Tsim Sha Tsui, edler Schmuck von einem der renommiertesten Juweliere Hongkongs; MTR: Central bzw. Tsim Sha Tsui.

Tse Sui Luen (TSL): Commercial House, Groundfloor, 35 Queen's Road, Mo-Sa 10-20 Uhr, So 10-19 Uhr und 190 Nathan Road, Shop A & B, Groundfloor, Tsim Sha Tsui, www.tslj.com, nur eine der fast 20 Filialen allein in Hongkong; MTR: Central.

HONGKONG AM ABEND

Hongkongs prickelndes Nightlife könnte kaum vielfältiger und anregender sein: Von der supercoolen Neon-Bar, dem schummrigen englischen Pub oder dem angesagten sündteuren Dance Club mit internationalem Publikum bis zur gehoben Abendunterhaltung mit chinesischer Oper oder klassischem Konzert ist fast alles dabei – aber eben nur fast alles: Kasinos sind in Hongkong verboten, zum Gambling und Zocken müssen Spieler ins nahe Macau auf der anderen Seite des Perlfluss-Deltas ausweichen.

Bevor man eines der vielen originellen Pubs aufsucht, kann man den Abend mit einem Konzert des **Hong Kong Chinese Orchestra**, eines der größten traditionellen chinesischen Orchester der Welt, einleiten oder man besucht eine Aufführung der traditionellen **Kanton-Oper**. Ganz klassisch geht es beim hochdekorierten **Hong Kong Philharmonic Orchestra** und dem **Hong Kong Sinfonietta** zu, während das **Hong Kong Ballett** für große Ballettabende steht. Die Aufführungen finden jeweils in den großen Konzertsälen Hongkongs statt.

Ein Höhepunkt im jährlichen Event-Kalender ist das **Hong Kong Arts Festival** (www.hk.artsfestival.org), bei dem außer dem exzellenten Hong Kong Philharmonic Orchestra weitere internationale renommierte Dirigenten, Orchester und Künstler auftreten. Für alle Veranstaltungen – Peking- und Kanton-Oper sowie europäische Oper, traditionelles und modernes Theater, Ballett und Klassikkonzerte – frühzeitig reservieren!

Hongkong ist eine der bedeutendsten Filmmetropolen der Welt und Heimat des vor allem durch unzählige actiongeladene Kung-Fu-Streifen bekannt gewordenen Hongkong-Films. In der ganzen Stadt gibt es ungefähr 60 **Kinos**, in denen täglich mehrere hundert Filme, viele auch aus dem Ausland, meist mit chinesischen und englischen Untertiteln gezeigt werden.

Mindestens so schön und noch viel romantischer als in den unzähligen Lokalen und Restaurants der einzelnen Ausgeh- und Szeneviertel (s. u.) erlebt man Hongkong auf einer mehrstündigen **Hafenrundfahrt** durch den Victoria Harbour bei einem Dinner an Bord; ein unvergessliches Erlebnis, wenn man die wunderbare Skyline von Central mit ihren bunten Lichtern aus immer neuen Perspektiven sieht. Dieses fantastische Schauspiel können Sie auch kostenlos während der 15-minütigen **Symphony of Lights** – eine Orgie von Laser- und Lichteffekten – vom Kowloon Public Pier genießen (s. S. 189). Oder nehmen Sie die bis Mitternacht verkehrende Peak Tram zum **Victoria Peak** hinauf – dort liegt Ihnen Hongkong zu Füßen. Besonders stimmungsvoll genießen Sie diesen einmaligen Anblick von einem Fensterplatz im *Café Deco* (s. S. 174).

Auch zum **Shopping** halten die Boutiquen in den Einkaufszentren und viele Geschäfte ihre Türen bis spätabends offen. Nicht zu vergessen der für seine preiswerten Textlien bekannte **Ladies' Market** (bis etwa 22.30 Uhr; s. S. 196) und naturlich der **Night Market** in der Temple Street, das ultimative Shopping-Erlebnis zu fortgeschrittener Stunde mit sehr vielseitigem Angebot und vielen Garküchen (bis 24 Uhr; s. S. 195). An manchen Abenden zeigen hier Straßenkünstler auch Ausschnitte aus der normalerweise mehrere Stunden dauernden chinesischen Oper.

Ausgeh- und Szeneviertel

Das Nachtleben Hongkongs konzentriert sich in einigen attraktiven Ausgeh- und Szenevierteln. Eine der ältesten Vergnügungsmeilen in Central ist

Rechts: Die Lan Kwai Fong und ihre Nebenstraßen bilden eines der ältesten Vergnügungsviertel Hongkongs.

HONGKONG AM ABEND

die L-förmige **Lan Kwai Fong** mit ihren Nebenstraßen D'Aguilar Street, Wellington Street und Wyndham Street, nur wenige Gehminuten von der MTR Station Central entfernt. Dutzende Bars, Clubs, Pubs und Restaurants reihen sich hier aneinander, richtig los geht's erst spätabends – und dann oft bis zum Morgengrauen.

Noch weitläufiger ist das nicht allzuweit entfernte **SoHo** („South of Hollywood Road") weiter westlich, über das der Central Mid-Levels Escalator führt. Doch anders als in Lan Kwai Fong dominieren hier, entlang der Elgin Street, Staunton Street und Shelley Street, neben schicken Bars eher Restaurants, die oft zur Straße hin offen sind. Seit einigen Jahren erstreckt sich SoHo bis hinunter zur Stanley Street, dort dann als **BoHo** („Below of Hollywood Road") bekannt.

Wan Chai (MTR Station Wan Chai) war einst die sündige Meile Hongkongs, die Welt der Suzie Wong – und ist es mit etlichen Schleppern vor den Hostessen- und Ladiesbars auch heute noch. Doch ist das Viertel auch wegen der vielen Tanzclubs, Bars und Lokale entlang der Parallelstraßen Lockhart Road und Jaffe Road sowie der kreuzenden Luard Road einer der Hot Spots abendlichen Amüsements.

Deutlich ruhiger als Wan Chai ist die von zahlreichen Restaurants geprägte Gegend um die Leighton Road in **Causeway Bay**, südlich der gleichnamigen MTR Station.

Zu nächtlichen Streifzügen unter bunten Neonreklamen laden auch die Bars und Clubs in **Tsim Sha Tsui** auf Kowloon ein. Gehen Sie östlich der Nathan Road auf Erkundungstour! Ständig eröffnen in der Ashley Road, Mody Road, Hart Avenue oder Carnarvon Road neue mondäne Clubs und urige Bars. Zudem versprechen Restaurants mit internationaler Küche und Tischen im Freien in der autofreien **Knutsford Terrace** einen anregenden Abend.

Viele Bars, Lokale und Clubs in den Ausgehvierteln locken mit einer **Happy Hour**, die etwa von 17 bis 21 Uhr dauert. Getränke kosten nur die Hälfte, oder man bekommt für jeden voll bezahlten Drink einen zweiten gratis.

Info S. 216-217

HONGKONG AM ABEND

VERANSTALTUNGEN:
Aktuelle Infos zu **kulturellen Veranstaltungen** erhalten Sie im Foyer des *Hong Kong Cultural Centre* in Tsim Sha Tsui und in der *Hong Kong City Hall* in Central. Tipps und die neuesten Trends der sich laufend ändernden **Restaurant-, Club- und Kneipenszene** finden Sie unter www.bcmagazine.net und www.hkclubbing.com sowie in den kostenlos in Hotels ausliegenden Magazinen *bc* und *HK Magazine* (jeden Freitag).

KLASSISCHE MUSIK / BALLETT / OPER / THEATER:
Hong Kong Academy of Performing Arts: 1 Gloucester Road, Wan Chai, www.hkapa.edu, Tel. 25 84 85 00, Tanz und Theater über alle Kulturgrenzen hinweg auf insgesamt 7 Bühnen; MTR: Wan Chai.

Hong Kong Arts Centre: 2 Harbour Road, Wan Chai, www.hkac.org.hk, Tel. 25 82 02 00. Eine der wichtigsten Spielstätten der Stadt mit überwiegend avantgardistischen Theater auf Englisch und Kantonesisch, mit dem *Agnès B Cinema* für Filmfestivals und alternative Filme; MTR: Wan Chai.

Hong Kong City Hall: Low Block, 5 Edinburgh Place, Central, unweit des Hong Kong Tourism Board, www.cityhall.gov.hk, Tel. 29 21 28 40. Großer Komplex, in dem regelmäßig Theater, klassische Konzerte, chinesische und westliche Opern, aber auch Autorenlesungen und Ausstellungen internationaler Künstler stattfinden; MTR: Central.

Hong Kong Cultural Centre: 10 Salisbury Road, Tsim Sha Tsui, Kowloon, www.hkculturalcentre.gov.hk, Tel. 27 34 20 09. So umstritten die Architektur, so unumstritten die Bedeutung als einer der wichtigsten Kulturtempel für klassische Musik, Ballett und Oper, vor allem das Grand Theatre ist während des *Hong Kong Arts Festival* (s. u.) der ideale Rahmen für höchste musikalische Ansprüche; MTR: Tsim Sha Tsui.

Sunbeam Theatre: Kiu Fai Mansion, 423 King's Road, Tel. 25 63 29 59, Vorstellungen in der Regel um 19.30 Uhr. Das auf verschiedene Arten der chinesischen Oper spezialisierte Ensemble zeigt in wöchentlich wechselndem Turnus Kostproben ihres Könnens; MTR: North Point.

KINO:
Grand Ocean Cinema: Marco Polo Hong Kong Hotel, Shopping Arcade, Zone D, Harbour City, 3 Canton Road. Eines der beliebtesten Kinos wegen der zentralen Lage und den vielen Blockbusters; Star Ferry: Tsim Sha Tsui.

AMC Festival Walk: Festival Walk, 80-88 Tat Chee Avenue, New Kowloon. Riesiger Kinokomplex in einem Shopping Center mit 12 Leinwänden; MTR: Kowloon Tong.

Palace IFC Cinema: IFC Mall, 8 Finance Street, Podium L1. Das größte Kino in Central zeigt bis zu acht Filme gleichzeitig; MTR: Central.

BARS, PUBS UND DISCOS:
Die meisten Discos verlangen etwa 50-250 HK-$ Eintritt inklusive eines Getränks; bei manchen Musikclubs werden nach 23 Uhr nur noch Mitglieder eingelassen.

LAN KWAI FONG UND SOHO:

Blue Door Jazz Club: Cheung Hing Commercial Building, 37-43 Cochrane Street. Jeden Samstag ab 22.30 Uhr gibt's hier Jazz vom Feinsten, und ein Stockwerk darüber verwöhnt ein exzellentes Restaurant mit Spezialitäten der Sichuan-Küche; MTR: Central.

Club JJ's: Grand Hyatt Hong Kong, 1 Harbour Road, www.hongkong.hyatt.com, Tel. 25 88 12 34, Happy Hour Mo-Sa 17-21.30 Uhr, Drinks ab 17 Uhr, So geschlossen. Gehobene Unterhaltung mit Billard, Tanzfläche, Thai-Küche und Live-Musik ab 22.30 Uhr (Mo) bzw. 21.30 Uhr (Di-Sa) verspricht das renommierte *JJ's*. Gehobene Garderobe ist Pflicht. Bus: 18.

Dragon-i: The Centrium, Untergeschoss, 60 Wyndham Street, Central, Mo-Sa 12-3 Uhr, Happy Hour 17-21 Uhr. Rote Lampen, großzügige Sitzgelegenheiten im Red Room (Dinner 18-23 Uhr), schwarzer Fußboden, originelle Deko mit Silber-Mosaiken in den Toiletten – ein sehr ansprechendes Design mit chinesisch-japanischen und westlichen Elementen. Richtig los geht's erst ab 23.30 Uhr, wenn die täglich wechselnden DJs Hip Hop, Soul und Funk auflegen; Bus: 26.

Fringe Gallery and Roof Garden: Fringe Club, 2 Lower Albert Road, Lan Kwai Fong,

HONGKONG AM ABEND

www.hkfringeclub.com, Mo-Do 12-24 Uhr, Fr / Sa 12-2 Uhr, Happy Hour Mo-Fr 16-21 Uhr. Die über 100 Personen fassende Dachterrasse ist einer schönsten Plätze Hongkongs, um abends leckere Tapas, kleine Gerichte oder einen Long Drink in toller Atmosphäre zu genießen – hier macht Urlaub wirklich Spaß. Fr / Sa Rock- und Jazzkonzerte des Fringe Club; MTR: Central.

Insomnia: 38-44 D'Aguilar Street, Ho Lee Commercial Building, Mo-Sa 9-6, So 14-5, Happy Hour 17-21 Uhr. Weitläufige Bar im Inneren mit Tanzfläche, viele Nachtschwärmer zieht es jedoch zur Frontseite, von der man das Treiben auf der Straße bei einem Cocktail oder Snack beobachten kann, täglich Live-Musik ab 22.30 Uhr; MTR: Central.

Jewel: 37-43 Pottinger Street, Central, Mo-Do 18-2 Uhr, Fr / Sa 15-6 Uhr, Happy Hour 18-21 Uhr. Indochina und Tibet lassen grüßen – märchenhaftes Ambiente zum Relaxen mit buddhistischen Steinskulpturen, Holzschnitzereien und Seidenkissen, und ohne laute Musik; MTR: Central.

Midnight Express: 3 Lan Kwai Fong, Central. Aus dem Film *Chungking Express* bekannter Imbissstand mit preiswerten Snacks – ideal, um beim Streifzug von Bar zu Bar das quirlige Treiben auf sich wirken zu lassen; MTR: Central.

WAN CHAI:

Devil's Advocate: 48-50 Lockhart Road, Wan Chai, Mo-Sa 12-2, So 13-2 Uhr. Angenehmes britisches Pub mit viel Bier wie dem einheimischen *Dragon's Back*, preiswerte Getränke gibt's statt der Happy Hour in der Develling Hour von 17-19 Uhr; MTR: Wan Chai.

Dusk Till Dawn: 76-84 Jaffe Road, Wan Chai, Mo-Fr 12-5, Sa / So 15-6 Uhr, Happy Hour 17-23 Uhr. Einer der beliebtesten Musikclubs Hongkongs, in dem ab 22.30 Uhr die Post abgeht, wenn Live-Bands mit Rock und Hip Hop so richtig einheizen; MTR: Wan Chai.

Mes Amis: 81-85 Lockhart Road, Wan Chai, So-Do 12-2 Uhr, Fr / Sa 12-6 Uhr, Happy Hour 16-19 Uhr. Gemütliches Lokal ohne schräge Typen, sehr gute französische Snacks und breite Palette vollmundiger Weine, Fr / Sa wechselnde DJs; MTR: Wan Chai.

Neptune Disco II: 98-108 Jaffe Road, Wan Chai, Mo-Fr 16-6 Uhr, Sa / So 14-6 Uhr, Happy Hour Mo-Fr 16-21 Uhr, Sa 14-21 Uhr. Wenn überall der Ofen schon aus ist – im Neptune II tanzt man bis zum Morgengrauen zu hipper Musik, und wer so lang nicht aushält, kann am Sonntag beim *afternoon tea dance* ab 14 Uhr die Hüften schwingen; MTR: Wan Chai.

TSIM SHA TSUI:

Bahama Mama's: 4-5 Knutsford Terrace, Mo-Do 17-3 Uhr, Fr / Sa 17-4 Uhr, So 18-2 Uhr, Happy Hour 17-21 Uhr, karibische Atmosphäre mit Plastikpalmen, Schilfhütten und kubanischem Rum; MTR: Tsim Sha Tsui.

Sky Lounge: im Sheraton Hotel, 20 Nathan Road, einer der schönsten Plätze in Kowloon, um mit einem Cocktail oder Glas Wein von ganz oben die Aussicht auf den Victoria Harbour zu genießen; MTR: Tsim Sha Tsui.

Watering Hole: 1a Mody Road, Basement, Mo-So Sa 16-1 Uhr, Happy Hour 16-22 Uhr. Riesige Bar im Untergeschoss, die sich weniger durch besonderes Flair als den interessanten Mix von Hongkongern, Expats und Touristen auszeichnet; MTR: Tsim Sha Tsui.

SÜDEN VON HONGKONG ISLAND:

Smugglers Inn: 90a Stanley Main Street, Stanley, tägl. 10-2 Uhr, Happy Hour 18-21 Uhr. Das angesagteste Pub an der Hafenpromenade, in dem es mit den vielen Touristen und Expats richtig eng werden kann; Bus: 6, 6A, 6X, 66 oder 260.

CHEUNG CHAU:

Patio Café: Cheung Chau Windsurfing Water Sports Centre, 1 Hak Pai Road, täglich im Sommer 12-19 Uhr, im Winter nur Sa / So. Warum nicht den Ausflug mit einem Bier oder Sundower am Tung Wan Beach ausklingen lassen? Ferry: Cheung Chau.

LANTAU:

China Bear: Mui Wo Centre, Ngan Wan Road, tägl. 10-3 Uhr. Relaxte Bar mit chinesischen und ausländischen Bieren und Sitzgelegenheiten am Wasser, ideal, um vor der Rückfahrt den Lantau-Trip gemütlich ausklingen zu lassen; Ferry: Mui Wo.

MACAU

★★MACAU

★★**Macau** ❷ strotzt vor Dynamik und scheint das nur 60 km (1 Stunde mit dem Katamaran) entfernte Hongkong überflügeln zu wollen. Zumindest touristisch kann die frühere portugiesische Kolonie am westlichen Ufer des Perlfluss-Deltas der großen Schwester das Wasser reichen: Jährlich kommen rund 26 Mio. Besucher in die Stadt, zum größten Teil Festlandchinesen, doch zunehmend auch Ausländer. Die meisten zieht es in die riesigen Kasinos, doch hat Macau mehr zu bieten als Glücksspiel rund um die Uhr.

Die Altstadt mit ihren wunderschön restaurierten portugiesischen Kirchen zählt zum Welterbe der UNESCO. Obwohl man hier überall Hochhäuser in den Himmel wachsen, hat sich im historischen Zentrum der stimmungsvolle Kolonialcharakter viel besser erhalten als in Hongkong. Die Symbiose zweier Kulturen, das Aufeinandertreffen west-östlicher Gegensätze macht den Reiz Macaus aus.

Nachtschwärmer zieht es in die Bars und Kneipen, und auch für Shopper lohnt sich ein Tagesausflug, sind die Preise doch etwa ein Viertel niedriger als in Hongkong. Nicht zu vergessen der attraktive Festival-Kalender mit dem *Macau Formula 3 Grand Prix*, dem berühmten Autorennen mitten durch die Stadt.

Macau nimmt in der Geschichte Chinas eine Sonderstellung ein: 1557 gelang es den Portugiesen als ersten Europäern, dauerhaft einen Stützpunkt an der Mündung des Perlfluss-Deltas zu gründen. Dieser wurde in der Folgezeit zum wichtigsten Handelshafen Ostasiens, stand aber ab Mitte des 19. Jh. im Schatten Hongkongs. Nach über vier Jahrhunderten gab Portugal am 20. Dezember 1999 diese Kolonie – die letzte auf chinesischem Boden – wieder an das „Reich der Mitte" zurück. Wie für Hongkong gilt auch für die Sonderver-

Vorherige Seiten: Macau hat Las Vegas als Zentrum des Glücksspiels abgelöst. Rechts: Die Igreja de São Domingos am Largo do Senado in Macau.

waltungszone Macau für 50 Jahre die Devise „Ein Land, zwei Systeme" – und Linksverkehr.

Ein Erbe der Kolonialzeit – ein sehr sympathisches – sind die Macanesen selbst; etwa 2 % der 500 000 Einwohner sind portugiesisch-chinesischer Abstammung und sprechen auch ein eigenes Idiom, das *Patuá* (oder *Macaista*).

Glücksspiel-Metropole Asiens

Der Name Macau ist heute untrennbar mit dem Glückspiel verbunden, denn hier ist seit 1847 erlaubt, was in Hongkong mit Ausnahme von Pferderennen und Lotterie verboten ist: Gambling – mit Roulette, Blackjack, Daaisai, Baccara und vielem mehr. Allein die heute über 20 Kasinos – u. a. Sands, Wynn, StarWorld, The Venetian Macao und Floating Casino – stellen drei Viertel der jährlichen Steuereinnahmen, mit steigender Tendenz, hat doch Macau bereits 2006 Las Vegas hinsichtlich der Spielumsätze weit übertroffen. Waren die Besucher bis vor wenigen Jahren ausschließlich millionenschwere Spielsüchtige, die als Mindesteinsatz einige zigtausend US-Dollar auf den Tisch legten, finden sich heute auch Geschäftsleute, Urlauber und Familien, die einfach zum Spaß ein paar Münzen verspielen.

Eine macanesische Erfolgsstory ist die des Stanley Ho: 1921 geboren, studierte er in Hongkong mit nur mäßigem Erfolg, sprach aber bald mehrere Fremdsprachen fließend und machte mit Bauaufträgen erste Gewinne. In den 1960er-Jahren übertrug ihm die Regierung das Kasino-Monopol – der Beginn eines kometenhaften Aufstiegs. Obwohl diese Konzentration des Glücksspiels in einer Hand 2002 wieder aufgehoben wurde, nennt Ho heute rund 7 Mrd. US$ sein eigen, dazu etliche Kasinos wie das prestigeträchtige Grand Lisboa Casino (s. S. 225). Nach dem *King of Gambling* benannte man 1998 eine Straße in Macau – erstmals nach einem noch lebenden Bürger.

Um die Stadt kennenzulernen und ihr lusitanisches Flair zu genießen, sollte man sich Zeit für ausgiebige Spaziergänge nehmen.

MACAU

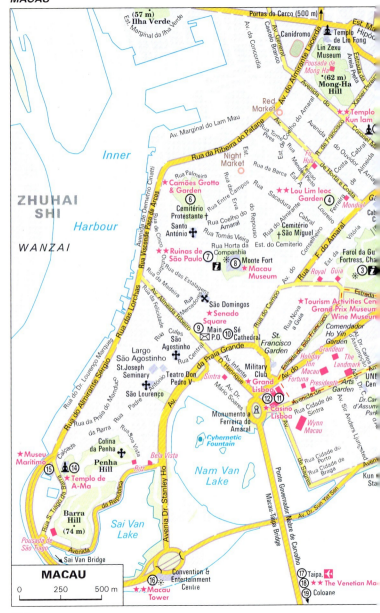

MACAU

★Centro de Actividades Turísticas

Kaum zu übersehen ist unweit des Ferry Terminals, an der Rua de Luís Gonzaga Gomes, das ★**Centro de Actividades Turísticas (CAT)** ①, ein Kulturzentrum mit Bibliothek und Konferenzsälen. Touristisch interessant sind zwei Ausstellungen. Freunde des Rennsports sollten das **Macau Grand Prix Museum** besuchen; beim wichtigsten Event Macaus rasen seit 1954 im November Rennwagen und Motorräder auf dem 6,2 km langen *Guia Circuit* durch die Straßen, etliche Original-Formel-3-Rennwagen sowie viele Oldies sind hier ausgestellt. Daneben informiert das **Museu do Vinho** über portugiesische Weine – mit **Weinprobe**, die im Eintrittspreis enthalten ist.

★Macau Fisherman's Wharf

Seit 2005 ist die boomende Stadt um einen Spaßfaktor reicher: Direkt am Äußeren Hafen, an der Doca dos Pescadores de Macau, breitet sich die ★**Macau Fisherman's Wharf** ② aus, ein großer Freizeitpark mit Kasino, Hotel sowie knapp 200 Geschäften und Restaurants. Berühmte **Stadtansichten** ermöglichen eine Weltreise auf kleinstem Raum: So erkennt man Amsterdam, Venedig und Kapstadt wieder, eine Kopie des Kolosseums in Rom mit über 2000 Zuschauerplätzen dient als Bühne für Konzerte. In der **Dynasty Wharf** wird mit Kunsthandwerk die chinesische Kultur lebendig, und **Aladdin's Fort** versetzt Kinder in die Welt von 1001 Nacht. Auch die Naturgewalten kommen nicht zu kurz: Jeden Abend speit ein künstlicher, 45 m hoher ★**Vulkan**, in dessen Innerem eine Achterbahn Nervenkitzel garantiert.

Farol da Guia

Eine tolle ★★**Aussicht** genießen Spaziergänger, wenn sie die Serpentinen am 91 m hohen **Colina da Guia**, dem

MACAU

größten Hügel der Altstadt, erklimmen. Alternativ führt von der Westseite, vom reizenden **Jardim de Flora**, eine **Seilbahn** nach oben. Dort erhebt sich neben einer **Kapelle**, inmitten der **Fortaleza da Guia** aus dem 17. Jahrhundert, der **Farol da Guia** ③, der erste Leuchtturm Macaus.

**Jardim Lou Lim Ieoc

Eine reizvolle Oase für die Sinne ist der **Jardim Lou Lim Ieoc** ④ (Estrada de Adolfo de Loureiro), einer der schönsten Gärten Süd-Chinas und ein Ort, um die Hektik der Großstadt für eine Weile zu vergessen. Vorbei an Bonsaibäumchen führt der Weg durch ein bogenförmiges Feng-Shui-Tor zu einem Teich, an dem man – am besten in der Dämmerung – Eisvögel beim Fischen beobachten kann. In einem **Pavillon**, unter uralten Banyan-Bäumen mit hohen Luftwurzeln, plaudern Chinesen oder spielen Mahjong. Eine Brücke führt – in Biegungen, damit Geister sie nicht überqueren können – über einen **Lotosteich**, in dem sich Goldkarpfen tummeln.

Ganz in der Nähe vermittelt das sino-portugiesische **Macao Tea Culture House** Wissenswertes rund um das Thema „Tee".

**Templo de Kun Iam Tong

Der wohl interessanteste Sakralbau Macaus ist der Göttin der Barmherzigkeit geweiht. Blickfang dieses **Templo de Kun Iam Tong** ⑤ (Avenida do Coronel Mesquita) aus dem 17. Jahrhundert ist außen die von zwei Steinlöwen flankierte breite Freitreppe.

Doch bevor man das Innere mit den **Statuen der Drei Buddhas** und dem **Standbild der Göttin** besucht, sollte man seine Aufmerksamkeit auf das Dach richten: Hier erkennt man bunte glasierte *Porzellanfiguren, die Szenen des höfischen Lebens zeigen.

Interessant im angrenzenden **Garten** sind die **Bonsai**, von denen manche die Form chinesischer Schriftzeichen (u. a. die für „langes Leben") haben.

*Jardim e Gruta Luís de Camões

Im Westen der Altstadt liegt an der Praça de Luís de Camões der gepflegte *Jardim e Gruta Luís de Camões ⑥. Sehr fotogen breiten sich rings um einen Hügel die Blumenbeete, Bambuswäldchen und Hecken aus, kunstvolle Mosaiken zieren so manchen Gehweg. Einheimische suchen die Pavillons und Bänke gern zum Musizieren auf, Spaziergänger lauschen dann den harmonischen, beruhigend wirkenden Klängen von Pipa, Erhu und anderen traditionellen chinesischen Instrumenten.

Benannt ist der Park nach dem Dichter Luís Vaz de Camões (16. Jh.), der Teile des portugiesischen Nationalepos *Os Lusíadas* in Macau verfasst haben soll.

**Ruinas de São Paulo mit Museu de Arte Sacra

Das Wahrzeichen Macaus sind die **Ruinas de São Paulo ⑦ (Rua de São Paulo), die imposante **Fassade** der Paulus-Kirche. Von frühmorgens bis spätabends drängen sich Scharen von Touristen auf der breiten **Freitreppe** davor, um vor dem einzigen Überbleibsel des bei einer Feuersbrunst 1835 zerstörten Gotteshauses fotografiert zu werden. An der Ausführung dieses wichtigen Zeugnisses christlichen Glaubens im Fernen Osten waren vor allem italienische Stuckateure beteiligt, doch sieht man genau hin, lassen sich auch einige chinesische Elemente erkennen.

In einer Art Krypta kann man im **Museu de Arte Sacra** religiöse Kunstwerke bewundern.

Rechts: Das neue Grand Lisboa Casino variiert in Architektur und Dekoration das Motiv der Lotosblüte, die als Symbol Glück verheißen soll.

MACAU

Fortaleza do Monte mit
*Museu de Macau

Bei St. Paul führt eine Treppe zur mächtigen **Fortaleza do Monte** ⑧ (Praceta do Museu de Macau), die Jesuiten im 17. Jh. gegen Angriffe der Holländer errichten ließen. Spaziert man an der Brüstung entlang, vorbei an kleinen Gärten, genießt man eine schöne *Aussicht auf die Altstadt. Die Festung beherbergt heute das sehenswerte moderne *Museu de Macau; Thema: Stadtgeschichte.

*Largo do Senado und
Sé Catedral

Den alten Glanz der früheren portugiesischen Kolonie lässt der *Largo do Senado ⑨ im Zentrum noch erahnen. An diesem herrlich von Arkaden und stattlichen, schön restaurierten Häusern gerahmten Hauptplatz treffen sich Jung und Alt auf Bänken, zum Plaudern, Leute beobachten oder zum Eisessen. Ganz nach Lissabonner Art ist der Boden mit schwarz-weißen Mosaiken geschmückt, und am nördlichen Ende kündet die gelbe Fassade der **Igreja de São Domingos** von der einstigen Macht der Dominikaner. Daneben führt eine Treppe zum kleinen **Museu de Arte Sacra de São Domingos** mit Monstranzen, Bildern und Heiligenfiguren.

Etwas abseits, am **Largo da Sé**, liegt die **Sé Catedral** ⑩ von 1850, die wichtigste Kirche der Stadt, architektonisch jedoch nicht sonderlich beeindruckend.

*Casino Lisboa und
*Grand Lisboa Casino

Neben dem *Casino Lisboa ⑪ des Hotel Lisboa, das mit seinen bunten Neonlichtern ab 1970 der wichtigste Spieltempel im historischen Zentrum war, ragt seit 2007 das spektakuläre *Grand Lisboa Casino ⑫ (Avenida de Lisboa) auf. Schon von fern, bei der Einfahrt in den Hafen, erkennt man den 225 m hohen **Hotelturm** mit 44 Stockwerken in Form einer Lotosblüte – die Pflanze ist ein Symbol für Reinheit und Glück und ziert auch die Flagge Macaus. Glück bringt der 400 Mio. US-$ teure Mega-

MACAU

bau vor allem seinem Inhaber Stanley Ho, der das viergeschossige **Kasino** mit einer marmorverkleideten Lobby und viel Blattgold errichten ließ.

*Museu de Arte de Macau

Auch klassische chinesische Kultur kommt im Spielerparadies Macau nicht zu kurz: So zeigt das ***Museu de Arte de Macau** ⑬ (Avenida Xian Xing Hai) neben modernen Werken und Fotografien auch traditionelle Kunst der Ming- und Qing-Dynastie. Die hervorragende Kollektion gehört zum **Centro Cultural de Macau**, das als Kongresszentrum mit Garten, zwei Auditorien, Restaurant und Bibliothek weit über die Grenzen Macaus bekannt ist.

*Templo de A Ma

Wenige Schritte von den Docks am Inneren Hafen steht der ***Templo de A Ma** ⑭ (Rua de São Tiago da Barra), vor 500 Jahren stufenförmig am Penha-Hügel erbaut. Dicke Rauchschwaden von zahllosen Räucherstäbchen ziehen durch die Hallen und die Treppen hoch, ein untrügliches Zeichen, dass der Tempel der Göttin der Seefahrer (in Hongkong als Tin Hau bekannt) – der älteste Sakralbau Macaus – äußerst beliebt bei chinesischen Pilgern ist. Das ehrwürdige Heiligtum gab der Stadt ihren Namen, denn als die Portugiesen Anfang des 16. Jh. hier landeten und sich nach dem Namen der Siedlung, damals nur ein Fischerdorf, erkundigten, sollen ihnen die Bewohner *a ma gau* („Bucht der A Ma") zugerufen haben – doch die Fremden verstanden nur *ma cao*.

*Museu Marítimo

Die zentrale Rolle Macaus im Seehandel Ostasiens zeigt sehr ansprechend das ***Museu Marítimo** ⑮ (Largo do Pagode da Barra) mit zugehörigem kleinem **Aquarium** neben dem A-Ma-Tempel. Herausragend sind die vielen ***Schiffsmodelle**.

Oben: Der Templo de A Ma, der älteste Sakralbau Macaus, ist der Schutzgöttin der Seefahrer geweiht.

**Macau Tower

Wagemutige können am **Macau Tower** ⑯ (Largo da Torre de Macau), dem mit 338 m zehnthöchsten Turm der Welt, ihren Mut unter Beweis stellen: Denn beim *Skywalk* kann man – ohne Geländer, nur mit einem Seil gesichert – um den 57. Stock herum über dem Abgrund spazieren. Wem das nicht genug Kick gibt, der steigt beim *Mast Climb* fast bis zur Spitze hoch oder lässt sich beim *Bungy Jump* in die Tiefe fallen. Die exzellente **Aussicht** auf das Perlfluss-Delta ist jedoch auch vom **Restaurant** und der **Besucherterrasse** garantiert – bei schönem Wetter sogar bis nach Hongkong.

Taipa, **The Venetian Macao und Coloane

Drei große Brücken verbinden die Altstadt Macaus mit **Taipa** ⑰, der südlich gelegenen Insel, die mit dem neuen **Macau International Airport** und mehreren Sportstätten in den letzten Jahren ihr Gesicht grundlegend verändert hat. Beschaulich ist dennoch die **Rua do Cunha** in Taipa Village geblieben, die **Food Street** mit angenehmen Restaurants und Dim-Sum-Lokalen.

Taipa ist durch die fast 5 km² große Landaufschüttung **Cotai Strip** mit Coloane (s. u.) verbunden. Inmitten von supermodernen Hotels und Shopping-Malls ragt hier eines der mit rund 2,5 Mrd. US-$ Baukosten teuersten Gebäude der Welt heraus: **The Venetian Macao** ⑱, das mit 30 Restaurants, 350 Geschäften und 3000 Hotelzimmern größte **Kasino** der Welt.

Ganz im Süden liegt der Stadtteil **Coloane** ⑲ (Lo Wan), mit dem alten Fischerdorf **Coloane Village**, viel Natur sowie zwei Sandstränden: dem langen, dunklen **Hác Sá Beach** und dem **Cheoc Van Beach**. Während der Badesaison, von Mai bis Oktober, wachen hier Rettungsschwimmer über die Badenden.

MACAU (☎ 00853)

Macau Government Tourist Office (MGTO): 9 Largo do Senado, Tel. 397 11 20, sowie u. a. am *Macao Ferry Terminal* (Anlegestelle der Katamarane von Hongkong); **Tourism Activities Centre (TAC)** im Museu de Macau; Tourist Hotline: 33 30 00. **Websites**: www.gov.mo und www.macau-tourism.gov.mo.

ANREISE:
HONGKONG – MACAU:
Von Hongkong verkehren in 15-30-minütigem Turnus Boote nach Macau: Katamarane der *New World First Ferry* (www.nwff.com.hk) legen in **Tsim Sha Tsui / Kowloon** vom Hong Kong China Ferry Terminal ab; Fahrzeit ungefähr 70 Minuten.
Boote von *Turbojet Seaexpress* (www.turbojet.com.hk) starten vom Hong Kong Ferry Terminal beim **Shun Tak Centre / Sheung Wan / Central District**; (Ticketschalter im 3. Obergeschoss); Fahrzeit etwa 1 Stunde. Im 30-Minuten-Takt fahren *Cotai Waterjets Limited* und *Giant Dragon Maritime Transports* direkt vom Shun Tak Centre zum Cotai Strip mit seinen Mega-Kasinos.
Die City Macaus ist auch direkt mit dem **Hong Kong International Airport** verbunden (5 bzw. 6 x täglich). Infos unter www.turbojetseaexpress.com.hk. Das Ticket kann unter www.turbojetbooking.com auch online gebucht werden (mindestens 90 Minuten vor Abfahrt); empfehlenswert vor allem bei Festivals und an Feiertagen.

MACAU INTERNATIONAL AIRPORT:
Der **Macau International Airport** liegt östlich von Taipa und dem Cotai Strip, ca. 15 Minuten vom Macao Ferry Terminal am Äußeren Hafen; www.macau-airport.gov.mo.

EIN- UND AUSREISE:
Zur Einreise ist ein Reisepass nötig, der noch mindestens 30 Tage gültig ist. Besucher aus Deutschland, Österreich und der Schweiz benötigen kein Visum.
Wie Hongkong verlangt auch Macau eine Ausreisesteuer von ca. 20 HK-$, die gewöhnlich im Flugticketpreis enthalten ist.

MACAU

 WÄHRUNG: Währung Macaus ist die **Pataca** (Ptcs.), die ca. 1 : 1 dem Hongkong-Dollar (HK-$) entspricht. Mit HK-$ kann man in Macau bezahlen, nicht aber mit Patacas in Hongkong.

 VERKEHRSMITTEL:
BUSSE:
Das Busnetz in Macau ist preiswert und sehr gut ausgebaut. Zahlreiche Linien bedienen in kurzen Abständen die wichtigsten Strecken, zudem informieren an jeder Bushaltestelle Pläne über Ziele und Haltestellen. Manche Busse fahren nur auf der Halbinsel Macau, andere verbinden den Stadtkern mit Taipa, Cotai Strip und Coloane. Ein Ticket gilt in der Altstadt, auf der Halbinsel Macau, unabhängig von der Entfernung.

TAXIS:

Taxifahrten sind sehr preiswert, die Grundgebühr beträgt 10 Patacas. Es gibt zwei Arten von Taxis: gelbe, die man telefonisch unter 51 95 19 oder 398 88 00 bestellt, und schwarze, die man auf der Straße heranwinkt. Für Fahrten von der Halbinsel Macau nach Taipa wird kein Zuschlag erhoben, jedoch für die Weiterfahrt nach Coloane und für jedes Gepäckstück. Bei Verständigungsschwierigkeiten hilft eine Übersicht der Sehenswürdigkeiten, Restaurants, Geschäfte, Hotels und Kasinos zum Daraufzeigen in Portugiesisch, Chinesisch und Englisch.

 UNESCO-WELTERBE:
Die Altstadt Macaus ist seit 2005 Welterbe der UNESCO. Infos zu den einzelnen Sehenswürdigkeiten und Kulturstätten finden sich unter www.macauheritage.net.

 MUSEEN:
Museu de Arte de Macau: im Centro Cultural de Macau, Avenida Xian Xing Hai s/n, NAPE, www.artmuseum.gov.mo, Di-So 10-19 Uhr.
Macau Grand Prix Museum: im Tourism Activities Centre (TAC), 431 Rua de Luís Gonzaga Gomes, www.macau.grandprix.gov.mo, Mi-Mo 10-18 Uhr.
Museu de Macau: Fortaleza do Monte, Praceta do Museu de Macau, Di-So 10-18 Uhr.
Museo do Vinho: im Tourism Activities Centre (TAC), 431 Rua de Luís Gonzaga Gomes, Mi-Mo 10-18 Uhr.
Museu Marítimo: 1 Largo do Pagode da Barra, neben dem Templo de A Ma, www.museumaritimo.gov.mo, tägl. 10-17.30 Uhr.

TEMPEL UND KIRCHEN:
Ruinas de São Paulo mit **Museu de Arte Sacra**: Rua de São Paulo, frei zugänglich; Museum 9-18 Uhr.
Sé Catedral: 1 Largo da Sé, tägich. von 8 bis 18 Uhr.
Templo de A Ma: Rua de São Tiago da Barra, tägl. 10-18 Uhr.
Templo de Kun Iam Tong: Avenida do Coronel Mesquita, Tägl. 10-18 Uhr.

PARKS:
Jardim e Gruta Luís de Camões: Praça de Luís de Camões, tägl. 6-22 Uhr.
Jardim Lou Lim leoc: 10 Estrada de Adolfo de Loureiro, tägl. 6-21 Uhr; Macao Tea Culture House: Di-So 9-19 Uhr

KASINOS:
Einen Überblick über die Glücksspiel-Szene, weiterführend auch eine Übersicht aller Kasinos, finden Sie unter www.macau-info.de/Seiten/casinos.html
Grand Lisboa Casino: Avenida de Lisboa, www.grandlisboa.com, Tel. 28 28 38 38.
Casino Lisboa: Avenida de Lisboa, www.hotelisboa.com, Tel. 82 97 71 11.
The Venetian Macao: Cotai Strip zwischen Taipa und Coloane, www.venetianmacao.com, Tel. 28 82 88 88.
Wynn Macau: Rua Cidade de Sintra, NAPE, www.wynnmacau.com, Tel. 28 88 99 66.

SONSTIGE SEHENSWÜRDIGKEITEN:
Centro Cultural de Macau: Avenida Xian Xing Hai s/n, NAPE, www.ccm.gov.mo.
Farol da Guia: in der Fortaleza da Guia, Estrada do Engenheiro Trigo.
Macau Fisherman's Wharf: Äußerer Hafen, unweit des Ferry Terminal, www.fishermanswharf.com.mo.
Macau Tower: Largo da Torre de Macau, www.macautower.com.mo, Mo-Fr 10-21 Uhr, Sa / So 9-21 Uhr.

MACAU

Die Gastronomie Macaus steht derjenigen von Hongkong in Qualität und Vielfalt in nichts nach. Neben chinesischer (meist kantonesischer) Küche und portugiesischen Gerichten sollten Sie typisch **macanesische Spezialitäten** wie deftigen Fleisch- und Gemüseeintopf (*tacho*) und gebratenes Schweinehack mit Zwiebeln und Bratkartoffeln (*minchi*) probieren. Eine süße Verführung sind Eiertörtchen (*jagra de ovos*).
Pikant sind die **Phönix-Eierrollen** (*Phoenix egg rolls*), die auf einer heißen Platte gebacken und dann verschieden gefüllt werden, häufig mit Curry und Seetang. Zahlreiche Läden finden sich im historischen Zentrum, etwa entlang der Rua de São Paulo, z. B. **Pastelaria Koi Kei**: 70-72 r/c Rua Fecidade und 24 a Rua de São Paulo.
Wong Chi Kei Congee & Noodle: 17 Largo do Senado und 51 r/c Rua Cinco de Outubro, www.wongchikei.com.hk, seit 1946 verwöhnt Wong Chi Kei die Gäste mit exzellenten handgemachten Nudeln nach kantonesischer Art, allen voran Wonton-Nudeln – in Suppe oder mit Austern-Soße.
Litoral: 261a Rua do Almirante Sérgio, unweit des Templo de A Ma, tägl. 12-15 und 18-22.30 Uhr, für viele Gourmets das beste Restaurant der Stadt, mit macanesischen Speisen wie *minchi* und mit Pfeffer gegrilltem Hähnchen.

BARS UND PUBS:
Oskar's Pub: Holiday Inn Macau, 82-86 Rua de Pequim, Altstadt, tägl. 12-3 Uhr, Happy Hour 17-21 Uhr, bevorzugter Treff der Expats, Mo-Sa 21.30-2 Uhr tolle Musikbands.
Embassy Bar: Mandarin Oriental, 956-1110 Av. da Amizade, Altstadt, tägl. ab 17 Uhr bis 2.30/4 Uhr, Happy Hour 17-21 Uhr, bei Touristen, Expats und Einheimischen wegen der Live-Musik ab 22.30 Uhr gleichermaßen beliebt.

FEIERTAGE UND FESTE:
Chinesisches Neujahr (Cheun Jit / Chun Jie; 1. Tag des 1. Mondmonats; 26. Jan. 2009, 14. Feb. 2010): Das wichtigste chinesische Fest (s. S. 198).
Macau Arts Festival (März / April; www.icm.gov.mo): International renommierte Künstler präsentieren Oper, Konzerte, Theater, Tänze und Live-Musik vom Feinsten.
Ostern (März / April): mit **Karfreitagsprozession** (Procissão do Senhor dos Passos).
Christi Himmelfahrt (Juni).
St. Johannis-Fest (24. Juni): Feiertag zum Gedenken an Johannes den Täufer.
Corpus Christi (Fronleichnam; Juni).
Macau International Fireworks Display Contest (September / Oktober; www.macau-info.de): Vier Wochen lang gibt es jeden Sa Feuerwerk vom Feinsten – zwei Teams wetteifern für jeweils ca. 20 Minuten um die schönsten und spektakulärsten Lichteffekte.
Chinesischer Nationalfeiertag (1. Oktober): Gedenken an die Ausrufung der VR China durch Mao Zedong 1949.
Macau International Music Festival (Oktober/November; www.icm.gov.mo): 2 Wochen Konzerte, Musicals, chinesische und westliche Opern.
Allerheiligen (1. November).
Macau Formula 3 Grand Prix (3. Novemberwoche; www.macau.grandprix.gov.mo): Das wichtigste Sportereignis Macaus.
Tag der Unbefleckten Empfängnis (8. Dezember).
Macau International Marathon (1. Sonntag im Dezember; www.sport.gov.mo): Athleten konkurrieren in den Straßen Macaus im Marathon oder Halb-Marathon.

SHOPPING:
Die wichtigsten **Einkaufsstraßen** sind die Avenida de Almeida Ribeiro und die Avenida do Infante Dom Henrique in der Altstadt.
MÖBEL:
Möbel und Accessoires mit zeitlos elegantem, nach altchinesischer Art meist schlichtem Dekor findet man zahlreich in Macau. Ein gutes Sortiment und Versand ins Ausland bieten im Zentrum: **Kin Seng Mobilias**: 19 d Rua de São Paulo, kinseng@macau.ctm.net. **Pui Lung Furniture**: 9 r/c Rua de São Paulo.
SHOPPING MALLS:
New Yaohan: Avenida da Amizade, beim Ferry Terminal, der größte Konsumtempel der Stadt unter japanischer Regie.
Landmark Macau: Avenida da Amizade, schicke Mode von Gucci, Prada u. a. in zahlreichen Boutiquen.

KANTON (GUANGZHOU)

KANTON (GUANGZHOU)

Guangzhou am Perlfluss, im Westen bekannter unter dem Kolonialnamen **Kanton ❸**, verkörpert wie Peking und Shanghai das moderne China des 21. Jh. mit seinem beispiellosen Wirtschaftswachstum. Wie das (viel jüngere) Hongkong war die Hauptstadt der dichtbesiedeltsten chinesischen Provinz Guangdong immer nach Übersee orientiert; beide Städte verbindet die selbe Sprache (Kantonesisch) und die weltoffene Mentalität ihrer Bewohner, die sich von jener der Nordchinesen abhebt. Die Kantonesen sind geborene Händler, und seit der wirtschaftlichen Öffnung Chinas zu Beginn der 1980er-Jahre kamen als zusätzlicher Wachstumsfaktor die unzähligen Industriebetriebe im Perlfluss-Delta hinzu. So findet in der 10-Millionen-Metropole zweimal jährlich die weltgrößte Handelsmesse statt, die *Chinese Export Commodities Fair* (*Canton Fair*).

Doch wer glaubt, Kanton sei eine gesichtslose Großstadt ohne Sehenswürdigkeiten und Atmosphäre, der irrt. Auf der Shamian-Insel spürt man noch das koloniale Flair, und im Zentrum der Altstadt konzentrieren sich einige schöne alte Sakralbauten, überragt von ultramodernen Wolkenkratzern. Wie eingestreut wirken dazwischen die Gärten und Parks, Oasen der Ruhe im Verkehrstrubel. Ganz anders wiederum die gigantischen Malls, in denen man sich locker einen ganzen Tag aufhalten könnte, oder die umtriebigen Märkte und Einkaufsstraßen – Kanton ist ein Shopping-Eldorado und deutlich billiger als Hongkong. Kaum Wünsche lässt das attraktive Nachtleben mit coolen Discos, Karaoke und Bars offen. Unzählige Restaurants locken mit kantonesischer Küche, die im Ausland zum Synonym für chinesische Gaumenfreuden wurde. Die größte Stadt Südchinas ist zudem ein bedeutendes Kulturzentrum mit der renommierten Sun-Yatsen-Universität und eigener jahrhundertealter Theatertradition.

Doch Kanton ist nicht nur stolz auf seine reiche Vergangenheit, sondern blickt auch selbstbewusst in die Zukunft, wie der derzeit im Bau befindliche, mit ca. 600 m höchste Fernsehturm der Welt, der *Guangzhou TV Tower*, beweist. Und für 2010 sicherte sich die Exportboom-Stadt die *Asian Games*, ein Sportevent der Extraklasse.

Für einen Tagesausflug nach Kanton (120 km) empfehlen sich die direkten Zugverbindungen ab Hongkong (s. S. 232, China-Visum nötig).

Shamian-Insel

Am besten beginnt man die Kanton-Erkundung mit einem entspannten Bummel über die nur 1000 m lange verkehrsberuhigte, von der Bauwut der letzten Jahre verschont gebliebene **Shamian-Insel ①** (*shamian dao*). Das elegante Eiland war einst nur eine Sandbank im Perlfluss (*zhujiang*) und lange Zeit der einzige Ort, an dem Ausländer mit Chinesen Handel treiben durften. Hier unterhielten die Briten ihre Kontore, in denen sie die 20 000 Kisten illegales indisches Opium lagerten, die Kaiser Daoguang 1839 beschlagnahmen und vernichten ließ – eine schicksalhafte Entscheidung, die den 1. Opiumkrieg auslöste. Dieser ging 1842 mit dem Knebelvertrag von Nanjing zu Ende, in dem sich die Briten die Öffnung von fünf Häfen, darunter auch Hongkong, sicherten – ein schwarzer Tag in der chinesischen Geschichte. Neben England errichteten in der Folge auch andere europäische Mächte wie Frankreich auf Shamian Konsulate, Banken, elegante Clubs, repräsentative Theater, Schulen, Kirchen, noble Hotels und luxuriöse **Villen**; Chinesen durften die exterritoriale Insel nur mit Genehmigung betreten.

Links: Eine der drei vergoldeten Buddha-Statuen in der Halle des Sechsten Patriarchen (Tempel der Sechs Banyan-Bäume).

KANTON (GUANGZHOU)

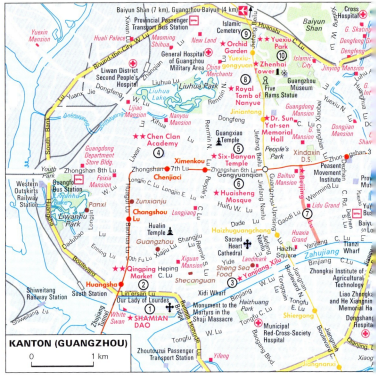

Spaziert man heute vom modernisierten, einst britischen Nobelhotel **White Swan** (mit künstlichem Wasserfall) im Westen bis zur französischen Kirche **Our Lady of Lourdes** im Osten, vorbei am gepflegten **Shamian-Park**, guten Restaurants und denkmalgeschützten Kolonialgebäuden, wandelt man unter hohen alten Bäumen auf den Spuren der europäischen Handelsherren.

**Qingping-Markt

Eine der größten Touristenattraktionen Kantons ist der **Qingping-Markt** ② (*qingping shichang*) nördlich des Kanals, der die Shamian-Insel vom Festland trennt. Kleine Läden bieten alle möglichen getrockneten Mittelchen der **traditionellen chinesischen Medizin** an, darunter auch Seepferdchen, Eidechsen, Genitalien von verschiedenen Tieren, Pilze, riesige Asseln, gebündelte Tausendfüßler, Skorpione – und nicht wenige davon stehen auf der Roten Liste der gefährdeten Arten.

Schlendert man die **Qingping Lu** weiter, offenbart sich die exotische, für westliche Besucher eher befremdliche Seite der kantonesischen Küche: Denn hier, zwischen Bonsai-, Obst- und Gemüseständen, zwischen Aquarien mit Goldfischen und Koi, harren **lebende Tiere** wie Katzen, Schildkröten, Schlangen, Hunde und Frösche ihres Schicksals, dass direkt in den Wok führt: *weikouhao!* – „guten Appetit!"

KANTON (GUANGZHOU)

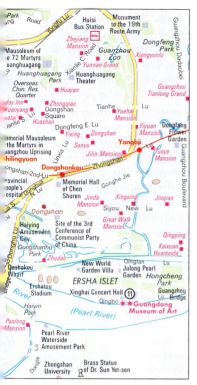

Aus einer anderen Perspektive erlebt man Kanton bei einer **★Perlfluss-Fahrt**. Die Ausflugsschiffe (für ca. 300 Personen) fahren bis zur Guangzhou-Brücke. Am schönsten ist die Fahrt abends, während eines Dinners an Bord, wenn sich die bunten Lichter im Wasser spiegeln und die Schwüle des Tages nachlässt.

★★Ahnentempel der Familie Chen

Der sehenswerteste Sakralbau Kantons ist der **★★Ahnentempel der Familie Chen** ④ (*chenjia ci*) in der Enlongli Lu. Während die meisten Tempel einer buddhistischen oder daoistischen Gottheit gewidmet sind, diente dieser den Zusammenkünften des Chen-Clans und der Verehrung der Vorfahren. 1888-1894, am Ende der Qing-Zeit, errichtet, umfasst das über 6000 m² große Areal mehrere Höfe, die durch stattliche Hallen miteinander verbunden sind. Einige Hallen sind der schmucke Rahmen für das **Museum für Kunsthandwerk** (*minjian gongyi bowuguan*) mit raffiniert geschliffenen Jadeobjekten und geschnitzten **★Elfenbeinen**. Doch die eigentliche Attraktion sind die kunstvollen **★Holzschnitzereien** und die bunt glasierten **★Tonfiguren** auf den Dachfirsten, die mythologische Themen oder Episoden aus der klassischen chinesischen Literatur sehr anschaulich erzählen.

★Tempel der Sechs Banyan-Bäume

Erleuchtung spielt im Buddhismus eine zentrale Rolle: Der indische Prinz Gautama soll im 6. Jh. v. Chr. unter einem Banyan-(Bodhi-)Baum meditierend zum Buddha, zum „Erleuchteten", geworden sein. Obwohl es die Pflanzen im **★Tempel der Sechs Banyan-Bäume** ⑤ (*liurong si*) in der Liurong Lu nicht mehr gibt, trägt dieser schöne Sakralbau noch seinen alten Namen. 537 gegründet, ist der ehrwürdige Tempel, einer der ältesten der Stadt, *Sitz der*

★Uferpromenade Yanjiang Xilu und ★Perlfluss-Fahrt

Die Seele Kantons ist der **Perlfluss**, mit rund 2200 km der drittlängste Strom Chinas. Wenigstens ein paar hundert Meter sollte man an der **★Uferpromenade Yanjiang Xilu** ③ entlangbummeln. Sehr schön lässt sich dabei das An- und Ablegen der Boote und das Treiben am anderen Flussufer beobachten. Ein guter Ausgangspunkt ist die **Renmin-Brücke** bei der Shamian-Insel. Hier erhebt sich auch das **Denkmal für die Märtyrer des Shaji-Massakers**. Es erinnert an 52 chinesische Arbeiter, niedergemetzelt von französischen und britischen Soldaten am 23. Juni 1925 während eines Streiks.

KANTON (GUANGZHOU)

Buddhistischen Vereinigung von Kanton. Bei einer Figurengruppe sollten Sie länger innehalten: den drei jeweils über 10 t schweren vergoldeten *Buddha-Statuen in der Halle des Sechsten Patriarchen (*liuzu tang*), Meisterwerke der Qing-Dynastie von 1663.

Blickfang des Tempelareals ist die 57 m hohe *Blumenpagode (*hua ta*), die in ihrer jetzigen Gestalt auf das 11. Jh. zurückgeht. Es lohnt sich, den Turm über die schmale Treppe zu besteigen, denn oben genießt man eine herrliche *Rundumsicht auf das Zentrum von Kanton.

*Moschee zum Andenken an den Weisen

Eines der ältesten muslimischen Gotteshäuser Chinas steht im Zentrum der

Oben: Lebende Frösche auf dem Qingping-Markt – die Kanton-Küche ist für ihre außergewöhnlichen Zutaten bekannt. Rechts: Die Kanton-Oper unterscheidet sich in der Sprache und musikalischen Ausgestaltung von der Peking-Oper.

Altstadt (Guangta Lu): die *Moschee zum Andenken an den Weisen ⑥ (*huaisheng si*). Der Legende nach soll sie 627 ein Onkel Mohammeds errichtet haben. Arabisch-islamische Händler spielten bereits im 7. und 8. Jh. eine große Rolle in Kanton, damals schon eine weltoffene Handelsstadt, in der auch Christen und Juden lebten. Die große **Gebetshalle** ist heute das religiöse Zentrum der ca. 5000 Muslime von Guangzhou. Eine Besonderheit ist das *Minarett, das sich nur bei wenigen chinesischen Moscheen erhalten hat. Da der 36 m hohe Turm auch als Leuchtturm für den nahen Hafen diente, wird er auch **Pagode des Lichts** (*guang ta*) genannt.

Fußgängerzone *Beijing Lu

Let's go shopping! Die rastlose Fußgängerzone *Beijing Lu ⑦ in Kanton ist mit der Nathan Road in Hongkong vergleichbar. Von der Zhongshan Lu im Norden bis hinab zum Ufer des Perlflusses im Süden finden sich zwischen Restaurants, Buchhandlungen und Ca-

KANTON (GUANGZHOU)

fés etliche noble Department Stores (z. B. *Guang Bai* und *Giordano*) und schicke Boutiquen – edle Mode, Designer-Kleidung international führender Labels, aber auch billige Massenproduktion aus den Textilbetrieben der umliegenden Provinz. Allgegenwärtig sind auch in der Beijing Lu die fliegenden Händler, die „originale" *Rolex*- und *Swatch*-Uhren anbieten.

*Königsgrab von Nanyue

Eine archäologische Sensation ersten Ranges war 1983 die Entdeckung des *Königsgrabes von Nanyue ⑧ (*xihan nanyue wangmu bowuguan*). Bei Ausschachtungsarbeiten unter dem Elefantenhügel bei der Jiefang Beilu kam die letzte Ruhestätte von König Zhao Mo (137-122 v. Chr.), des zweiten Herrschers der Dynastie, mit über 1000 Beigaben zutage. Staunend steht man vor den bronzenen Räuchergefäßen und Krügen, den goldenen Siegeln und Gürtelhaken, Silberdosen und kunstvoll verzierten Spiegeln. Highlight ist das *Totengewand aus 2291 kleinen Jadeplättchen, die mit Seidenfäden verbunden sind. Jade gilt den Chinesen als das wertvollste Material überhaupt und soll vor Verwesung schützen.

*Orchideengarten

Ein Muss bei einem Kanton-Besuch ist der herrliche *Orchideengarten ⑨ (*lan yuan*), etwa 600 m nördlich des Königsgrabs von Nanyue. Faszinierend ist die Vielfalt der Formen und Farben, von weiß über zartrosa und hellgelb bis zu dunkelrot – ein Fest für jeden Blumenfreund, auch wenn jahreszeitlich bedingt immer nur ein Teil der Orchideen blüht. Zeit sollte man sich für den stimmungsvollen **Teepavillon** zwischen Farnen und Palmen nehmen. Chinesen trinken meist grünen Tee (*lücha*), aber man kann hier auch Jasmin-Tee (*molihuacha*) oder Tee der Acht Kostbarkeiten (*babaocha*) probieren.

**Yuexiu-Park und *Sun-Yat-sen-Halle

Einen ganz anderen Charakter als der Orchideengarten hat der mit 92 ha sehr weitläufige ****Yuexiu-Park** ⑩ (*yuexiu gongyuan*), die grüne Lunge der Stadt auf der östlichen Seite der Jiefang Beilu. Vom Eingang bis hinauf zum **Yuexiu-Berg** wechseln sich gepflegte Rasenflächen, Wasserspiele, Blumenbeete, künstliche Teiche, Sportstätten, Restaurants, Wäldchen mit altem Baumbestand und ein Freiluftkino ab – ein Naherholungsziel für die Einheimischen, die die Tischchen und Pavillons für eine Partie Mahjong oder Schach oder einfach nur zum Plaudern und Abschalten von der Großstadthektik aufsuchen.

Zur Attraktivität des Parks tragen auch mehrere moderne Plastiken und historische Gebäude bei: So erinnert die **Skulptur der fünf Ziegenböcke**, ein Wahrzeichen Kantons von 1959, an den Gründungsmythos der Stadt: Einst ritten fünf himmlische Schutzgötter auf fünf Ziegenböcken zur Erde, um den Bewohnern fünf Ähren zu überbringen,

KANTON (GUANGZHOU)

damit die Stadt niemals Hunger leide – Kanton wird daher auch als „Stadt der Ziegen" (*yangcheng*) bezeichnet.

Ein Rest der alten Stadtmauer aus der Ming-Dynastie (1380) ist **★Das die See Überblickende Gebäude** (*zhenhai lou*). Auch wenn man heute vom obersten Stock nicht mehr bis zum Meer sehen kann, lohnt doch die **★Aussicht** auf das Stadtzentrum. Das 28 m hohe Bauwerk dient dem **Guangzhou-Museum**, dem Stadtmuseum mit Exponaten vom Neolithikum bis ins 20. Jh., als Ausstellungsfläche.

Konzerte und andere kulturelle Veranstaltungen finden heute in der nahegelegenen großen **★Gedenkhalle für Dr. Sun Yat-sen** (1866-1925) statt. Den achteckigen Bau mit blauglasiertem Dach und roter Säulenfront errichteten Auslandschinesen 1925 zu Ehren des ersten Präsidenten der 1912 ausgerufenen Republik. Eine Inschrift gibt die politischen Ideale Suns wider, den man hier als Gründer des modernen China verehrt: „40 Jahre meines Lebens habe ich mich der nationalen Revolution gewidmet, die darauf gerichtet war, China unabhängig und den anderen Staaten gleichberechtigt zu machen. ... " – Sun hätte sich wohl nicht träumen lassen, dass China heute anderen Nationen nicht nur ebenbürtig, sondern den meisten wirtschaftlich weit überlegen ist.

★★Guangdong Museum of Art

Auf der Insel Er Sha im Osten der Stadt befindet sich in der Yanyu Lu das ultramoderne **★★Guangdong Museum of Art** ⑪ (*guangdong meishuguan*). Es ist das größte Kunstmuseum Chinas und beherbergt in seinen zwölf Ausstellungshallen eine der umfassendsten Sammlungen zeitgenössischer Kunst des Landes. Auf dem Freigelände fasziniert eine große **Skulpturenausstellung**. Zusätzlich gibt es häufig wechselnde Ausstellungen moderner Kunst. Welche Ausstellungen aktuell laufen, erfährt man unter www.gdmoa.org.

KANTON (GUANGZHOU) (☎ 0086-020)

China International Travel Service (**CITS**): 179 Huanshi Xilu, unweit des Hauptbahnhofs, Tel. 86 66 68 89.

ANREISE:
HONGKONG – KANTON:
Direktzüge der *Kowloon-Kanton Railway* (KCR) fahren mehrmals täglich in 90-120 Minuten vom Bahnhof Hung Hom in Kowloon nach Kanton. Der **Hauptbahnhof** liegt am nördlichen Ende der Renmin Beilu.

EINREISE:
Für die Einreise in die VR China ist ein noch mindestens sechs Monate gültiger Reisepass sowie ein Visum erforderlich, das bei den chinesischen Konsularstellen im Heimatland eingeholt werden kann.

WÄHRUNG:
Die Währung ist der chinesische **Renminbi Yuan** (CNY; umgangssprachlich *Kuai*), der sich in 10 *Jiao* (umgangssprachlich *Mao*) bzw. 100 *Fen* unterteilt. Am bequemsten tauscht man Euro in den großen Hotels (gegen eine Provision) oder in den Filialen der *Bank of China*. Auch an zahlreichen Automaten kann man mit den gängigen Kreditkarten und mit der EC-Karte Bargeld abheben.

VERKEHRSMITTEL:
U-BAHN:
Mit den vier U-Bahnenlinien kann man die meisten der beschriebenen Sehenswürdigkeiten schnell erreichen. Die Preise sind von der Fahrtstrecke abhängig (2-7 Yuan).

TAXIS:
Durch die Stadt fahren zahllose preiswerte Taxis mit Taxameter; Grundpreis ist 7 Yuan.

HAFENRUNDFAHRT:
Die Schiffe fahren von den **Anlegestellen Xidi**, **Tianzi** und **Dashatou** an der Uferpromenade Yanjiang Xilu, östlich der Shamian-Insel. Besonders stimmungsvoll sind die 2-stündigen Rundfahrten abends (letzte Fahrt 21 Uhr) mit Dinner.

KANTON (GUANGZHOU)

TEMPEL UND MUSEEN:
Ahnentempel der Familie Chen (*chenjia cí*) mit **Museum für Kunsthandwerk** (*minjian gongyi bowuguan*): 34 Enlongji Lu, tägl. 8.30-17.30 Uhr; U-Bahn: Chenjiaci.

Königsgrab von Nanyue (*xihan nanyue wangmu bowuguan*): 867 Jiefang Beilu, tägl. 9-17.30 Uhr; U-Bahn: Jiniantang oder Yuexiu Gongyuan.

Moschee zum Andenken an den Weisen (*huaisheng si*): 56 Guangta Lu, tägl. 6-18 Uhr; U-Bahn: Ximenkou oder Gongyuanqian.

Tempel der Sechs Banyan-Bäume (*liurong si*): 87-89 Liurong Lu, tägl. 8-17 Uhr; U-Bahn: Ximenkou oder Gongyuanqian.

PARKS UND GÄRTEN:
Orchideengarten (*lan yuan*): Jiefang Beilu, gegenüber dem Yuexiu-Park, tägl. 8-17 Uhr; U-Bahn: Yuexiu Gongyuan.

Yuexiu-Park (*yuexiu gongyuan*): 13 Jiefang Beilu, tägl. 6-21 Uhr; U-Bahn: Yuexiu Gongyuan.

RESTAURANTS:
Chuanguo Yanyi: 140-148 Tiyu Donglu, Nanfang Securities Building, eines der besten Lokale Guangzhous mit scharfer Westküche, sehr empfehlenswert sind der Sichuan Hot Pot und die Suppen.

Xing Feng: Shamian Nanjie, wenige Schritte vom Hotel White Swan, erstklassige kantonesische Gerichte, schon die Speisekarte mit rund 160 Abbildungen ist eine Augenweide.

Tao Tao Ju Restaurant (*taotaoju jiujia*): 20 Dishipu Lu, preiswert speisen im schönen Ambiente eines 300-jährigen Hauses, probieren Sie die Meeresfrüchte, Huhn mit Ingwer und Zwiebeln sowie die vorzüglichen Dim Sum (*yum cha*) – ein Gedicht!

CAFÉS:
People's Cakes an d Coffee: 17 Jianshe Liu Ma Lu, nettes Lokal unter koreanischer Leitung mit leckeren Kuchen und Sandwiches – ideal für den kleinen Hunger zwischendurch.

BARS UND CLUBS:
Elephant and Castle (*daxiangbao jiuba*): 363 Huanshi Donglu, 17-3 Uhr, Happy Hour von 17-20 Uhr, populärer Treff von Expats, um bei einem Drink Neuigkeiten auszutauschen.

Sleeping Wood: 1 Guangming Lu, tägl. 10-2 Uhr, beim *Holiday Inn* im Overseas Chinese Residential Quarter, von Touristen und Chinesen frequentierter netter Hangout, auch kleine kantonesische und westliche Gerichte.

FESTE UND EVENTS:
Das wichtigste Fest ist – wie im ganzen Land – **Chinesisch Neujahr** (Cheun Jit / Chun Jie; 1. Tag des 1. Mondmonats; 26. Januar 2009, 14. Februar 2010).
Zweimal jährlich (April und Oktober) findet die 10-tägige **Chinese Export Commodities Fair** (**Canton Fair**) statt (www.cantonfair.org.cn) – das Mega-Ereignis der Metropole.

SHOPPING:
Kantons beliebteste **Einkaufsstraße** ist die **Beijing Lu** mit zahlreichen Kaufhäusern. Viele Geschäfte, vor allem mit preiswerten Textilien, konzentrieren sich in der Umgebung des **Haizhu-Platzes** (U-Bahn: Haizhu Square) am Ufer des Perlflusses und in der Fußgängerzone **Shangxiajiu Lu** nördlich der Shamian-Insel.

Wer noch Platz im Koffer hat, kann in der **Xiguan Antiquitätenstraße** (**Lizhiwan Lu**) Ausschau nach tibetischen Teppichen und altem Porzellan halten.

MÄRKTE:
Qingping-Markt (*qingping shichang*): nördlich der Insel Shamian entlang der Qingping Lu, tägl. 8-18 Uhr, Skurriles für die Hausapotheke und den Wok; für westliche Besucher ist hier eher das Schauen als Shoppen angesagt; U-Bahn: Huangsha.

KAUFHÄUSER:
Grandview Shopping Mall (*zhengjia guangchang*): 228 Tianhe Lu, das angeblich größte Kaufhaus Asiens, in dem an manchen Tagen 500 000 Kunden ein- und ausgehen; U-Bahn: Tiyu Xi oder Tiyu Zhongxin.

China Plaza: 33 Zhongshan Sanlu, Mega-Mall mit 8 Stockwerken und allem, was in den zigtausenden Betrieben des Perlfluss-Deltas produziert wird, www.china-plaza.com, U-Bahn: Lieshi Lingyuan.

CHINA IM WANDEL

CHINA IM WANDEL

Bis in die 1980er-Jahre als „Reich der blauen Ameisen" belächelt, hat der wirtschaftliche Durchmarsch Chinas an die Weltspitze die Industrienationen erst fasziniert, dann irritiert und zuletzt fast schockiert. Man hatte sich daran gewöhnt, Ressourcen und Märkte unter sich aufzuteilen, Wohlstand und Fortschritt für sich zu reklamieren und die Entwicklungsländer außen vor zu halten. Nun konkurrierte auf einmal eine Nation um Rohstoffe, die nicht nur die Stirn hatte, den USA Paroli zu bieten und im Sicherheitsrat eine eigene Meinung zu vertreten, sondern überhaupt ein Selbstbewusstsein zu zeigen, das man von abhängigen Almosenempfängern bis dahin nicht gewohnt war.

Zu sehr zelebriert die westliche China-Kritik ihre eigenen Vorurteile: Kommunistisches Regime gleich Unterdrückungsmaschinerie und Modernisierungsverhinderer. Dabei hat sie übersehen, dass diese Formel zwar eine westliche Leserschaft beeindruckt, auf China aber nicht ganz zutrifft, denn die chinesischen Kommunisten lenken seit 30 Jahren das größte Modernisierungsprojekt der Menschheitsgeschichte, das 56 verschiedene Völker berücksichtigen muss. Wie schwierig das ist, zeigt das Beispiel des 1951 von China vereinnahmten Tibet, das in gewisser Weise zum Eckstein eines fragilen Vielvölkerstaats geworden ist: Das Schreckensszenario der Regierung wäre ein von Tibet ausgehender Separatismus-Flächenbrand, der sich bis nach Westchina ausbreiten könnte, wo mit der islamisch geprägten Autonomen Region Xinjiang eine ähnliche Problemzone liegt.

Vorherige Seiten: Auf den Dachfirsten des Ahnentempels der Familie Chen in Kanton tummeln sich Figuren aus der chinesischen Mythologie und klassischen Literatur. Rechts: Tradition und Moderne – Tai Chi vor der Kulisse von Pudong (Shanghai), dessen Skyline ständig wächst.

Mythos China

Abgeschottet hinter der Großen Mauer, die das Reich der Mitte seit dem 15. Jh. von der Außenwelt abriegelte, blieb China für Europa Zeit seines Bestehens ein Mythos. Im alten Rom kannte man das Land unter dem Namen „Serer", „Land der Seide", das war aber auch schon alles. Im Mittelalter versuchte Marco Polo (1254-1324) das von ihm Cathay genannte Land mit seinen Reiseberichten einem ungläubigen Publikum nahezubringen. Ihm folgten ab dem 16. Jh. die Jesuiten, die ein verklärtes Chinabild schufen, das von Leibnitz (1646-1716), dem ersten deutschen Chinafan, begeistert aufgegriffen wurde. Er schwärmte für die fernöstliche Exotik, den „öffentlichen Frieden" und erkannte schon früh den Nutzen, den ein gegenseitiger Wirtschafts- und Kulturaustausch hätte bieten können. Doch schon 150 Jahre nach ihm sah der Westen im zusammenbrechenden Reich der Mitte nur noch ein weiteres zu kolonisierendes Land.

Von 1937-1945 wurde ein großer Teil des einst so mächtigen Landes schließlich von Japan in einem Blitzkrieg erobert, die Bevölkerung faktisch versklavt und das Land ausgeplündert. Japan hat sich nie für seine schlimmsten Gräueltaten, darunter das Massaker von Nanjing 1937 mit über 300 000 ermordeten Chinesen, entschuldigt. Bis heute sind die Beziehungen daher stark belastet. 2008 musste sogar die Spitze des World Financial Tower in Shanghai umgebaut werden, weil der geplante runde Winddurchlass in der Spitze die Chinesen zu sehr an die aufgehende Sonne auf Japans Flagge erinnerte.

Unter der Knute des mörderischen Diktators Mao Zedong verarmte das Land und rutschte in die Bedeutungslosigkeit und völlige Isolation ab. Bis Ende der 1970er-Jahre wusste man über China eigentlich genauso wenig wie in den Jahrhunderten davor und so eignete es sich bestens für apokalyptische Plan-

CHINA IM WANDEL

spiele, die seit je vor der gelben Gefahr warnten. Dabei hat China in den letzten Jahrzehnten vor allem eins getan, nämlich sich einer mächtigen, technisierten und globalisierten Welt vor seinen bis 1978 fest verschlossenen Toren zu stellen.

Diese globalisierte Welt beginnt, das Leben selbst im Inneren des Reichs der Mitte zu durchdringen, während sie Ostchina bereits fest im Griff hat. Und auf dem Weltmarkt ist China längst auf allen Ebenen präsent. Spielzeug, Schuhe, Kleidung und Elektronik, alles ist „made in China".

An vielen deutschen Gymnasien ist Chinesisch zum regulären Schulfach geworden, in Shanghai existiert die größte deutsche Auslandsschule weltweit, Konfuzius-Institute öffnen allerorten, und seit China, wie zuvor schon Japan, Südkorea, Taiwan oder Singapur nun auch bestrebt ist, eine Hightech-Nation zu werden, die das Image des ewigen Raubkopierers loswerden möchte, ist der Austausch von Wissenschaftlern zum festen Bestandteil des universitären Alltags geworden.

Chinesische Träume

Als China im Sommer 2008 die Olympischen Spiele eröffnete, feierte es zugleich symbolisch seine Ankunft auf der Weltbühne, die Rückkehr ins Konzert der großen Nationen und damit die Heilung der Wunden aus Kolonisierung, Absturz in die Bedeutungslosigkeit und Verarmung. Die Chinesen haben ein neues Selbstbewusstsein, das sich auf allen Gebieten zeigt. Sie sind der größte ausländische Kreditgeber der USA. Wenn China der Zugang zu den für seine Wirtschaft nötigen Rohstoffen von den Industrienationen verwehrt wird, weicht das Land auf Märkte aus, die vom Westen sanktioniert werden – ob Diktatoren in Afrika oder geächtete Regimes im Nahen Osten. Doch ihren Wohlstand haben sich die Chinesen hart erarbeitet, und sie lassen ihn sich nicht madig machen durch Meinungen über Menschen- und andere Rechte. Immerhin hat das Land ein nicht unerhebliches Menschenrecht verwirklicht: die Sicherung der Lebensgrundlage für 1,3 Milliarden Chinesen.

CHINA IM WANDEL

Der Weg dahin war allerdings steinig. Wieder einmal wurde das Land in ein gigantisches Experimentierfeld verwandelt. Man ließ den Menschen in bestimmten Bereichen die Freiheit, sich wirtschaftlich zu entfalten und schaute, was dann passierte. Die Folge war unkontrollierter Frühkapitalismus mit schlimmen Auswirkungen: Völlig fehlende Sicherheitsvorkehrungen auf den Tausenden Baustellen und in Bergwerken führten und führen noch immer zu Abertausenden Toten durch Unglücke; Dumping-Löhne und Kinderarbeit wurden in den neuen privaten Fabriken zur Norm, während die Reformen auf dem Land zu einem Massenheer von Hunderten Millionen Wanderarbeitern führten, die auf dem Land nicht mehr gebraucht wurden und bis heute auf der Suche nach Arbeit umherziehen.

Aber die neuen Freiheiten ließen auch die Rufe nach mehr Freiheit, Transparenz und schließlich Demokratie lauter werden. Die Regierung, uneins darüber, wie man das Land modernisieren sollte, reagierte immer erst im Nachhinein. Spätestens 1989 war klar, dass dieses Vorgehen nicht mehr funktionierte. Aufgeputscht von den schlimmen Folgen der unkontrollierten Entwicklung, gingen in vielen Städten Chinas erst die Studenten und dann der Rest der Bevölkerung auf die Straße.

Gelb gegen Blau

Da China seit seinen Anfängen einen starken Zug zur Bewahrung seiner Traditionen entwickelt hatte, musste die moderne Zeit mit ihren rasanten Veränderungen einen Identitätsschock mit sich bringen. Dazu gesellten sich seit den 1980er Jahren Kräfte, die das gelbe chinesische Erbe schlechthin in Frage stellten. Die stolze gelbe Kultur habe keine Antworten mehr auf die Fragen

Rechts: In den Metropolen Chinas entwickelt sich eine lebendige Kunst- und Design-Szene (ShanghART, M50, Shanghai).

von Chinas Zukunft, so die Kritiker. Gelb, so postulierten sie, repräsentiere ein autarkes, isolationistisches und bäuerliches Denken, durch das China schließlich den Anschluss an die Moderne verpasst habe. Blau – die Farbe des weltoffenen, dem Meer zugewandten Südens – dagegen stehe für die Öffnung nach Außen, die Umgestaltung Chinas zu einer zukunftsorientierten Handelsmacht. Am 4. Juni 1989 versuchten die Bewahrer der gelben Kultur diesem blauen Ansatz, der sich den Herausforderungen der Globalisierung stellen wollte, mit dem Einsatz von Panzern auf dem Platz des Himmlischen Friedens den Garaus zu machen.

Mit seiner Blitzreise in die Wirtschaftssonderzonen 1992 gelang dem greisen Deng Xiaoping sein letzter Coup. Nach über fünfhundert Jahren der selbst verordneten Isolation entschied Deng Xiaoping, der offiziell gar kein Amt mehr bekleidete, das gelbe Erbe zwar nicht über Bord zu werfen, aber von nun an die Öffnung und Globalisierung Chinas zu fördern.

Wirtschaftsliberale und Neue Linke

Nachdem die Weichen gestellt waren, hat sich zu Beginn des 21. Jh. der Schwerpunkt der Auseinandersetzungen auf aktuelle Probleme verlagert, die von zwei großen Interessengruppen, den Wirtschaftsliberalen und der Neuen Linken, vertreten werden. Die Wirtschaftsliberalen, bzw. die sogenannte „Shanghai-Fraktion" um Ex-Parteichef Jiang Zemin, will das Gewicht wie bisher weiter auf die wirtschaftliche Entwicklung, mehr wirtschaftliche Autonomie der Provinzen, weniger Kontrollen von Investitionen und Bankgeschäften und die engere Verbindung von Partei und Privatwirtschaft legen. Die Neuen Linken um Parteichef Hu Jintao fordern dagegen, dass der Schwerpunkt der Politik auf höhere Umweltstandards, Bekämpfung der Korruption, Sozialpolitik und eine vorsichtige gesell-

CHINA IM WANDEL

schaftliche Öffnung gelegt werden müsse. Ohne das Machtmonopol der Kommunistischen Partei aufzugeben, wollen sie die Partei für Chinas Normalbürger berechenbarer machen, sie soll Rechenschaft über Entscheidungen ablegen und die Bevölkerung offener informieren. Der nächste Führungswechsel in der Partei- und Staatsführung steht 2013 an. In welche der beiden Richtungen das Pendel ausschlagen wird, hängt stark von der Bewältigung der Finanzkrise ab, die 2009 auch Chinas Wirtschaftswachstum gebremst hat.

Von der blauen Ameise zum Individuum

Erfolge wie der Aufbau eines modernen Rechtswesens, die Einführung eines zeitgemäßen Arbeitsvertragsrechts oder das Akzeptieren von sozialem Protest sind ebenso unübersehbar wie die Katastrophen der rasanten Modernisierung. Doch wenn die Partei nicht immer mehr Wohlstand generiert, wird ihre Arbeit und damit das Machtmonopol der KP in Frage gestellt werden. Und es sind dann bald nicht mehr nur Bauern oder Arbeiter, die mit Protesten die Auszahlung ihrer Entschädigungen, Löhne und bessere Arbeitsbedingungen einfordern, sondern es wird ein Bildungsbürgertum auf den Plan treten, das als Ventil für seinen Unmut für die Partei gefährlichere Wege finden wird. Die Chinesen von heute sind anders als noch vor 30 Jahren selbstbewusster, gebildeter – und sie diskutieren auch offener.

China hat eine im Westen kaum wahrgenommene Erneuerung auf allen gesellschaftlichen Ebenen durchgemacht. Schon die Olympiade hat gezeigt: das Land lässt sich mit Drohungen nicht mehr so einfach regieren. Die Chinesen sind nicht mehr nur ein von oben dirigiertes Staatsvolk, sie werden gerade zur Zivilgesellschaft und bezeichnen sich schon heute selbstbewusst als die Individualisten Asiens. Dabei ist das Reich der Mitte in erster Linie eines geworden: Ein Staat, der seit je einen herausragenden Platz in der Geschichte Asiens hatte und diesen nun heute wieder einnimmt.

REISE-INFORMATIONEN

VORBEREITUNGEN

Klima und Reisezeit

Das große China weist die unterschiedlichsten Klimazonen auf, von kontinental bis tropisch.

Eine gute Reisezeit für **Peking** mit wenig Niederschlag und angenehmen Temperaturen sind die Monate April bis Juni sowie September und Oktober. Im Frühjahr kommen Kälteeinbrüche und Sandstürme aus der Wüste Gobi vor. Schwül und regenreich sind die Sommermonate Juli und August. Mit sibirischer Kälte aus dem Norden muss man in den Wintermonaten rechnen.

Nach **Shanghai** und Umgebung fährt man am besten im Mai/Juni oder September bis November. Dann ist das Wetter beständig, mit Temperaturen um 20 °C und kühlen Nächten. Im Sommer ist es schwül-heiß (um 40 °C), im Winter kalt, feucht und ungemütlich.

In **Hongkong**, **Macau** und **Kanton** herrscht feuchtes, subtropisches Klima. Während der Monsunzeit zwischen Mai und September steigt das Thermometer bis auf 32 °C, die Luftfeuchtigkeit erreicht über 90 %. Im Winter ist es oft bewölkt, die Temperaturen liegen meist unter 20 °C. Von Juli bis September können Taifune die Küste heimsuchen. Die beste Reisezeit ist von Oktober bis Anfang Dezember – relativ trocken, mit viel Sonne und angenehmen Temperaturen. Der Frühling von März bis Mai kann wechselhaft sein.

Kleidung

In China machen Kleider längst nicht überall Leute. Praktischer Nutzen und Bequemlichkeit geben meist den Ton an. Auch für Konzert und Theater „kostümieren" sich die Besucher nicht. Abendgarderobe brauchen Sie höchstens in Luxushotels. Packen Sie lieber komfortable, leicht zu reinigende Kleidung ein. Luftige, lange Kleidung aus Naturfasern hilft im Sommer die Hitze ertragen. Wappnen Sie sich gegen überaktive Klimaanlagen mit einem Pullover und einem leichten Schal. Die sehr kalten Wintermonate in Nordchina verlangen warme Kleidung, aber auch die winterlich feucht-kühle Luft im Süden (kaum unter 10 °C) ist ohne Pulli oder Jacke unangenehm.

Gesundheitsvorsorge

Wenn Sie nicht aus Infektionsgebieten einreisen, sind **Impfungen** gegen Gelbfieber, Typhus, Cholera und Pocken nicht vorgeschrieben. Wer sich allerdings während des Sommers in den Süden Chinas begibt, sollte ev. Impfungen gegen **Polio** und **Diphterie** – und **Malariaprophylaxe** (je nach Region) – nach ärztlicher Beratung vornehmen; wegen **Denguefieber**-Gefahr sollte man sich dort auch tagsüber vor Mückenstichen schützen. Auf jeden Fall sind Impfungen gegen **Tetanus** und **Hepatitis A** (evtl. auch B) ratsam. Ihr Gepäck sollte eine Reiseapotheke enthalten: Mittel gegen Erkältungskrankheiten und Magen-Darm-Infekte, Pflaster, Schmerztabletten, Bandage, Desinfektionssalbe, Sonnenschutzcreme und Breitbandantibiotika. **Leitungswasser** sollte nicht getrunken werden. Der Abschluss einer privaten Auslandskrankenversicherung ist sehr zu empfehlen. Infos auch unter www.fit-for-travel.de.

Einreisebestimmungen und Visum

Für Ihre Reise in die VR China benötigen Sie ein Visum, das Sie in den Konsularabteilungen der Botschaften erhalten (www.china-botschaft.de). Für **Hongkong** und **Macau** benötigen Deutsche kein Visum. Falls aber Hongkong oder Macau in der Mitte eines China-Reiseprogramms stehen, ist ein China-Visum mit zweimaliger Einreise nötig. Das für **Tibet** nötige Einreise-Permit erhalten Individualreisende in chinesischen Reisebüros.

Der Reisepass muss noch sechs Monate über die Ablauffrist des Visums hinaus gültig sein und sollte noch mindestens eine Seite frei haben. Das Visum ist 30 Tage gültig und lässt sich in

REISE-INFORMATIONEN

allen Städten Chinas beim Amt für öffentliche Sicherheit (*gongan ju* / PSB) zweimal um je 30 Tage verlängern.

Währung und Geldwechsel

Landeswährung ist der *Renminbi Yuan* (CNY), umgangssprachlich auch *Kuai* genannt. Ein *Yuan* teilt sich in 10 *Jiao* bzw. 100 *Fen*. Devisen kann man als Bargeld oder Reiseschecks einführen. Kreditkarten akzeptieren fast alle großen Hotels, gehobene Restaurants und Kaufhäuser.

In Hotels (geringe Provision) sowie in den Filialen der **Bank of China** kann man Geld wechseln (hier auch Geldautomaten für **Kredit-** und **EC-Karten**).

Fast überall wird der Euro beim Umtausch akzeptiert (Kurs: 1 Euro = ca. 9 Yuan), so dass das Mitführen von US $ nicht unbedingt nötig ist. Der Kurs ist in ganz China gleich, bei Banken, in den Hotels und am Flughafen, weil er jeden Morgen landesweit verordnet wird. Die Landeswährung kann man bei Ausreise in ausländische Währungen – gegen Vorlage der Eintauschquittung – rücktauschen. Fehlt dieser Beleg, wird zu schlechterem Kurs rückgetauscht.

ANREISE

Mit dem Flugzeug

China wird von zahlreichen Fluggesellschaften angeflogen. Internationale Airlines bieten nicht nur Flüge nach Peking, sondern auch nach Shanghai, Kanton, Lhasa, Guilin, Hainan, Kunming und Urumqi an.

Mit der Eisenbahn

Für die einen ist die **Transsibirische Eisenbahn** von Moskau nach Vladivostok eines der letzten großen Reiseabenteuer unserer Zeit, bei anderen ruft die Vorstellung, tagelang in ein Abteil eingepfercht zu sein, Panik hervor. Man kann zwischen zwei Routen wählen, um mit der Transsib von Russland nach China zu reisen: **über die Mongolei** (ca. eine Woche Fahrtzeit) oder **über die Mandschurei** (dauert etwas länger, Transitvisum Russland). Einzelreisenden besorgen Spezialveranstalter gegen Gebühr Reservierung und Visa. Zweibettabteile sind gefragt – frühzeitig buchen! Als unabdingbare Transsib-Ausrüstung gelten Toilettenpapier und – für Fotografen – Fensterputzmittel. Wer gern komfortabler reist, hat die (teure) Möglichkeit, mit einem speziellen Luxus-Sonderzug nach China zu reisen. Reiseunterbrechungen z. B. am Baikalsee oder in der Mongolei lohnen sich, in diesem Fall braucht man Aufenthaltsvisa für Russland und/oder die Mongolei.

REISEN IM LAND

Mit dem Flugzeug

Die Fluggesellschaft *Air China* (www.airchina.com.cn) bedient zahlreiche innerchinesische und internationale Flugstrecken. Daneben gibt es weitere Fluggesellschaften, von denen einige – wie China Eastern, China Southern oder Hainan Airlines – ebenfalls internationale Verbindungen bieten.

Mit der Eisenbahn

In China gibt es keine Wagenklassen, aber **Kategorien**: harte Sitze (*yingzuo*) und weiche Sitze (*ruanzuo*), harte Liegen (*yingwo*) und weiche Betten (*ruanwo*). Die *ruanzuo*-Wagenkategorie wird meist nur auf Kurzstrecken eingesetzt. Die Kategorie *ruanwo* besteht aus geschlossenen Vierbettabteilen, die härteren Liegen befinden sich in offenen Sechserabteilen. Das Eisenbahnnetz Chinas gilt als größtes der Welt: Es erstreckt sich über 77 000 km (gut 25% elektrifiziert) und soll bis 2010 auf über 90 000 km erweitert werden. Die jüngste Strecke ist die 2006 eröffnete Verbindung von Peking nach Lhasa (48 Std.), die einen 5072 m hohen Pass überquert (Sauerstoff und Arzt an Bord).

Die Toilettenhygiene gibt Anlass zur Kritik; bringen Sie unbedingt Toilettenpapier und Feuchttücher mit. Auf langen Strecken werden Speisewagen ein-

REISE-INFORMATIONEN

gesetzt. Um sich das nervenaufreibende Anstellen am Fahrkartenschalter und den mörderischen Kampf um einen nicht reservierbaren Hartsitzplatz zu ersparen, sollten Sie **Ticket und Reservierung** im Hotel, beim CITS oder am Bahnhof im Voraus besorgen.

Mit dem Bus

Wo die Eisenbahn nicht hinführt, bieten meistens Buslinien Ersatz. Die Busbahnhöfe für Überlandlinien (*changtu qichezhan*) liegen in der Regel an den in die Haupthimmelsrichtungen laufenden Ausfallstraßen. Die Sitzplätze sind numeriert und daher rechtzeitig zu reservieren. Die Reisen werden gelegentlich bei einfachen Gaststätten und (auf langen Fahrten) bei einfachen Unterkünften unterbrochen.

Lokalverkehr

Lokalbusse: Wer die Disziplin des Schlangestehens schätzt, wird in China einen Kulturschock erleiden. Um in einen der oft überfüllten kommunalen Busse zu gelangen, ist den Chinesen jedes Mittel recht. Genossen Ausländer vor einigen Jahren noch Rücksichtnahme, werden sie heute von der trampelnden Herde mitgerissen. Doch mit Zurückhaltung kommen Sie nicht weiter. Wenn Sie sich mit den (geringen) Fahrpreisen nicht auskennen, halten Sie dem Busschaffner einfach die offene Hand mit einigen Yuan hin. Stadt- und Buspläne kann man überall, auch bei Straßenhändlern, erwerben.

Fahrräder: Trotz schlechter Luft und Unterprivilegierung im Straßenverkehr durch das Recht des Stärkeren gewährleistet das Rad fahren hohe Flexibilität, wenngleich durchaus Parkprobleme bestehen. „Wildes Parken" ist nicht gestattet; aus Sicherheitsgründen empfiehlt es sich ohnehin, das Stahlross in einem bewachten Stall anzubinden. Beim Mieten eines Fahrrades (häufig auch im Hotel möglich) wird die Hinterlegung eines Pfandes, Ausweispapier oder Geld, gefordert.

U-Bahn: Immer mehr Städte haben in den letzten Jahren begonnen, U-Bahn-Netze zu bauen. Besonders dicht sind sie in Beijing, Shanghai, Hongkong und Guangzhou; auch Städte wie Shenzhen, Nanjing, Wuhan, Chengdu oder Chongqing arbeiten mit Hochdruck an effizienten Bahnsystemen.

Wer viel mit öffentlichen Verkehrsmitteln fahren oder Wartezeiten an den Ticketautomaten vermeiden möchte, kann in den U-Bahn-Stationen von Peking oder Shanghai sogenannte IC-Karten erwerben (über den Schaltern steht ein großes IC). Sie kosten 20 Yuan Pfand und können an speziellen Automaten mit 10 bis maximal 1000 Yuan aufgeladen werden. Die IC-Karten gelten für die Metro, Taxis und Busse.

In Hongkong gibt es die praktische Octopus Card (www.octopuscards.com). Die Variante für Touristen ist die Airport Express Tourist Octopus Card, die für drei Tage 220 HK$ (inkl. 50 HK$ Pfand) kostet. Sie gilt für unbegrenzte Fahrten mit der MTR und eine Fahrt mit dem Airport Express. 20 HK$ dürfen für andere Verkehrsmittel verwendet werden. Für 300 HK$ darf man den Airport Express zweimal benutzen.

Taxis: Taxis (*chuzuche*) können, wie auch in westlichen Ländern, am Straßenrand angehalten werden. Fast alle Fahrzeuge besitzen ein Taxameter; ansonsten sollten Sie den Fahrpreis im Vorfeld aushandeln, um unliebsamen Überraschungen beim Aussteigen vorzubeugen. Bei offiziell zugelassenen Taxis können Sie den Kilometerpreis einem Schild an der hinteren Fahrgasttür entnehmen. Taxis sind auch stunden- und tageweise zu mieten.

Fahrradrikschas: Vorsicht ist bei Fahrradrikschas angebracht, die an vielen touristisch relevanten Orten auf Fahrgäste warten. Der Preis sollte auf jeden Fall vor der Fahrt vereinbart werden, aber selbst dann muss man oft mit kräftigen Nachforderungen des Fahrers rechnen. Besonders aggressiv sind die Rikschafahrer in Peking.

REISE-INFORMATIONEN

PRAKTISCHE TIPPS VON A-Z

Alkohol

In China ist der Genuss von Alkohol nicht auf den verstohlenen Ausschank in den Enklaven internationaler Hotels begrenzt. Nur in den muslimischen Gebieten ist das Angebot beschränkt.

Der beliebteste chinesische **Wein** wird nicht aus Trauben, sondern aus Reis hergestellt und angewärmt aus kleinen Porzellantassen getrunken wird – Achtung, Reiswein ist alkoholhaltiger als Wein! Billiger chinesischer Traubenwein ist süß und eher mit Portwein oder Likör vergleichbar; mancher wird mit Kräutern versetzt und dient als Medizin. Die Chinesen keltern aber auch gute trockene Weine wie *Dynasty* oder *Great Wall*.

Das **Qingdao- (Tsingtao-) Bier** gilt als „deutsches" Bier; es wurde 1903 in der Kolonie von einem deutschen Braumeister erstmals hergestellt. Mit perlendem Quellwasser gebraut, gilt es als besonders erfrischend.

Der bis zu 65-prozentige „Staatsschnaps" **Maotai** aus Weizen und Sorghum-Hirse treibt dem Neuling beim chinesischen „Ex"-Kommando (*gan bei!*) die Flammen aus dem Rachen.

Apotheken und ärztlicher Notdienst

Die meisten großen Hotels bieten eigenen **ärztlichen Notdienst** oder organisieren für Sie ärztliche Betreuung. In den Großstädten ist der medizinische Standard hoch. Peking, Shanghai, Kanton und Hongkong besitzen sogar Krankenabteilungen für Ausländer. Bei ambulanter Behandlung schießt man aus Fürsorge für Ausländer häufig mit „Kanonen auf Spatzen", d. h. verabreicht schon bei Wehwehchen Antibiotika.

Wer in China einen Arzt oder ein Krankenhaus aufsucht, muss dort direkt bar bezahlen – also vorher anrufen und nach Aufnahmegebühren und voraussichtlichen Kosten fragen. Die Behandlung erfolgt nur gegen Barzahlung.

Wer ernsthaft erkrankt, kann sich an folgende Krankenhäuser mit internationalem Standard wenden:
In Peking:
Beijing United Familiy Hospital (*hemujia yiyuan*): 2 Jiangtai Lu, Tel. 010/ 64 33 39 60. Moderne Klinik mit 24-Stunden-Notdienst, Zahnklinik, Apotheke und gut ausgebildeten Ärzten.
In Shanghai:
Huashan Worldwide Medical Center (*huashan yiyuan*): 12 Wulumuqi Zhonglu, 24-Std.-Tel. 021/62 48 39 86, Die Ausländerstation befindet sich im 8. Etage von Gebäude Nr. 1. Sprechzeiten tgl. von 8-22 Uhr. Notfälle werden ab 22 Uhr in der 15. Etage von Gebäude Nr. 6 versorgt. M 1, 7: Changshu Rd.
In Guangzhou:
Global Doctor Clinic (*huanqiu yuncheng yiliao wang*): 1 Panfu Lu, Tel. 020/81 04 51 73. Modernes Krankenhaus für Ausländer im 7. Stock des Guangzhou Nr. 1 Peoples Hospital.
In Hongkong:
Unter der Telefonnummer 00852/23 00 65 55 erhält man Infos zu den Krankenhäusern in Hongkong.
Princess Margaret Hospital: Lai King Hill Rd, Lai Chi Kok, Kowloon, Tel. 00852/29 90 11 11.

Apotheken, zu erkennen an einem grünen Kreuz, sind, dank der pharmazeutischen Tradition des Landes, Fundgruben der östlichen und westlichen Heilkunde. Ohne Chinesischkenntnisse bleibt Ihnen dieser Reichtum jedoch meist verwehrt. Sie sind dann auf Ihre Reiseapotheke und/oder einen sprachkundigen Arzt angewiesen.

Einkaufen

In einfacheren Hotels bieten die Shops oft nur ein Kioskangebot (Filme, aber nur selten Diafilme, Zigaretten, Getränke, Postkarten, Toilettenartikel, kleine Souvenirs). In besseren Häusern reicht die Auswahl oft von Antiquitäten über Luxusgarderobe und -accessoires bis hin zu Parfümeriewaren und hochwertigen Souvenirs.

REISE-INFORMATIONEN

Chinas Städte gleichen riesigen Einkaufszentren mit einer endlosen Folge aus teils gigantischen Shopping Malls, Kaufhäusern, Geschäften und Märkten, die wirklich jeden Konsumwunsch befriedigen.

Wer mit einer Gruppe reist, wird meist mehrere Fabriken besuchen, in denen in aufwändiger Handarbeit traditionelles Kunsthandwerk, wie Jadeschnitzereien, Cloisonné, Lackarbeiten u. v. m. hergestellt wird. In den Fabrikläden kann man die Sachen auch gleich kaufen. Allerdings kosten die meisten Artikel hier deutlich mehr als in den Kunsthandwerksabteilungen der Kaufhäuser oder auf den Kunsthandwerksmärkten. In Spezialgeschäften, die meist ein Arrangement mit dem internationalen chinesischen Reisebüro haben, wird gegen Gebühr auch die Verpackung sowie der Versand von großen Gegenständen (Teppichen, Möbeln etc.) übernommen.

Fast überall darf gehandelt werden, vor allem auf **Straßenmärkten** können Sie feilschen, sofern es die Sprachkenntnisse zulassen. Hier findet man ebenso nützliche wie geschmackvolle Mitbringsel und Alltagsutensilien.

Einzelreisende

Auch als Einzelreisende/r können Sie stressfrei und bequem reisen – mit *full package* oder *mini package tours*, die chinesische Reiseveranstalter vor Ort anbieten. Dabei werden Vollarrangements oder Grundelemente Ihrer Tour vorbereitet und gebucht.

Dank der stark verbesserten Verkehrsinfrastruktur ist aber auch das individuelle Reisen in den letzten Jahren relativ komfortabel und einfach geworden. So bekommt man z. B. Zugtickets mittlerweile problemlos im Voraus am Bahnhof oder gegen einen geringen Aufschlag in fast allen Hotels. Flugtickets bucht man am günstigsten im Internet oder in einer der unzähligen Verkaufsstellen in den Städten und Hotels. Chinas Busbahnhöfe sind zwar riesig, aber dafür bestens organisiert. Eine Vorausbuchung der Tickets ist meist nicht notwendig, da die Busse zu interessanten Zielen meist im dichten Zeittakt fahren. An den chinesischen Feiertagen sollte man allerdings nicht auf Reisen gehen. Dann sind alle Verkehrsmittel und Hotels hoffnungslos ausgebucht.

Elektrizität

Die Stromstärke in den Hotels beträgt 220 V / 50 Hz. Unterschiedliche Steckdosen erfordern mitunter Zwischenstecker, die die Hotelrezeption meist bereithält.

Feste und Feiertage

Die touristische Erschließung der Minderheitengebiete hat auch deren farbenfrohe Feste in das Interesse der Reisenden gerückt. Das Fremdenverkehrsamt der VR China in Frankfurt (Adresse s. u.) informiert mit Gratisbroschüren über Feste und Veranstaltungen. Nachfolgend die wichtigsten landesweit gültigen und han-chinesischen Feste und Feiertage:

Neujahrstag (des Sonnenkalenders), 1. Januar, arbeitsfreier Tag. **Frühlingsfest** (des Mondkalenders) mit jährlich wechselndem Datum zwischen 21. Jan. und 20. Feb., drei arbeitsfreie Tage. **Laternenfest** (*yuanxiao jie*), 15. Tag des 1. Monats des Mondkalenders (Mitte bis Ende Feb.), Abschluss der Neujahrsfeiern. **Tag der Arbeit** (*laodong jie*), 1. Mai. **Qingming-Fest**, Fest des Totengedenkens, am 12. Tag des dritten Monats des Mondkalenders (meist im April). **Buddhas Geburtstag**, 8. Tag des 4. Monats des Mondkalenders (meist Ende Mai). **Drachenbootfest** (*duanwu jie*), am 5. Tag des 5. Mondmonats (meist im Juni). **Mondfest** (*zhongqiu jie*), 15. Nacht des 8. Monats des Mondkalenders (im Sept.). **Nationalfeiertag** (*guoqing jie*), 1. Okt. **Geburtstag des Konfuzius**, Ende Sept. **Song-Hanyi-Fest** (*song hanyi jie*), Ahnengedenkfest, im November.

REISE-INFORMATIONEN

Fotografieren und Filmen

Chinesen fotografieren – so scheint es – bei fast jeder Gelegenheit. Die meisten freuen sich zudem, von Touristen abgelichtet zu werden. Doch sollte man sie vorher immer um Erlaubnis bitten. Verboten ist das Fotografieren militärischer Anlagen und häufig in den Tempelhallen. Zubehör für Digitalkameras (Speicherkarten etc.) gibt es in den Städten zu kaufen.

Kinder

Mittlerweile nehmen viele Touristen ihre Kinder auf eine Chinareise mit, und in aller Regel finden die Kids das äußerst spannend. Ältere, reisegewohnte Kinder kommen mit der Umstellung sehr gut zurecht, dennoch sollte man auf großartige Unternehmungen direkt nach der Ankunft verzichten. Für den ersten Abend im Hotel muss etwas zu essen und zu trinken bereitgehalten werden. Keine übertriebene Angst vor Krankheiten, Langeweile und fremder Sprache! Kinder haben normalerweise gute Abwehrkräfte, finden leicht Anschluss und klären vieles nonverbal. Ihr Nachwuchs reist in China bis zu einer Größe von 1,20 m in Zügen und Bussen kostenfrei und erhält fast überall Gratis-Eintritt. Größere Kinder zahlen den vollen Preis.

Maße und Gewichte

Das metrische System hat sich in China weitgehend durchgesetzt. Dennoch werden die traditionellen Bezeichnungen gelegentlich noch verwendet. Sie sollten deshalb darauf vorbereitet sein:
1 m = 3 *chi* / 1 km = 2 *li* / 1 ha = 15 *mu* / 1 l = 1 *gongsheng* / 1 kg = 2 *jin*.

Notruf

In China muss man Chinesisch sprechen können, um die Notrufnummer zu nutzen. In Hongkong kann man Englisch sprechen:
Ambulanz: 120, in Hongkong 999
Polizei: 110, in Hongkong 999
Feuerwehr: 119, in Hongkong 999

Öffnungszeiten

Banken, Büros, Regierungsbehörden, öffentliche Einrichtungen (Museen, Zoos, Parks, Sehenswürdigkeiten), Geschäfte und Restaurants pflegen unterschiedliche Öffnungszeiten, die auch jahreszeitlich und von Stadt zu Stadt variieren. Das hängt auch damit zusammen, dass überall im riesigen China die gleiche Uhrzeit gilt. Kernzeit ist ca. von 8.30/9 Uhr bis 17.30/18 Uhr. Kaufhäuser sind häufig bis 22 Uhr geöffnet, Büros und manche Geschäfte sonntags geschlossen. Da die meisten Restaurants privat betrieben werden, kann man auch spät am Abend noch eine Mahlzeit bekommen. Staatliche Restaurants schließen zwischen 20 und 21 Uhr.

Polizei / Visumverlängerung

Wer sein Visum in China verlängern möchte, muss zu den jeweiligen Ausländerabteilungen der Polizei. Normalerweise kann das Touristenvisum hier einmal um 30 Tage verlängert werden. Die Verlängerung erhält man in der Regel innerhalb von 3 bis 5 Tagen. Bargeld oder Travellerschecks noch vorher tauschen, dies ist ohne Pass nicht möglich! Auch Diebstähle kann man in den Ausländerabteilungen zur Anzeige bringen. In den hier genannten Ämtern sprechen alle Beamte Englisch.
In Peking:
Public Security Foreign Affairs Office (*gong'anju churujing qianzheng zhongxin*): Beixinqiao, 2 Andingmen Dong Dajie, Tel. 010-84 02 01 01. Mo-Sa 8.30-16.30 Uhr, U 1: Yonghegong.
In Shanghai:
Public Security Foreign Affairs Office: Pudong, 500 Minsheng Lu, Tel. 021-28 95 19 00, Mo-Sa 9-17 Uhr, M 2: Shanghai Science and Technology Museum. Von der U-Bahn-Station etwa 700 m auf der Dingxiang Lu gen Osten.

Post / Telefon / Internet

Da neben den lokalen Postämtern auch die meisten Touristenhotels Postschalter mit hilfreicher Beratung besitzen, ist der **Postversand** aus China unproblematisch. Eine Postkarte, mit 4,50 Yuan frankiert, ist nach Europa etwa 5 Tage unterwegs. Briefmarken bekommt man in den lokalen Postämtern oder in den Hotels: an der Rezeption, im Business Center oder im Souvenirshop. Im Regelfall können Sie Ihre Post einfach an der Rezeption abgeben. Eventuell erreicht die Post Ihren Adressaten schneller, wenn Sie das Zielland in chinesischen Schriftzeichen angeben – siehe Sprachführer im Anhang.

Alle größeren Hotels besitzen Fax- und Internet-Anschlüsse. Telefonieren vom Hotel aus und von öffentlichen Telefonen ist problemlos möglich.

Ein mitgebrachtes **Handy** funktioniert im chinesischen Netz (GSM 900); preisgünstig telefoniert man mit einer chinesischen SIM-Karte („Simka"), die es für 10 bis 20 Euro im Kaufhaus und an Kiosken gibt.

Landesvorwahl von China: 0086.

Das **Internet** ist in China zwar siert, aber weit verbreitet und i. d. R. in allen größeren Hotels zugänglich. In Internet-Cafés (*wangba*) außerhalb der Hotels müssen Sie sich mit Ihrem Reisepass registrieren. Internetcafés sind vor allem der Nähe von Universitäten, Fachschulen und Budget-Hotels, in vielen Ämtern der China Telecom oder auch in Bibliotheken zu finden. Fast alle Jugendherbergen und die meisten Business-Hotels bieten Gratis-Online-Zugang oder WiFi. Auch viele westliche Restaurants und die Starbucks-Cafés bieten kostenlosen WiFi-Zugang.

Reisende mit Handicap

Auf Menschen mit Handicaps und insbesondere auf Rollstuhlfahrer ist man in China nicht gut eingestellt. Wichtig ist, dass man sich rechtzeitig vor der Reise bei den Veranstaltern, Hotels und Fluggesellschaften erkundigt, ob sie die notwendigen behindertengerechten Einrichtungen besitzen. Am weitesten sind Peking und Shanghai dank der Olympiade und der EXPO, aber auch hier sind behindertengerechte Zugänge zu Sehenswürdigkeiten, U-Bahnen usw. noch eher spärlich und halbherzig vorhanden.

Restaurants

Chinesen gehen gern in großer Gesellschaft essen, daher werden Sie in Restaurants überwiegend große runde Tische vorfinden. Kleinere, private Restaurants sind beliebt, weil der Service freundlicher und das Essen besser ist. Die Vielfalt ist schier grenzenlos, ebenso wie die Preispalette. Gelegentlich verlangt man von Ausländern einen „Sondertarif". Wenn Ihnen die Rechnung deutlich überhöht vorkommt, verlangen Sie eine Speisekarte zum Preisvergleich.

Sicherheit

Die Dynamisierung von Wirtschaft und Gesellschaft macht sich in China auch in der Zunahme der Kriminalität bemerkbar. Doch die harte Bestrafung (viele Todesurteile) – insbesondere bei Delikten gegenüber Ausländern – scheint in China zu wirken. Das Land gilt als relativ sicher. **Taschendiebstahl** kommt jedoch häufiger vor (Pass u. Ticket im Hotel deponieren, beglaubigte Passkopie mitnehmen). Frauen sollten in Muslim-Gebieten eine nicht allzu offenherzige Kleidung wählen.

Toiletten

In Shanghai und Peking sind die Toiletten überwiegend modern. Die Kosten für die Benutzung liegen bei 1-3 Jiao. Geradezu luxuriös sind die sanitären Einrichtungen in Hongkong, insbesondere in den großen Malls. Außerhalb der Großstädte jedoch sind Toiletten äußerst gewöhnungsbedürftig: Dort bestehen öffentliche Toiletten meist nur aus einer Rinne, die durch Seitenwände abgeteilt wird, und Türen gibt es nicht...

Trinkgeld

Trinkgeld ist in Restaurants (außer der Luxusklasse) unüblich; man freut

REISE-INFORMATIONEN

sich aber über jede „Aufrundung". Angewiesen auf finanzielle Zuwendungen sind Reiseleiter. **Faustregeln:** Stadtreiseführer: 1-2 € pro Tag; Reiseleiter und Dolmetscher, die die ganze Reise begleiten: 2 € pro Tag; Bedienung im Restaurant: 5-10 % des Rechnungsbetrages; Taxifahrer: erwarten häufig kein Trinkgeld, nehmen es aber gern an.

Übersetzungsdienst

Bei Verständigungsschwierigkeiten steht der telefonische Übersetzungsdienst CALLYANDI zur Verfügung. Anrufer werden mit einem Dolmetscher verbunden, der in jeder Gesprächssituation weiterhilft. Englisch-Chinesisch, rund um die Uhr. Übersetzung: (+86) 4006 228 227. Weitere Infos: www.callyandi.com.

Wasser

Leitungswasser sollte man nicht trinken, doch kann man sich damit die Zähne putzen. In allen Hotels, Restaurants und Zügen erhält man kochendes Wasser, mit dem man sich Tee aufgießen kann. Trinkwasser in Flaschen bekommt man überall, auch bei den Sehenswürdigkeiten.

Zeit

In ganz China herrscht Peking-Zeit, d. h. MEZ + 7 Stunden (Mitteleuropäische Sommerzeit + 6 Stunden). Wenn es in Peking 12 Uhr mittags schlägt, gilt dies auch für Kashgar, obgleich es dort tatsächlich weit früher ist.

Zoll

400 Zigaretten und zwei Flaschen Wein dürfen zollfrei eingeführt werden. Verboten ist die Einfuhr von Waffen, frischen Früchten und staatsfeindlicher Literatur.

Antiquitäten dürfen nur mit dem roten Siegel eines staatlichen Antiquitätengeschäfts und mit Zertifikat exportiert werden. Bei der Wiedereinreise nach Deutschland dürfen pro Person 200 Zigaretten, 1 l alkoholische Getränke mit mehr als 22 Vol.-%, 4 l Wein, 16 l Bier sowie Waren im Wert von 430 Euro eingeführt werden (Personen unter 15 Jahre 175 Euro); Raubkopien werden beschlagnahmt, sobald der Verdacht auf Weiterverkauf vorliegt.

Harte Strafen stehen auf Verstöße gegen das Washingtoner Artenschutzabkommen, also die Einfuhr von geschützten Tieren, Pflanzen oder aus ihnen gefertigten Produkten, insbesondere von „chinesischer Medizin" wie Bärengalle oder Tigerpenis.

ADRESSEN

Fremdenverkehrsämter

China: *Fremdenverkehrsamt der Volksrepublik China* für Deutschland und Österreich, Ilkenhansstraße 6, 60433 Frankfurt, Tel. 069/ 520 135, Fax 528 490, www.fac.de.

Fremdenverkehrsamt der Volksrepublik China, Genferstr. 21, CH-8002 Zürich, Tel. 01/201 88 77, Fax 201 88 78.

Hongkong: Hong Kong Tourism Board, Humboldtstraße 94, D-60318 Frankfurt a. M., Tel. 069 / 9591 290, Fax 069/5978 050, frawwo@hktb.com, www.discoverhongkong.com.

Macau: Fremdenverkehrsbüro Macau, Schenkendorfstraße 1, D-65187 Wiesbaden, Tel. 0611/2676 730, Fax 0611/2676 760, macau@discover-fra.com, www.macau-info.de, www.macautourism.gov.mo.

Botschaften und Konsulate Chinas

DEUTSCHLAND: Märkisches Ufer 54, D-10179 Berlin, Tel. 030/275 880; www.china-botschaft.de

Botschaft der VR China (Konsularabteilung), Brückenstr. 10, 10179 Berlin, Tel. 030/27 58 85 72, Fax 27 58 85 19, Mo-Fr 9-12 Uhr.

Generalkonsulat, Elbchaussee 268, 22605 Hamburg, Tel. 040/82 27 60 18, Fax 82 26 23, Mo-Fr 9-12 Uhr.

Generalkonsulat, Mainzer Landstr. 175, 60327 Frankfurt, Tel. 069/90 73 46 87, Fax 90 73 48 37, Mo-Fr 9-12 Uhr.

AUTOREN / FOTOGRAFEN

Generalkonsulat, Romanstr. 107, 80639 München, Tel. 089/17 30 16 18, Fax 17 30 16 19, Mo-Fr 9-12 Uhr.
Generalkonsulat, Bellariastr. 20, 8002 Zürich, Tel. 044/205 84 11, Mo-Fr 9-12 Uhr.
ÖSTERREICH: Metternichgasse 4, A-1030 Wien, Tel. 01/7143 149; www.chinaembassy.at
SCHWEIZ: Kalcheggweg 10, CH-3000 Bern, Tel. 031/3527 333; www.china-embassy.ch

Botschaften in Peking
DEUTSCHLAND: 17 Dongzhimenwai Dajie, Chaoyang, 100600 Beijing, Tel. 010/8532 9000; www.peking.diplo.de; Metro: *Dongzhimen*.
ÖSTERREICH: 5 Xiushui Nanjie, Jianguomenwai, 100600 Beijing, Tel. 010/6532 2061; www.bmeia.gv.at/peking
SCHWEIZ: 3 Dongwujie, Sanlitun, 100600 Beijing, Tel. 010/8532 8888; www.eda.admin.ch/beijing.

Botschaften in Shanghai
Generalkonsulat der BRD (Konsular- und Rechtsangelegenheiten), 18/F, New Century Plaza, 188 Wujiang Lu, Tel. 021/6217 1520, Mo-Fr 8.30-11.30 Uhr, M 2, Nanjing West Road.
Kanzlei, 181 Yongfu Lu, Tel. 021/3401 0106, Fax 6471 4448, M 1, Hengshan Rd.
Generalkonsulat Österreichs, 3/F, 3 A, Qihua Tower, 1375 Huaihai Zhonglu, Tel. 021/6474 0268, Mo-Fr 9.30-12 Uhr, M 1, 7: Changshu Rd.
Schweizer Generalkonsulat, 22/F, Bldg. A, Far East International Plaza, 319 Xianxia Lu, Tel. 021/6270 0519, Mo-Fr 9-12 Uhr, M 2 Loushanguan Rd, M 3, 4 West Yan'an Rd.

Botschaften in Hongkong
Generalkonsulat der Bundesrepublik Deutschland, 21/F, United Center, 95 Queensway, Central, Tel. 00852/2105 8788, Fax 2865 2033, Mo-Fr 8.30-11.30 Uhr.

Generalkonsulat der Republik Österreich, 2201 Chinachem Tower, 34-37 Connaught Road, Central, Tel. 00852/2522 8086, Fax 2521 8773, Mo-Fr 9-12 Uhr.
Generalkonsulat der Schweiz, Suite 6206-07, Central Plaza, 18 Harbour Road, Wan Chai, Tel. 00852/2522 7147/48, Fax 28 45 26 19, Mo-Fr 9-12 Uhr.

AUTOREN

Jürgen Bergmann, Oliver Fülling, Franz-Josef Krücker

FOTOGRAFEN

Altenburger, Engelbert 26
Archiv für Kunst und Geschichte, Berlin 27
Bergmann, Jürgen 8/9, 10/11, 12, 13, 14, 16, 18, 19, 33, 36, 38/39, 46, 47, 56, 57, 60, 62, 63, 65, 66, 68, 74, 77, 83, 92, 93, 96, 98, 122, 126, 148, 150, 151, 156L, 156R, 162, 183, 197, 207, 218/219, 221, 225, 226, 230, 234, 238/239
Effner, Jürgen (Fotolia) 158/159
Fait, Judith 120, 135, 144
Hackenberg, Rainer 176, 185, 187, 194, 195, 196, 235, Cover
Herzog & de Mauron 79
Janicke, Volkmar E. 42, 82, 116, 149, 161, 171, 181, 182, 191, 200
Kalcher, Herbert K. 53, 61, 106
Keller, Hansjörg 35
Morgenstern, Manfred 37, 242
Müller, Kai Ulrich 51, 100, 105, 110, 127
Pansegrau, Erhard 21, 22
Simon, Gerd 24, 25, 28, 29, 31
Spierenburg, Paul 112/113, 115, 129, 131, 133, 138, 140, 142, 168/169, 243
Stankiewitz, Thomas 89, 175, 198, 211, 215, 241
Taolmor (Fotolia) 73
Than, Kian Khoon (Fotolia) 99
Thomas, Martin 41, 55, 107,

SPRACHFÜHRER

Aussprache und Umschrift

Das *Pinyin* rollt den deutschsprachigen Zungen einige Stolpersteine in den Weg. Denken Sie nur daran, welche Mühe geschulten Nachrichtensprechern der Name Deng Xiaoping (sprich: *döng hsiauping*) bereitet hat. Wir können Sie hier nicht zu Sprachartisten ausbilden, immerhin aber einige dieser Zungenbrecher als Lutschbonbon anbieten. Die folgenden Hinweise sollen deutschsprachigen Reisenden die richtige Aussprache der *Pinyin*-Umschrift erleichtern:

e = *ö*; ian = *i-en*; o = *o*, aber in Verbindung mit -ng = *ung*; ao = *au*; x = *hs*; sh = *sch*; q = *tj*; zh = *dsch*; ch = *tsch*; s = *ss, ß*; z = *ds*; c = *ts*; s = *s* (wie Socken).

Ein Übungsbeispiel ist der „Busbahnhof" oder *qichezhan*, ausgesprochen: „tji-tschö-dschan".

Trainingsmöglichkeiten finden Sie in diesem China-Guide bis zum Zungenmuskelkater.

Mini-Sprachschule

Auch wer unser kleines Zungentraining nur mit Mühe überstanden hat, sollte zumindest einige wenige und kurze Ausdrücke, Begriffe und Notsignale beherrschen (und hier nochmals die richtige Aussprache üben):

Hallo, Guten Tag	*ni hao*
Wiedersehen	*zaijian*
Danke	*xiexie*
Entschuldigung	*duibuqi*
Ich habe mich verirrt	*wo mi lu*
Nein; das ist nicht so	*bu shi*
Nein; das habe ich nicht	*mei you*
Macht nichts	*mei shi*
Nein, danke	*bu yao*
Verstehen Sie?	*dong ma?*
Ich verstehe nicht	*wo ting budong*
Toilette	*cesuo*
Zu teuer	*tai guile*
Geldwechsel	*huan qian*
Deutschland	*deguo* 德国
Schweiz	*ruishi* 瑞士
Österreich	*aodili* 奥地利

Zahlen

0	*ling*	零
1	*yi*	一
2	*er, liang*	二,两
3	*san*	三
4	*si*	四
5	*wu*	五
6	*liu*	六
7	*qi*	七
8	*ba*	八
9	*jiu*	九
10	*shi*	十
11	*shiyi*	十一
12	*shi'er*	十二
13	*shisan*	十三
20	*ershi*	二十
21	*ershiyi*	二十一
30	*sanshi*	三十
31	*sanshiyi*	三十一
100	*yibai*	一百
101	*yibaiyi*	一百一
200	*liangbai*	两百
1000	*yiqian*	一千
2000	*liangqian*	两千
10 000	*yiwan*	一万
100 000	*shiwan*	十万

Zeigefinger-Lexikon

Ich brauche dringend einen Arzt!
我急需一个医生!
Ich suche eine Apotheke.
我想找一个药房。
Ich suche eine Bank zum Geldwechseln. 我想找个能换钱的银行。
Wo ist die Post? 请问邮政在哪儿?
Wo ist mein Gepäck? 我的行李在哪儿?
Ich brauche ein Taxi.
我想要一部出租汽车。
Ich möchte telefonieren. 我想打电话。
Wo ist der Bahnhof? 火车站在哪儿?
Von welchem Bahnsteig fährt der Zug nach ...? 到...去的火车在第几站台?
Ich möchte zum Flughafen fahren.
我想到飞机场去。
Ich suche ein Hotel. 我想找一个旅馆。
Bitte schreiben Sie mir die Adresse in Chinesisch auf.
请用中文把这个地址写下来。

REGISTER

A

Abahai, Kaiser 23
Alkohol 247

B

Badaling 107
Botschaften 251
Boxeraufstand 13, 27
Boxer-Bewegung 27
Briten 24
Burma 135

C

Chang'an 12
Changling 105
Changping 104
Chengde 109
Chiang Kaishek 13, 28, 131
Chinesisches Luftfahrtmuseum 104
Christentum 155
Cixi, Kaiserinwitwe 28

D

Dalai Lama 23, 31
Daoismus 37
Deng Xiaoping 34
Deutsche 27
Dingling 106
Drachenknochen-Hügel 101
Dschingis Khan 19

E

Einkaufen 247
Ein-Kind-Politik 35
Ennin, Mönch 155

F

Feiertage 248
Feste 248
Frühlings- und Herbstperiode 12

G

Geheimgesellschaften 129
Gelber Fluss (Huanghe) 15
Große Mauer 12, 23, 106
„Große Proletarische Kulturrevolution" 31
Großer Kanal 153

„Großer Sprung nach vorn" 13, 30
Guangzhou (Kanton) 231
Guomindang (Kuomintang) 13, 28, 30, 131

H

Han-Dynastie 12, 17
Hanshan 153
Hong Kong Island 166
Hong Xiuquan 26
Hongkong 163
  Aberdeen 181
  Admiralty 177
  Avenue of Stars 190
  Bank of China Tower 170
  Bird Garden 196
  Bonsai-Garten 197
  Causeway Bay 180
  Central District 167
  Central Mid-Levels Escalator 175
  Central Plaza 177
  Cheung Chau 200
  Cultural Centre 187
  Deepwater Bay 183
  Exchange Square 167
  Flower Market 196
  Happy Valley Racecourse 180
  Hong Kong and Shanghai Bank 169
  Hong Kong Arts Centre 177
  Hong Kong Convention and Exhibition Centre 180
  Hong Kong Disneyland 200
  Hong Kong Museum of Art 190
  Hong Kong Museum of History 194
  Hong Kong Park 171
  Hong Kong Science Museum 194
  Hong Kong Space Museum 187
  Jade Market 195
  Kat Hing Wai 199
  Kowloon 186
  Kowloon Park 193
  Kowloon Public Pier 190
  Kowloon Walled City Park 196
  Ladies' Market 196
  Lamma 201
  Lan Kwai Fong 175
  Lantau 199
  Legislative Council Building 170
  Lippo Centre 170
  Man Mo Temple 176
  Marine Land 183
  Monastery of the Ten Thousand Buddhas 198
  Mong Kok 194
  Museum of Teaware 171
  Nathan Road 191
  New Territories 198
  Night Market 195
  Ocean Park 182
  Outlying Islands 199
  Peak Trail 174
  Peak Tram 174
  Ping Shan Heritage Trail 199
  Po Lin Monastery 199
  Repulse Bay 184
  Sha Tin Racecourse 180
  Shek O 186
  Sheung Wan 167
  St. John's Cathedral 174
  Stanley 185
  Star Ferry 167, 186
  Tin Hau Temple 195
  Tsim Sha Tsui 186
  Tsim Sha Tsui East 193
  Two International Finance Centre 167
  Victoria Peak 174
  Wan Chai 177
  Wong Tai Sin Temple 197
  Yau Ma Tei 194
  Zoological and Botanical Gardens 174
Houhai 96
Huanghe (Gelber Fluss) 15
Hundert-Tage-Reform 27

J

Japan 29
Japaner 13
Jiading 149
Jiang Qing, Witwe Mao Zedonge 32
Jietai 101
Jin-Dynastie 12
Jinshanling 108

K

Kaifeng 19
Kaiserkanal 153
Kaiserlicher Sommerpalast 109
Kanton (Guangzhou) 231
  Ahnentempel der Familie Chen 233
  Beijing Lu 234
  Guangdong Museum of Art 236
  Königsgrab von Nanyue 235

REGISTER

Moschee zum Andenken an den Weisen 234
Orchideengarten 235
Qingping-Markt 232
Shamian-Insel 231
Tempel der Sechs Banyan-Bäume 233
Yanjiang Xilu, Uferpromenade 233
Yuexiu-Park 235
Khanbaliq 20
Klima 244
Kommunistische Partei 29
Konfuzianismus 16, 17, 18, 36
Konfuzius 12, 155
Kowloon 186
Kublai Khan 12, 19
Kulturrevolution 31
Kuomintang (Guomindang) 13, 28, 30, 131

L

Lamma 201
Langer Marsch 30
Lantau 199
Laozi (Laotse) 12, 37
Liao-Dynastie 12
Lu Xun, Dichter 135
Luzhi 149

M

Macau 220
Casino Lisboa 225
Centro de Actividades Turísticas (CAT) 223
Fisherman's Wharf 223
Fortaleza do Monte 225
Grand Lisboa Casino 225
Jardim e Gruta Luís de Camões 224
Jardim Lou Lim Ieoc 224
Largo do Senado 225
Macau Tower 227
Museu de Arte de Macau 226
Museu de Macau 225
Museu Marítimo 226
Ruinas de São Paulo 224
Templo de A Ma 226
Templo de Kun Iam Tong 224
The Venetian Macao 227
Malanyu 110
Mandschuren 23
Mao Zedong 13, 29, 30, 32, 130
Marco Polo 20
Ming-Dynastie 12, 152
Ming-Gräber 104

Mongolen 20
Mutianyu 108

N

Nanjing (Nanking) 30
Nanking (Nanjing) 30
New Territorries 198
Nurhaci, Kaiser 23

O

Opium 25
Opiumkrieg 13, 25, 117

P

Peking (Beijing) 43
Acht Große Stätten 84
Alter Sommerpalast 80
Altes Observatorium 69
Arthur M. Sackler Museum of Art and Archaeology 79
Beijing Amusement Park 72
Beijing Aquarium 76
Beijing Planning Exhibition Hall 52
Botanischer Garten 82
CCTV Tower 70
Central Radio and TV Tower 76
Chinesische Kunsthalle 67
Chinesisches Eisenbahnmuseum 77
Chinesisches Nationalmuseum 50
Dashanzi-Kunstbezirk 77
Denkmal für die Volkshelden 51
Diamantthron-Pagode 84
Donghuamen-Nachtmarkt 67
Drei Hintere Seen 60
Duftender Berg 84
Ehemaliges Gesandtschaftsviertel 68
Erdaltar 66
Factory 798 77
Garten der Großen Aussicht 74
Geologisches Museum Chinas 75
Glockenturm 63
Große Halle des Volkes 50
Großes Nationaltheater 52
Hauptstadt-Museum 75
Himmelsaltar (Himmelstempel) 70
Houhai 60
Jadeinsel 59
Kaiserliche Akademie 65
Kaiserlicher Ahnentempel 53

Kaiserpalast 53
Kloster der Azurblauen Wolke 83
Kohlehügel 58
Konfuzius-Tempel 65
Kulturpalast der Werktätigen 53
Lama-Tempel 63
Lu-Xun-Museum 76
Marco-Polo-Brücke 84
Mausoleum für den Vorsitzenden Mao 51
Moschee in der Rinderstraße 73
Museum der Holzschnitzkunst 72
Museum der Kaiserstadt 52
Museum für klassische chinesische Architektur 73
Museum für Naturgeschichte 72
Nordkathedrale 59
Olympic Green 78
Park der ming-zeitlichen Stadtmauer 69
Park der Völker Chinas 78
Park des Drachenteichs 72
Park des Duftenden Berges 83
Park des Erdaltars 66
Park des Nördlichen Sees 58
Park des Sonnenaltars 69
Pekinger Kunstmuseum 77
Platz des Himmlischen Friedens 50
Poly-Kunstmuseum 66
Porzellanpagode 83
Red Gate Gallery 69
Residenz des Prinzen Gong 61
Residenz von Song Qingling 62
Runde Stadt 58
Sanlitun 96
Sommerpalast 81
Südkathedrale 72
Sun-Yatsen-Park 52
Tempel der Duftenden Welt 84
Tempel der Fünf Pagoden 76
Tempel der Großen Glocke 79
Tempel der Himmlischen Ruhe 74
Tempel der Langlebigkeit 77
Tempel der Quelle der Lehre 73
Tempel der Universalen Nächstenliebe 75
Tempel der Weißen Pagode 76
Tempel der Weißen Wolke 74
Tempel des Ostbergs 70
Tempel des Schlafenden Buddha 82
Tor des Himmlischen Friedens 30, 52
Trommelturm 62

REGISTER

Unterirdische Stadt 70
Verbotene Stadt 53
Wangfujing-Boulevard 67
Wanping 84
Wohnhaus von Guo Moruo 60
Wohnhaus von Lao She 67
Wohnhaus von Mei Lanfang 61
Xu-Beihong-Museum 62
Zoo 76
Peking-Oper 98
Portugiesen 22
Pu Yi, Kaiser 28

Q

Qin Shihuangdi, Kaiser 156
Qin-Dynastie 12, 17, 156
Qing-Dynastie 13, 23, 130, 156
Qing-Gräber 110
Qingpu 145

R

Reisezeit 244
Rote Garden 32

S

Seidenstraße 12, 20
Shang-Dynastie 12
Shanghai 117
Altstadt 129
Bund 121
Bund 18 Creative Center 123
Century Park 127
Dongping Lu 132
Dongtai-Lu Antique Market 130
Duolun Museum of Modern Art 135
Französische Konzession 130
Fuxing Park 131
Huaihai Zhonglu 130
Huangpu, Fluss 121
Huangpu, Stadtteil 128
Huangpu-Park 122
Jadebuddha-Tempel 135
Jin Mao Building 126
Jing'an-Park 132
Konfuzius-Tempel 130
Kunstquartier M50 135
Lu Xun-Park 135
Lujiazui 124
Lujiazui-Park 127
Mingzhu-Park 126
Nanjing Donglu 123, 127
Nanjing Xilu 132
Oriental Pearl Tower 126
Pudong 124
Sassoon House 123
Science and Technology Museum 127
Shanghai Art Museum 128
Shanghai City Planning Exhibition Hall 128
Shanghai Grand Theatre 128
Shanghai Municipal History Museum 126
Shanghai Museum 128
Shanghai Museum of Arts and Crafts 132
Shanghai Ocean Aquarium 126
Shanghai Sculpture Space 134
Shanghai World Financial Center 127
Sheshan 145
Stadtgott-Tempel 130
Suzhou Creek 121
Tempel der Drachenblume 134
Tianzifang Creative Centre 132
Tonglefang 134
Transrapid (Maglev) 127
Volkspark 128
Wusong, Fluss 121
Xintiandi 130
Xuhui 134
Yu-Garten 129
Yuyuan-Bazar 129
Sheshan 145
Simatai 108
Sinkiang (Xinjiang) 35
Song-Dynastie 12, 18, 117
Songjiang 145
Sowjetunion 31
Sui-Dynastie 12, 17
Sun Yatsen 28, 122
Suzhou 149

T

Taiping-Rebellion 26
Tang-Dynastie 12, 17, 155
Tempel des Teichs und der Wilden Maulbeere 101
Tempel des Weihealtars 101
Terrakotta-Armee des Qin Shihuangdi 17, 156
Tibet 13, 23, 30, 31, 35
Tongli 153

V

Viererbande 32
Vierter-Mai-Bewegung 29
Volksrepublik 13

W

Wei Jingsheng 34
Weltkrieg, Erster 28
Weltkrieg, Zweiter 29, 30

X

Xi'an 155
Xia-Dynastie 12
Xinjiang (Sinkiang), Provinz 35
Xitang 148
Xuan Zang, Mönch 156

Y

Yangzi, Fluss 15
Yongle, Kaiser 21
Yuan Shikai, Präsident 28
Yuan-Dynastie 12, 20, 145

Z

Zeit der Drei Reiche 12
Zeit der Streitenden Reiche 12
Zhaoling 106
Zhongdu 19
Zhou Enlai 32
Zhou-Dynastie 12, 16
Zhoukoudian 101
Zhouzhuang 148
Zhu Rongji, Ministerpräsident 33
Zhuangzi 12
Zhujiajiao 145

China
Peking, Shanghai, Xi'an, Hongkong

Nelles Verlag

Hotelverzeichnis

PEKING – UNTERKUNFT

HOTELVERZEICHNIS

Wir haben versucht die Hotels nach drei Kategorien einzuteilen. Die Hotels der Luxusklasse sind meist Gemeinschaftsunternehmen mit einer internationalen Hotelkette als Partner – manchmal aber auch altmodische Hotels mit überragendem Service. Die meist großen Hotels mit mehreren hundert Zimmern haben internationalen Standard und bieten die üblichen Sterne-Einrichtungen (gut ausgestattete Zimmer, TV, Safe, AC, Telefon- und Internetanschluss, Business Cen Restaurants, Bar, Schwimmbad, Sauna, Sportanlagen, Massage, Friseur und Geschäfte). Als besonders angenehm wird empfunden, dass in China in jedem Hotel-Zimmer Tee und heißes Wasser bereit gestellt wird.

Die Grenzen zwischen mittelklassigen und einfachen Hotels verschwimmen häufig, weil die Unterkunftsmöglichkeiten von der Suite bis zum Schlafsaal reichen können. In ländlichen Gebieten – vor allem nahe den religiösen und/oder Natur-Denkmälern – nehmen einfache Gasthöfe, Tempel oder Klöster auch ausländische Besucher auf. Sie erhalten dort aber nicht immer Bettwäsche, weshalb Sie als Einzelreisende/r einen leichten Schlacksack mitbringen sollten.

Weitere Hotels im Internet beispielsweise unter: www.sinohotel.com

☺☺☺ ab 100 Euro
☺☺ 50-100 Euro
☺ 10-50 Euro

2 PEKING

Peking / Beijing (☎ 010)

Aufgrund der weiten Entfernungen lässt sich kein Stadtteil als zentraler Ausgangspunkt für die Besichtigungen besonders empfehlen. Nahe am Puls des Stadtlebens liegen die Hotels zwischen der Wangfujing-Straße und dem Ritan-Park oder in der Oststadt (*Chaoyang*).

☺☺☺ *ZENTRUM:* **Peninsula Palace**, 8 Jinyu Hutong, Tel. 85 16 28 88; das zentral gelegene Hotel wird höchsten Ansprüchen gerecht, zu Fuß kommt man zur Wangfujing oder zum Kaiserpalast.

China World Shangri-La, 1 Jianguomenwai Dajie, Tel. 65 05 22 66; mit einem großen Ausstellungszentrum in der Nachbarschaft ist es eine beliebte Adresse für Geschäftsleute.

Holiday Inn Crown Plaza, 48 Wangfujing, Tel. 65 13 33 88; aufgrund seiner guten Lage an der Wangfujing günstiger Ausgangspunkt für fast alle Unternehmungen.

Grand Hotel, 35 Dongchang'an Dajie, Tel. 65 13 77 88; der Erweiterungsbau des Beijing-Hotels gehört zu den besten Adressen der Stadt, zumal der Tiananmen-Platz oder der Kaiserpalast in Reichweite sind.

Raffles Beijing Hotel, 33 Dong Chang'an Jie, Tel. 65 26 33 88, www.beijing.raffles.com. Als Grand Hotel de Pékin 1917 erbaut, besticht dieses Hotel durch seine außergewöhnliche Fassade und geschmackvoll eingerichteten Zimmer.

CHAOYANG: **Great Wall Sheraton**, Donghuan Beilu, Tel. 65 90 55 66; Ausstattung und Lage garantieren seit seiner Eröffnung in den 1980er Jahren eine stabile Buchungssituation.

New Otani, 26 Jianguomenwai Dajie, Tel. 65 12 55 55; beliebtes Hotel vor allem bei japanischen Reisenden.

Kempinsiki, 50 Liangmaqiao Lu, Tel. 64 65 33 88; im „deutschen Eck" neben dem Lufthansa-Einkaufszentrum und dem Löwenbräu fühlt man sich schnell wie zu Hause.

Jingguang Centre, 97 Hujiaolou Lu, Tel. 65 97 88 88; aus den Zimmern in den höheren Etagen hat man – bei klarem Wetter – eine beeindruckende Aussicht über die Pekinger Oststadt.

Mövenpick Capital's Resort, South-Xiaotianzhu, Tel. 64 56 55 88; trotz der Nähe des Flughafens ruhiges Hotel, das sich am Wochenende oft in ein „Familien-Hotel" verwandeln kann.

NORDWESTEN: **Shangri-La**, 29 Zizhuyuan, Tel. 68 41 22 11; im Universitätsbezirk Haidian gelegen hat sich das stilvolle Haus auch mit seinen Restaurants einen guten Namen gemacht.

☺☺ **Beijing Minzu**, 51 Fuxingmennei, Tel. 66 01 44 66; früher für die Angehörigen chinesischer ethnischer Minderheiten reserviert, heu-

te für Gäste aus der ganzen Welt geöffnet; in der Nähe der Xidan-Einkaufsstraße.
Spring Garden Hotel, 11 Xisi Beiliutiao, Tel. 66 53 15 86, www.springgardenhotel.com. In diesem traditionellen Wohnhof gibt es nur acht im traditionellen chinesischen Stil eingerichtete Zimmer, pittoreske Höfe und klassisches China pur.
Hotel Kapok, 16 Donghuamen Dajie, Tel. 65 25 99 88, www.hotelkapok.com. Lichtdurchflutetes Hotel mit japanischen und chinesischen Zen-Gärten und herrlichen im japanisch-chinesischen Stil eingerichteten Zimmern.
Zhongtang Hotel, 12 Xisi Beiertiao, Tel. 66 17 13 69, www.tanghotel.cn. Inmitten der malerischen Hutongs des Viertels Xisi gelegenes Hofhaus-Hotel, in der ehemaligen Residenz eines Mandarin. Die 17 gemütlichen Zimmer mit antiken Möbeln verteilen sich um zwei herrliche Innenhöfe
Qomolangma Hotel, 149 Gulou Xidajie, Tel. 64 01 88 22, www.qomolangmahotel.com. Das Hotel befindet sich auf dem Areal des Guanyue-Tempels, der ursprünglich als Residenz eines Prinzen erbaut wurde. Die Zimmer sind mit alten Möbeln eingerichtet und haben Internetzugang.
Qianmen, 175 Yong'an Lu, Tel. 63 01 66 88; nach der Renovierung hat das Haus von seinem früheren Flair nichts verloren, allabendlich im hauseigenen Theater Aufführungen von Peking-Opern (ca. 1 Std.).
Beijing Bamboo Garden, 24 Xiaoshiqiao, Tel. 64 03 22 29; wer in den Mauern eines ehemaligen Prinzenpalasts wohnen will, ist hier richtig.
Friendship, 3 Baishiqiao, Tel. 68 49 88 88; der russische Hotelkomplex aus den 50er Jahren ist auch heute – nach der Renovierung – mit seinem weitläufigen Garten und Sportmöglichkeiten eine beliebte Adresse.
Xiangshan, Fragrant Hill Park, Tel. 62 59 11 66; vom amerikanisch-chinesischen Erfolgsarchitekten I. M. Pei erbaut, ist ein ganz besonderes Hotel-Erlebnis inmitten einer Parkanlage angesagt.
Xiyuan, Erligou, Tel. 68 31 33 88; in der Nähe des Zoologischen Gartens, günstig für Unternehmungen im Westteil der Stadt.
Olympic, 52 Baishiqiao, Tel. 68 31 66 88; gegenüber der Beijing-Bibliothek gelegen, ist das Hotel von Anfang an für seine französische Küche bekannt.

◉ **Lusongyuan**, 22 Banchang Lu, Tel. 64 04 04 36; traditionell eingerichtetes Hotel im Zentrum der Stadt.
Beijing Feiying International Youth Hostel, 10 Xuanwumen Xilu, Tel. 63 17 11 16.
Zhaoling International Youth Hostel, 2 Gongrentiyuchang Beilu, Tel. 65 97 22 99, Ext. Youth Hostel; sehr beliebte Unterkunft zwischen Sanlitun und Lufthansa-Center, Fahrradverleih, www.zhaolonghotel.com.cn
Days Inn Forbidden City, 1 Nanwanzi Hutong, Tel. 65 12 77 88, www.daysinn.cn. Das gleich zwischen Kaiserpalast und Grand Hotel gelegene Business-Hotel strahlt zwar einen kühlen, etwas sterilen Charme aus aber das Preis-Leitungsverhältnis ist kaum zu toppen.
Downtown Backpackers, 85 Nanluogu Xiang, Tel. 84 00 24 29, www.backpackingchina.com. Unterkunft für Rucksackreisende inmitten des Restaurant- und Kneipenviertels Nanluogu Xiang aber vor allem auch mitten in der herrlichen Hutong-Landschaft von Dongcheng.

Chengde (☎ 0314)

◉◉ **Chengde Qianyang**, 18 Fule Lu, Tel. 205 71 88; in der Nähe der bekannten Sehenswürdigkeiten.
Qiwanglou Binguan, 1 Bifengmen Donglu, Tel. 202 21 69. Schönes Hotel im Qing-zeitlichen Palaststil und angenehm ruhig am Sommerpalast gelegen.
Chengde Bailou, 28 Jingcheng Lu, Tel. 212 08 88; kleineres Hotel mit 77 Zimmern.

3 SHANGHAI

Shanghai (☎ 021)

◉◉◉ **Jinjiang Tower**, 161 Changle Lu, Tel. 64 15 11 88; seit 1990 gönnen sich Staatsmänner und Stars einen sagenhaften Blick aus dem 43-stöckigen Hotelturm.
The Portmann Ritz-Carlton, 1376 Nanjing Xilu, Tel. 62 79 88 88; die „Hotel-Stadt" in der Stadt mit gutem Akrobatik-Theater.

SHANGHAI – UNTERKUNFT

JC Mandarin, 1225 Nanjing Xilu, Tel. 62 79 18 88; altbewährtes 5-Sterne-Hotel mit bester Lage neben dem alten Ausstellungszentrum.
Hilton, 250 Huashan Lu, Tel. 64 80 00 00; seit Jahrzehnten guter Standard im Jinan-Distrikt.
PUDONG: **Grand Hyatt**, 177 Lujiaziu Lu, Tel. 50 49 12 34; höchst gelegenes Hotel der Welt, mit Traumblick über die Megacity.
Shangri-La, 33 Fucheng Lu, Tel. 68 82 88 88; mitten im Finanzzentrum, am Huangpu-Fluss mit bestem Blick auf den Bund.
JW Mariott Shanghai Tomorrow Square, Tomorrow Square, 399 Nanjing Xilu, Tel. 53 59 49 69, www.marriott.com. Luxushotel am Volksplatz in einem der innovativsten Wolkenkratzer der Stadt. Eine Luxus-Spa sorgt für Wellness im Herzen der Stadt.
88 Xintiandi Hotel, 380 Huangpi Nanlu, Tel. 53 83 88 33, www.88xintiandi.com. Luxusoase am Rand des Restaurantviertels Xintiandi mit 53 Zimmern. Die Zimmer sind im modernen chinesischen Chic mit einem Hauch westlichen Einflusses eingerichtet.

☺☺ **Peace-Hotel**, 20 Nanjing Donglu, Tel. 63 21 68 88; als Cathay Hotel 1929 gegründet, gehört es dank seiner ausgezeichneten Lage immer noch zu den bekanntesten Hotels der Stadt. Das Hotel wird erst ab Mitte 2009 wiedereröffnet.
Sofitel Hyland, 505 Nanjing Donglu, Tel. 63 51 58 88; beste Lage mit der Nanjing-Straße vor der Tür.
Park-Hotel, 170 Nanjing Xilu, Tel. 63 27 52 25; bei seiner Gründung 1934 war es das höchste Gebäude der Stadt.
Ocean-Hotel, 1171 Dongdaming Lu, Tel. 63 27 52 25; beliebtes Hotel bei deutschen Reisegruppen, Drehrestaurant in der 28. Etage.
Shanghai Baolong Hotel, 70 Xixian Lu, Tel. 65 42 54 25; gut geführtes Hotel im Universitätsviertel (Fudan-, Tongji-Universität).
Worldfield Convention Hotel, 2016 Hongqiao Lu, Tel. 62 70 33 88; gut ausgestattetes Geschäfts-Hotel im Osten der Stadt (Richtung alter Flughafen).
Yangtze Hotel, 740 Hankou Lu, Tel. 63 51 78 80, www.yangtzehotel.cn. Zentral gelegenes überaus stilvolles Boutique-Hotel. Nach seiner Fertigstellung 1934 war es das drittgrößte Hotel im Fernen Osten.

Astor House Hotel, 15 Huangpu Lu, Tel. 63 24 63 88, www.pujianghotel.com. Das 1846 als Astor House Hotel erbaute Hotel war Shanghais erste Nobelherberge. Die im viktorianischen Stil eingerichteten Zimmer sind teilweise riesig.
Equatorial Hotel, 65 Yan'an Xilu, Tel. 62 48 16 88, www.equatorial.com/sha/. Das Equatorial besticht durch seine ins Auge fallende Architektur aber auch die Lage am quirligen Jing'an Temple Plaza und der Kneipen- und Restaurantstraße Julu Lu ist perfekt.

☺ **Mingtown Hiker Youth Hostel**, 450 Jiangxi Lu, Tel. 63 29 78 89. Die schönste unter Shanghais Jugendherbergen liegt inmitten des alten Central District in einem alten Gebäude, der perfekte Ort für ein preiswertes Shanghaierlebnis.
Laurel Hotel, 118 Yunnan Nanlu, Tel. 63 28 77 00. Das Hotel in Laufweite zum Volksplatz ist hell, freundlich gut gelegen und vor allem für Budgetreisende eine gute Wahl.
Shanghai East Asia Hotel, 680 Nanjing Donglu, Tel. 63 22 32 23; sehr zentral gelegenes Hotel, das früher „bessere Tage" kannte.

Suzhou (☎ 0512)

☺☺☺ **Bamboo Grove**, 168 Zhuhui Lu, Tel. 65 20 56 01; geschmackvolles, aber sehr weitläufiges Hotel im Südosten der Stadt.
Sheraton Hotels and Towers, 388 Xinshi Lu, Tel. 65 10 33 88, www.sheraton.com/suzhou. Riesiges Nobelhotel, das von der Anlage her eher an einen chinesischen Themenpark denn ein Hotel erinnert.
Younger Central Hotel, 63 Gongxiang Guanqian Lu, Tel. 65 15 99 98; im Geschäftsteil der Stadt, in der Nähe des Guanqian-Parks. **New World Aster**, 156 Sanxiang Lu, Tel. 68 29 18 88; 30-stöckiges Hotel mit Drehrestaurant.

☺☺ **Nanyuan Guesthouse**, 249 Shiquan Lu, Tel. 65 19 76 61; in der Nähe des bekannten „Meister der Fischernetze"-Parks.
Nanlin Hotel, 20 Gunxiu Fang, Tel. 68 01 78 88. Wunderbar ruhig und dennoch zentral gelegenes Hotel in einer riesigen Parkanlage.
Suzhou-Hotel, 115 Shiquan Lu, Tel. 65 20 46 46; altes Hotel mit schöner Parkanlage.

C

XI'AN / HONGKONG – UNTERKUNFT

Central-Hotel, Daoqian Lu, Tel. 65 22 66 91; im historischem Zentrum mit Zugang zum Citizen Square Plaza.

❸ **Scholars Inn Suzhou – Guanqian Inn**, 366 Jingde Lu, Tel. 65 24 73 88; in Laufweite zur Innenstadt gelegenes Business-Hotel mit ordentlichen Zimmern.
Jingyuan, 5 Juishengxiang, Tel. 65 22 17 86.
Lexiang Hotel, 2 Dajing Jie, Tel. 65 22 88 88; in der Altstadt mit sehr guter Verkehrsanbindung.

4 XI'AN

Xi'an (☎ 029)

❸❸❸ **Golden Flower**, 8 Changle Lu, Tel. 83 23 29 81; im Ostteil der Stadt, seit Jahren sehr gutes Hotel.
Sheraton, 12 Fenhao Lu, Tel. 84 26 18 88.
Hyatt Regency, 158 Dong Dajie, Tel. 87 23 12 34.

❸❸ **Bell Tower-Hotel**, 110 Nan Dajie, Tel. 87 60 00 00; zentrale Lage am Glockenturm, 2003 renoviert.
Grand New World, 48 Lianhu Lu, Tel. 87 21 68 68; 400 Zimmer und großes Theater mit 1097 Sitzplätzen.

❸ **Xi'an Shuyuan Youth Hostel**, 2 Shuncheng Xiang Nandajie, Tel. 87 28 77 20.
Xi'an Fenghe Youth Hostel, 9 Fenghe Lu, Tel. 86 24 03 49; beliebt bei Rucksackreisenden, gute Verkehrsanbindung.

5 HONGKONG

Hongkong (☎ 00852)

In Hongkong sind die Hotelpreise im allgemeinen recht hoch. Es wird jedoch im allgemeinen guter Service und stilvolles Wohnen geboten, das sogar Vorbild für viele Regionen in der Welt ist.
Weitere Informationen: Hong Kong Hotels Association, 508-511 Silvercord Tower Two, 30 Canton Rd., Tsimsatsui, Kowloon, Hong Kong. Tel. 23 75 38 38, Fax 23 75 76 76. www.hkha.org

❸❸❸ *KOWLOON:* **The Peninsula**, Salisbury Rd., Tel. 29 20 28 88; nobelste Adresse in bester Lage, 300 Zimmer im Kolonialstil, davon 54 Suiten; sehr beliebt der Five o'Clock Tea im Lobby-Café; berühmt auch das Felix-Restaurant in der 28. Etage, von Philippe Starck ausgestattet.
Hyatt Regency, 67 Nathan Rd., Tel. 23 11 12 34; die zweite Top-Adresse, über mehrere Jahre zum besten Hotel der Welt auserkoren.
Intercontinental, 18 Salisbury Road, Tsim Sha Tsui, Tel. 27 21 12 11, www.intercontinental.com. Der spektakuläre Panoramablick vom Foyer und den großen, geschmackvollen Zimmern auf Hongkong Island ist nicht zu überbieten.
Langham Place, 555 Shanghai Street, Tel. 35 52 33 88, http://hongkong.langhamplacehotels.com. Laut Eigenwerbung ist dies das technologisch fortschrittlichste Hotel Asiens. Immerhin gelangt man im gesamten Hotelbereich ins Internet und kann mit hoteleigenen IP-Phones überall telefonieren.
Holiday Inn Golden Mile, 50 Nathan Rd. Tel. 23 69 31 11; nach der Renovierung wiederum zu einem sehr komfortablen Hotel in geschäftiger Lage avanciert.
Grand Stanford, 70 Mody Road, Tel. 27 22 78 22; die Zimmer mit Blick zum Hafen garantieren einen unvergesslichen Blick auf Hong Kong Island.
Sheraton Hotel & Towers, 20 Nathan Rd., Tel. 23 69 11 11; zentrale Lage, guter Service.
The Marco Polo Hongkong, Harbour City. Tel. 21 13 00 88; gleich drei Hotels dieser Kette reihen sich hintereinander, zentrale Lage, gut für Unternehmungen.
HONG KONG ISLAND: **Island Shangri-La**, Supreme Court Rd., Central, Tel. 28 77 38 38; die Nobelhotel-Kette ist gleich 2 x in Hongkong vertreten; neben der beeindruckenden Architektur bietet das „Insel-Hotel" einen fantastischen Panoramablick auf Kowloon.
Conrad, 88 Queensway, Tel. 25 21 38 38; modernes, bestens ausgestattetes Hotel mit diversen Konferenzräumen.
Mandarin Oriental, 5 Connought Road, Tel. 25 22 01 11; nicht nur berühmt für seine Captain's Bar.

HONGKONG – UNTERKUNFT

Excelsior-Hotel, 281 Gloucester Road, Tel. 28 66 21 66; 886 Zimmer, in den Zimmern auf der Nordseite schöne Aussicht über den Yachthafen.
Grand Hyatt, 1 Harbour Road, Tel. 25 88 12 34; exklusiv, mit immerhin sieben Restaurants.

☺☺ *KOWLOON:* **Eaton Hotel**, 380 Nathan Road, Tel. 27 82 18 18, www.eaton-hotel.com. Modernes, helles und ansprechendes Hotel, dessen Zimmer wunderschöne Fensterfronten und Aussichten bieten.
Imperial, 30-34 Nathan Road, Tel. 23 66 22 01; kleineres, zentral gelegenes Hotel im touristischen Teil Kowloons.
Majestic, 348 Nathan Road, Tel. 27 81 13 33; in der Nähe des Jade- und Tempel-Street-Markts.
Nathan, 378 Nathan Road, Tel. 23 88 51 41.
Panda, 3 Tsuen Wan Road, Tel. 24 09 11 11; 1026 komfortable Zimmer, längere Anfahrt zum Zentrum.
The Salisbury YMCA, 41 Salisbury Road, Tel. 22 68 70 00; beste Lage neben dem Peninsula, tolle Aussicht auf Hong Kong Island, wer zu viert nach Hongkong fährt, kann sich einen Schlafsaal für vier Personen mieten, billiger geht es nicht, www.ymcahk.org.hk
Caritas Bianchi Lodge, 4 Cliff Road, Tel. 23 88 11 11; etwas abgelegen, sauber und preiswert.
Chungking Mansions, 36 Nathan Road, zentral gelegener Block mit vielen kleineren Pensionen – sehr guten, aber auch unzumutbaren; bei Rucksacktouristen beliebt.
HONG KONG ISLAND: **Metropark**, 148 Tung Lo Wan Road, Tel. 26 00 10 00, www.metroparkhotel.com. Hinter dem Hotel die Berge, davor der weitläufige Victoria Park und der Hafen, selten hat man in Hongkong von fast allen Zimmern einen so schönen unverbauten Blick.
Bishop Lei International House, 4 Robinson Road, Tel. 28 68 08 28, www.bishopleihtl.com.hk. Schmuckes Hotel in den Mid Levels und in der Nähe des Central Escalator.
New Harbour, 41-49 Hennessy Road, Tel. 28 61 11 66; zentrale Lage.
Newton, 218 Electric Road, Tel. 28 07 23 33; funktionell, kleine Zimmer.
The Wharney Hotel, 57-73 Lockhart Road, Tel. 28 61 10 00.

Regal Airport Hotel, 9 Cheong Tat Road, Chep Lap Kok, Tel. 22 86 88 88; neben dem Flughafen-Hotel gibt es noch vier weitere Hotels dieser Kette in der Stadt.

Macau (☎ 00853)

Weitere Hotel-Informationen: www.macautourism.gov.com

☺☺☺ **Mandarin Oriental**, Av. da Maizade, Tel. 567 888; in der Nähe der Jetfoil-Schiffsanlegestelle bietet das gut ausgestattete Haus aus jedem Zimmer einen Blick auf das Südchinesische Meer.
Lisboa, 2-4 Av. de Lisboa, Tel. 577 666; neu renoviertes Traditionshaus, u. a. berühmt für sein rund um die Uhr geöffnetes Casino.
Bela Vista, Rua Comendator Kou Ha Neng, Tel. 965 333; geschichtsträchtiges Haus, nur 8 Zimmer, gemanagt von der Mandarin Oriental Group; lange im voraus reservieren.
Hyatt Regency, Estrada Almairante Marques Esparteiro, Tel. 831 234; gepflegtes Hotel auf der Insel Taipa.

☺☺ **East Asia**, 1 Rua da Madeira, Tel. 53 92 24 33. Eines der ältesten Hotels in Macau in einem schönen alten Kolonialgebäude.
Presidente, 355 Av. da Amizade, Tel. 553 888.
Guia, Estrada do Engenheiro Trigo, Tel. 513 888.
Sun Sun, 14 Parca de Ponte e Horta, Tel. 939 393.

Kanton (Guangzhou) (☎ 020)

Zur jährlich zweimal stattfindenden Kanton-Messe (ca. Ende April und ca. Ende Okt.) verdoppeln sich die Zimmerpreise. Weit im voraus Buchungen vornehmen!

☺☺☺ **Mariott Hotel**, Liuhua Lu, Tel. 86 66 68 88; 1017-Zimmer-Hotel gegenüber dem Messegelände; bester Standard und exzellente Küchen, von Peking- bis Kanton-Küche.
White Swan Hotel, Shamian Island, Tel. 81 88 69 68; weit über die Grenzen Chinas hinaus berühmtes Hotel, am Perlfluss gelegen, gehört zu den *Leading Hotels of the World*.

Dongfeng-Hotel, Liuhua Lu, Tel. 86 66 99 00; seit Jahrzehnten gut geführtes Hotel, gegenüber dem Messegelände.

😊😊 **Victory Hotel**, 53 Shamian Beijie, Tel. 81 21 66 88, www.vhotel.com. Altehrwürdiges Hotel am Nordrand der Insel Shamian mit viel Atmosphäre.
Aiqun Hotel, 113 Yanjiang Xilu, Tel. 81 86 66 68. Traditionshotel aus den 1930er Jahren. Gleich vor der Tür lädt die Uferpromenade des Perl-Flusses zum Bummeln ein.
Landmark, Qiaoguang Lu, Tel. 83 35 59 88; schöner Blick auf auf den Fluss und die Stadt.
China Merchants, 111-8 Liu Hua Rd., Tel. 36 22 29 88.
Guandong Shamian Hotel, 52 Shamian Island, Tel. 81 21 82 88; wurde 1963 erbaut, nach der Renovierung unterschiedliche Zimmerkategorien.

😊 **CITS-Hotel**, 179 Huanshi Lu, Tel. 86 66 68 89; nahe dem alten Bahnhof, gut für Unternehmungen, unterschiedliche Zimmerpreise.
Guangzhou Youth Hostel, 2 Shamian Si Jie, Tel. 81 21 82 98.

LIEFERBARE TITEL

– EUROPE –
Crete 1:200,000
Madeira 1:60,000

– ASIA –
Afghanistan 1:1,500,000
Burma → Myanmar
Bangkok and Greater Bangkok
 1:15,000 / 1:75,000
Cambodia - Angkor 1:1,500,000
Central Asia 1:1,750,000
China:
 North East 1:1,750,000
 North 1:1,750,000
 Central 1:1,750,000
 South 1:1,750,000
Hong Kong 1:22,500
Himalaya 1:1,500,000
India:
 Indian Subcontinent 1:4,500,000
 North 1:1,500,000
 North East — Bangladesh
  1:1,500,000
 East 1:1,500,000
 West 1:1,500,000
 South 1:1,500,000
Indonesia:
 Indonesia 1:4,500,000
 Bali - Lombok 1:180,000
 Java - Jakarta 1:750,000 / 1:22,500
 Kalimantan — East Malaysia —
  Brunei 1:1,500,000
 Papua - Maluku 1:1,500,000
 Sulawesi - Nusa Tenggara —
  East Timor 1:1,500,000
 Sumatra 1:1,500,000

Japan 1:1,500,000
Korea 1:1,500,000
Malaysia 1:1,500,000
Malaysia - West — Singapore
 1:1,500,000 / 1:15,000
Myanmar (Burma) 1:1,500,000
Nepal 1:480,000 / 1:1,500,000
Pakistan 1:1,500,000
Philippines - Manila
 1:1,500,000 / 1:17,500
Singapore 1:22,500
Southeast Asia 1:4,500,000
Sri Lanka 1:500,000
Taiwan 1:400,000
Thailand 1:1,500,000
Vietnam — Laos — Cambodia
 1:1,500,000

– AFRICA –
Egypt 1:2,500,000 / 1:750,000
Kenya 1:1,100,000
Namibia 1:1,500,000
Tanzania — Rwanda — Burundi
 1:1,500,000
Tunisia 1:750,000
Uganda 1:700,000

– AMERICAS –
Argentina:
 North — Uruguay 1:2,500,000
 South — Uruguay 1:2,500,000
Bolivia — Paraguay 1:2,500,000
Brazil:
 South 1:2,500,000
Caribbean:
 Lesser Antilles 1:2,500,000

Central America 1:1,750,000
 (Costa Rica 1:900,000)
Chile - Patagonia 1:2,500,000
Colombia — Ecuador 1:2,500,000
Cuba 1:775,000
Dominican Republic — Haiti
 1:600,000
Mexico 1:2,500,000
Peru — Ecuador 1:2,500,000
South America - The Andes
 1:4,500,000
Venezuela — Guyana — Suriname —
 French Guiana 1:2,500,000

– AUSTRALIA / PACIFIC –
Australia 1:4,500,000
Hawaiian Islands:
 Hawaiian Islands 1:330,000 /
  1:125,000
 Hawaii, The Big Island 1:330,000 /
  1:125,000
 Honolulu - Oahu 1:35,000 / 1:150,000
 Kauai 1:150,000 / 1:35,000
 Maui - Molokai - Lanai 1:150,000 /
  1:35,000
New Zealand 1:1,250,000
South Pacific Islands 1:13,000,000

Nelles Maps in europäischer Spitzenqualität!
Reliefdarstellung, Kilometrierung, Sehenswürdigkeiten.
Immer aktuell!